АНТОЛОГИЯ НОВЕЙШЕЙ РУССКОЙ ПОЭЗИИ У ГОЛУБОЙ ЛАГУНЫ

в 13 томах

КОНСТАНТИН К. КУЗЬМИНСКИЙ И
ГРИГОРИЙ Л. КОВАЛЁВ
+ А. ОЧЕРЕТЯНСКИЙ

ТОМ 3Б

Ориентал Резерч
Партнерз
Ньютонвилл, Масс.

THE BLUE LAGOON ANTHOLOGY OF MODERN RUSSIAN POETRY

by Konstantin K. Kuzminsky
& Gregory L. Kovalev
+ OCHERETYANSKY

3B VOLUME

Oriental Research
Partners
Newtonville, Mass.

ISBN 0-89250-327-0

Library of Congress: 86-061515

For the Live Voices Supplementary (25 tapes, 40 poets)
write to:

K.K.Kuzminsky
PODVAL
390 Metropolitan Ave.
Brooklyn, NY 11211

МАДОННЕ ЛЯЛЬКЕ
ВЕДЬМЕ С ЛЫСОЙ ГОРЫ
ЧТО В ДАРНИЦАХ

и собачьей памяти
лорда Черняна
погибшего в 1982 году
на охоте
в Техасе

Я геніальней, ніж Гомер,
Бо я живій, а він помер.

/Владимир Звягинцев,
Киев/

Бог создал Адама,
а чорт - молдавана.

/Пословица, сообщена
Бахчаняном, Харьков/

ОГЛАВЛЕНИЕ КИЕВСКОГО ТОМА

Иллюстрации /несчитанные/ - художников Украины, Молдавии, Одессы, Баку.

Уличная выставка Сыча и Хруща и Одесского театра"
1970...?

TO THE LIFE OF HIS EXELLENCY
LORD CHERNYAN FROM BLUE LAGOON
TEXAS, USA

to J.E.B.

поражал выраженьем морд
обнажая зубы в зевоте
был он явно английский лорд
ту же страсть имея к охоте

по холмам техаса скача
флегматичных пугая белок
он загрызть бы мог секача
перегрызши немало палок

на утя ходить не хотя
он бросался с берега в воду
у которого он мутя
создавал ненужные волны

он копал под берегом рыл
полагаю пещеру келью
и пугал ожиревших рыб
добывая корни и колья

а потом положив живот
на сухие теплые камни
он сушил штаны и жилет
чтобы завтра встать с петухами

до преклонных дожил он лет
не теряя веселия духа
так же брал он олений след
поведя лишь кончиком уха

по холмам техаса летя
оглашая окрестности лаем
он и в старости был дитя
языком улыбаясь алым

перед смертью слетав в париж
полагаю имел он сучек
был он волосом черн а рыж
лишь вокруг очей и сосочков

нравом был не суров но горд
лапы вечно пардон в тавоте
эскортировал дам как лорд
и погиб как лорд на охоте

Jan. 27 1982
New York

ДИ=ПИ

СМЕРТЬ ПОЭТА

Марины умирают тяжко: Марина Мнишек, Марина Цветаева, Марина Соснора, Марина Приходько... Еще одна Марина. Что знал я о ней?

Ди-пи, украинка /западная/, умирала от рака в Техасе. Тоненький сборничек стихов передала мне от нее Галка Рухина-Попова. Я не видел Марины. По телефону Рухина говорила мне, что лежит она, что еще, ко всему, ногу сломала, слаба - в далеком городе Кервилле, и чтоб я написал ей. Я не собрался.

Я не боюсь СВОЕЙ смерти. Я боюсь смерти друзей. Марина была поэтом, это было нетрудно понять даже при моем знании украинского. Украинский я люблю, хотя не было случая выучить. Так - Гоголь, Котлеревський, Шевченко, Иван Драч, винничанин Драгомощенко и криворожец Алейников, Ванька Майданович, львовский украинец, Мирослава Мудрак /Сицкевич/ и "Мадонна-Лялька" Лариса Андреевна Войтенко, коей я посвятил, киевлянке и ведьмочке с Лысой горы, всю свою "Вавилонскую башню". Писано было и на украинском /попытки/, читано тож, немало. Пето и слышано. Но Марина Приходько - была первым живым украинским поэтом, и я ее так и не успел узнать. Точнее - боялся. Человек боится чужого страдания - свое переносится легче. Я подыхал с выбитой селезенкой в Институте скорой помощи - и веселил девчушек-медсестренок, лежа на носилках. Свою боль переносишь легче.

Марины я боялся. Я знал, что она умирает. Потому и перекинул я ее переводы - поэту и художнику Славе Гозиасу. Еврею. Она украинка. Я русский. Впрочем, русский тоже относительно: по отцу - из ссыльной польской шляхты, с примесью незаконных цыганских кровей, по матери - из ярославцев с примесью евреев-кантонистов. Но разве щирые жовтоблакитнички определяют кровь? Российские имперцы? Сионисты? "Хохол, жидюга и кацап" - великолепное трио?

Но нас троих - объединило слово. Самое нематериальное - и единственное, что вещно. Итак, еврей переводил украинку, а дирижировал всем этим - "русский". Почему Марина хотела быть переведена - именно на русский? Не на англо-американский, язык ее новой "родины", а именно - на русский?

Ложь - и пан-славянство /Гозиас-то тут причем?/, и кошерное еврейство в России, и самостийность - это дела сугубо политические, необходимые и понятные на данный момент, но - не определяющие - поэта. Тезка ее, Марина Цветаева, проговорилась: "Все поэты - жиды." Правда, не все евреи - поэты. Как и не все русские. И не все малороссы. Объединяет их - слово. То, которое было в начале и будет - в конце.

В конце Марины - было Слово. Только словом она жила в последние минуты перед смертью. Словом жила покойная тетка Танька Гнедич: за пару недель до смерти написана ею прекрасная рецензия-статья-предисловие о ПОЭТЕ Ширали.

Умирая, думать - о слове. Спорить о тонкостях перевода. "Меня это занятие, конечно, развлекает и до некоторой степени даже отвлекает от ощущения боли, но не знаю как долго или как часто мне это будет возможно осуществлять", - пишет Марина.

Потому, помимо переводов, я и привожу эту предсмертную переписку поэта и переводчика, двух поэтов, как своего рода поэтический и человеческий документ. А размышления мои - о национальном и обще-человеческом /поэтическом/ - это так, к слову. Просто: надо где-то искать украинскую машинку для набора Марины - не иначе, как в украинском националистическом /политическом/ центре. Где еще?

Woman Tells World War II Story Of Woe And Survival

By NINA HARWOOD
Times Columnist

Maria Prychodko now of Kerrville, was living in Warsaw, Poland in 1944 when the Polish Uprising occurred. Her experiences at the hands of the Nazis who eventually took her prisoner, are hair-raising to say the least.

Her survival of the mental and physical tortures she endured might well be attributed to her quick thinking when crises arose and her capability of leadership even though she was only 17 years old at the time.

Maria's parents, Dr. and Mrs. Timothy Olesijuk of Ukraine, were ex-patriates from Russia following the revolution after World War I. They emigrated to Prague where they enrolled in the University of Prague which had been opened by President Masaryk, a democratic type of ruler, to students who had been uprooted from their native countries. America participated in this benevolent project by providing funds to help the youths and establishing a YMCA there.

Maria's parents were married in Prague where Maria - pronounced Marinka in Ukraine - was born.

"My father had a degree in philosophy, however, he changed over to studying medicine because he felt it provided a more lucrative field," Maria said.

"When I was about a year old, my parents moved from Prague to a small town in Central Poland where he set up a country doctor type practice. We lived a charmed life there until the imminent advance of the Soviet Army compelled us to move to Warsaw where we thought we would be safe. We lived in Poland during the Nazi occupation," Maria recalled.

"The Polish Uprising which stemmed from the Polish Underground that had been active during the Nazi occupation, started in the fall of 1944. This patriotic gesture on the part of the Poles, was aimed primarily against the Nazis who had begun to retreat from the advancing Soviet Army. They wanted to let the world know they were capable of fighting for their freedom, much as the Polish are doing today.

"The rebellion of the Polish people displeased the Soviets because they had already outlined the type of government they would set up once they gained a foothold on the country. As a consequence when the Soviets reached the east bank of the Vistula River which divides Warsaw, they deliberatly stopped to allow the Nazis to turn around, pool their resources and demolish the city. They simply chose not to pursue them.

"The Uprising lasted two months. It so happened the day it broke out — the fall of 1944 — I leisurely left our apartment to go to town to do some shopping. What was intended to be just a trip there and back turned into a melange of events that completely changed my life. I was only 17 years of age at the time," Maria recalled somewhat bitterly.

"When I reached the street, much to my dismay the shooting had begun. I saw people shot and buildings demolished by the Nazis. Terrified, I took refuge inside a building where a strange man took me

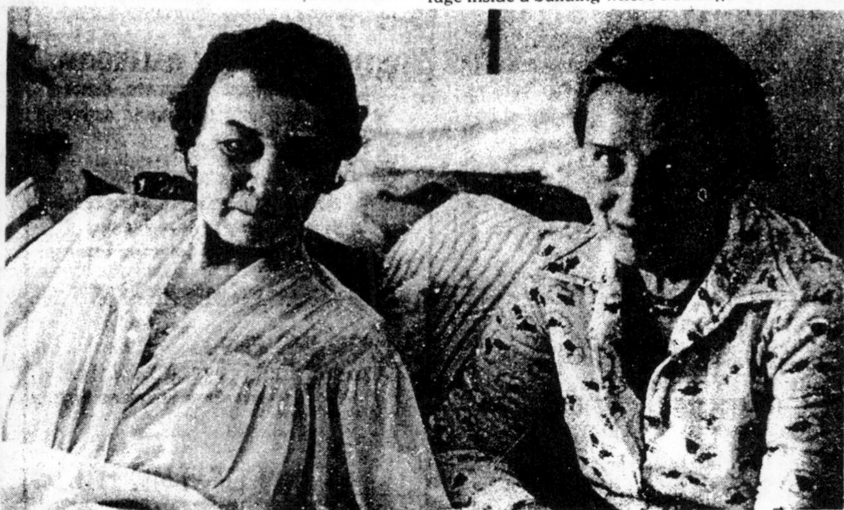

TWO SURVIVORS of the 1944 Polish Uprising are Maria Prychodko, of Kerrville, at left, and her friend Sophie Kwatiszewski, who is visiting from Poland. Maria credits Sophie with saving her life during the war and the two woman have remained friends ever since.

[un]der his wing. I will never forget the bombarding [an]d blasting, each occurring at 10-minute intervals. That is indelibly etched in my memory. The city was completely demolished," Maria declared, her hands gesturing as she related this incident.

"I had no idea what my parents' fate was as all of us inside the building were fighting for survival against the vicious attack on the city.

"The man who had rescued me took me to the home of Sophie and Wiodzimierz Kwatiszewski, friends of his, who opened their hearts and took me in. We miraculously managed to escape from the building before the Nazis set it afire and it was destroyed.

"A group of us remained inside the building with Sophie and her family for about two weeks, I don't recall just how long. All of the occupants but me stayed down in the cellar. Because I suffer from claustrophobia, I stayed upstairs, my benefactor standing guard.

"All we had to eat was sugar found in the basement, the building having housed a confectionery at one time. As for water, we had to crawl on our stomachs behind barricades to a large water well located in the central part of the city. Some people queued to get to it, the Nazis mowing them down from time to time.

"Evidently I must be psychic because of the miraculous things that happened to me during my experiences. One such was an intuition I had while upstairs in the building.

"One night I couldn't sleep. My intuition told me something was going to happen: so I woke my benefactor, Kazimierz Wylezynski — I eventually learned his name — and told him I felt we ought to move out of the room. He was provoked because he was tired and sleepy. But I finally convinced him. We moved into an adjoining room and fell asleep. The next morning the room we had been in was gone, blasted by the Nazis.

"On another occasion Sophie had gone upstairs to warm some gruel for her one-year-old son, candles used for heating. A picture of the Virgin Mary hanging on a wall of an adjoining room seemed to beckon to her to move quickly. She had hardly done so before the room she had been in was completely destroyed.

"Not long afterward all of us living in that section of Warsaw were rounded up by the Nazis and transported to Pruszkow, a transient camp outside Warsaw. There I met a priest from Ukraine who asked me my name. (We were able to converse because I speak Ukrainian). About a month later my parents who ended up in the same camp, met this priest who told them he had met me, that I was all right, but didn't know where I had gone. Considering the thousands of prisoners there at the camp, it was quite a coincidence my parents met him and that he remembered my name.

"My friends and I, along with thousands of others, were taken to Gross-Rosen, a concentration camp in East Germany near Breslau. This was still in the fall of 1944. We were transported by freight cars, 120 persons to a car which ordinarily holds 40 people or eight horses.

"We had to stand the entire time, no windows open and the hygiene something terrible. Some people even died in the cars. We finally managed to get a part of the door open so we could breathe a little fresh air.

"As the cars whizzed through the fields, villagers living in the areas lined up realizing we were being taken prisoners and threw us food. I remember catching an onion and it tasted like an apple although when I was at home I wouldn't touch onions.

"We traveled three days and three nights, only a loaf of bread each to tide us over. That is all we managed to hoard before leaving Warsaw.

"At Gross-Rosen families were broken up. Sophie's husband and her mother were taken away and, as far as we know, were executed as we never heard from them again. Sophie was able to keep her baby boy who is now married and living in Poland.

"It's a wonder we weren't executed because our group was made up of elderly women and teenagers who were not exactly fit to do hard labor. But by some miracle we managed to survive.

"Covered trucks were then brought out. We were piled into them and taken to a labor camp located in a beautiful area near the border of Czechoslovakia to work in a factory. This was in January, 1945 and bitterly cold.

"Being an impudent teenager, I clashed with a Nazi woman supervisor who punished me by sending me to the Eastern front to dig ditches along the Polish border. Ditches were being dug in an effort to repulse the Soviets who were advancing rapidly. We could see their tanks from a distance rolling toward us which necessitated the Nazis' retreat.

"Some of us walked back to Breslau which at that time was surrounded by the Soviets.

"A flock of seven elderly women from Warsaw latched onto me because I was the aggressive type and able to salvage food for us. I even stole two bicycles to help the older women carry their bundles.

"We ended up in a cold railroad station where a Czech guard was stationed. Because I speak Czech, I struck up a conversation with him after I espied a bundle of blankets on the platform. I tried to wheedle the guard out of letting me have them for the old women who were desperately in need of something to keep them warm. He told me he could not do so, but pointed out a way for me to get around to where the bundle was while he turned and looked the other way.

"To my surprise, when I went around to the other side, there was a train steamed up ready to leave although no trains were supposed to be anywhere around. I did some quick thinking, gathered up my seven charges and whisked them onto the train, tying the two bicycles between the railroad cars.

"To my utter amazement when we boarded the train it was loaded with wounded Nazi soldiers who actually helped us get aboard and hid us in compartments. We traveled a day and a night, I don't exactly recall. Eventually I arrived back to the village on the Czech border where my friend Sophie and her baby were. This was the first part of February, 1945. The seven elderly women who had latched onto me had gone on to Warsaw.

"When I saw Sophie I told her I was going to reconnoiter as I was determined to cross the Czech border to be reunited with some of my father's friends living there. I walked over Snow Mountain, a landmark because it is the crown of the entire Carpathian Range, and came upon volunteer Czechs working in a factory.

"Due to the fact the Soviet front was approaching closer, those were rough times and more and more shooting. The Nazis were evacuating as fast as they could because they realized the day of retribution was imminent. That's why I had to reconnoiter in order not to fall into a trap.

"I approached the Czechs and asked directions to the Czech border. They obliged, however, I got lost in the mass of trees and ended up back on the German side. I went up to a house where some Germans were and told them a cock and bull story that I was a Czech volunteer worker and had gotten lost from my caravan.

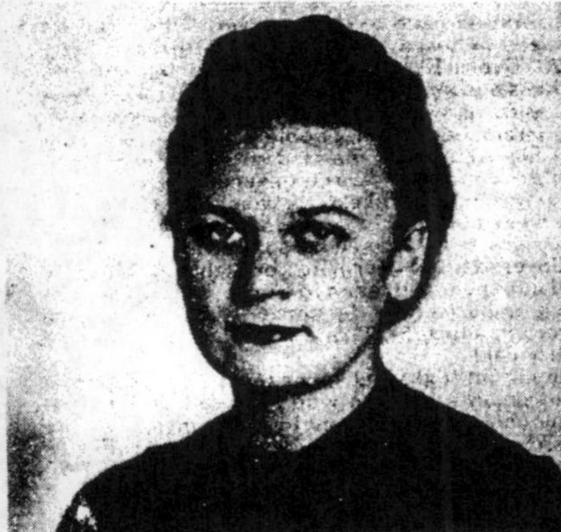

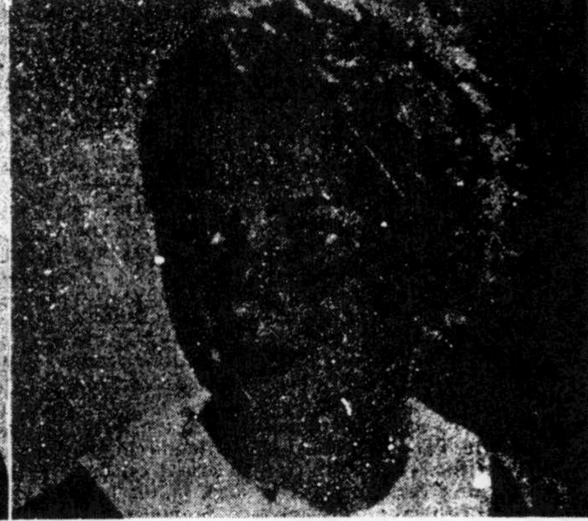

OLD PHOTOS show the two friends as they appeared as young women. The photo of Maria, left, was taken several years after the Polish Uprising when she was attending university. The picture of Sophie was taken on her wedding day at age 25.

"I was so convincing one of the women instructed a small boy to show me the way across. There I ran into a snag, two guards on patrol, one a stickler for protocol and the other more lenient. The former gave me a hard time.

"I had a terrible time convincing them I was 'Czech', that my father was expecting me in Czechoslovakia and that it was my birthday, Feb. 16, 1945, which was true. Fortunately I happened to have a paper in my possession resembling a birth certificate which showed I was born in Prague. After hours of arguing, weeping, etc., they finally flagged down a train and put me on it. I was almost frozen after standing so long.

"When I arrived at the station in Hradec Kralove, Czechoslovakia I was a sight. I was wearing big rubber boots full of holes that came up over my knees — government issue when I was digging ditches — a cast-off policeman's Navy blue pants several sizes too large, an oversized jacket around which I had wrapped a wide leather belt much too long, and a huge woolen scarf. I was embarrassed because people standing on the station platform were well-dressed.

"When I emerged from the train in the middle of the night in that peaceful, sheltered town, some Czech policemen motioned frantically for me to come over to them as quickly as I could. They thought I was a Russian refugee and didn't want me to fall into the hands of Russian guards stationed nearby. I pretended I was as I certainly didn't want them to get hold of me. The police sneaked me into a patrol car and took me to my father's friend's house, Dr. Theodore Slodecky who greeted me most hospitably.

"Nine days later, February 25, I was awakened one night by a knock at the door. And whom do you think was there? No other than my father who also had been rescued by the Czech police as he alighted from the train. What a reunion! You can't imagine what emotion it evoked after all the months we had been separated, not knowing each other's fate.

"My father and I bade our friends good-bye in Hradec Kralove and went to Prague briefly. It was the first time I had seen my birthplace since we left.

"In Prague I was reunited with Sophie and her baby who had traveled there with another Polish family she met while working in the factory. They, along with others, had been evacuated due to the Soviet push and Sophie thought Prague would be safer for her and Andrew who was a year-and-a-half old at the time. This was in April, 1945. After that Sophie and I never saw each other until 1973.

"Father and I went on to Thueringen, Germany, now East Germany, where we lived with a group of refugees from The Ukraine until the war ended in May, 1945 and Germany was occupied by the Allies.

"The American soldiers hanging zigzag out of windows in buildings was an odd sight to me and they always seemed to be chewing gum. For reasons of my own, I refused to accept chocolates or whatever the soldiers offered us.

"When the war ended, father and I went to Frankfurt, Germany. We heard a university was being instituted in Munich and father asked if I would like to go back for further study. After thinking it over, I decided I would. I hooked a ride on a train bound for Munich — you didn't buy train tickets then. If you wanted to travel by train, you jumped on one when it came through," Maria explained.

At this point I brought up the subject of money, how they managed without it.

"Money?", she said most amusedly. "During the devastation of Warsaw by the Nazis a bomb struck a bank and money was scattered all over. I could have walked through it ankle deep, but it was worthless. It wouldn't buy a thing. In the concentration camps some people who managed to hoard gold tried to buy bread and were turned down. To this day I am contemptuous of people who cling to money because I have learned there comes a time when it is absolutely worthless," Maria said vehemently.

"Some Polish Nationals heading back to Warsaw who were riding on top of a coal car, helped me up as the train slowed down. I told them I had found my father, but had no idea where my mother and brother were. They persuaded me to forget Munich and go to Warsaw with them where they felt I would have more luck learning my mother's whereabouts.

"I pondered this, biting my nails in anxiety, and decided that is what I would do. So when the train reached the point of going east or west, I stayed on headed east to Warsaw.

"We made it to Praha where we became legitimized and then hopped another train to Warsaw.

"By a series of miracles you might say. I finally located my mother in the fall of 1945 in the Jelenia Gora area which had been returned to Poland after the war.

"This was another instance of my intuitions guiding me. I followed my hunches, eventually arriving at the house I felt mymother might be staying. It was dusk. When she emerged through the front door all I could see was a silhouette, but she recognized me and called out, 'Marinka! Marinka!'. We were both very emotional. It had taken me a month to find her.

"Mother didn't know where my father was until I told her. She and my brother had taken refuge in a Catholic rectory in Germany following the uprising. But after the priest died, she and my brother who was 13 at the time, made it back to Warsaw where they wandered from place to place. Everywhere they left they would not tell anyone where they were going because it was a well-known fact she and my father were anti-Nazi and she feared for hers and my brother's lives.

MARIA PLAYS with Andrew, the 1½-year-old son of Sophie. The coat Andrew is wearing is made out of sheepskin given to Sophie by a Serbian prisoner of war.

"At Christmas, 1945, mother, brother and I were reunited with my father who was living in a refugee camp in Frankfurt.

"We lived in Germany until 1949 when we came to New York City, arriving on St. Patrick's Day. My father remained there for awhile, but was later sent to be associated with a hospital in Mission, Texas, eventually ending up in Kerrville. Here he practiced at a tuberculosis sanitarium. In the meantime my marriage had failed and I sent my daughter, Rina, and son, Nikki, to Kerrville to live with their grandparents. They went to school here, both graduating from Tivy High School.

"My son is married and living in New York City and Rina lives here. My father died in 1978. My mother lives in Los Angeles with my brother.

"In 1973 I went to Poland to see Sophie who was living in Warsaw, the first time we had seen each other in 30 years. Since then she has visited me twice since her second husband died.

"Several years ago I learned I have a terminal illness, so I left New York City to come to Kerrville to be near my daughter and granddaughter. Sophie came in March and her being with me is a God's blessing. She has been my lifeline." Maria concluded.

During the time she was fighting for survival, Maria said she had an indomitable will, "but after it was all over, I seemed to turn into a milquetoast type."

Maria's primary concern right now should be her health, but not so. She called me sometime ago to ask if I could find good homes for her two cats she brought from New York. That's how we became acquainted. She told me if only she could be assured they will be taken care of, "I can live out what life I have left in peace."

I told her I would do my best to help her. And, though she did not suggest this, I know Maria would appreciate some cheery cards. Her address is 810 Clay St.

Люди добрі не дивуйте
На мого Михайла,
Що придумав си до рими
З Лазаре Лазайла.
І Махайло, ти Лазайло —
Обасмо Łaziki —
Wstawaj Łazim - Hebrajczyku,
Підем на музики.
Jak zagrała ta muzyka,
Łazia wzięły dreszcze,
A ten Maciek woła z deski:
"Zagrajcie mi jesce!"
"Rozbierz mi się!"
Woła Misio
Do swojej Marysi
Co zpod drzewa,
Niczem Ewa,
Bierze go na kpiny.

... Жизнь пройти — не поле перейти

Стенографічні записі несторя.
Нерозшифровані.
Мабуть моя рука
Та почерк незнайомий:
Біле поле — все підміноване,
А перейти — конечно.
На мотоциклі Смерть —
Галантно, гречно
Запрошує умить перевезти.
Як бути? Ні сюди, ані туди!
Відмовитися — неможливо. Утекти?
Куди?! Куди не глянеш — всюди поле,
Біле полотнище, вороні сліди...
І зледеніла, боса, напівгола
Вилазить дівчина на сіделечко.
"Держись міці цупко й збудешся біди!" —
І підірвав! Припала до плеча
Закрила очі... І глядить: ось їх двоєчко, —
Віїжджають між Семірамідині сади,
А долу піниться рожево гречка.

Кервіл, Тексас
7-XII-1980

Через кордони, через море горе
Не досягнути. Хоч і мушля — вухо,
І чує голос твій та інших голоси,
Настроєні співзвучно у космічнім хорі,
Та горло пересохло, на устах посуха,
І ніже звука! Крапельки роси
Не виблагати у пустелі. Тільки глина,
На камінь стверділий поперечний хліб щоденний...
А все ж душа іще жива. Блаженна, мов дитина,
В німотнім захваті загледівшись на зорі
В пориві пристраснім вся тягнеться туди.
Що важить проти вічности цей труп зів'ялений,
В пустелі життєвій зачахлий без води,
Коли вся суть буття розтворена в просторі
Манить розсадником нетлінної краси!

18 вересня, 1980
Kerrville, Tx.

Життя мій чорновик, —
Не переглянеш і не перепишеш
Сизіфська муштра.
Мовчки вряд стоять
Літа і зими.
Герметична пам'ять
Попелець з тернями —
Не випливе повік.
Нехай. Хай віє благодарна тиша,
Хай вітер перелистує
Час перепише
Сухого листя неповторну мить.

Кервіл. Техас.
17. XII. 1980

Чекаю на почту

Сон дощиком потрусив.
Чи не лист від тебе?
Чорт лапою веселку накрив —
Спотеміло небо.

6 листопада 1976

Я wciąż śni mi się
Od dawna znana bajeczka o Misiu.

В госпитале. Кервиль, Апрель 1982 г.

Вдруг, со всех сторон — осы налетели,
Искололи - изжалили, искалечили беззащитное тело
Сосредоточенно, молча, без звука.
У каждой иголка — укол —
Санитарок ночная смена.
Беспомощно отмахиваются руки —
Понапрасно — не отобьюсь;
Пытаюсь подняться — нет силы.
Проснулась — так значит это сон был — вся искусанная
Мертвые осы вокруг — безжальны — раздавленны,
Подушка примята, окно сереет
Когда кусали - будто бы не болело,
Теперь ноет
Чьё-то — не мое — тело.

Перевод автора.

ГОЗИАС:

"... Теперь, наиглавнейшее. Скорее всего, ты уже знаешь, что месяц назад умерла Марина Приходько. Я успел получить от нее одно письмо, она не успела получить моего в ответ. Я переводами пока не занимаюсь, ибо маюсь аглицким /по нужде/, кашеварю /проживаю одинешенек, баба то в ваших краях опекуншею/, потею по-техасски и, иногда, смекаю, но без бумаги. Тем не менее есть некоторые недоразумения - это о письме Марины, которое я тебе сопровождаю, которое в некой мере уникально - за два дня до смерти, которое меня смутило. Я написал ей и повторяю /для самозащиты/ тебе, что я не взял на себя мороки с украинским языком и не собираюсь ратовать за украинскую культуру /язык - ее часть/, однако я почувствовал поэта, который пишет на языке мне недоступном, и эти чувствования я хочу зафиксировать в русском языке. Я был бы рад, ежели эту работу взялся бы делать профессионал-переводчик, владеющий обоими славянскими языками. Мне же глубоко плевать на язык, коим закреплены чувства, мысли и цветовые ньюансы, - мне важно слышать, видеть и чувствовать, что еще одна душа блуждает в лабиринте бытия - тоскует, страдает, мечтает, теряет и вырвется в ... смерть. А ныне о комментариях Марины. На стр. 16 ее книжки я своевольно полюбил и транслировал на русский две строфы. Марина не вполне согласна со словом "свет" в русском тексте, так как считает, что это осветительно, я же не вижу глубокой разницы "света" и "мира". Второе, ей бы хотелось сохранить "позлащенный ночью, погибший безвозвратно мир" /так я ее понял/, но для меня получается образ красивопрозаический: в мировой тьме плывет бывший мир /планета/ и светится, как гнилушки в подполье. Такой мир мне не связать с образом героини стихотворения, которая ждет, но отрекается от "привета". Другое, на стр.19 мною сделано при помощи подстрочника и ее книжки. И в этом стихотворении есть крупные недоразумения. Сперва мелочь: она упрекает справедливо за лишний союз "и" в последней строке первой строфы. Но ее ассоциация "оборвана песня" с ОБОРВАНЦЕМ немыслима. /А, может, мыслима, Слава: НИЩАЯ ПЕСНЯ, рваная песня? - ККК/. Следующая строфа - просто недоразумение: я имел материал "душа, как заря прохолоне", а Марина написала "душа, как звезда, не потонет в глубинах, - лишь станет не та". Заря и звезда вещи различные. Мне было непонятно на какой заре остывает душа - на утренней или вечерней? Видимо, "звезда" есть последний вариант, мне неведомый, и я постараюсь еще покрутить. Хотя для русского языка в словах - "лишь станет не та" или "и станет не та уж, не та" - просто нет никакой информации, ибо не тот компот и пальто не то. Величия души я не усвоил тут. Для меня "душа, достойная костра" имеет две ипостаси: первая, это аполитичная душа, может быть революционная, но - любом разе антизаконная, противузаконная, бунтующая и несмиренная /зачто и жгут/. Вторая, это душа, принявшая дьяволизм /ведьмизм/ - черную магию во зло ближним, - это религиозная душа /или анти/, душа, отрешенная от бытования, но переполненная глобальными мистическими ощущениями. Нет такой души в данном стихотворении. Кроме того, звезды /по науке/ остывают от старости, - ну нет - на такой образ я не посягну. Последняя строфа этого стихотворения для меня самая интересная в подлиннике, но сохранить размер и вместить смысл - это было мне не по силам. Но, клянусь, я старался угнаться за смыслом, и не достиг желаемого. Буду вертеть еще. О стихотворении "Кошмар" Марина вообще не пишет, одна-

ко там я скрутил почти как в подлиннике, но самую жуть смягчил "где может быть мама", что может быть ужасней, ежели мама /для хохлов - мама есть полная святость/ в чортовом логове. Вообще, стихи Марины мне дороги совершенно очевидной борьбой хрестоматийно-традиционных сентенций с увлекающей дьявольщиной, против которой, видимо, бабы бессильны, а может быть им это любо."

МАРИНА ПРИХОДЬКО:

Kerville, June 1982

Дорогой Слава,

*Раз уж взяли на свою голову мороку с языком бывших малороссов - ничего не поделаешь: "Взявся за гуж, не кажи що недуж", как говорит пословица. А что это такое "гуж" я и сама не ведаю. То что Вам с украинским трудно - мне очень приятно слышать. До чего уж надоел вечный вопрос иноземцев: "А что? - разве украинский язык не русский диалект?!" "*Not exactly*" - приходится то и дело объяснять с истинно ангельской терпеливостью. Но Вы, пожалуйста, за это на меня не обижайтесь! Мне-то, Вы думаете, с русским языком легче?! А ведь не бросаю, не ломаю пера, а прошу отнестись к моим недостаткам снисходительно, учитывая, что выросла я в Польше, и не будь у моих родителей любви к литературе не только своего но и других народов, у меня не оказалось бы даже тех, весьма ограниченных, знаний русского языка, которые позволяли мне на протяжении всей моей жизни наслаждаться русской литературой, а уж в особенности русской поэзией.*

А теперь - приступим к делу. Я буду очень рада /в меру моих возможностей/ помочь Вам при переводе русским подстрочником с тем условием что, когда русский язык окажется мне не по силам, я буду прибегать просто к объяснениям к тексту стихотворения отмежевываясь от текста дужками. Надеюсь достичь таким образом большей ясности. А там уж придется понатужиться Вам, войти в форму, защитить в меру возможности рифму, не потеряв при том смысла и пр. и пр.
Надеюсь что после нашего честного труда над нашей совместной "морокой", толпы возмущенных читателей /увы! - где же они!?/ не найдут возможным линчевать Вас, а тем более не полюбить меня, хотя бы по той причине что и я, следуя примеру моей великой предшественницы, Марины Цветаевой, протягиваю вслед им руки с просьбой: "... Еще меня любите за то что я умру..." Всё.
К сожалению нет у меня под рукой толкового словаря русского языка; неполный комплект Даля до сих пор в одном из ящиков с книгами переехавшими со мной в Техас с Нью Йорка почти три года назад. Не добраться мне к нему со сломанной ногой, да и польза небольшая со, скажем, букв А-З, если вам надобны Т или П. Один лишь скрежет зубов! Поэтому не удивляйтесь если мои обЮяснения будут зачастую принимать форму вопросов: это я для себя уточняю что Вы правильно поняли текст, даже если я сделала ошибку в подстрочнике. Значит - договорились? Если-же Вам что-нибудь в моих обЮяснениях туманно, Вы, конечно, не стесняйтесь: пишите за дальнейшими разъяснениями. Быстренько, конечно, у нас это дело не пойдет при такой рабочей методике; прикидывая в уме, полагаю, должно затянуться по крайней мере к Новогодней Елке, - тогда можно будет и отпраздновать, - а потом опять за работу - таким образом может быть и помирать-то незачем станет, как в известном куплете: "А помирать нам - рановато / Есть у нас еще дома дела!"... Именно - дела...

Остались вечерние звоны (точно как в подлиннике
И скованы болью уста. здесь-то пошли русский с украинским нога в ногу!
Душа, как звезда, не потонет. А вот в этой строчке
В глубинах, — лишь станет не та. Мне бы все-таки хотелось сохранить сравнение души со звездой хотя сравнение разрушается невозможностью сохранить и рифму и понятия заключающиеся в украинском слове "прохолоне" т.е. "простынет" которое в сопоставлении со звездой опять замедляет ход стиха, позволяя ощутить космический процесс времени. Души-то, как звезды, остывают не сразу, с бухты-барахты, а медленно и безвозвратно. Потому — мне кажется что элегичный вздох повторения в последней строчке украинского текста: ... і стане не та вже, не та"... выражает удовлетворительно эти два качества процесса космических тел (душ и звезд) — медленность и безвозвратность). Притянутое здесь мной за уши изменение текста от украинского "Душа, мов зоря, прохолоне" к русскому "не потонет — в глубинах" меня не удовлетворяет — это я позволила себе только на крайний случай, чтобы спасти звезду — подумайте еще и Вы - может найдет что-нибудь получше.

стр. 19. предлагается мною последующее.

Да не быть весне, уж не быть (для большей песенной плавности, не мешает здесь архаичность, этнографизм так как явно здесь чувствуется деревенское песенное начало, которое внезапно обрывается, внушая чувство грусти, виновности у певца – скорей певицы, да – конечно-же – девушки – раз венок забыт в траве. Кажется все здесь понятно – лирика – разрыв-трава-расставание)

Оборвана песня, прости (у меня первая ассоциация с "оборванным" по-русски это Гумилевский Оборванец: Я пойду по гулким шпалам
Думать и следить
В небе чистом, в небе алом
Рельс бегущих нить.
.... В залы пасмурные станций
Забреду, дрожа
Коль не сгонят оборванца
С криком сторожа....

Оборвана песня, конечно, к оборванцу никак не причастна. Песня просто внезапно оборвалась, то есть прекратилась – преждевременно как оборванная струна)

Венок мой, в траве забыт,

Некому доплести. (У вас здесь было "И некому....
(Мне кажется что без "и" шаг замедляется, направляя внимание опять же на лирическую персону девушки (отсутствующей) Недоплетенный венок принадлежал ей и ей ~~положено~~ следовало было его доплести, но... Если вставить сюда "и" складывается впечатление, что явись здесь какой-нибудь прохожий, и дело можно бы было поправить – вот он взялся – доплел венок и – никакой трагедии. А это именно и недопустимо)

Что мне мешает в Вашем варианте "Душа остывает от стона, мельчает, черства и пуста" — это первая фраза — не совсем понимаю откуда этот стон души и как это он воздействует на душу таким образом что заставляет её остывать — словом: мало ясности. А во-вторых — по ходу задуманого мной стихотворения акт обвинения души должен состояться в последнем катрене и быть лаконичен до предела скупости на слова: "Даремне розтерзаних ночей

Отруйне, п'яне вино

Душі, що нічого не хоче

Душі, якій все одно." — Здесь должны сойтись нераздельно и грех, и преступление и наказание. И душа должна быть по плечу судьбе своей — трагедии самоотказа, самоуничтожения — по-цветаевски это должна быть "душа достойная костра". Но если мы в предыдущем катрене позволим ей остывать от стона по неизвестной причине ее и видим как она мельчает, черствеет и пустеет, тогда должен измениться и сам акт обвинения, и калибр души. Который вариант сам по себе может быть и не плох, тем более что я совсем не уверена что моя первоначально задуманная персона лирико-трагической героини удачно осуществлена в предыдущих строчках. В этой новой перспективе Ваш текст последнего катрена был бы весьма подходящим, если бы не один дефект — ритмика не согласуется с предыдущими катренами. А жаль, потому, что по содержанию и по смыслу все "комильфо" — но мое ухо не принимает такой резкой перемены в ритмике стиха.

В виду того предлагаю со своей стороны еще один вариант, не знаю понравится ли он Вам — мне самой не очень — но что нам делать? попробуйте может придумаете что-нибудь. Мой вариант следует:)

Напрасно растерзанных, пьяных
Ночей отрава — вино
Душе истлой, обманутой
Которой уже всё равно.

(Кстати душа моего варианта "истлая, обманутая" ничем не сановитей чем та, которая "мельчает, черствеет и тупеет". От героини трагической остались одни рожки да ножки. Но я подозреваю, что это судьба всех героинь, которых анализируют, переводят на чуждые им языки, переодевают в непривычные платья и требуют от них чтобы они при этом не лишились своего высокого сана. Не слишком ли большие требования? И не слишком много ли истрачено бумаги тоже ещё героиней, у которой от боли обычно невозможно без посторонней помощи в кровати повернуться. Да бывают же чудеса! Но все-таки сейчас я чувствую что здорово устала. Прекратим это дело до следующего раза. А пока, когда только получите прилагающее здесь письмо, отзовитесь, сообщите мне — устраивают ли вас подобные методы переводческой работы, или же овчинка выделки не стоит и вам автор только мешает. Меня это занятие, конечно, развлекает и до некоторой степени даже отвлекает от ощущения боли, но не знаю как долго или как часто мне это будет возможно осуществлять.
А потом — сердечный привет от Марины.

стр. 16

рус. Загубленный бесповоротно свет (Вопрос: Можно-ли
укр.) Загублений безповоротно світ по-русски сказать "загубленный" в смысле "потерянный"? А "бесповоротно" в смысле "безвозвратно"?
У меня идет ассоциация от "бесповоротно" к н.пр. "неповоротливый парень" т.е. неуклюжий в движениях. Но вам видней.
От "загубленной" в "смысле "потерянной" вроде "Загубленная Грамота" поддувает архаизмом. Виновны в этом, возможно, мои уши. Со "светом" же получается наоборот. В современном украинском языке "світ" соответствует русскому "мир". Хотя несомненно происходит русский "свет" и укр. "світ" от общеславянского семантичного равнения света с миром. "Да будет свет" - произнес Творец создавал мир, разделяя день от ночи, свет от тьмы, бытие от небытия. Эта связь за посредством старославянских корней чувствуется до сих пор и в украинском языке и употреблять её символически совместно, я считаю весьма позволительно (что и сделано за посредством "светловой" иллюминации — "свет" соответствует украинскому современному "світло", но равнения как по-русски между "свет"-"світло" и "свет" — "мир" не получится, - разве что может эту связь прочувствовать. В украинском современном языке "світ" это только "мир" англ. "world", а "світло" это русс. "свет" но не "мир" а только и всегда англ. "light".

укр. Пливе за вікнами у позолоті ночі
русс. Плывет за окнами на мягких крыльях ночи.

Позолоту ночі заменено здесь другой картиной: "мягкими крыльями ночи". Ничего. Если так надо, это небольшой грех. Смысл по существу не изменяется. Единственно что теряется это не более чем намек на старинную связь укр. "світ" — у со световым качеством этого космического явления. Мне нравилась именно иллюминация: плывущий за окном старинный, потерянный мир освещен золотистым светом ночи, как начальные буквы в старинных рукописных библиях расписаны золотыми и серебренными чернилами. Я ~~пыта~~ пыталась создать ещё иную версию, но слова, которое мне понадобилось нет также в русском языке, и жаль, так как оно, по-моему, совершенно в духе языка, и мне бы сейчас очень пригодилось. Это глагол "златиться". ~~Есть~~ "золотится" — но мне здесь не подходит. Что нужно — это краткая форма, а её почему-то в словаре нет. Как у Вас насчет "вольностей" поэта в словотворческом процессе? Меня часто корят на "отсебятину" но обычно не хватает смелости. Еще одно слово так и просилось у меня попасть как-нибудь в словарь русского языка вчера вовремя розборки текста стр. 19. Слово, по-моему, совершенно приличное и подходящее к атрибутам души и пр. "безалчная душа". Есть безгрешная, безутешная и т.п. по три страницы качеств и состояний, или, точней, их отсутствия, только на приставки "без-" и "бес-", — а вот "безалчной души" нету. Это что-же получается какая то бяка-закаляка — то-ли я её сама из головы своей выдумала?!

Марина Приходько

ПОТОЙБІЧ МОСТУ

Емі й Кості Кузминским
поетам — сусідам по Тексасу
жмут "старомодних" віршів
— Марина Приходько

Керрвіл, Тексас
9. XI. 81.

БІБЛІОТЕКА СУЧАСНОСТИ

Битому /или битовуй/ неймётся, Котик, поэтому я продолжаю позволять себе вольности в переводе стихов Марины Приходько. Я отдаю себе отчёт, что подобный метод "перевода" есть поэтическое шарлатанство, но - попытаюсь об"яснить - из-за незнания украинского языка, из-за весьма слабого "подстрочника" /Саша дал, видимо, буквальный перевод слов, забыв о буквальном переводе смысла/, который часто напоминает "рыбу", очищенную от размера, - если помнишь, "рыбой" мы звали набор слов, уложенный в ритм музыки, чтобы стряпать текст песни, причем "рыбу" изготовлял автор музыки, из-за отсутствия профессионального навыка переводчика и по другим тёмным причинам, - я не могу /и не умею/ подходить к этой работе иначе, чем... ты видишь.

Очень долго я откладывал "перевод" стихотворения на странице 22, но помнил, что "подстрочники" сделаны по твоей указке /отбор/, что это стихотворение имеет смысл для публикации и для характеристики поэта Марины Приходько. И я решился. Я попытаюсь об"яснить вольности в каждой отдельной строфе - ниже, но вот чуточку об общем: я старался включить в текст слова и детали близкие по смыслу, рисунку и настроению для всей её книжки; я старался найти переходные дорожки от стихотворения к стихотворению, ибо в стихах Марины весьма чётко /с моей колокольни/ означены сумерки, ветер, тоска, отчаяние, ожидание встречи на мосту. А теперь гоу:

1. Жить - говоришь - привыкают,
жить - говоришь - просто.
Не верю и,значит, не знаю,
но жду на горбу моста.

Две последние строки сохраняю смысл ожидания, но во всём остальном не являются принадлежностью Марины /она мне, возможно, простит/.

2. Темна вода и бездонна,
и лодку стремнина несёт,
и смотрит оком бетонным,
намёрзший на сваях лёд.

Здесь, начиная со слова "бездонна" идёт моя отсебятина по той причине, что, ежели героиня ждёт встречи на мосту - на непрнятной "той стороне", то, скажите мне - скажите ей, на кой ляд нужн тут перевоз? - топай по мосту - скорёжонько... Я позволил себе предположить, что в лодке, которая может быть сродни Хароновой ладье, имеется-находится та персона, из за которой у поэта Марины столько хлопот на земле...

3. Бог? Сатана? Не знаю,
но манит из лодки к себе,
то ласковым голосом рая,
то адом тоски о судьбе.

4. О, помолчи! Всё ясно:
слова мне давно знакомы -
и прежде звучали явно,
и ныне влекут из дому

Снова две последние строки являются моей выдумкой, затем что не могу уразуметь с кем и на каком пароме, когда и при каких обстоятельствах состоялась встреча с... любовью? богом? сатаною? - Из подлинника мне не извлечь скорбей, и подстрочник не помогает.

5. в ночь, в ветер и слякоть
на мост над водой глубинной
сиротским голосом плакать
о суженном и любимом.

Даже не комментирую...

6. Кто ты - брат мой? вражина?
глаз искры оледенели.
Черные птицы кружили
над телом в серой шинели

7. Скошенный рот приоткрою -
от страшной потери стенаю;
в листве, почерневшей от крови,
бог? сатана? - не знаю...

8. Долго ли ждать воскрешенья?
Что нужно: примету? дату?
Выйти из окружения
не суждено солдату...

9. Темна вода и глубока,
мост скользкий под каблуками.
Смотрит оловом ока
Бог-Человек-Лукавый.

Очень многое требует об"яснения в моём варианте, но смысла тут больше и конструкция, мне кажется, цельнее, а главное, что это не извращает и не ухудшает оригинального текста. Однако, сие нельзя считать переводом в том смысле, в каковом существует профессия в литературной работе, - это скорее всего ВОЛЬНЫЙ перевод или стихи по мотивам стихов, с которыми познакомился на малопонятном языке. Вот и вся недолга.

И из следующего письма Розиаса:

Над переводами Марины Приходько, кои были посланы тебе, больше не трудился, а причину ты знаешь. Кроме того, есть внутреннее ощущение, что я их закончил /ну не тянет меня вспоминать, что я там натворил/, поэтому разредактируй, как бог тебе в душу положит. Опосля телефонного извещения о срочностях по Марине, я отписал быстренько Поповой и вложил в письмецо твой адрес, - ежели у неё хватит обязательности, то пришлет и фоту и ещё что-то. Я же, схватив книжку Марины, одной ночью натворил якобы переводы. Об"яснюсь: из четырех стихотворений, кои сработанны, я имел только один подстрочник, в других же /там, где встречались непонятные украинские слова или обороты/ я запросто выдумывал - отсебятничал, стараясь вложиться в смысл. Поэтому не серчай, сердечный, и правь, что считаешь нужным, и обспроси православных украиноспикающих о мере моего невежества.

Первое - гоу!

Только ночь. Только снег под ветром.
Только гнутся и стучат ветки.
Дымом пожарищ, горьким приветом
память о давнем жжет веки.

В данной строфе мне неприятно слово "стучат", ибо напоминает.., но всё н лучше, чем "шумят" или"шуршат". Фраза " Только снег под ветром" - нарочита, так как в ней больше видно метели, чем "снег и ветер".

Отчаялась или ещё надеюсь?..
Сама не знаю - снегов завалы.
Ты не видел - я метелью оделась
и на мосту о тебе тосковала.

Тогда всю ночь шли эшелоны, -
их шум в снегах приглушил тревогу, -
товарняки, на окнах решетки
мелькали в ночи, влекли в дорогу.

Замело и следы, и даты,
и,как прежде,живут народы..,
а я всё жду на мосту горбатом,
всё гляжу в ледяную воду:

вижу ночь - только снег под ветром,
только гнутся и стучат ветки.
Дымом пожарищ, горьким приветом
память о прошлом жжет веки.

Я осмелился уйти от упоминания о "единственном" в последней строфе, так как твердо знаю, что "единственный" не единственный у любой бабы, и поэтому не хочу обманывать непорочного читателя. Ещё я не трудился над рифмой к слову "эшелоны", так как считаю, что это не самая грешная лень,ибо "салоны", "вагоны", "законы" - выглядят ваганально...

На стр. 17 отловлено:

Нет слов; не нужно их.Упала,
как тень, завеса пустоты.
Ты знал давно. Ая? Чтож я не знала
того, что знаешь ты?

Теперь, когда поникли твои плечи
в юродстве пьяни, - влажна и страшна,
вливается в мой одинокий вечер
далеких звезд тупая тишина.

И давит груди... Милостивый Боже,
ужели и Тебе нести наречено
весь этот космос ледяной и ложный,
где тишиною и тоской темно?

В первой строфе вторая строка может быть калькой к украинскому: "Меж нами тень немой тоски", но я не чую смака в этих словах на русском языке, поэтому уступаю "гурманю". "В юродстве пьяни" - василеостровская выдумка, так как я не смог осилить смысла украинских слов и решительно заменил

ЭТО убогой фантазией. Что же всё таки значит "в юрби байдужной", а? Слово "сузир" мне тоже неведомо, поэтому появилась "тишина далёких звёзд" Зазвездило, Звезда Матвеевна, потянуло в звездочёты...

На стр. 21 извлёк следующее:

Смилуйся.Закрой моё окно
твоих ночей глухонемой завесой.
Сердце моё угасло давно,
глаза не видят чистоты небесной.

Страшно, безлюдно, кричат петухи,
гадаю - и не отгадаю,
где и когда, за какие грехи
меня выгнали из моего рая.

Поздно теперь. Назад не сбежишь.
Пепел скорбей коснулся волос.
Веяли ветры - и сдули жизнь,
и ничего не сбылось.

Опять же есть возможность калькировать с украинского на русский:

Смилуйся.Закрой моё окно
черной завесою твоей ночи.
Сердце моё угасло давно,
давно слепы мои очи..,

но "очи" в данном положении совсем не поэтичны, а толечко тяготеют к привычной рифме. В следующей строфе я притянул за глотку "кричат петухи" ибо мне не было достаточно вещественности во фразе "страшно и безлюдно вокруг", кроме того, отказать себе в пошлой рифме трудно. Заключительная строфа держит смысл, но звучит опять же голосом ленинградской обреченности, - но такова интонация чувств.

На стр. 27, руководствуясь подстрочником имени САШИ ОЧЛЕНОЧАНСКОГО, я позволил себе больше вольностей, чем допустимо для профессионального труда переводчика. Но - я не переводчик и не профессионал - я позволяю себе гоняться за смыслом чувств, забывая о грамматике размеров и об авторском праве на отбор слов. В настоящее время Марина мне прощает все грехи /с жаренными петухами к ужину/.

Мой храм разрушен и оплеван,
мои побиты божества.
В руинах пьяная листва
хохочет с ветром непутевым.

А я души святую страсть напрасно пролила без меры,
но жертвой стать не захотела,
в тяжелый час ненужным телом
сползла в пустыню, где без веры
скитаюсь, - не могу упасть.

Над жертвенником дух осиротелый
витает, свивает в сердце боль и стыд.
Кто в плен возьмет? Чей Бог простит?
Кому нужно моё пустое тело?!

Как видишь, я старался спасти вторую строфу и мутил мудями белый свет, а зря, так как без второй строфы /за вычетом хуевой ритмики/ стихотворение держится уверенней. Но это забота Ваша, папаша. Остаюся, словно Маша, без жратвы и без гамашев.

Постоянно голодаю по русскому чтению, ежели "пасыбол" - шли мне что-либо /почтовые - моя забота, а возврат - непременно/.

До побачиванья, Кот, целуй и не обижай Мышь

Марина Приходько

К о ш м а р

Вечер манит уйти на берег,
давит плечи, пугает тьмою,
сквозняком открывает двери
и прибоем шумит за стеною.
Как торосы, застыла мебель,
тянет холодом смерти от пола,
в ночь уходит дневное небо
по дрожащей струне произвола.
Волглый след мягко светится в травах,
мох шевелит вечные камни,
безнаказанным катом правды
месяц прячется за облаками.
Яворовый мост проломили тени -
с разлома пахнет песком и илом.
Руки мои приведениями
плывут - голубое с белым;
явор скользкий, зеленый, хрупкий;
хрипнут кони, кляцают кости,
не находят опоры руки,
ноги тянут к дьяволу в гости.
Ближе, ближе. Всё тело млеет,
сердце меркнет во тьме кошмара.
Веретень из болота лезет,
ртом нечистым по шее шарит,
тянет, душит, влечёт - тонешь -
в слизь и слякоть вцепившись руками,
слышишь, что сам дальним голосом стонешь
замогильной страны, где может быть мама...

Марина Приходько

Загубленный бесповоротно свет
плывет за окнами на мягких крыльях ночи.
Я пальцами закрыла свои очи -
я не хочу услышать твой привет.

Мой слабый свет - еще живой в ночи -
закроет навек мертвым снегопадом.
Что сделал ты, единственный? - Молчи.
Снежинку сердца ты пригрел?..- Не надо.

x x x

Не быть весне, не быть...
Оборвана песня, прости.
Венок мой в траве забыт -
некому доплести.

Остались вечерние звоны
и скованы болью уста.
Душа остывает от стона,
мельчает, черства и пуста.

Ночей любви пьянящая отрава
растерзана неверящей душой.
Быть одинокой - значит быть неправой,
ненужной, безразличной и пустой.

Был такой вариант:

остался мрак растерзанных ночей -
отравлено души пьянящее вино,
нежаждущей, неверящей, ничей,
которой холодно, которой всё равно.

↑ Это — хуже, но и то не лучше. Пока остановимся на верхнем варианте.

КОШМАР

Неспокійним прибоєм вечір
Підійшов і розсунув двері;
Повернув у темряву плечі,
Кличе-манить на інший беріг.
Залягають ропухами меблі,
Тягне холодом від підлоги;
В ніч веде по вузенькій греблі,
По тремтячій струні тривоги.
М'яко-фосфорним шерехом світиться
Слід вогкий поміж мохом і травами,
І зловісно з-за хмари місяць
Ліхтарем випливає кривавим.
Не пройти яворовим мостом;
Пахнуть тіні піском та ілом;
Потойбічний, ліловий одсвіт
Обливає долоні білі.
На ховзькім, на зеленім мості
Полохаються хрипом коні;
З-під копит клекотом кості,
За плечима луни погоні.
Ближче, ближче: все тіло вмліває.
Паморочно. Кошмарно. З болота
Велетенським в'юном виповзає,
Посягає нечистим ротом,
Тягне, душить, засотує — тонеш —
Та вже чуєш, вчепившись руками
За слизьке, що це сам ти десь стогнеш
На тім боці, — де лямпа, де мама.

Жити — ти кажеш — звикають.
Жити — ти кажеш — просто.
А я щоночі чекаю
Потойбіч, потойбіч мосту.

Темна вода й глибока.
Жду — не діждусь перевозу.
Оловом дивиться око,
Шкляться холодні сльози.

Бог? Сатана? — Не знаю.
Кличеш і маниш до себе.
Зводиш спокусою раю,
Пеклом одчаю . . . Не треба.

Ти не кажи; все ясно.
Давні, старі знайомі,
Хоч зустрічались, власне,
Тільки вночі, на поромі;

Тільки у вітер і сльоту,
Тільки на краю безодні . . .
З темним, покривленим ротом
Ждеш там мене і сьогодні . . .

Хто ти — мій брат, чи ворог?
Око вологе і шклисте.
В сірій шинелі ще вчора
В лісі лежав між листям.

Спеченим, спраглим ротом
Рвалась душа в одчаю;
Кров'ю чорний і потом . . .
Бог? Сатана? — Не знаю . . .

Довго ще? Надиш, зводиш,
Ждеш ще — на знак, чи дату . . .
Грізно піднялись води —
Вийди назустріч, Брате.

Темна вода й глибока.
Дивиться в ніч єдиним
Каменем-оловом ока
Бог — Сатана — Людина.

*

Поміж долонею твоєю,
у спочинку на грудях в мене,
і твоїм лицем,
закам'янілим в непорушності,
яка безмежна віддаль пролягла...
Десь пропливають
міражі караван;
десь протікають
глибокі ріки;
в темноті
проходять мимо тіні.
Я стремлю.
Я напинаю туго лук болючий мого тіла
напроти темного вікна твоєї ночі.
Надаремне.
Ні моста,
ні маяка не видно.
В ревності, твої боги моєї жертви не приймають.
В самоті, одна на острові покинута, я цілу ніч свічу
на підвіконні свічку; стережу,
щоб полум'я горіло рівне і високе;
Вартовим, я доглядаю ватру.
Я не сплю.
В той час коли рука твоя
тяжіє тут на грудях в мене,
і тебе поймає сон.
Крізь твої темні пальці
піски просочуються,
і течуть мовчазні ріки..

*

Зруйновано, сплюндровано нещадно
Мій храм. Богів моїх повержено у порох.
Над їх безсиллям переможний ворог
Так люто насміхався і злорадно.

А я, що світ душі і пристрасті без міри
Проливши, в час трудний баляст нужденний тіла
На жертвенник покласти не зважила,
Скитаюсь по пустелі диким звірем.

В одчаю б'ється дух осиротілий,
Ятряться в серці біль, ганьба і сором.
Чиїм богам, яким конкістадорам
Продати в рабство це нікчемне тіло ? ! . . .

*

Не бути весні, не бути . . .
Обірвана пісне, прости . . .
Вінок у траві забутий
Нікому не доплести.

Лишились вечірні дзвони
І сковані болем уста.
Душа, як зоря, прохóлоне
І стане не та вже, не та . . .

Даремне розтерзаних ночей
Отруйне, п'янке вино
Душі, що нічого не хоче,
Душі, якій все одно.

*

Дзеркало ночі раб чорношкірий
Мовчки підносить. Глибоко, до дна
Тоне — зринає. Поплавець віри
Значить глибінь. Тільки ж пізно. Одна.

Знов віч-на-віч у полоні свічада
Довго випитує правду душі.
Краплю за краплею. Кров'ю. Ядом.
Знаєш?! Тоді мовчи!
А ні — то на коліна: проси пощади!

Краплю за краплею. Кров'ю. Ядом.
Знов до холодного поту, і знову до дна.
Скільки затоплено! Сіркою-чадом
Дихає чорне провалля. Пізно. Одна.

Глухонімий близько схиляється раб. Ніч-омана.
Димне свічадо. Без відгуку й дна.
Крапля за краплею сочиться з рани.
Пізно. Одна.

(І. К.)

Загублений безповоротно світ
Пливе за вікнами у позолоті ночі.
Я пальці втомлено поклала знов на очі
І більше вже не жду на твій привіт.

Мій світ, один із безлічі світів,
Порошить сніг під мертвим сяйвом неба.
Єдиний мій, що сталось? Ти пригрів
Сніжинку серця ? . . . Не кажи. Не треба.

КИЕВ

Л. А. ВОЙТЕНКО, ЯНВ. 75

НАТАЛЬЯ

киевская поэма

Наташе Гузеевой

"перебирать твою седую прядь..."
/из посвящений А.Б.Иванову/

"Людмила, боже мой, Людмила!"
/из лирики К.Кузьминского/

Глава 1.

перебирать твою седую прядь
ни пядь твоя ни пясточка ни кисточка
твоя от пятки лобовая косточка
позволь ее позволь ее лобзать

татьяна в глубине тебя есть тать
потение знобит тебя наталья
поскольку полиандрия в непале
на колокольчиках растет киста

я кистью шевелю тебя понять
о подними мне гены гениталий
я преисполнен гения наталья
и талию твою хочу обнять

наталья помяну тебя опять
заверит завещание нотариус
банкноты обращу я в нототению
наталья но другого жду от тя

поет по телевизору кобзон
и в нем торчит бамбуковая тросточка
наталия ты мозговая косточка
позволь тебя позволь тебя лобзать

Глава 2.

крещатик сломанный крестец
на киевских дубах и буках
саранкой луковицей буквой
повиснет вымя на кресте

крещатик тощий иванов
ласкает бубликом марьяну
и тыча пальчиком в матрешку
прыщом проносит свой любов

крещатик хвостиком треща
иодом смазаны иоги
торчат распущенные ноги
из развращеннаго плеча

крещатик киевский барокк
кивают церкви головами
бежит с доносом головенько

и процветает баккара

крещатик копчик перелом
на передок народной брички
повешен чумаками пряник
малороссийский парадиз

Глава 3.
*/похеренная, восстановленная с голоса А.Б.
в записи Крыжановского, первое слово ни я,
ни Конев так и не смогли разобрать/*

*насинивиться? носиться
в осеннем лесу паря
напудренная косица
прокатный с довженки парик*

*напудренными сосцами
/расставлены нагло врозь/
и капаешь ты квасцами
на юбки фальшивый ворс*

*лежит иванов похмельный
рыдает над ним любов
понеже кумир похерен
наморщит лобок колобок*

*наталья на пудре синей
не вывих а выдох взвизг
кузьминский пропив подрясник
хоть голым играет в вист*

на сіни вітця? *кирилла
кириллицей исписав
невинные небеса
нависнут чухной карелией*

Глава 4. (ibid.)

*ляпнуться майдан
синяя наталья
черная неделя
кожаный мандат*

*кожаные трубы
гладкие гробы
вытянуты губы
результат борьбы*

*спи наталья статус
ныне изменяй
синеватый пенясь
лезет из меня*

*иванов петрову
тихо говорит
опосля перцовой
у меня горит*

падают мочалки
на степной майдан
спи моя печальная
никому не дам

Глава 5.

не бысть поелику не весть наталья
на польскую мову его переклад
спасибо что киев москва сберегла
и оные дни для меня настали

спасибо что есть черенки в постеле
поспели черешни заречный каштан
червивым тузом расцветает киста
бармены на чешской валюте подсели

спасибо что челюсть вставную украли
прошамкаю тихо неправящий член
по волнам скользит управляемый челн
наталья и мы в эти игры играли

на киевских площадях воет площица
софия замшела печоры печоры
весенний спектакль под платьем плечами
наталья печалью горит плащаница

невестой на выступе плоти наталья
но рыжею кошкой мяукает ящур
в прищур твоих глаз элегический ступор
на якоре ночи потенье таланта

Глава 6 /за которую масоны меня отравят/.

песок масонский теугольник
меж ног на пляже ля мезон
об плешь разбившийся мезон
галецкий бомба в треухголке

расплющенной ареной цирка
овальной чашей млеет грудь
гора афон системы грюндик
покинутый в отеле ритца

горят безумными сосцами
в трех пальцах спрятанный мираж
пятерка треф тире ремиз
порез подкрашенный квасцами

зиянье лона злень до вохры
на досках ерзает юрист
тоскует праведник в раю
дивясь на грудь который вогнут

на белом фартуке клистир
адамов перстень капля крови
адамов крест адамов корень
и конструктивные кресты

Глава 7.

иванов желает пососать
маленький кусок свиной грудинки
подарил зачем-то мне ботинки
и теперь рисует небеса

набегает на глаза слеза
киев отдаленнее хельсинки
почему-то бегают хвостенки
а за ними бегает сезанн

продается маленький сазан
в нем сквозят зернистые икринки
и грузины на кузнечном рынке
вспоминают своего сосо

березовский где же бирюза
из бересты сделанные кринки
раздаются жалобные крики
то астахов продал бисера

очередь в садовый писсуар
и штаны находятся в починке
бродского повесили в синг-синге
иванов рисует небеса

Глава 8.

кончилась карьера пионера
отчество косынка перелом
он упал на желтый поролон
деснами поплыла пиоррея

но в бульоне не было порея
по евреям маленький облом
потому что маленький обком
на лобке созрела гонорея

золотом написана корея
пень остановивший перекоп
и баркова вертит передком
позади туманная капрея

на штаны барочного покроя
пробежит шемякин питерком
а в москве тоскует интерком
по кровям нанайского покрова

кудряков по квд порхает
русс пархатый козьим молоком
феодосия столица молокан
лекаря историю похерят

Глава 9, которую я не напишу, но иванов сыграет

/в жопу пьяный импровиз/:

наталья
андреевский есть не суть
поелику он есть не величанский
не возвеличу
суну голову я в чан
я чушь порю наталья
от отчаянья
наталья не пиши мне писем не
не мне пиши
не я тебе наталья
на талию твою молчу
неделю
и 2 недели там же промолчу
я твой чулок наталия
я чуб
я чувств изнеможенье
о наталья
поскольку полиандрия в непале
но в киеве ее не может быть
там быт
там есть крещатик
есть крестец
и есть скопцы и скопидомы Боже
наталия
наложницей на роже
я не могу
а иванов играет жуть
он жииизнь
он жертва
или же он
жопа
в конце концов
торчим мы на конце
на коем объявляется европа
и ледою копается в яйце
там зевсы
или касторы
поллуксы
пол-луковицы дайте закусить
я все равно
мне все равно не быть
мне выть
мне вы-вы-вать свое поклонство
идоло-
ибо
идолу
дали
рыло
которое
били
немножко
но все
наталья
зачем ты меня изрыла
зачем ты зарыла меня совсем
я не желаю жены
наталья
в жены тебя не возьму зажжен

ибо горю я как факел в италии
там же везувий который
шел
вышел
на лютне играя саша
маша кричит он
голосом жутким
все равно все равно наташа
киев это тоже
сутки

КИЕВСКИЕ ТИПЫ

начнем как синдик - с синодика:
мадонна Лялька /она же - Лариса Андреевна Войтенко/
черноморский поэт Иван Рядченко
Гузеевы мама и папа
Наташа Гузеева /Гузя/
Наталья Кучинская
Иван Драч, а также Коротич
философ Валька Маляко
Андреевский
и с Киевом было покончено до эмиграции

начнем по-новой:
Очеретянский
Сайз
Виктор Платонович Некрасов
Моргулис
Яша Рабинер
Лариса, подруга Марка Марьяновского /виолончели/
Марк Малинский со студии Довженко

итоги:
киевский еврей задрочен и закомплексован вдвое больше питерского
но его легко понять:
щирые жовто-блакытнички с одной стороны
и русификация Украйны с другой
еврей прижат к Бабьему Яру /не читал - ни Кузнецова, ни, паче того, Евтушенки/

я же знаком был с Лысой горой
украинским барокко
и Дарницей

в 67-м началась мадонна Лялька и продолжалась - "ВАВИЛОНСКОЙ БАШНЕЙ" - 5 лет было всяко был философ Маляко, гость Сосноры, с кем было пито на Новодевичьем у Врубеля и продолжено на Волковом у Блока помню плохо читался Драч, "баллада про гени" писалось же что-то Марине так и продолжалось
украиньска мова начиная с Гоголя, потом Котляревськиӣ Гузя прислала мне Иоанна Величковского и Митрофана Довгалевского, да и "Твори" Котляревского тоже она, вроде а потом прислала Наталью Кучинскую, уже в 73-м, и я устроил знаменитые съемки с дикобразом, голой Малюткой и задрапированной в тюль Кучинской, на груди у Малютки дикобраз ел гранатовые зерна, но цветной пленки не было, снимал Володя Березовский света тоже было мало в квартире на Льва Толстого Кучинская стеснялась оголяться, говоря, что потолстела, действительно, "Русская березка" была в теле, что я люблю, отчего и прижал на лестнице - "Ах, говорит, но пропустить Кузьминского..." однако ж, зима, ночные блуждания по Петроградской в комнате у матушки жена в квартире Малютки Малютка а у Натальи и вовсе свои заботы - аборт так и осталась олимпийская чемпионка со мной и немножко с дикобразом на фотопленке только Приходько что-то там вытянул а вообще кадры не ах
и осталась "Киевская Наталья" - февраль 1973-го, покладенная на музыку А.Б.Ивановым и две главы, было похеренные, в его исполнении восстановил уже тут но одно слово никак не разобрать сейчас жду звонка Конева, может он разберет а Гузя, оказавшаяся подругой и Сайза, где-то, говорят, тут, в Канаде, вроде а и было-то всего: я читаю "Томь" папе и маме 15-тилетней девочки в Киеве, а потом меня отвозят куда-то спать и наутро дают кровяную домашнюю колбасу с гречкой а девочка не забыла, приехала уже 20-тилетней а мы с А.Б. сочиняли "Гратис" , клали на музыку и делали детские книжки девочка опоздала на самолет, приехала, чтоб застать мое пьяное мертвое тело и остались жалкие фотографии и поэма

Моргулис, В. П. Некрасов и я

Кларнет Юлик и В. П. 1983 г

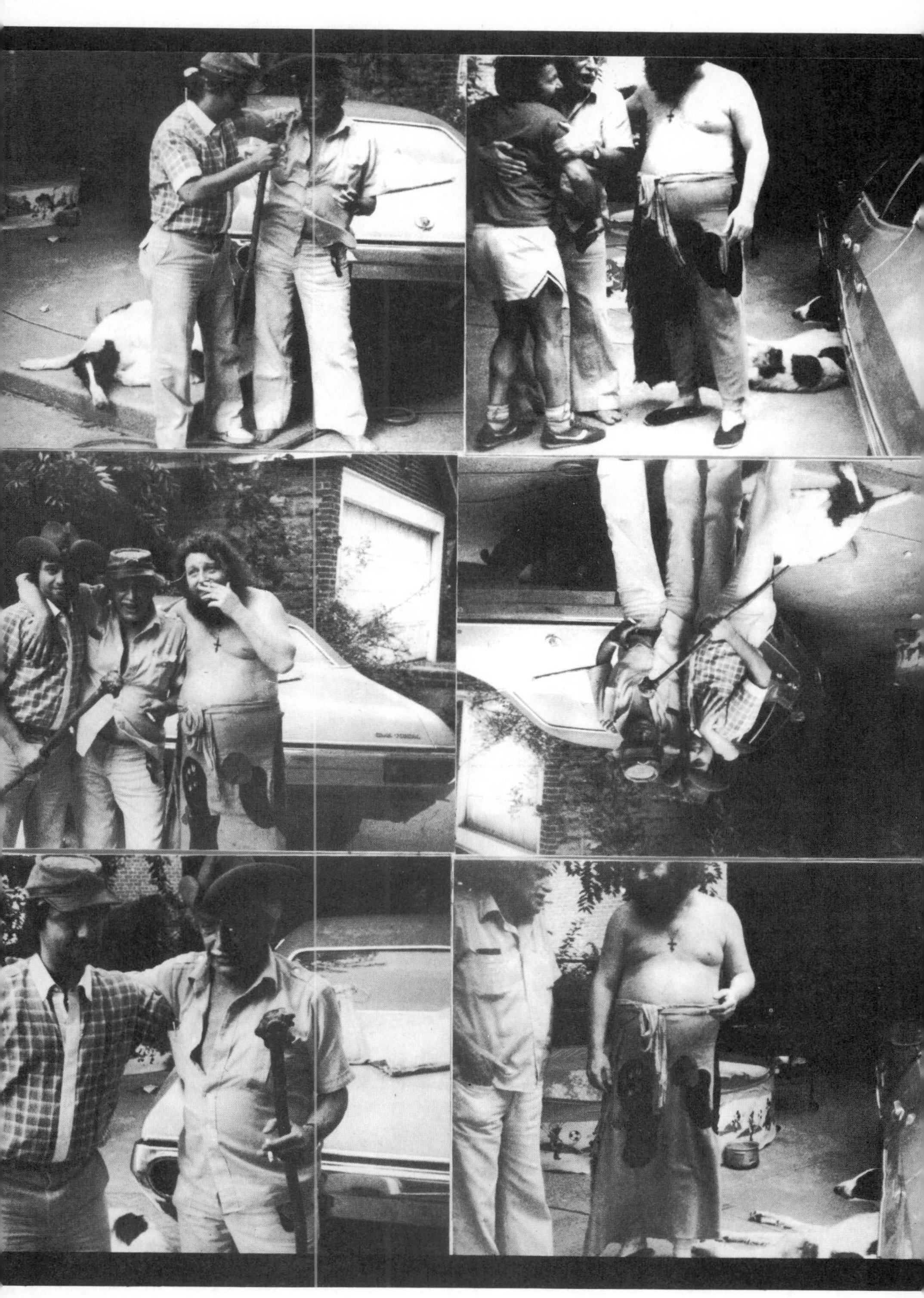

в Киеве я больше не был   это Киев остался во мне   и поэтому к каждому киевлянину я со всею душой
мадонна же Лялька, тянувшаяся годы и годы, заслуживает не эссе а романа
причем романа сугубо трагического, в духе "Эдички"
но я никогда такого не напишу
не люблю Лимонова и Достоевского

а вспоминаю я, как Моргулис привел ко мне в подвал Виктора Платоновича, с Юликом-кларнетом, уже из Риги, и Виктор Платонович обаял меня а потом спал пьяный на моей койке, я же не пил, а вовсе кормил их окрошкой   проснувшись, Виктор Платонович сообщил мне стихи написанные его внуком, помещаю:

ДЕДУШКА СТАРЕНЬКИЙ
ЛЕТ ПЯТЬДЕСЯТ
ТРУСИКИ ПОРВАНЫ
ЯЙЦА ВИСЯТ

которые стихи сразили меня, не тем, что они посвящены знаменитому писателю В.П.Некрасову а определением: "Дедушка старенький - ЛЕТ ПЯТЬДЕСЯТ", восприятие ребенка, гениально, а мне уже через месяц 46 стукнет и вспоминаю я, в основном, молодость
свою ли, Наташи Гузеевой, Мадонны, Малютки, Натальи Кучинской
нашу

антология давно уже превратилась в автобиографию, роман съ гугенотомъ из нашей плехановской юности, о которой тоже надобно особо
а место позволяет только СТРАНИЧКУ
о Сайзе, он же Кит, он же Саша Ямпольский
об Очеретянском-Осточертянском
о Яше Рабинере
о Моргулисе я писать не буду
о Некрасове напишут и без меня

Сайз же, будучи актером-режиссером и грузчиком, был в некоторой ступени и поэтом, так - приводимый перевод /переклад/ "Йеллоу сабмарин" битлзов - сделан им совместно с рыжим Петром, который ушел в монаси, привожу:

Мы живемо в жовтому човнi
в жовтому човнi
на самому на днi

Стейць керуе на гальму -
човен глибае до дну

Ми живемо в жовтому човнi
в жовтому човнi
на самому на днi

Петр
/ныне монах в монастыре под Одессой/

а еще мы с Сайзом, по заказу Давида из Ташкента, хозяина русского магазина в Риго Парке написали эпитафию его отцу, который преподавал математику, и которого помнят по доброму все его ученики:

УЧИТЕЛЮ МАТЕМАТИКИ

тысяча белых знаков
осталось на черной доске
память умножили многие

.П. у Шемякина.

незнакомый с японской поэзией ташкентский еврей Давид велел выбить на памятнике что-то
благоглупое и банальное, типа "Мертвых душечек" Бахчаняна, и 100 долларов за готовую эп
тафию тоже не заплатил /хотя я соглашался - натурой, селедками там и прочим деликатесом
поэтому эпитафию с полным правом и публикую
Сайз, ко всему, отличается еще и сайзом, как я люблю говорить - 210 на 120 /это см на к
каратист и подобное, поэтому я и хотел поставить на свой "турский вечер" к 46-тилетию е
и Довлатова у входа с ятаганами, турские шальвары он себе с моих пошил /мои же при этом
привезенные Геной Гумом из Сараева, где он ассистировал на олимпийский играх для какого
то эй- или эн-би-си, алого шелку, Сайз заносил и затрепал и сделал даже дырку в промеж
сти, но главное, что все теперь думают, что это на мне - ЕГО шальвары, что обидно/, так
поставил бы, но Довлатов бросил пить и не придет, Сайз же перманентно занят с какими-то
дурацкими репетициями еврейско-армянско-негритянского театра
самодеятельности, как полагаю
личность он шибко выраженная, и не только размерами
год уже пишет мне киевские мемуары "Воспоминания в гинекологическом кресле", поскольку
дед его был главным венерологом Киева, а отец - номер один преферансистом на Крещатике
отчего Сайз лишен всяческих комплексов
вычетом: родители, развития для, убрали из дому все детские книжки, и в 5 лет он прочел
всего Мопассана, отчего детство у него задержалось и наступило только сейчас
понтила, сноб, столичный провинциал, чудовищно начитанный каким-то французским педерас-
том в английском оригинале, отсидевшим лет 20 и от не хуя делать ставшим писателем, Сай
при этом нецелован во многих областях, как неподнятая целина
органично войдя в богему Израиля, а также в его проблемы и иврит, тут он стал частью оф
бродвейной публики, каких-то поэтов, писателей, театралов американского вероисповедания
читает только по-аглицки, говорит с чудовищным акцентом, но общается, имеет черную подр
гу и несколько белых /из традиционализму/, делает какие-то шоу, пишет тексты песен по а
лицки, которые потом поет какая-то певичка, тщась продать как рок, общается с Алленами
Гинсбургами и прочей шушерой - Энди Уорхолом и еще кем-то, словом
ЖИВЕТ
открыл даже на паях с негром театральную галлерею, где выставляет всякое дерьмо, утверж
дая, что это последний крик моды
собирается писать картину ссаками в присутствии публики
сучаствовал с Толстым в росписи телес на фоне Манхэттена, но об этом в московском томе,
если руки дойдут, а пока
РАБИНЕР
"яша рабинер, ты не робей,
милый киевский воробей" - и дальше что-то там было написано по пьянке, целые стихи, но
не воспроизвожу за скудостью
специалист по травкам и пыткам
пишет стихи, сказочки и роман об Иване Грозном
кончил фармацевтику и торгует лекарственными травами и я у него вечно лечусь
скептик и типичный киевский еврей /особое племя/
он, тем не менее, в свободной стране - тоскует оттого, что не печатают
я не тоскую
я печатаю все, что пишу сам, и заодно почти все, что пишут другие
яша приходит ко мне со своим чортиком Чубарем-младшим, который без конца дрочит какие-т
контурные женские фигуры, которыми уже обнадоел, спорит со всеми и восхищается только
Шемякиным /почему?/, Яша же злорадно наблюдает на меня и бушующего Чубаря, отчего я тож
начинаю бушевать и орать на бесенка
Яше нравится чортик
семейная жизнь мне его не ясна, вроде есть жена и тесть, с которым Яша спорит
появляется у меня раз в три месяца
с Чубарем
и приносит очередную порцию сказочек или рассказов

ПОМЕЩАЮ

Марк Малинский /не путать с Марьяновским, чья бывшая жена, Бэлла, была при Евтухе, когда мы пили в китайском ресторанчике с ним, его антрепренером Шульманом, Гумом и моим приемным беглым израильском барабанщиком Игорьком, при этом Е.А.Евтушенко битый час покупал в полукитайском квартале шампанское "Редерер" за 66 долларов, которое, как он утверждал, пивал сам Пушкин, за китайские же ребрышки платил Шульман, тоже гусь и фигура, но жена отставная друга моего, с Евтухом - цирк!, а Евтуху абы юбку, тут таких пуэрториканок полно, нет, на родное, Шульман, надо понимать, и привел - словом, посидели, поил советский поэт Евтушенко антисоветского эмигранта Кузьминского, Бэлла тоже что-то блекотала и призналась, что была жена Марека, которого Марека привел мне играть на выставку Володи Некрасова у меня в галлерее тот же Юлик Милкис, а потом Марк играл у меня просто так, пока не встретил киевлянку Ларису, которую я прозвал "булочкой с изюмом" за ее родинки, и, получив место в оркестре, уехал с ней в какой-то Сент-Луис, но изредка наезжают, сидим и жарим шашлыки, пьем чаи из самовара - великий поэт и антологист Кузьминский, великий виолончелист Марк Марьяновский, великий художник, абстракционист и сюрреалист, Арнольд Шаррад - см., жарим сосиски, принесенные Лариской, а на десерт - при прогулке обнаружили выброшенный холодильник, а в нем полно банок, съездили, привезли: малость поржавевшие банки с консервированными грушами, грейпфрутом, персиками, вполне съедобными, накидали льду - десерт! - а изредка и посторонння публика, вроде Евтуха, заезжает, антологию чтоб купить и попредставляться - ну что ж, бить не стали, так, малость, политически облажали, а чаем и водкой напоили, под сало пуэрториканское, очень оно ему в кайф - сидим, пьем, а Евтух не себя, а Колю Глазкова читает, записали, но о нем - в томе московском, и так полстраницы извел, а все от фамилий и Киева/, так вот, Малинский приволок мне на выставку церквей неплохие этюды и чудовищные повторения с икон, которые я не выставил, а так, по обличью - типичный киевский, и даже с папой, весьма милым, приезжал. Мать померла у него, бьется, как рыба, жопой об лед, а художества средней руки - так и не продаются. И не у него одного. У меня тоже.
Думаете, мне за Антологию чего-нибудь заплатят? Я тоже так думал. Платят Щаранским.
И Евтушенкам.
И кого-то я еще из перечисленных пропустил.
Пропустил, полагаю, мадонну Войтенко.
И черноморского поэта Ивана Рядченко, с которым она была знакома. Но сомневаюсь, чтобы Рядченко написал ей "Вавилонскую башню". Или упомянул ее в столь престижной антологии, которую сам Евтух приезжает покупать.
С Войтенками мне круто не везло. Был еще потом Михнов-Войтенко, о котором см. в 4А томе. А это том уже не знаю, какой. Надо к 31-му марта сдать еще 5, а сегодня 17-ое, а машинка, на которой я начал ее 8 лет назад, уже подыхает, вызвал мастера - "Хана, говорит, таких моделей уже не выпускают, доживает свое" - а уже и Селектрик-3 снята с производства, да и цены тоже, а я все еще тяну эту резину, антологию, Мышь вот сейчас, может, сосисок итальянских принесет и чего пожевать, ходил сегодня в банк, ругался: за недостачу 15 долларов пуэрториканская сволочь, супер, прикрыл счет, говорил с китайцем, вложил остатки мышиной получки, 200 долларов, и неокешенный чек на 440, субсидированный на антологию Ромкой Пенисом /он же Бар-Ор/, который гулял по всем банкам месяц, а мы облизывались и занимали, на "Редерер" у меня явно нехватает, но обойдемся и без.

Идет антология, киевский и харьковский тома, да еще 3 по Питеру, а до Москвы у меня руки не доходят, вчера Танька Габриэлянц принесла малюсенькое и нечеткое фото своего "Автопортрета с Губановым", а я ей сказал, что Леня уже 3 года, как помер, а она эти 3 года в лесах провела, и борзунечка Дика, сестренка Звена, купленная ею у заразы Гума, 3 года, как погибла, а я все пишу эту антологию.
И киевляне ж - Денисова с Барским. Об этих я не буду, занудили, формалисты несчастные - пусть с ними Очеретянский общается, которого я тоже выгнал, из дому и из со-составителей, потому что начал, помощничек тоже - выбирать, кого он будет перепечатывать, а кого не. Сайза, к примеру, оне не желают. Пусть, мол, Сайз сам потщится и на машинке отшлепает. А Сайз, ко всему, ничего еще и не написал. А Очеретянского я выгнал.
И печатать мне приходится обратно самому.
Или отдавать Ленке Довлатовой в набор, что стоит некоторых, но денег. Но Полина с Толей подкинули сотнягу на Одессу, не говоря, что за бесплатно налоговые формы составили - может, чего слуплю в зад с этой вонючей новой родины, которая платит щаранским и евтухам, а я обойдусь. И пойду компановать Киев. Поем только.

он
же
Кит

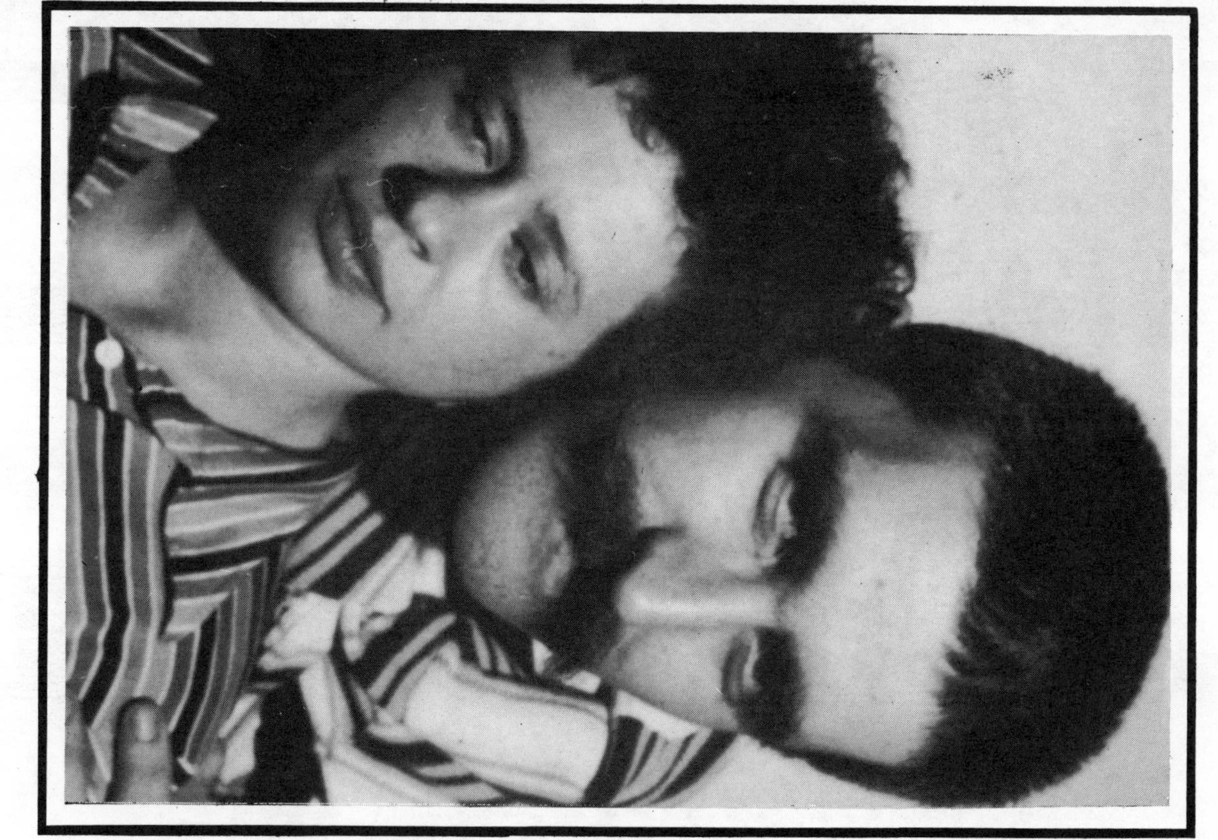

САЙЗ И ЕВА. ДАННЫЕ САЙЗА О:
ЕВА. КИЕВ – ПАРИЖ. НА КАЖДЫЕ 30 СМ РОСТА – ПО ДАТСКОМУ ДОГУ. ВСЕГО 5. СКУЛЬПТОР.

Soviet Life
February, 1977

THE WORLD OF IVAN DRACH POET OF THE UKRAINE

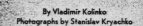

Poet Ivan Drach and his mother.

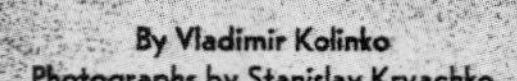

By Vladimir Kolinko
Photographs by Stanislav Kryachko

THERE WERE SOME who accepted the poetry of Ivan Drach the moment they read it, but others rejected his work and do to this day.

It was some 15 years ago that I first heard him recite one of his poems. He was one of a number of poets who had been invited to take part in a poetry reading at the palace of culture of a factory in Darnitsa, on the outskirts of Kiev.

After several poets familiar to the audience had read from their works, a thin young man with a high forehead walked onto the stage, thrust a hand awkwardly into his pocket and began to speak, slowly, pausing at the end of each line:

> The sunflower had hands and feet. . . .

There was a burst of laughter in the hall; the poem sounded like a fable or light verse.

Drach went on, oblivious to the audience's re[illegible]

> [illegible] rough,

[illegible] no recitation; the audience began to see, but a picture of a boy sunflower, who climbed [illegible] swam in the stream by the mill and [illegible] slingshot at sparrows. But one day he stood stock-still, amazed by the beautiful ruddy sun riding a bicycle past the clouds that had gathered in the sky. The boy sunflower stood gaping, and there he remained, standing in the same place for centuries.

The audience, too, fell silent, seeking out the meaning of the words, while young Ivan Drach continued:

> Poetry, my splendid orange sun!
> Every moment some boy is discovering you
> and becoming a sunflower for life. . . .

The hall applauded the 25-year-old Drach. But the literary critics were by no means unanimous in their response. Reviews appeared accusing the poet of being abstruse, formalistic, even shallow, and some of these were the opinions of discerning critics. Even they were irritated by Drach's unusual imagery.

When have people not argued about poetry? But 15 years ago there were more than the usual clashes of opinion, because a new generation of young poets had emerged. In the Ukraine they were Vitali Korotich, Ivan Drach, Vasil Simonenko, Boris Oliinyk, Mikola Vingranovsky and Lina Kostenko. Their work showed little similarity, but they had one thing in common—they were making a painstaking search for new means of artistic expression, they wanted to intellectualize poetry.

These poets all shared something else critical to their development—it was their childhood years, blanketed over with the grime of war; they had all seen and suffered the starvation and destitution of the first postwar years; they had rejoiced at the first generous harvests, and when the first families could move to decent houses

ЛЕОНІД КИСЕЛЬОВ

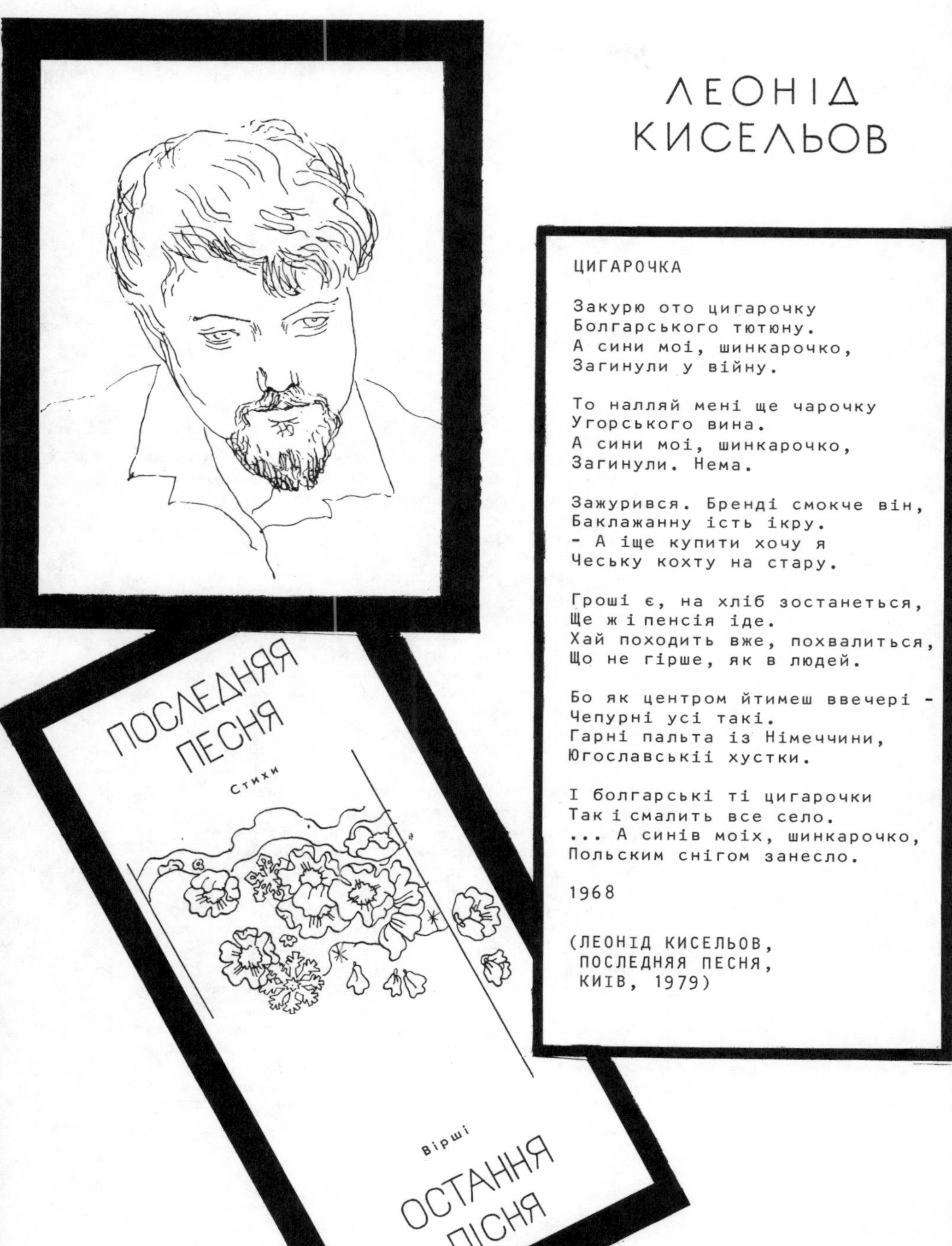

ЦИГАРОЧКА

Закурю ото цигарочку
Болгарського тютюну.
А сини мої, шинкарочко,
Загинули у війну.

То налляй мені ще чарочку
Угорського вина.
А сини мої, шинкарочко,
Загинули. Нема.

Зажурився. Бренді смокче він,
Баклажанну їсть ікру.
- А іще купити хочу я
Чеську кохту на стару.

Гроші є, на хліб зостанеться,
Ще ж і пенсія іде.
Хай походить вже, похвалиться,
Що не гірше, як в людей.

Бо як центром йтимеш ввечері -
Чепурні усі такі.
Гарні пальта із Німеччини,
Югославськіі хустки.

І болгарські ті цигарочки
Так і смалить все село.
... А синів моїх, шинкарочко,
Польским снігом занесло.

1968

(ЛЕОНІД КИСЕЛЬОВ,
ПОСЛЕДНЯЯ ПЕСНЯ,
КИІВ, 1979)

Александр ОЧЕРЕТЯНСКИЙ

Прыщатик. Ах, Прыщатик!
Лобное место.
В Киеве.
В Киеве, Крещатик такое же точно явление, как Невский проспект в Питере, как улица Горького в Москве,как все прочие самые центральные улицы в др. больших и малых городах России, Украины, Белоруссии...
Деться некуда. А деться куда-то хочется. Речь, разумеется, преимущественно о молодежи, но иногда и о людях постарше.
- Прыщатик, он засасывает. - помню,говорил мне один из таких граждан, тех что постарше.
Кафе, забегаловки, шашлычные, столовые, пр. как таковые держатся недолго. Очень скоро они превращаются в распивочные. Обязательные столики со стульями, еще в 60-х, в 70-х во многих из таких заведений сменились на стойки: стоя долго не проторчишь на одном месте. Но во-первых: торчать, заторчать, торчок и пр. имеет и другое значение, а именно - например, вопрос: "Что, торчишь?", т.е. "Что уже совершенно мертвецки пьян или хоть как-то соображаешь?", а если окончательно заторчал, то торчать за стойкой, обпершись на нее, пребывая меж небом и землей, пока не оклемался / читай: не отошел, не очухался, не очнулся/ можно оч-чень долго. Правда, есть опасность, что нагрянут товарищи милиционеры /они же: менты, мусора, лягавые, околотошные, наконец "человекообразные в синих камзолах", как упорно называл их один мой знакомый, большой алкаш, увы уже не помню его имени, впрочем это и не суть важно. Но могут ведь и нагрянуть. И опять-таки, даже если и нагрянут, собутыльники могут помочь, вывести под руки на свежий воздух. Зимой особенно, свежий воздух в себя прийти помогает. А бывает и так, что разбегаются сотоварищи по бутылке и не одной, и тогда прямая дорога во внутрь "канареечки", такой машинки охраны общественного порядка с двумя желтыми полосочками. / кстати, исключительно справки ради, машина исполняющая те же функции, только побольше размером получила название "ворона", потому как окрашена в черный цвет, ну и, соответственно, больше народу вмещает/. И значит, утром в КПЗ человек с сурового похмелья продирая глаза с удовлетворением обнаруживает исчезновение еще вче-

ра полученной зарплаты. Чисто работают товарищи, призванные охранять спокойствие вверенных им граждан. А поди докажи. И кому доказывать? Хорошо еще если какую мелочь оставили на проезд в общественном транспорте. Но и это не все. А только начало. В бессознательном состоянии пребывая мог ведь и сопротивление оказать. И тогда не просто за руки, за ноги в машину вбрасывают, а бьют и пребольно. И только после этого бросают в машину. Утром, соответственно, составляют протокол, а там или штраф /3о руб./, или 15 суток и обязательно бумагу на работу. Через неделю, две приходит бумага на работу, созывается местком, человека прорабатывают, выносят общественное порицание, с предупреждением о том, чтобы в последний раз это было и само по себе это административное наказание явный повод к увольнению в ближайший удобный момент. Формулировка: "в связи с сокращением штатов".
Но я увлекся. Итак, возвращаясь к стойлам... Я уже упоминал выше о том, что во многих кафе стойки поставили, отсюда и "стойла". Стоять долго на одном месте тяжело, но ведь можно простояв час два, пройти прогуляться по тому же Прыщатику взад-вперед, ноги размять и зайти в другое стойло и опять те же час-два...
Так и текла жизнь изо дня в день, из года в год. Те кто не работал ошивались там целый день, время от времени таинственно исчезая и обязательно появляясь вновь. Те кто работал, приходили после работы. И до самого закрытия.
Иные женились, выходили замуж, и некоторое время отсутствовали, а потом вновь появлялись. А некоторые из остепенившихся уже больше вообще не появлялись. Некоторые мужья и жены появлялись вместе и постоянно. Или постоянно и непостоянно по одиночке. На смену ушедшим приходили другие, как правило совсем зеленые мальчики и девочки от 17 до 20 лет.
Надо сказать, что вся эта весьма и весьма разношерстнвя братия, условно получившая название "прыщатинское братство" была как бы связана невидимыми нитями, что-то такое они имели общее, что не было доступно человеку со стороны. Неоднократно, приходилось мне слышать: "и что за смысл переться из Дарницы или с Отрадного /те же к примеру московские Черемушки/ на Крещатик, чтоб бутылку чернил раздавить, да протрепаться весь вечер ни о чем?!" А вот ездили, и торчали там целыми вечерами, иногда - днями; пили,стихи читали, о живописи говорили, анекдотам не было числа. Да и мало ли о чем там было говорено-переговорено. Помню, некто по фамилии Карабут, один из первых прыщатинских алкашей, человек знавший 4 иностранных языка и работавший переводчиком /на которого я кстати настрочил эпиграмму, мое единственное стихотворение на украинском языке, но об этом ниже/, упорно и в любом состоянии говоривший только на украинском языке, однажды признался мне: "Ты вот непонятный какой-то. Вроде - наш, и в то же время - не наш." Выше я уже писал о "братстве". И эта, его реплика вполне, на мой взгляд, годится для иллюстрации.
Вот эта эпиграмма:

Ой ти, ой ти Карабутэ
Хто-ж тэбе не знає?

Бо ж и я мав змогу чути
як ото буває:

коли випьеш ти горілки
забагато, он яка ознака,
то говориш ти до дівки:
це ж не дівка -
срака!

Вообще колоритных персонажей было предостаточно.
Но прежде чем перейти непосредственно к каждому из персонажей прыщатинской обители, выкапывая из памяти наиболее характерных ее обитателей, т.к. всех и невозможно и незачем упоминать, да многое и не удержалось в памяти, поскольку я никак не предполагал себя в роли воспоминателя, больше того воспоминателя за машинкой в Нью-Йорке, необходимо сказать о себе и о той шатии-братии, с которой я якшался. На Прыщатик я попал в 1963 или в 1964г., точно не помню. Выдавал себя за поэта. Потому и приятелей я себе искал среди тех, кто писал стихи или по крайней мере ими интересовался.Конечно, я не мог не знать, что среди всей этой публики было немало фарцовщиков, воров карманных и даже не столько воров, сколько воришек, попросту людей без определенных занятий и интересов, оживлявшихся только при виде бутылки, или хотя даже малого на то намека / последняя фраза, увы пахнет совштампом газетно-протокольным, но здесь она на месте/, опустившиеся и спившиеся , вечно являвшиеся едва ли не в лохмотьях, но одни в грязных и рваных, а другие в аккуратно заштопанных и чистых. Были и такие, которые появлялись в костюме при галстуке, чисто выбритые трезвые, а часам этак к 10-ти 11-ти вечера творили такие чудеса, что вязать их являлось чуть ли не десять человек дружинников, ведомых двумя ментами, руководивших операцией, как правило, со стороны. Но и другие были там: те кто называли себя поэтами, художниками, прозаиками, скульпторами, актерами. "Называли себя", потому что их нигде не печатали, не выставляли; их как бы и не было. А они были. И только год от года становясь старше, все труднее и труднее было жить - видеть бесконечное количество картин, сваленных в углу, старательно укрытых плотным слоем пыли /"Боря" - спросил я как-то Бориса Кислякова, замечательного художника, как по мне, зарабатывающего на жизнь писанием лозунгов, плакатов, оформлением витрин в магазинах,- "Что это там у тебя за груда, в углу,слева?". "А, старое..." Старое, света божьего не увидевшее. Старое. Так и живет человек. Пьет, конечно. Крепко пьет. Встретил я его перед отъездом на Прыщатике. "Уезжаю",-говорю. "Дело твое"- отвечает. "Деньги есть? Возьми чего подешевле, спрыснем." Зашли в парадное спрыснули. "А я" - говорит - "никогда никуда отсюда не поеду. Мне здесь спиваться." Расцеловались мы с ним на прощанье./
Это - художникам, а чем поэтам прозаикам лучше? Актерам - тем хоть как-то в райцентрах в местных театришках перебиваться можно. Впрочем, удовольствие весьма сомнительное. Вот и держится повальное пьянство на Руси, и конца ему не видно. А власть советская борется с ним штрафами, 15-ю сутками, увольнениями, общ.порицани-

ями и пр.
Вот в общих чертах. Но самое интересное, что среди всех этих, без исключения персонажей, имеется вполне приличное количество стукачей. Как сейчас помню, сидим как-то в кафе, травим анекдоты, и вот где-то на середине очень интересного анекдота, кто-то из слушателей засовывает руку под стол и стучит по крышке стола снизу. "Стук, стук". Мы, конечно, смеемся, т.к. это тоже своего рода анекдот. Но компания тут же распадается. У всех появляются какие-то дела. Вот я и проиллюстрировал атмосферу. А ведь вроде ничего особенного не случилось.
Избранно. Очень. Мозаично. Коллажно. Кусками, кусочками, крошками...
Быть может самая приметная фигура на Прыщатике Зорик Левитин. Возможно и сейчас. Не знаю. В 60-70-х гг. ТАМ его знали все и он знал всех. Среднего роста, постоянно в расстегнутом пиджаке ли, пальто, оттирая собеседника к бровке троттуара, слегка наклонившись вперед, вечно переполненный идеями, новостями, прогнозами он мог идти и говорить говорить перескакивая с темы на тему, по каждому даже самому незначительному поводу имея свое весомое мнение. Разумеется, нередко его всеядная безаппеляционность нещадно раздражала, но надо отдать должное: так же как существует абсолютный музыкальный слух, такая у него абсолютная память. Ужасно гордился тем, что не написал ни одной строчки стихов. Зато помнил на память стихи многих, в том числе и пиитов с Прыщатика. Судя по его словам, он писал прозу, но почти никому ее не показывал. Однажды он бесследно исчез на два месяца, по поводу чего двое из непризнанных Гена Беззубов, который все еще в Киеве,и его друг Женя Загорский, который уже в Израиле, сочинили стихотворение, из которого мне запомнилась только одна строка: "мир фатально обеззямел". Как и всех Зориков, или почти всех, его называли Зяма. Отсюда - "обеззямел". По натуре бродяга, вряд ли он когда-нибудь и где-нибудь работал, целыми днями шастая по городу, но спать ему вроде было где, а вот где он питался - да и не он один /к слову сказать его гардероб почти не претерпел изменений за то время, что я знал его/ если только не кормили родители, по сей день для меня остается загадкой. Говорили, что два месяца в году он проводит в дурдоме, что имеется у него соответствующая справка, и что получает он даже какую-то пенсию по инвалидности. А уж о том, что он стучит - и говорить не приходится. Так как все подряд ходили в стукачах. Следущей фигурой, без которой немыслим Прыщатик 60-7о-х, был некто Бальцер. Саша Бальцер. Некоторое время просуществовав в качестве одного из прыщатинских поэтов, он довольно б ро сообразил, что ничего кроме дешевой популярности прыщатинских обитателей такое времяпровождение ему не принесет, он приобрел к приобретенному плюс еще и специальность портного. С тех пор в т.н. злачных местах он появлялся не иначе, как в шмотках собственного изготовления.Реклама определяет спрос. На месте договаривался о цене, покрое, времени изготовления. Это была его левая работа. Кроме того он еще работал в ателье. Все бы казалось нормально. Благополучно. Таланту поэтического в ём было маловато. Деньги появились. Же-

нился. Правда сообщал всем, что супругу свою он облагодетельствовал, благо имеет она все, что душе ее заблагорассудится, кстати взяв ее фамилию и при всем при том ... пил зверски. Трудно было удержаться, чтобы не написать о нем эпиграмму. Многие так и делали. Я в том числе, и не однажды. Но вот лучшая:

Александру Бальцеру -
ныне Колесову -
посвящается.

Однажды он, дабы не чокнуться со скуки
Решил стать мастером тире златые руки.

Во-первых научился он давать советы,
Читать газеты и писать сонеты.

Затем, чтоб бить наверняка,
Убил в себе холостяка.

Чтоб за собой не знать вины,
Он взял фамилию жены.

В конце-концов решил шить брюки.
Ну чем не мастер: золотые руки?

Один из завсегдатаев Прыщатика, сам к литературе отношения не имевший, но мужик довольно острый на язык по имени Гена по фамилии Анпилогов, перефразируя строчки поэта А.Межирова, у которого это звучит так: "Ты когда-то был похож на Блока, а теперь на Бальмонта похож", подставил вместо "Бальмонта" - "Бальцера", и долго хохма эта ходила по Прыщатику, так как те кто знал его, находили ее очень по делу. И поскольку вспоминаю о пишущих, нельзя не вспомнить Саханевича. Старик. Правда прозвище его было несколько иным: его называли: Стаканевич. Пил. Пил и много. Стихи писал. Читал всем подряд. Никто, разумеется, не хотел его слушать. Отмахивались, как от мухи. Потом, внезапно исчез. Рассказывали, что будучи крепко выпимши, попал под машину. Коля Курилка. Вот уж кто пил, так это Коля. Спирт, вино, водку, одеколон, политуру, ликер и даже ... Дело было зимой. В январе. Встречаю его как-то на том же самом Прыщатике, из кармана бутылка торчит, тряпкой заткнута. В расстегнутом пальто. "- Слышь, выпить хочешь?" - как дохнул на меня. Сначала не понял я, что за дух такой. Потом дошло бензин. Вообще, как правило, при встрече, вместо приветствия, его коронной фразой было: "У меня мелочь. Рупь есть?". В ответ на то, что пить не хочется, следовало контрпредложение: "Ну тогда, дай рупь." К его чести, в отличие от многих других, он никогда не просил одолжить то,что попросту не отдавалось. Хотя,конечно,бывало и так, что мы брали бутылку в гастрономе и давили ее в одной из забегаловок. Пил он свою долю не торопясь, маленькими глоточками. Со вкусом. Собеседником был необыкновенно интересным. На тему о театре знал многое, если не все, включая историю. Свое читать не любил, зато читал хорошо и много того или тех которым/и/ был увлечен на тот период. Его толстые тетради в клетку со стихами ходили по рукам. Сережа Мамаенко. Поэт и художник. Хотя и были мы с ним в приятельских отношениях, картины мне свои не показывал. Писал стихи, в которых было много от Гумилева. Пил, но не так,чтобы уж сильно. Да и трезвенников из прыщатинских завсегдатаев, за исключением может быть трех-четырех, припомнить не берусь. Хотя вот, всплыл один. Фамилии не помню. По прозвищу Вова-корова. Вова - потому что Вова, а корова - потому что глаза у него точ-в-точь как у коровы: большие, черные и немигающие. Как прихватит за пуговицу, пиши письма. Минимум полчаса, хочешь- не хочешь, а поговоришь: сколько Булгаков на толчке нынче тянет,где отхватил такие мокасины и пр. пр. Вот и стоит мужик возле "Сладкого" скажем, и по очереди то одного, то другого за пуговицу берет. Время от времени становится в очередь за кофе, потом со своим кофе за стойку, не торопясь с ним расправляется и отправляется на поиски следующей жертвы-собеседника. А жертв, надо сказать хватало. Без выходных, но с отпуском. Марк Лаевский. Ну как не вспомнить Лаевского. Небольшого роста, постоянно и целиком погруженный в себя, сколько помню его всегда в одном и том же пиджаке - летом, весной, осенью, и все в том же пальто - зимой, само воплощение одиночества, он жил с мачехой, отцом и братом со стороны отца, если можно так выразиться. Отцу до него дела не было, а уж мачехе и подавно. Вот и ошивался на Прыщатике после работы, впрочем он очень много читал. Когда он успевал - понятия не имею. Писал стихи, которых стеснялся. Хотя мне читал почти все, без исключения. Был у него абсолютный слух, музыка и театр вообще были его слабостью. Благодаря ему, я,время от времени, выходил из своей литературы, и посещал театр и консерваторию конечно вместе с ним. В 70-х ударился в писание либретто к пьесам русских классиков и непрестанно донимал меня их литправкой, что при его несносном характере было довольно тяжко. Прозвища имел самые разные, наиболее ходовые из них: летучий голландец и блуждающий форвард. До того почти не пил. До того - пока не начал со своими либретто ходить по театрам и большим совдеятелям. А потом, потом страшно было смотреть на него. Они ему обещали, он очень верил, они естественно и пальцем шевелить не собирались, ну и... Я ему в самом начале говорил. Без толку, конечно. Два раза зашивали ампулу в ягодицу, расшивался и опять все сначала. Не знаю, как он, что он. Итак, о пишущих, или уже не пишущих. Уехал я. Третий год живу в Нью-Йорке. Не знаю, что там, и как. Тем более, что в последние три года перед тем, как решил: хватит, созрел то есть, почти не появлялся на Прыщатике: спиваться не хотелось и бросать литературу не хотелось. В стол писать - писал с 1964-го. А надо сказать, что с середины 70-х все меньше и меньше людей, которые бы представляли для меня интерес, появлялось во злачных прыщатинских норах. Кто отошел от литературы, кто спился окончательно бесповоротно, кто уехал. Все больше и больше появлялось каких-то уж совсем темных лошадок, всевозможных фарцовщиков и попросту зеленой молодежи, которые свои имеют, как известно, интересы. А здесь, на этом самом диком Западе, не могли не быть, такие люди, как Кузьминский и Боков. Конечно, не знал о них ровным счетом ничего, но моя уверенность /а она в эпитетах не нуждается/ меня не подвела. Не могла подвести.

Боря Морковский. Поэт. Талантлив. И даже весьма. Как человек, не очень чистоплотен.Одно время, мы даже друзьями были. Такое посвятил он мне двустишие: "Я ценю твою волю упорную, а стихи пригодятся в уборную". Так оно мне понравилось, что не было ни одного знакомого у меня, кому бы я его не показал., а маме - самой первой. "Вот видишь, мама, не ты одна так думаешь, что стишки мои никому не нужны, но даже об этом человек в рифму сказал." Поссорились мы с ним, и не разговаривали целых семь лет, вплоть до моего отъезда. Жаль, надо было перед отъездом стихи взять у него. И переправить сюда. Стихи хорошие. А здесь как-никак издать их можно скорее. Издать, а не то ... "пригодятся в уборную". Петя Плитко. Третий муж Тани Окрент. Таня прозу пишет. И вообще, Таня из тех, кто знает всех и все ее знают. В ее квартире часто собирались на предмет выпить, почитать. Возможно, я ощибаюсь, и Петя не третий, а второй по счету муж, но да простят меня те, кто простить захочет и те кто не захочет простить. Петро Плитко писал на украинском языке. Стихи его мне нравились. И читал он их хорошо. Пил. Крепко. Напивался до белой горячки. Остается добавить, что он сидел два года. За то, что во время чтения своих стихов у памятника Т.Г.Шевченко /а такие чтения в 60-начале 70-х происходили ежегодно в день рождения Великого Кобзаря, неофициально. С последующим затем разгоном милицией, арестами, пр/ ударил милиционера, который пытался стащить его с возвышения, перед памятником. Эмиль, третий или уже четвертый муж Тани, выше уже упомянутой, фамилии его не помню, все звали его Шмылык. Тоже стихами баловался. Именно баловался. Сам так говорил. Помню одно его короткое стихотворение, хотя за 100 процентную точность не ручаюсь:

На карте стоит цифра.
Под цифрой видна сноска.
А мне без тебя несносно.
Я весь без тебя изранен.
Израиль ты мой, Израиль!

Как Шмылык пил... Пил, как в сказке. Много и разного. Пил так, что сердце останавливалось. Потом пару дней держался. Не пил. И опять все сначала. Уехал раньше меня, на полгода. А где он, понятия не имею. Лерман Зорик. Приятель мой с 1966-го года. На Прыщатике не прижился. Да и не для Прыщатика он. Домашний по натуре. Появлялся в конце 60-х. А потом исчез. Отношения поддерживали. Писал стихи. Что собственно и связывало нас. Уехал на год раньше меня. Сейчас живет в Чикаго. Редко и даже очень, но перезваниваемся. Из того периода помню многое, но за неимением места, привожу одно:

Кто я? Ответь эпоха!
Раненный дикий зверь,
Или я палочка Коха,
Ослепшая от потерь?

Кто я? Глашатай века?
Или носитель тьмы?
Мой карандаш-калека
Вырвется из тюрьмы.

Новой проснется песней
На старой, как мир реке,
Новый Христос воскреснет
В терновом из роз венке.

В сов.союзе не пил почти, а здесь говорит, что пьет. И много. Иногда что-то пишет. Такие дела. Игорь Каленский. Фигура во многих отношениях примечательная. Сам он стихов не писал, но понимал их, как мало кто, чувствовал малейшие ньюансы. Память такая, что сказанный при нем номер телефона плотно застревал в его голове. Кусками и целиком, в любом порядке цитировал прыщатинских поэтов. Ходячая, местного значения, поэтическая антология. Руками мог делать все. Вездесущ был так, что если о ком и говорят: "веник", то к нему вполне приложим: "электровеник". Пил. Много, часто, не торопясь. Появлялся неожиданно и всегда вовремя, т.е. когда разлив по стаканам подходил к концу, иногда один, иногда с бутылкой, чаще со своим 1.22 на бутылку, но всегда, повторяю, вовремя. Стихи писал исключительно по заказу удовольствия ради от реакции заказавшего ему тему на месте. В буриме, устраиваемом нами время от времени /т.е. каждый по две строчки/,почти всегда выходил победителем. Пить,при больном сердце, по его словам, доставляло ему удовольствие. Мотивировка: жить становилось приятно и необходимо, и даже очень хотелось, когда боли в сердце отпускали. Юра. По прозвищу Херомант. Поэт. Гадатель по руке. Любимец женского полу. Пил часто и в меру. Нагадал мне ррезкий поворот в судьбе: деньги, слава, почет, пр. годам этак к 40-ка, если только сделаю я над собой какое-то значительное усилие. Какое - увы на руке не написано. Ну что-ж подожду, если дождусь. А не дождусь, поеду в Киев, найду его, сниму штаны и дам по морде. Леня Малый. Такая у него была фамилия. Создание в такой же степени необязательное, в какой - интеллигентное. Стихи писал. Пил.Временами много. Но даже и в крепком подпитии, неизменно просил простить его за т.н. неудобновыражаемый оборот речи. На Прыщатике появлялся не часто и не тогда, когда обещал. Приносил не ту книгу, которую обещал принести, но говорить об этой книге мог часами. И интересно. Увлекался философией, одно время Ницше, очень плотно. Сережа. Серега. Увы уже не помню фамилии. Худой, остроглазый,весь в себе и в то же время весь наружу. Как у него это получалось,ума не приложу, попросту помню его таким. Стихи писал. Хлебников был для него всем; с восторгом сообщал при встрече, что за сумашедшие /по сов.понятиям/ деньги купил какой-то сборничек начала века, где были два еще нигде с тех пор не опубликованные стихотворения его любимца. Уже помнит их наизусть, но еще до конца не чувствует. Какое-то даже исследование по Хлебникову сварганил, все обещал показать, но так и не получилось. Хлебниковым, впрочем, в его стихах если и пахло, то очень издалека; скорее они напоминали некую футуристическую смесь из многих поэтов-футуристов начала века что уже само по себе говорит о наличии своего голоса, хотя я готов дать голову на отрез, что если он и интересовался поэтами-футуристами, исключая конечно Хлебникова, то очень поверхностно. Пил. Пил очень крепко. На всю мою воспитательно-пропагандистскую работу в этом плане, только кривился, и дождавшись паузы, вставлял: "А вот, Хлебников..." Читал мне очень скупо себя, обрывками всегда все было у него еще не доведено... Потом женился. Жена оказалась девушкой с характером. Пить бросил. "-Ну, как стихи?"- спросил я его при встрече, после того как мы года два не виделись. -"Поумнели и поскучнели. Думал совсем бросят. Года полтора ничего писать не мог. Не хотелось. А сейчас вот, вроде легче стало". Услышав, что я уезжаю, он мне на чистом русском языке рассказал, какое я, оказывается, гавно. Бросать Родину в такую тяжелую для нее годину. Так и сказал : годину. Это "гавно" и "година", стоявшие почти рядом , так и г-резонанснули меня за 3 дня до отъезда. Уже одно только то хорошо, что я не Родину бросаю, а оставляю на произвол судьбы соц.отечество, для которого "тяжелая година" - его хроническое состояние вот уже 62 /теперь 65/ года. О чем я ему тогда и сообщил. Школьников Саша. Высокий красивый, можно сказать, парень. Девочки по крайней мере не переводились. Сколько помню его, а он младше меня на несколько лет, всегда казался старше своих лет. Даже бухал, и время от времени, прилично, солидно. Как и подобает взрослым. Стихи писал. Любимым занятиям его была критика чужих творений, моих в частности. Безапелляционные суждения свои выносил он опять-таки по возможности как можно серьезнее. Прямо дрожь по коже продирает при одном воспоминании. Витя Дымерец. Тишайшее существо. Витёк. Жил в Дымерке. Есть село такое под Киевом, 40 или 50 минут от Киева на чем-то таком зеленом, чертями обвешенном, что в переводе означает - на электричке. Стихи писал. И хотя были мы с ним в приятельских отношениях, узнал я об этом только за несколько месяцев до отъезда. Пил. Пил сурово и вдумчиво.Мог выпить наверно бочку, смешивая при том все, что попадалось - и ничего. А потом каких-то 20 грамм сверх - и вырубался. Там у них в Дымерке - как и в любой деревне, самогон не переводился. Было где проходить школу по части пития. Друг Коли Курилки. Как-то признался мне, что спать по ночам не может. Кошмары, галлюцинации одолевают. Пить бросать надо. А как? Вот бы кто научил?... И еще один персонаж выплыл. Некто, Стефан. Фамилия даже в памяти засела: Статецкий. Скульптор. Суровый мужчина. Принципиальный. Свободного искусства не признавал. К нам обращался не иначе, как фамильярно: суслики. "Эх вы, суслики. Искусство - это то, что стоит бабки, все прочее - гниль, романтика". Деньги зарабатывал большие. Так и говорил: "Я делаю большие, а потому хорошие деньги." В ответ на вопрос, на что он их тратит, отвечал твердо, уверенно, с некоторым я бы даже сказал, вызовом:" Э, чувак, да знаешь ли ты, сколько их ушло на одни только аборты? Ни одной бабы нет, чтоб на меня в обиде была." Руки у него были - только Родену позировать. Он собственно и послужил мне моделью для написания длиннейшего стихотворения, из которого я процитирую только первые три строфы. Все остальное настолько слабо, что даже и напрягаться, вспоминать не хочется:

. . . .
мужчина видный и красивый
однообразием томимый
лениво руку подает.

И молвит он: Смешны вы, право.
....

Не гений вы, мой мальчик, нет не гений.
Талантлив? Что-ж талантлив. Спору нет.
Талант ваш для грядущих поколений -
Избитых истин негасимый свет.

Никто не вспомнит вас, как только вы умрете.
Никто, вы слышите, никто не вспомнит вас.
Вы можете в лицо мне бросить: Лжете!
И повторить все это много раз.

Стихотворение было написано где-то приблизительно году в 1967. Ни много, ни мало, а 15 лет проскочило.
Но я опять отвлекся. Говорить о прозаиках, поэтах и не вспомнить Фреда. Как так не вспомнить добродушнейшего толстяка Фреда Мендельсона. Врач по специальности, закоренелый холостяк /по слухам в молодости был обманут любимой женщиной/ женоненавистник, тогда среди нас пацанов - старик 3о-ти с лишним лет, он знал на память столько русских и европейских поэтов, что будучи в настроении, мог читать не прерываясь полтора, а то и два часа подряд, чаще по собственному желанию, а иногда и по заказам слушателей. И надо сказать - читал он хорошо. До того, как почти повсеместно были введены стойла, он появлялся на Прыщатике именно а кафетериях,как их красиво называют ТАМ, а затем только в"Чай-Кофе" можно было его встретить. /В качестве сноски: "Чай-Кофе" - кафе, его прочие названия: "Чайник", "Чайхана", "Мичиган", "Гадючник" - разумеется народные, в котором в пору великих чисток, каким-то чудом уцелели столы и стулья, хотя где-то они должны были уцелеть. Торгуют в ентом кафе, находящемся в самом что ни на есть центре Прыщатика, сосисками вареными, кофеем, завариваемым в баке: однако большом, чтоб на всех хватило /не могу удержаться, чтоб не упомянуть, что в подаваемом кофе сверху плавает этакая жирная пленка, о природе которой можно без особого труда догадаться/; шампанским в разлив - кафе! как-никак, не магазин "продтовары", заварными пирожными. Можно также заказать чаю, рюмку коньяку в 25 грамм, ну и к сосискам полагается горчица. Выбор что надо: вкусно,питательно,а главное: все равно другого нет. Не хочешь - не бери; пойди в гастроном, возьми докторской 150, булочку французскую, в автомате стакан газводы,можно с сиропом, хорошо если летом - сядь на лавочке и пообедай. Так и поступали. Разнообразия пищи ради. В столовой, даже разнообразия ради, из хлеба котлетки есть не хотелось. В конце-концов можно было поехать домой, и мама бы накормила, о чем речь, но ... это переться час туда, потом час обрвтно. А тут как раз заходил разговор на живо и трепещущую тему. Я помню как у иностранцев, зашедших выпить чашку кофе, заказ приняли, но

ничего и долго не приносили. Они повозмущались, повозмущались и ушли. И в самом деле разве можно было давать иностранцам ТАКОЕ / потому что оно / кофе? А так плохое обслуживание, и только. Чай-Кофе! Полупустое днем, вечером в него набивалось столько народу, что дышать можно было только с превеликим трудом. Курить, конечно, нельзя, но курили, держа сигарету под столом. По очереди. Гул плотный, неразборчивый, устойчивый держался до самого закрытия. Зорик Лерман и я, не сговариваясь, примерно в одно время, если не ошибаюсь было это в начале 1967-го года, посвятили "Чайнику" свои опусы:

ЕГО:

В "Чай-Кофе" дым над кофе.
Обрывки фраз,
да пьяные глаза.
Салфетка, накрахмаленным манжетом
в стаканчике,
колышется дрожа.
Тяну коньяк,
да фразу в спор вставляю.
Ребята спорят,
мне же все равно.
Одним лишь словом спор их обрываю,
А спор опять
про женщин, про вино.
Кому,
когда, в какое воскресенье,
И почему
понравилось ОНО?

Я думал больше не ходить в "Чай-Кофе",
но снова тут,
и снова пью коньяк,
и снова дым над кофе.

МОЁ:

Одна и таже публика,
буквально каждый день,
словно газетная рубрика
сюда является,как тень.

За столик усевшись
излюбленный,
часами сидят и молчат,
или ведут разговоры
на темы о мелочах.

Рядом стоит пригубленный
с вином натуральным бокал
и ширится с каждой минутой
в груди грандиозный обвал.

...обрывки каких-то фраз,
пугающая пустота глаз,
всюду бациллы зараз...
А вам не жалко вас?

Кроме "Гадючника" /"Чай-Кофе"/, местами сборищ служили: "Аппендицит" /кафе "Метро"/, возле метро "Крещатик"; через дорогу находился "Ливерпуль" /кафе - стойло, как и "Аппендицит", на втором этаже, на первом этаже - расположен диетический гастроном, но винно-аодочный отдел имеется и в диетическом гастрономе. Вообще среди прыщатинской братвы, слово "гастроном" употребляется с ударением на второй звук, поэтому гастроном звучит несколько интригующе. Такое удобное соседство позволяет оставаться в "Ливерпуле" на довольно продолжительное время, что одновременно привлекает и представителей общественного порядка. Время от времени, они наносят визиты, и если внезапное их появление приносит успех, выводят задержанных с вещественным доказательством в руках. Там же на Прыщатике, ближе к Бессарабке, около центрального гастронома, работавшего до 11-ти вечера ежедневно, находился сладкий гастроном, отчего он и получил название "Сладкое". Впрочем, у него было и еще одно экзотическое название "Монмартр". Почему - непонятно, в любом случае просущест-

вовало это название не долго. Не прижилось. Там можно было выпить кофе; пили, конечно, не только кофе, но и многое другое покрепче. А поскольку кофейный отдел работал до 10-ти часов, то публика обычно расходилась только после 11-ти, учитывая близость центрального гастронома, куда пускали до 10.45-ти. Перед закрытием у гастронома дежурила канарейка, с тем чтобы ничего из ряда вон выходящего не случилось. Во всех этих, наиболее заметных, описанных мной точках, как и во многих других всевозможных "Пиво-водах", кафе, "Мороженных", шашлычных, столовых и даже нескольких барах публика, включая как случайно заглянувших, так и постоянных обитателей, была примерно одна и таже. Чего нельзя сказать о ресторанах. Другие деньги - другая публика. В связи с этим вспоминается наш "ресторан" С мая и до ноября мы, я и мои приятели, любили заседать на открытом воздухе, находящемся в 15-20 минутах ходьбы от Прыщатика, на Петровской аллее. Там торговали сухим вином, пивом, холодными шашлыками. Главное достоинство "нашего кабака" было в том, что там в относительно спокойной обстановке можно было почитать стихи, обсудить все свои насушные проблемы. Прыщатинская публика туда не заглядывала. Что же до прыщатинских завсегдатаев вообще, то среди них не принято прощаясь, договариваться о встрече. После пылкой дружеской беседы, дебатов, споров расставались и не виделись иногда месяцами. А потом встречались так, как будто вчера расстались. И все это считалось в порядке вещей. Никаких обязательств. Никто никому ничего не должен. Так вероятно проще. И спокойнее.
Ну вот о кое-ком вспомнил, кое-кого забыл. Вспоминал в основном о пишущих. Мог бы,конечно,навоспоминать кой-чего о фарцовщиках, проститутках, стукачах... Таковых было немало. И хочешь - не хрчешь, сталкиваться приходилось. Но нет и крошечного желания. И вообще, если бы не Кузьминский, не сварганил бы я и эти несколько листов. Буду, однако, рад, в случае если все, что я здесь понаписывал, поможет понять обстановку 60-70-х гг. XX-го столетия, добавит несколько деталей к тому, как нас упорно не хотели, а мы не менее упорно цеплялись за жизнь, в чем и как это выражалось. Одновременно это уже история. Наша история, которую никому у нас не отнять. Потому что мы БЫЛИ ЕСТЬ БУДЕМ. Несмотря на... Вопреки... Ради... И во ИМЯ. Громко? Может быть. Зато точнее не скажешь. Я так думаю.

дек.81 - окт.82

В добавление к тем нескольким страницам из прыщатинского периода моей жизни, всплыл еще и такой кусок/чек/.
1966 год. Впрочем, может быть я ошибаюсь и это был конец 1965-го, или начало 1967-го года.

С некоторым запозданием, провинция все-таки, не Питер и не Москва, согласно директиве, спущенной сверху, как грибы на равном месте, вырастали в каждом районе, / по одному - на район. Хорошего понемногу/ т.н. комсомольско-молодежные кафе. Во главе таких кафе стояли комсомольские вожди, утвержденные райкомами и одобренные обкомами. При каждом вожде имелся комиссар. . Вообщем, все как положено. И вот эти люди набирали волонтеров энтузиастов, за бесплатно разумеется, организовывать в помещении кафе вечера: лит., муз., пр. Что касается прочих, то однажды я присутствовал на эстрадном вечере, т.е. на этом вечере и пели, и стихи читали, и фокусы показывали. А однажды и сам был одним из ответственных на вечере, посвященном выступлению Кукина, поскольку на протяжении нескольких месяцев считался членом совета комс.-молод. кафе, отвечая за устройство лит.вечеров, откуда очень быстро был оттерт неким Гариком. Фамилии его, конечно, не помню, помню только что был он среднего роста, кругленький весь из себя, чрезвычайно шустрый, а уж запах жаренного мяса чуял за версту. Да и не пил я с вождями, а он пил. И еще как. Упомянутый мной запах жаренного заключался в том, что когда позже финансовыми операциями руководителей-комсомольцев заинтересовалось ОБХСС, Гарик имел самые крупные неприятности. Пора сказать, как называлась сия забегаловка и обозначить ее месторасположение. Название было весьма романтичным: "Мр1я", что по русски означает "Мечта". Находилось оно /кафе/ на 2-м этаже, на улице Леонтовича, недалеко от улицы Ленина. Днем там была обыкновенная столовая, а вечером, с 6-ти часов начиналась культурная жизнь. Имелась даже небольшая сцена, в помещении свободно могли разместиться до ста человек, но, конечно, набивалось народу в два раза больше. В буфете, из спиртного продавалось только столовое вино, во избежание всевозможных эксцессов, и хотя напитки покрепче плыли извне, все-таки в целом было относительно спокойнее, чем на Прыщатике, до которого от кафе ходьбы было от силы минут 15. Первые самые лит.вечера образовывались стихийно: то очередная джазбанда не пришла, как видно в другом месте куш покрупнее предложили, то усилитель не работал. Выходили, читали, кто что хотел, разумеется в допустимых рамках. Никто не контролировал, сами себя контролировали. А надо сказать, что на каждом таком вечере, да и на всех остальных, я полагаю, но на остальных я не приглядывался, сидели один, иногда два, никому не известных молодых человека, всегда строго, и я бы сказал, незаметно одетых. Весь вечер, в одиночестве, ни с кем не разговаривая. С бутылкой столового и каким-то шницелем. Ни дать, ни взять, человек на своем /рабочем/ месте, как будто среди самых самых что ни на есть общительных знающих все и всех, не было у них своих людей. Читал в "Мр1е" и неоднократно свои стихи Юра Рыбчинский. Читал он хорошо. И даже стук вилок-ложек-стаканов становился значительно тише на время. Тогда еще Юра был поэтом. Я и сейчас очень хорошо помню, манеру его чтения, в которой он читал повидимому одну из любимых им тогда вещей о царе-горохе. Любому из современников было понятно, что речь шла о Никите Сергеевиче. Насколько я могу помнить стихи у него были и неплохие. И вообще был такой поэт. Теперь он стихов не пишет, по словам тех, с кем он и сегодня дружен, зато специализируется на песнях, тех которые звучат по радио и на составлениях либретто ко всевозможным разрешенным /живым и помершим/ украинским и русским классикам. Работают в паре, с тоже когда-то дерзавшим, фамилии которого не помню; один - слова соображает, второй - музыку. Для жизни деньги получают неплохие, если сие имеет смысл называть жизнью. Надо сказать, что на лит.вечерах стали появляться люди среднего и даже пожилого возраста, и не только появляться,но и проявлять интерес, делиться воспоминаниями, рассказывать как оно раньше все было. Все-таки, какое ни есть, а оживление. Кто тогда мог предположить, что опять будет тускло и глухо. И опять - никакого просвета. Впрочем, те кто думал иначе - не высовывались. А нам соплякам и вообще засветило солнышко, полны мы были самых радужных надежд... Но это так, к слову. По тем временам, многие увлекались Михаилом Светловым. Он уже был разрешенным. Вышла довольно толстая, хотя и малого формата книга его /тогда уже умершего/ стихов, среди которых больше половины текстов было напечатано впервые. И вот мы, что значит я и еще четыре с'агитированных мной энтузиаста, в том числе две девочки, решили устроить вечер памяти Светлова. Руководство наше ничего не имело против, и мы приступили. Прежде всего разработали программу: вечер делился на две половины. В первой половине я произносил речь о поэте, затем мы все по очереди читали его стихи, а затем двое или трое его знакомых или приятелей, должны были выступить с воспоминаниями о нем.Вторая половина вечера предназначалась нами, так сказать, для продолжателей дела поэта - его неизвестных молодых коллег. Первая часть вечера прошла благополучно, были, как всегда, кое-какие "но", поскольку опыта публичных выступлений по сути не было, да и взяться им неоткуда было, но в целом публика приняла нормально и даже активно хлопали. Часть вторая: я поднимаюсь и объявляю: /все чин-чином, как положено/ а сейчас, перед вами выступят молодые поэты, продолжатели поэтических традиций М.Светлова.Слово предоставляется молодому поэту Геннадию Беззубову. Этому Геннадию Беззубову было тогда на год меньше, чем мне, а это значит 20 или 21 год. И вот выходит этот Гена к столу, за которым восседал наш почетный президиум, берет в руки микрофон и делает такое объявление: Произошла ошибка. Мы совсем не продолжатели дела М.Светлова, более того, ни он к нам, ни мы к нему никакого отношения не имеем. /Мы - он имел в виду себя и своего друга Женю Загорского, также приглашенного мной на этот вечер, который кстати живет в Израиле сейчас, если только никуда не переехал/. Другие у нас учителя, вот Мандельштам например, если вы слышали о таком. За точность не ручаюсь, не стенографировал, но что касается его горячей любви к Мандельштаму, то она, я полагаю, и сегодня жива. Такое у меня по крайней мере впечатление.Не говоря уже о том, что многие его стихи были чуть ли не копией мандельштамовских. Но по тем временам такое заявление было, конечно, верхом дерзости, имеется в виду публичное. После такого своего заявления, он сделал небольшую паузу, во время которой было слышно, как кто-то за одним из последних столиков сухо и негромко прокашлялся.- А стихи, отчего не почитать. С удовольствием. -

И приступил к чтению своих стихов. Может впервые в моей жизни, я видел, как люди, пришедшие послушать под Светлова, слушали под Мандельштама и не выражали своего недовольства. Они, впрочем, судя по всему, мало что поняли, но вели себя вполне прилично. Сухо похлопали.Потом читал Женя Загорский. Та же реакция. Потом еще кто-то, и кажется я, уже не помню. Важно другое: Суть читавших теперь была много ближе, и публика охотно хлопала. После окончания вечера, мы - устроители вечера вместе с воспоминателями сели за отдельный столик, обмениваясь впечатлениями, пр. И тут воспоминатели стали рассказывать о Светлове, что это был за человек на самом деле. Как он пил, как неделями во время запоев закрывался на ключ в своей квартире и не выходил из дому, как одни и те же его сборники только под другой обложкой выходили в разных изданиях, какой это был шутник /кое-что мы об этом знали, но вот, например, о том, как Светлов, в окружении нескольких жаждавших выпить - называют их еще бухариками, ханыриками и т.д., любовно разглаживая сотенную, в том месте, где кремль красуется, спрашивал: ну как, пропьем? - лично я услышал впервые. И многое другое для нас интересное вдвойне, так как только по таким рассказам могли мы понять хоть что-то из того, как текла жизнь вчера. Сегодня нам объяснять не было нужды, мы наблюдали ее своими глазами. Вот, пожалуй, и все об этом вечере. Еще через недели две-три меня оттерли, как я уже упоминал, и на этом моя административная карьера закончилась. Разумеется, я продолжал ходить туда по вечерам уже как простой смертный, но лит.вечера больше не проводились, а так посидеть поболтать с кем-либо из приятелей. Несколько раз выступал также и в кафе "Эврика" /на Печерске/.В этом кафе "комс.-молод." начинание продержалось дольше всего. Выступал вместе с теми же Геной Беззубовым, Женей Загорским, Леней Давиденко, который тогда еще был поэтом, и на мой взгляд - хорошим поэтом, а стал членом сп1лки письменник1в, вышло у него уже 3 книжечки, впрочем сейчас наверно еще пару выскочило. Те, что держал в руках - долго мыть руки надо было потом, не думаю чтобы последующие чем-то отличались от предыдущих. А стихи у него были. Были стихи. Ну что-ж,не он первый, не он последний. Но я полез в совсем иную степь.

Такой сегодня кусочек пришел ко мне, лег на бумагу. Вот только не помню просил у меня Гена прощения за свой неблаговидный поступок или не просил. Долго я был на него зол за это его безобразие. Мог бы и предупредить. Но что делать, если человек так сильно любит Осипа Эмильевича. Бывает куда хуже. ... Пришлось простить.

янв.1982

Бульонка /она же "Бульонная" в самом центре г.Киева, рядом с метро "Крещатик" на Прыщатике. / Суббота. 11 часов утра. 1969 год.

Присутствуют:

Борис Морковский - поэт
Суков-Поливанов - актер
Очеретянский Александр - поэт
Марк Лаевский - театрал, также пописывает стихи
Мамаенко Сергей - поэт и художник
Курилка Коля - поэт

Сбор почти полный. Ждут Бальцера.

Входит Бальцер: / Саша Бальцер - поэт/

А вот и он
во всей красе.
Ему - бульон.
Теперь, как будто все.

- Я рад приветствовать, простите,
почтенное собрание писак.
Нет, нет. Вы правильно поймите,
я обижать собратьев не мастак.

Но все же я спросить осмелюсь,
речь обо мне здесь шла, надеюсь?

Морковский: А кстати, не испить ли нам винца?

Очеретянский: Чтоб лучше видеть подлеца?

Бальцер: Очеретянский, как всегда...

Морковский: Оставьте распри, господа!
Нам друг без друга не прожить...

Лаевский: Друзья мои, во МХАТ бы вам сходить!

Суков-Поливанов: Бойцы, кто сколько может, вывернем карманы!
Вино поможет дружбе, графоманы!

Очеретянский: Вино, вино... Кому оно? Зачем оно?

Все: Вино. Вино вино...
Оно на радость нам дано.

Конец 1-ой и последней картины.

1969. Киев.

И поскольку уже есть такой Кузьминский,
есть собраных им 5 /пять/ томов "Современной русской поэзии" и несть им /томам/ числа, потому как материалы все плывут и плывут,
хочу и я попробовать спасти от забвения стихотворение, автор которого неизвестен.
Единственно, что мне рассказывали об авторе, что это был совсем еще юноша 17-ти лет, и что он умер от туберкулеза.
Хотя вполне возможно, что автор попросту не захотел открыть свое имя. Есть, значит,
и такая форма самиздата:

Что делать тем, кто счастья не обрел
одев по моде узенькие брюки,
кто не возвел в религию футбол,
кто не нажил спокойствия на брюхе?

Что делать тем, кто не сошел с ума,
кто не успел благополучно спиться,
о ком не позаботилась тюрьма,
кто не подлец, не хам и не тупица?

Что делать тем?

Мне, конечно, трудно сейчас вспомнить даже год, когда я впервые услышал это стихотворение, так как
потом его читали неоднократно в моем присутствии совершенно разные люди. Но думаю не ошибусь, если скажу что впервые услышал его в конце 60-х.

дек. 1981.

Из архива А.Очеретянского

На днях мне понадобилась книга, одна из тех которые я привез с собой из России, и еще ни разу не открывал. Открыв книгу, я тотчас наткнулся на пожелтевший лист бумаги в клетку со стихотворением не то Приголкиной, не то Пригубкиной /разобрать мне так и не удалось, сколько не пытался/. А вот имя ее помню отчетливо. Лицо ее, одежда и фигура были не из запоминающихся, таких тысячи. Подойдя ко мне в вокзальном буфете /дело было в Киеве/ представилась просто: "Настасия буду. Имя твое мне без нужды. Стихи пишешь. Вижу. Вот возьми мое, неоконченное, утрешнее. Кончать не буду. Может и пустишь когда за свое. А то запьюсь и потеряю. Жалко." сказала,повернулась и пошла. А я с этим листочком стоять остался словно баран перед новыми воротами с писанной торбой. Такая история. Короткая.

Мчится поезд поездок
И эк самашедший
Машинист та мой санок
Матку превзошедший.

Я за то об нем пеклась
Был он свеж и новый
Как вареное яйцо
К завтраку готовый.

Пролежал как мно-ого лет
На складу товарном
Стал потасканный штиблет
Скот неблагодарный.

Стольки скольки подлецу
Минуло годочков
Всяк хула ему к лицу
И без проволочков.

Мать забыть ублюдок мать
Знала б - не рожала
....
Жопу мыла ему ссать ночью провожала

это ж надо ж чтобы так
....
ссукими сынами ....
....

Ейный из живота́ дух
вычистила б живо.
И жила б сибе сичас
трезво и красиво.

Николаю Курилке.

Остановись божественный Курилка!
Остановись! Каменам не уйти.
Давай покурим, почитаем Рильке,
поговорим об избранном пути.

Ты как всегда томим своей тоскою,
то видишь осень посреди весны,
то слышишь зов далеких колоколен,
то вдруг бежишь в загадочные сны.

Остановись! Недолго нам осталось.
Нам не осилить этого пути.
Уже давно проклятая усталость
Сумела ~~Успела~~ нож над нами занести.

Остановись божественный Курилка!
Остановись! Каменам не уйти.
Давай покурим, почитаем Рильке,
поговорим об избранном пути!

Борис Морковский
≈1976 г.

Киев.

Автограф А.ОЧЕРЕТЯНСКОГО /по памяти/

Борис Морковский

Борис Морковский

Мой доверчивый палисад
Разговорчивый мой подоконник
Может впрямь то что я написал
Не нуждается в посторонних
Пусть пишу не так не о том
Я поэт и я не на параде
Я-то знаю каким трудом
Достаются эти тетради
Не тревожься моя душа
Нам ли думать с тобой о славе
Только как это не дышать
Только кто же меня заставит

_ " -

Асфальт полосатый как зебра
Лежит под моими ногами
В окурках   плевках   поцелуях
Печальный и серый асфальт
Куда-то торопятся люди
Похожие на осьминогов
Дятлов тюленей и прочих
Известных природе животных
А больше всего на людей
Спешащих по важному делу
По важному делу? Я тоже
Спешу по какому-то делу
Листаю дома и кварталы
Гуськом словно гуси трамваи
Ползут по наскучившим рельсам
И каждый имеет свой номер
Свое назначенье маршрут
А я не имею маршрута
И цель исчезает в тумане
Густом и прохладном как пиво
А небо похоже на купол
Огромного светлого цирка

Оно в облаках как в сметане
Оно как большое окно
Но небо лишь небо не больше
И люди лишь люди не больше
Гуськом словно гуси трамваи
Ползут по наскучившим рельсам
И каждый имеет свой номер
Свое назначенье маршрут

_ " -

Эти давние запахи
Эти губы припухшие
И упавшие запонки
Как у древних оружие
И метель что за окнами
Обрастает сугробами
Эти губы припухшие
Разомкнулись и прокляли
Пусть навалится мамонтом
Ночь немыслимо-нежная
Все равно мы обмануты
Все равно без надежды мы
И свеча догоревшая
И вино недопитое
Вы красивая прежняя
Только больно обидно ведь
Только больно обидно ведь
Или мне просто кажется
Две большие жемчужины
По щекам Вашим катятся
Под уставшие запахи
Дорогие ненужные
И упавшие запонки
Две большие
Жемчужины

1970- е гг.

/ Из архива памяти Голуба Эмиля /

Михаил Марковский

Я подойду и потрогаю за руку
Слушай подумай попробуй понять
Если б меня хоть в толпе не узнать.
Если б меня хоть опять не узнать

Почему я не смеюсь как все
Как все люди плачут - я не плачу
И при всем почтеньи к колбасе
Только на вино я деньги трачу
Суть всего прекрасно понимая
Знать об этом вовсе не хочу
И за это каждый день
Плачу адом вместо нужного мне рая

Борис Марковский

Уже четвертый час строптивый гунн
Чужую деребанит четвертинку
Так варят сталь, так делают чугун
Так пестик всматривается в тычинку

Эмиль Голуб

Татьяне Окрент

Моя жена не может жить без моря
Я понял это ночью
А днем уже решил
          что поселюсь подальше от него
И буду каждый год возить ее на море
И искупать вином

Эмиль Голуб

Если б родители жили на севере,
Может и я б не боялся холода.
Если б родители жили на юге,
Может и я б от загара был черный.
Если б родители жили в Израиле,
Может и я бы родился на Родине.

Мне снится сон, что я Моисей.
И я бреду уставший по пустыне,
Пытаясь увести от истребленья
людей,
Которые дороже мне сокровищ всех-
И ныне
Я пить хочу,
Истерты ноги в кровь
И одиноким путником в пустыне
Бреду к тебе,
Звезда моя Сион!
И ныне.

Маленький кусочек суши
Лежит у большого моря.
На карте стоит номер.
Под картой стоит сноска.
А мне без тебя несносно.
А я без тебя сильно
Любить не могу женщин.
А языка не зная,
Писать не могу песен.
Возьми меня своим сыном.
Я весь без тебя изранен,
Израиль, ты мой, Израиль!

Ну все,
пиздец
прораб из ада приехал измерять для сковородки
что мол клиент созрел
А я сижу с большим бокалом пива
и вижу пьяница прораб: ему спиртного и закуски мало
Я сковородку меряю для сала

1970-е. гг.

Борис Марковский

Она просила тишины
Я обошел универмаги
Нет не перчатки мне нужны
Леса плечистые овраги
Я вынул чистый лист бумаги
Она просила тишины

Подарил растерял не сберег
Мандельштам Цветаева Блок
Как в ущелье разбойничье эхо
Появился и канул Вальехо
Ну так все я пропил? Нет не все
Перелистываю Басё

Николай Курилка

Мне бы белым наемником в джунгли
Смерть в заплечный мешок положить

Анатолий Дикий

КОБЕЛЯЖ

Жизнь моя бездомною собакой
Бегает за сукой по кустам.

Эмиль Голуб.

Где-то плакала тонкая ива
Пес кобель прорычал: Ну,давай!
Как ты Маша сегодня красива -
Молвил я, допивая свой чай.
Что-то псы во дворе вытворяли,
Легкой тенью окутал их май.
Две руки меня нежно обняли,
Женский голос шепнул: Ну,давай.
Я не помню,как все это было
Ласка рук, поцелуев тепло...
Все вдруг вздрогнуло, все вдруг поплыло,
Лишь звучало в ушах: Ну... давай!

Живет на свете, среди прочих, гений,
Живет на свете, среди прочих, трус.
Однажды гений умер от сомнений,
А трус сказал бандиту: не боюсь!
Живет на свете кобылица Бетти,
Живет на свете одинокий кнур.
Однажды Бетти оболгали дети,
Кнура однажды посетил Амур.
Живет на свете с вот такою попой
Такая бэ, что даже я молчу.
Пришел я к ней, она сказала: топай!
С другими - да! С тобою - не хочу!
Живет на свете... Все живут на свете.
И я живу, притиснувшись к Жанетте.

О где та корова, с которой когда-то
Я тайно встречался у старой скирды?..
Резвилось на поле веселое стадо,
Галантно шагая к истокам воды.
Мой брат светлобровый, бычок Феофаний,
Бил клинья к Светлушке, подружке моей.
Познавши томленье любовных страданий
И радость взаимных коровьих страстей.
Так вот Феофаний, я здесь повторяюсь,
К Светлушке захаживал несколько раз,
При этом мыча: я люблю, восхищаюсь -
По бычьи глядя на Светлушку в анфас.

Итак надоел он своими речами
Любимой корове и стаду коров,
Что все мы мычали, стучали рогами,
Моля замолчать хоть на пару часов.
Но вот Феофаний, улучив мгновенье,
Когда я с Лукьяном о сексе вел спор
Пытался испортить хорошее мненье
О нежной Светлушке, ступая во двор.
Нимало не думая о выраженьях,
Совсем не скрывая восторг естества,
Взбесилось сознанье в безумных движеньях
И вверх устремилась меча голова.
Какое дикарство!- Кричали соседи -
Какая изысканность в формах любви,
Как будто целуют взопревшую леди
Вспахавшие поле и луг бугаи.
Как / нерзбр/ Светлушка рыдала,
Светлушка рыдала: За что ж это мне?
Непомерный позор!!!
Уж лучше Лукерья меня обругала,
Иль палкой огрел по затылку Егор.
Уж лучше... - Да ладно,- Анисья сказала,
Трехлетняя телка и первая блядь -
Я с многими в стаде бычками гуляла
И нынче готова, как прежде,гулять.
Моли еще бога, что был Феофаний,
А если б Сусан, или жлоб Черномор,
А если б больной от разврата Ананий,
А если б ... да ладно кончай разговор.
Светлушка рыдала, Светлушка рыдала,
А я в этот час у Лукьяна гостил,
Которому дал от конца до начала
Уроки любви у овец и кобыл.
Когда я выписивал "лав" на заборе,
Синоним французского слова "лямур",
Узнал я от Нюрки о грянувшем горе,
И бросился к стаду, пугая всех кур.
- Молись Феофаний - взмычал я что силы,
Но он улыбнулся, виляя хвостом:
- Я взял разрешенье, что вместе мы были.
- Кто выдал наряд? - Как всегда, агроном.
Светлушка исчезла, Светлушка исчезла
И нету мне счастья на этой земле.
И даже узнав, от поры мордобоя
Завязло все стадо в избыточном зле,

Где кроме обид и плотских унижений
Нет светлому чувству широких дорог.
Где ж не было зла, где не будет лишений,
Где ж будет извечного счастья чертог?

1970-е. гг.

Вчера накормил меня кот Ерофей,
Мой критик и сносный поэт.
Недавно прочел его пару статей
В редакциях местных газет.
А может и мне снизойти до газет,
Развлечься житейским слегка...
Снесу-ка я им свой последний сонет
О чуткой натуре быка.

Сонет:

К новому коровнику
Приближался бык
И Лукьяну дворнику
Показал язык.

Ты бы дурачоночек -
Дворник говорит -
Лучше б нежил телочек,
Али не стоит?

Бык приподнял ноженьку,
Что-то показал.
Всех их понемноженьку
Как уж бог послал.

Лучшее приданное,
Мне от бога данное.

1970-е. гг.

Геннадий БЕЗЗУБОВ

К И Е В

Не гроздьями цветов усохших
Оплеты окон увенчав,
Но из земли проросший сошник
Древесным выгибом стоглав.

В тот город языка начало
И снега ищущая кровь,
И речью лиственной устало
Изборник улиц бестолков.

Расплачен жесткою корою
На ярославовом кремне
Под деревяною горою
И кровь днепровская во мне.

февраль 1970.

А Ф Р О Д И Т А

Дули, дули ветры чьи-то,
Месяц жался на песке,
Там бродила Афродита
С черным яблоком в руке.

Вечной юности богине
Не пристало занимать -
Растворится в небе синем,
Если в Греции зима.

Что увидит, улетая -
Камни Аттики своей?
Или лодочка простая
Где-то пляшет меж зыбей?

Не хранить уже Киприде
Опостылевшей любви,
Даже лодки не увидит,
Сколько ветер ни зови.

Здесь город сморщенный сухого винограда,
Сухою кровию шумящий перед сном.
Спокойной ласкою наполнится бы надо
И легкой горечью, как золотым вином.

В оградах легоньких, где старый воздух выпит,
А новый в голосе смеющийся стоит,
Из глаз украденный, стоит в тележном скрипе
На сквозняке насмешек и обид.

Мой век, желтеющий, как ломкая бумага,
Цветет чернильною расплывшейся слезой.
Дождем сбегающий с холма и до оврага,
Я вижу век, но это век чужой.

То вскачь торопится, то впрямь остепенится
Душа живущая - то в горечь, то в беду,
Где полдень вызревший все размывает лица,
И долгой жаждою желтеет смерть в саду.

Где герб тот лиственный, где вензель виноградный?
Как пыль дорожная лишает речи нас.
Вино кончается и только след прохладный
Течет вдали и пропадает с глаз.

СТИХИ О РУССКОЙ ПОЭЗИИ

1

От Тредьяковского печальные кадастры
Хранит поэзия и нету счета им.
Что ей, в заоблочном взращенной государстве
И снегом брошенной в холодный третий Рим?

Что ей, возвышенной? И, усмехаясь, снова,
Таит опасливо кудрявая лоза
Гром Ломоносова, чудачества Баркова
И Анны Буниной печальные глаза.

И к Заболоцкому в холодный можжевельник
Она повадилась и нету сладу с ней, -
Кует движение и чует звон капельный,
Купель капельную и влагу до костей.

Ее рассеянья безлиственное чудо
Вселенной, пахнущей обидой и дождем,
И слово тайное, что, вынув из-под спуда,
Впервые вслух произнесем.

Впервые-тополем впервые - отдаленьем
Природы, зреющей в поэтовой руке,
Впервые - путником, упавшим на колени
И всласть бормочущим на чуждом языке!

2

Турецкой шалью истончили душу.
Воздев прозрачное бумажное крыло,
Она стучала бы, спокойствие наруша,
В санктпетербургское дождливое стекло.

Полночным трепетом, прозрачным придыханьем
Она учила бы, как бесконечность свить,
Прибавить прелести, убавить умиранья,
И быть, пока возможно быть.

И быть ли мастером - искусником и докой,
Иль просто дудочкой, пророчащей печаль,
Непонимание вкушая одиноко,
Учиться ль тени различать?

Живите, милые! Не становитесь старше.
Слаб радужный, хранящий зиму, лед,
Растет дыхание. И Пушкин, клятвой ставший,
Выходит на берег и снова речь ведет.

март 1969.

Г Р И Б О Е Д О В

Судьба фельдфебельской повадкой
Распорядилась широко,
И голос царский, голос сладкий
Ужо нашепчет на ушко:

"Конечно, чаша миновала,
Но ты-то вовсе не злодей,
Злодейство Пестелю пристало,
А ты скрывайся и желтей".

И пуст декабрь в мореной раме,
Что с кронверка глядит во тьму
Чужими десятью глазами
Да имена твердит ему.

В горячем городе Тейране
Покою нет и все равно
Глядят безумные дворяне
В его пеньковое окно.

декабрь 1969.

Л И Л Е Я

Наспех связана лилея,-
Ну возьми ее, возьми.
Кто состарится,немея,
А тебе побыть с людьми,

У кого жесточе очи,
У кого зрачок - опал,
Кто остался дольше ночи,
Только голосу не внял,

Не умел сказать ни слова,
За стеклом стоять не мог
В гуще воздуха ночного
Перепуганный цветок.

март 1970.

Э Т О Т Д О М

Какие окна в этом доме? -
Ну дом как дом, чего и взять -
Стишки да профили в альбоме,
Собачья память на соломе,
Куриной жизни благодать.

Никто и не жил в нем ни разу,
Тяжелой ставней не стучал,
Не открывал - боялся сглазу,
И эхо желтое не сразу
В углах мышиных собирал.

Осталась горькая повадка
На жизнь, на век, на птичий след,
Осанка, выпушка, осадка
На дом периода упадка -
Гниющий розовый ранет.

Еще кривой остался говор
И остролистый циферблат
В потеках воздуха ночного
Боится разбудить глухого,
И возвращается назад.

Строкой бумажною с откоса,
Не зная праил переноса,
Теряя частые тире,
Бежит к порогу и впервые
Запомнит правила живые -
Густеть травою на дворе.

И знает памятью минутной,
Зеленым высохший огнем,
Без пользы принятый в наем,
И за стеклом двойным и мутным,
Какие окна в доме том.

март 1970.

Бежали музыкой упиться
В косых зенках пустые лица,
Сказать, что в сумерках жива
Всегда бессонная сова,
От Феодосия до Клима,
Что жизнь не смерть, а смерть не схима,
Чтоб землю не топтать пятой,
Лежи,усохший,под плитой.
А если кто в одеждах пышных,
В ночных прогулках, в спелых вишнях,
Обидой жесткою корим -
Лети,мелодия,за ним,
Тряси занесшуюся крону,
Лети, звучи, подобно стону,
Пока не выросла трава,
Пока не выросли слова,-
Замена гимну молодому,
Пока на полдороге к дому
В кругу безумных пляшет смерть,
Оставя замыслы лихие,
Далеко за Днепром - Россия,
И надо снова песню петь.

март 1970.

К И Е В С К И Й В А Л Ь С

Кто, от еды осоловев,
Облокотясь на деревянный
Скрипучий ящик фортепьянный,
В восторге раскрывает зев,
И нет от времени покоя,
Хвала запомнившим, какое
Оно воздвиглось и прошло,
Кренясь в полете на крыло,
Как мебель в туфельках дубовых,
Скрипучих кожаных обновах,
И, полировке не вредя,
Скользит подальше от дождя
По глине черного откоса,
Не пострадав от переноса,
В разводах лаковых грядет
Эпохи новый поворот.

А жизни смысл еще не продан,-
По огурцам, по огородам,
По размышлениям ночным
Летит романса черный дым
Остаться в позабытом вальсе,
Попробуй, над скрижалью сжалься,
Попробуй, слово прочитав,
На вывеске полуустав,
Давнишней скованный порукой,
И даже Юрий Долгорукой
В восторге колебал плиту,
Что слышно было за версту.

В Е К

Кто будет пить у Смирдина
За век, окончившийся прежде?
Ведь народившейся надежде
Не хватит пунша и вина.

Отчизна мертвая нашла
И плакальщиц. Но кто посмеет?
Чьи тени, стертые дотла,
На стогнах времени чернеют?
Кого обида предала?

Задвинут медленный засов -
Пророков время миновало,
Куда им вознестись пристало,
Низвергнутым из петли в ров?

А нас томит удел привычный, -
Давно певцов на свете нет,
И мы опять косноязычны,
Как первый временем поэт.

февраль 1970

Мне зеленью не выкривят стекла
И веткою цветущей не обманут,
Чтоб кровь сыграть вперегонки могла,
Из раны вынут, сами раной станут.

Не в росте соль, не в перепонке честь,
Хоть я в окно заглядываю рядом,
Но чтоб смятенье в душах произвесть,
Цветенье продолжается за садом.

И так цветет, что брызжет черный сок
Отчаянного царского разбоя,

И набухает яблочный висок
От радостей бутылочного зноя.

Не мне дышать и твердью дорожить,
И пыльных ягод пробовать узоры,
Пока несет для перепонки нить
Глухих небес торжественные хоры,

Гниет эфир и птичьи голоса
Готовы перепонкою замкнуться,
Ушли в стекло незрячие глаза,
И ране никогда не затянуться.

сентябрь 1970.

Стучат костылями хромые сады,
Гишпанской романтики полны,
И черными знаками талой воды
Исчерканы громкие волны.

Балконная совесть не терпит тепла
И света ночного не знает,
Веревками лестниц к порогу пришла
И в стекла стучится иная,

Короддова, Кордова, еврейская тьма
Не этою лампой открыта,
А ты, не сошедший доселе с ума,
Умрешь от детей и рахита!

Но кони ушами прядут у двери,
К далекой дороге готовы,
Испанская память, с порога сотри
Светящийся след от подковы.

Скажи - и забудут тебя навсегда,
Скажи - и не вспомнят ни слова.
Не каждый же день набегает вода,
Не каждому снится Кордова.

сентябрь 1970.

Когда полынью припахнет
В грязи летящего ночлега,
И ночь тяжелая идет,
Колышет дремлющее чрево,

И многотомный водопад
Берез, развилок и обочин,
Открытый гибелью до пят,
Как муравейник,разворочен,

И я бессилен удержать
Железных связок несмыканье,
Жестяной чешуей ножа
Гремит постелей содержанье,

И осыпаются с судеб
Холодной ржавчиной простуды,
Льдяные простыни задев,
Души опасные причуды,

По холодеющим полям
Зари предчувствие щекочет,
И я заутра буду к вам
Дыханьем ластящейся ночи,

Когда от тени отпаду
И в зеркале не буду слышен,
Уйду в оконную слюду,
Которой следуем и дышим.

август 1970.

Г О Ф М А Н

Дом заполнен тишиной нежданной.
Деревянная слепая мышь.
Как бы ты не прятался удачно,
Все равно крылом пошевелишь.

И тогда на шкафьих ножках гнутых
В зеркалах, засмотренных до дыр,
Пробежит, разъятый на минуты,
Твой потерянный крылатый мир.

Рассуди! Но полночью весенней
За зрачками холодеет мгла.
Тяжелеют пятна отражений.
Хвост мышиный. Два чужих крыла.

март 1968.

С А Г А

И ты, нелепостью возвышен,
В саду, где разноцветных вишен
Созрела траурная спесь.
Обрывки суеты и смеха
По саду разбросало эхо,
Прошло и наследило здесь.

Так пусть теперь оно раскажет,
Оставленное вечной стражей
У фиолетовых корней,

Что там, где нет ни тьмы, ни света,
Течет Нева, а может, Лета,
И птицы падают над ней.

июнь 1969.

Во граде нищенском весна
И птицы в стеклах суетятся,
Покоя тайная сестра,
Смыкает горло непричастность.

Пока воды темнеет вид,
Все чаще перестук фонарный,-
Душа о жизни говорит,
И все судьбе неблагодарной.

А в нашем городе обман
Томит тупой привычной болью,
А в нашем городе туман,
Чужой туман со льдом и солью.

декабрь 1969.

Художник
Александр Костецкий

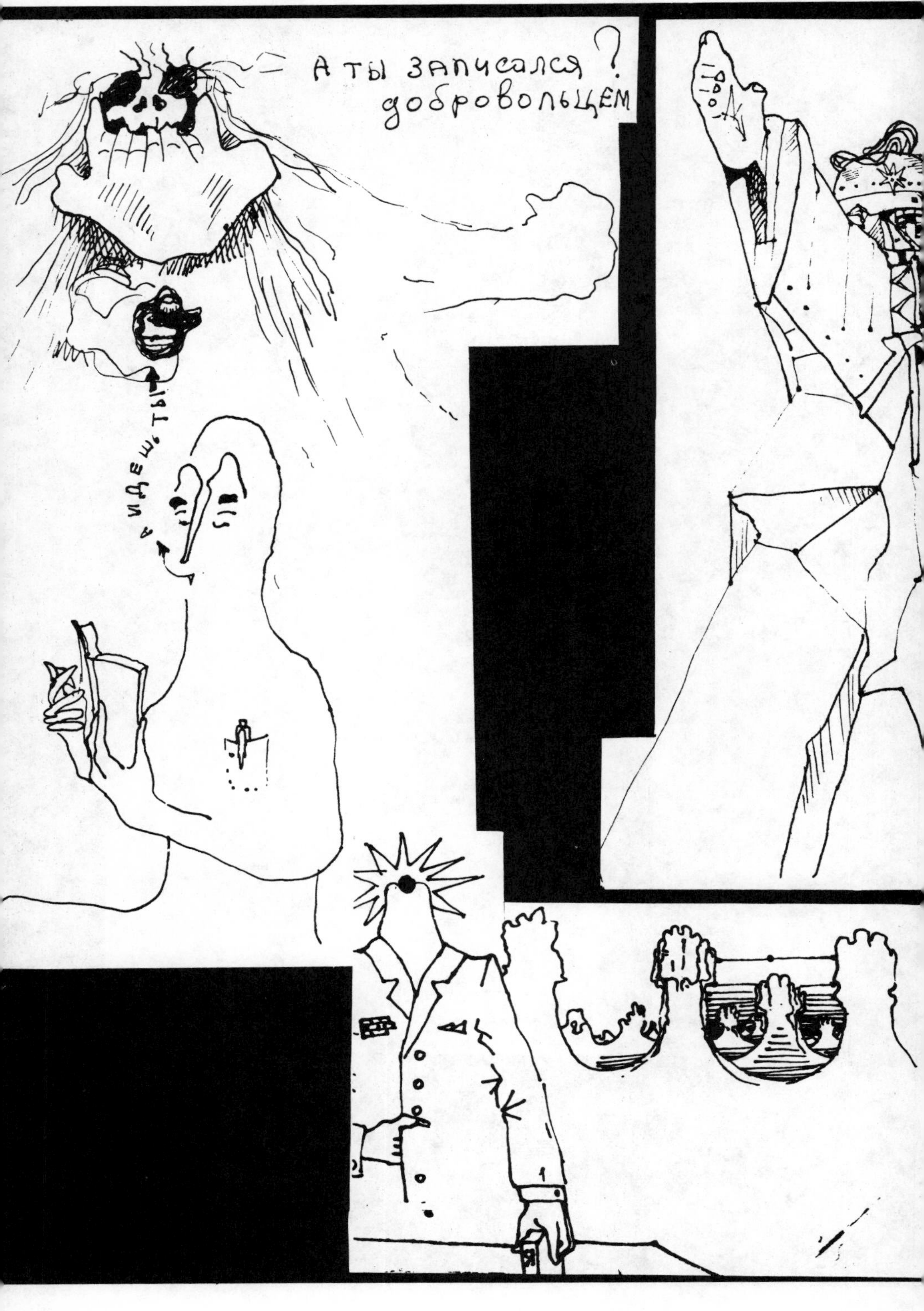
А ТЫ ЗАПИСАЛСЯ ДОБРОВОЛЬЦЕМ?
А ИДЕШЬ ТЫ

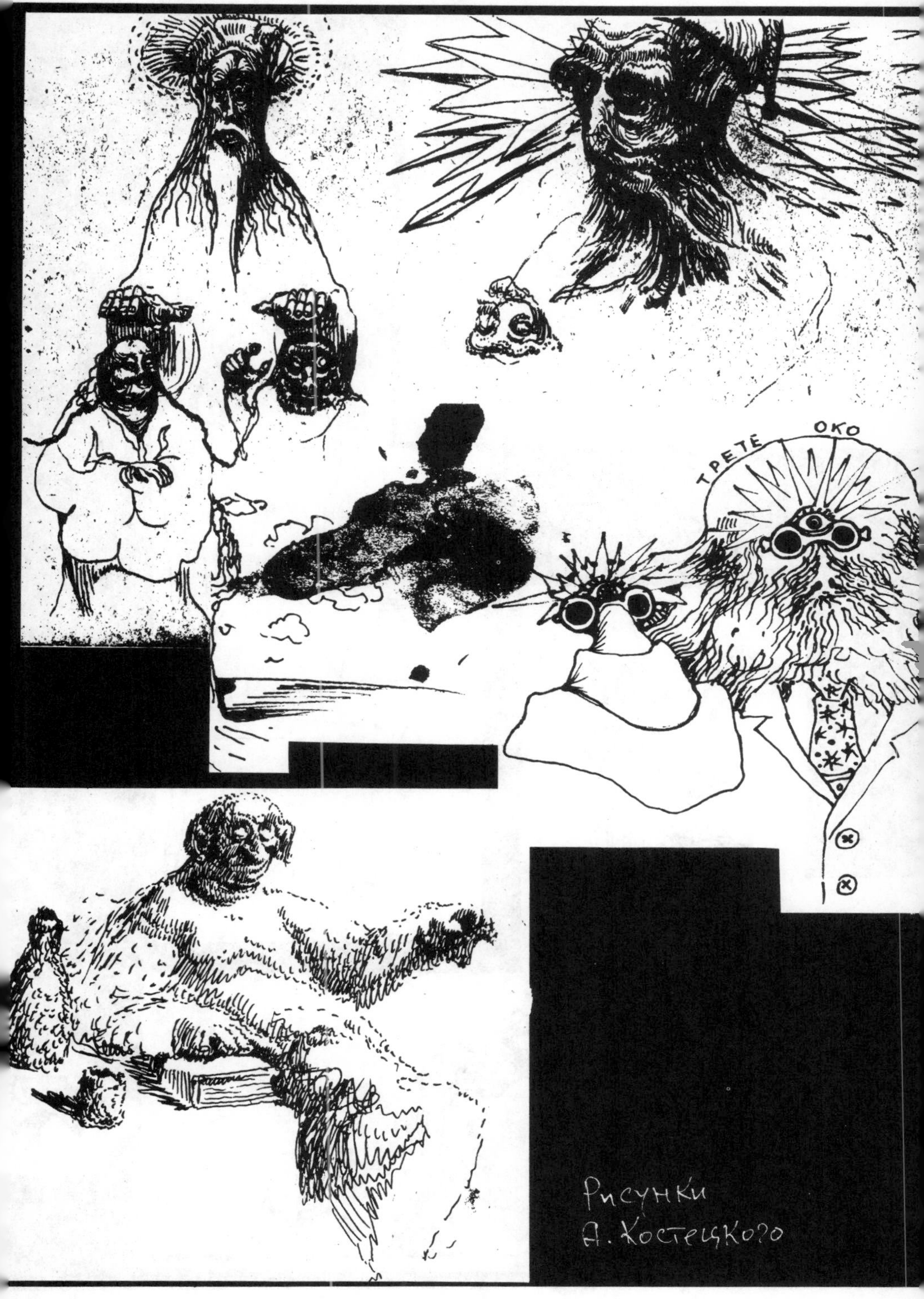

Рисунки А. Костецкого

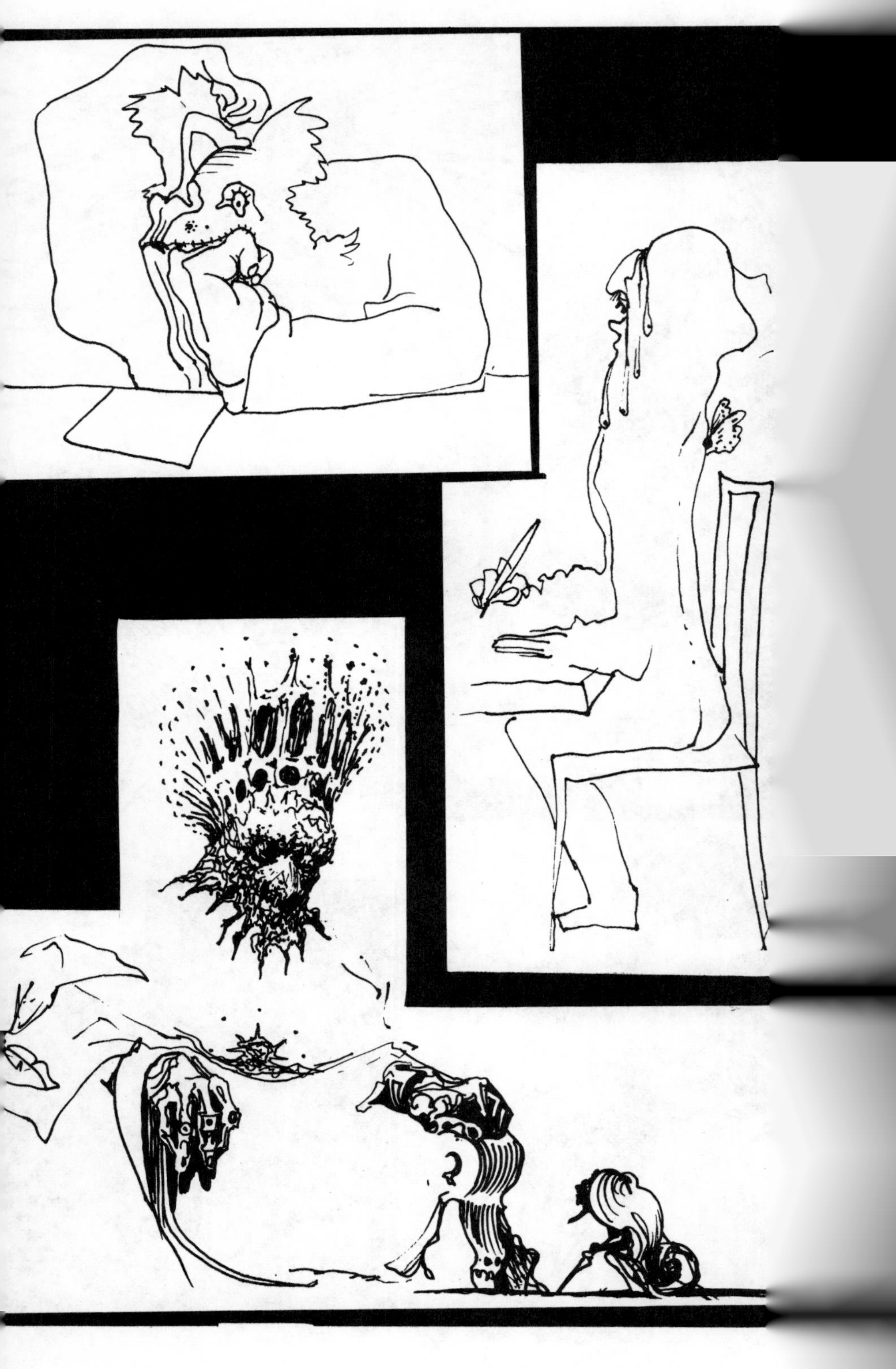

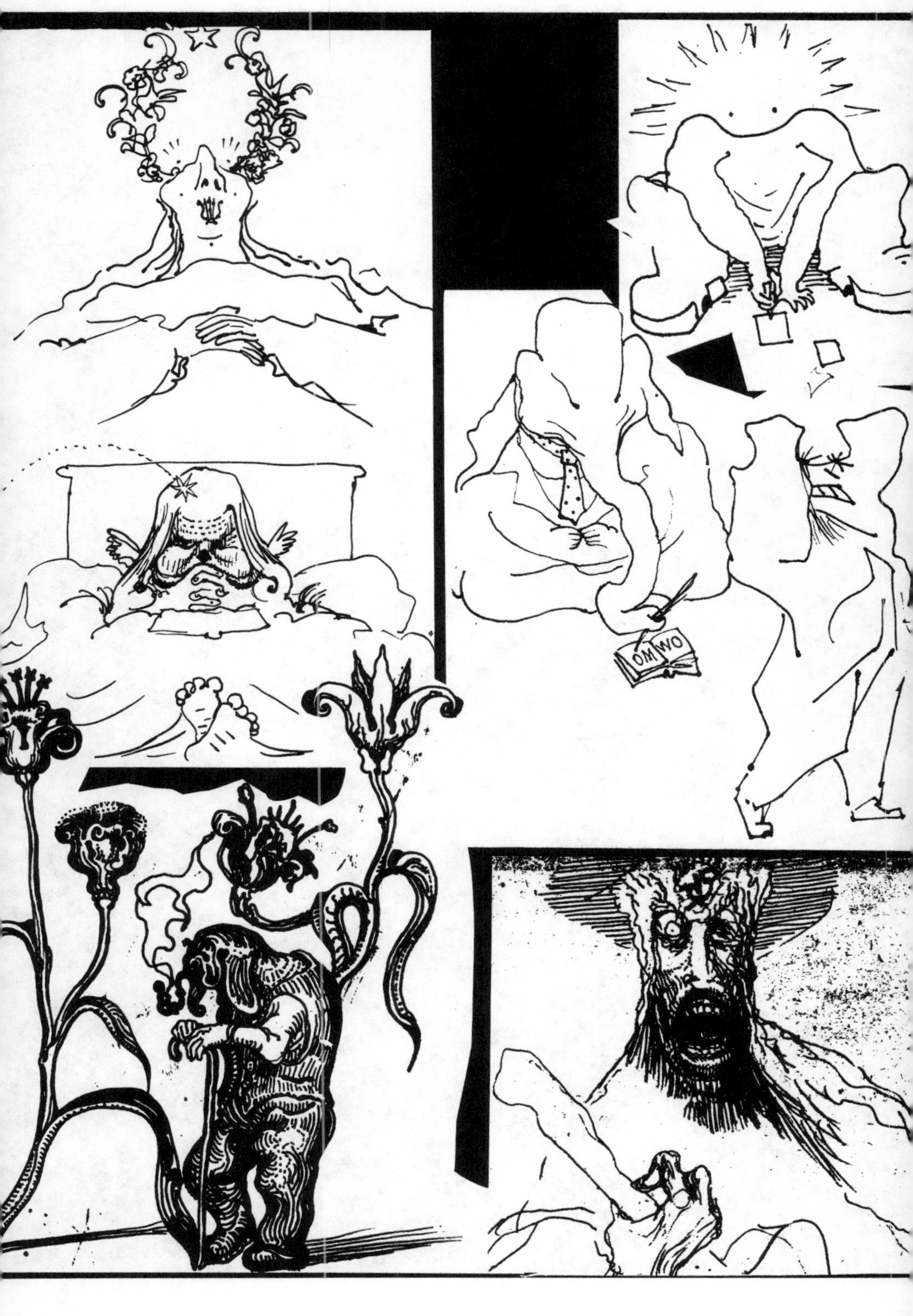
OM WO

Юрий Лехт

У ЛУКОМОРЬЯ

Тишина обволокла предтечей
Ожиданием неведомого дня
Будто неизвестное наречье
Сыпала заглохшая стена

«КОВЧЕГ» • ПАРИЖ

Рисунок Ильи Лехтгольца.

27.9.80

Дорогой Константин, после разговора с тобой по телефону посылаю стихи для составляемой тобой антологии.

Над статьей о киевских поэтах думаю и начинаю работать. Пришлю позднее.

Стихи находятся в том порядке, в каком они предполагаются в книге.

Будь здоров.

Юрий Лехтгольц

От составителя:
25.11.83
Лехтгольц все еще пишет о Киеве...

ЮРИЙ ЛЕХТГОЛЬЦ родился в 1937 г. в Киеве. В 1967 г. закончил Архитектурный институт. С 1973 г. подвергался преследованиям властей, и в 1977 г. эмигрировал из СССР. С 1978 г. живет в Лос-Анжелесе, работает архитектором.

Стихи печатались в газете "Русская мысль" (Париж) и в журнале "Ковчег" (Париж).

В печати: книга стихов "У Лукоморья" (изд. "Ковчег", Париж).

НА КАЛКЕ 1223 ГОД

Приземист день
Он ночи спозаранку
Молитвами тропинку проторил
И вывернутый навзничь
Наизнанку
Провис между кривых ветрил

И весен хоровод копеечной монетой
Прокатывает солнце набекрень
И поворот
Неясен поворот
Где за туманом ночь
Где пред туманом день

Не полностью заброшена молитва
Не полностью початок огрубел
И в легкой капле нежного корыта
Великий небосос седел
И воск еще стекал
И хлева пчелиного
Не тронула рука

Когда дымила вечная река
И шепелявил злак преддверьем хлеба

Киев, 1969

Российным жестом память хлещет
Из детства вынута стена
Стоит земли подобьим вещим
И предсказаньем —
тишина
Свободным плеском припадает
И поле тиной глушено
И десятерной мощью жалит
Доколе так заведено
И затокует закукует года отсчитывая стать
Как будто морем замурует изменчивости поля гладь
И в тишине надокеанской
недельным прибыльем паря
Нам будут сниться
сны — синицы
Про волю, площадь и царя

Киев, июль, 1970

Василиск не ржавей и не падай
На овале большом до утра
Раскатился заядлостью права
И держался за гребень зурна
Пять мостов пересек
Пять созвездий
В отражении моря хлебал
И когда замолчал переезжий
За себя всем и все раздавал
И пенять
Забирал понемногу
Закадычных запаривал след
Будто строил стальную дорогу
За похлебку за дикий навет
Приплывал и причаливал строго
На походку набрасывал плащ
И тянулась стальная дорога
Будто вынутый из сердца хрящ
На поддон
На погибель
На площадь
На взрыхленную поркой межу
С растопыренной пядью наощупь
На копытах златых выхожу

Лукоморье, август, 1970

На прибережном
      прибрежном
      забрежном
На парусе лодка хотела
Достичь полосы убережной
И с легкостью ласточки нежной
Достигла
Посты пропустили
Посты из медуз и ракушек
Рыбешек и всяческих вошек
И даже глаза пропустили
За мачту и борт уцепились
Забрав всё в охапку — себе

Лукоморье, август, 1970

Пьянящ дурманный сон степей
Когда ни звезд и ни полыни
Не разобрать. Смешалось все
В охапке горизонта синем
И с головой ли с животом
Ввернувшись в опахаль стодневный
Жарье и звезд друг с другом в прятки
Вертящихся
О, Боже мой
И не успев передохнуть
Когда бы телу дать соснуть
Ты на зобор влезаешь снова

Звезда
ты светишь
ты готова

Лукоморье, август, 1970

Не многим более чем час
Вилось боярышником поле
Когда пыльцы хватает вволю
Когда по полю и по полю
Голубоглазый плыл баркас
И где-то забрезжился светом
Душой ли или подголоском
На парусе или на веслах
Летела барка
Птичьим клювом
Душа в ней клекотала
Давних, — и самых близких столетий
И будто их колесница
Пылила в нас

Лукоморье, август, 1970

Трилистница, тропою брось
На торопелое Полесье
Овчиной, мыльным потом
                                        лось
Вбегает в дом у поднебесья

И нипочем ни почему
На стол кладут яйцо вкрутую
Так видно надобно ему
Летящему напропалую

Лукоморье, август, 1970

И опять под волной
муть и сырость
И под ветр завертел снегопад
И слыла под лучами игривость
То ль дельфин
То ль другой зверопад

Где каменьев окрашена юность
Где земли промывная любовь
Окуналися ветки в окружность
Рассыпаясь листами дубров

Лукоморье, август, 1970

Работ и дров не перечесть
Не переплетен сад стенами
За прибережными валами
Плоды протодерев прочесть
Остался деток паруглазый

И околичности тая
Пришла напуганная Троя
Не воплощением творя
А мерой серебра и горя

И золотой набрякший шлем
Болтался гордо и сурово
Венчая тишь. Велик и нем
Испить иль съесть
Вино готово

Лукоморье, август, 1970

А вран над бабками летает
И сижый дым во тьме глотает
И переносок воробей прыг-скок
прыг-скок
И то глоток
И то что есть
Спелей и слаще
Всех самых самых желудей
Всех самых самых замарашек

1970

И ветер откликнулся где-то
И кто-то умылся сполна
Взлетела шальная монета
И солнцем спустилась у дна

На ворох чужих сновидений
Усталый рекой перепад
Примчался и бросил валежник
Костра переполненный шаг

Валяйся праматерью скошен
Не выброшен не заложен
Никем и ничем не опрошен
Опалых и влитых ножон

И скошен травой у приметы
Заждался парящего дня
Как будто вертелись заветы
Для стога и для сентября

Не божьим укором не плахой
Обида стекала стебля
Где шел и пришел черепахой
Ушедшего года земля

1970

Норот покуда не пришел
Покуда шири тороп дул
Топор вертел куда шел вол
Ловчее лова и в аул

И не в разбежку прядал струны
Запаром дерева прямого
Шлепками понижались луны
И громоздились у былого

1971

А. Пушкину

Не писарь вотчиной владел
И не глядел пошире оком
Взаимодавь унес удел
И пролился холодным потом

И кручи и леса и долы
Припоминая твой приход
Твоим конем как будто колом
На дыбы встали в хоровод

И Лукоморье сиждь и ждет
Покуда вестники снесутся
Покуда твой переворот
Закончен станет. Там пасутся
Отрадной юностью поимы
На вере уходящих лет
И сказкой древнею лечимы
И давшие тебе обет

Не ворох и не стон онучей
Гремит в их диких словесах
Как будто рушится в падучей
Смертельной пляске старый страх

1971

137

Приноровились княжичи
Забором да веревкой
Уважить кто не вяжет
Желудевого соку
Уважить кто не очень
Заморския водицы
Заморския водицы
С колодязя девицы
И пото̀м то̀потом
по̀том мо̀том
княжити

1971

Где Лукоморье — здесь ли, там
Граничит день вокруг ошибок
Невесть откуда. Кем он дан
Бревенчатых, ушибленных улыбок
Расцветших розами
Прощай, я сын не только твой
Зови меня:
Мой люд по пеплу
И по траве всех наших предков

Мы умираем без границ
Мы рождаемся под небом
И рост наш памятью денниц
Отмечен —
У юноши
чтоб стать мужчиной
У девушки
чтоб стать женой
И на потребу красоте вокруг
Во времени
Но не по воле иномовца
Власатого не так как ты
Не понимая мира вещей и явлений
Он говорит на языке другом
Те же слова он берет за шею или за ноги
и они задыхаются
И обливаются кровью твоей досады
Вы говорите на разных языках
Он — иномовец
И это страшно

Давайте говорить на языке духа
На языке любви к Богу и уважения друг к другу
Друг друга уважить —
Это единственное что у нас есть
Для нас

Киев, 1971-1976

Предпраздничная быль однажды
Гуляний моря и зверья
Отстроилась жильем
и каждый себя наметил
всем в друзья
Кто в шерсть пророс а кто
лоснится, кто покороче
кто длинней, одних тревожит
поясница, других отсутствие
когтей
Запойная пора настала
братва заржала заплясала
кто подвывал кто улюлюкал
и видом тряс и громко пукал
и находилась рать моя в
экстазе отпрысков творя.
Всегда бы так и чтоб не драться
за самок, — те мечтают сдаться
Вот так все длилось и недолго
Покуда не схудала Волга
А там пошла история
В страну чудес Утопию

1971

Ноября месяца во 2 день в субботу
1974 года скончался мой отец

Отцу

Весло ушло
И океан глубок
Вещами стоимость измерив
Развертывается клубок
Простертых дней
Среди империй,
И слезы в камень перелив
Надгробия
Удел немалый
Я в камень сердце поместил
И древа лист с небес упалый,
И развернувшися ничком
Стояли позвонки в секрете
Вокруг все было нипочем
Все нипочем на целом свете
Неверие, что смерть — закон
Предстало мельницей
И вскоре
Перевернувшийся порог
Раздвоил житие на двое

Суббота, 30 ноября, 1974 г.

Иерусалиму

Высок и строен старый град
Две тыщи лет ума немого
Там начинался звездопад
И строгой ратью вышло слово

О чем
Егдалишна
О чем
Ты в ветер волосы пустила
И завернув себя холстом
Рукою жилы отворила

И реки потекли
И вспять
Восстали камни из пустыни
И строилась стеною рать
И люди падали в стремнины

Не тек ручей
И прошумел пропажей гон большого лова
Подковою лежал Ничей
Страданием рожая слово

июль, 1974

Листай листарь
Замолкнул гром
Замолкли птицы
Голубицы
Объяли хворостом паром
И ничего уже не снится
Все видно въявь
И допоздна
Сверчок заветных умышлений
Просматривает закоулки дна
И знаки причащенных келий
И разговор простерт рясцой
Окунут шеей в позвоночник
И ветвь хрустит перед ногой
И запастись тобою хочет

Пристанем станом у ворот
Шатер раскинем
И помолившись за живот
Все — дальше двинем

1973

Весной расхлябиста пустынь
И по весне ходить охота
И молча вяжется дремота
Стезями кожаных овин

Заупокойную мечту
Еще не вздел на рыбьи ребра
И разрушаешь немоту
Отхожих мест
И мест недобрых

Слова отчаянно легки
И строй пошел круглоголовых
И в волосах снуют зверьки
Обрушенных надежд и новых

И только опулоночь спал
Запал третичный мелового
Когда проявленное слово
Образовало свод начал

сентябрь, 1973

ЭПИТАФИЯ

Усталый человек
Остановись, побудь
Прекрасен ли твой век
Всему виной твой путь

Николаю Бокову

Веселость дней несказанно ранима
На прошлой памяти погасших лет
На этой памяти, когда даешь обет
Веселость дней, когда душа гонима

Всесказанностию вещей, и тел, и сказки, и покоя
Ушедшего в дорогу строя и убегающих затей
Не мог признаться никому — что есть
Вот в этом то загадка, а тот кто слышал — уходил
И строй сменяла пыль и жатва
Беснующихся упырей, чья кровь горька, а наша сладка
И что еще, — на край зрачка, и века, и брови усталой
Приходят стойбищем века
И век раскрытием и славой

Воскресенье, 30 марта, 1975 г.

Обычаи матерым невидны
Загадкой сказок приближалась осень
Ремнями лапотной спины
Стволами лип, дубов и сосен
Оврагами, что вечностью темны
Дорогами и тропами прилатан
Брел человек
Состранником страны
Земле в угоду и звездам загадан
Качели колоколен, птиц и шугов
Вываживали старый стих псалма
Ягдай мой щит
Мой щит порубан
Я в юшке крови и огня

1975

... Предположения потомка о составе беседы его пращура, А. С. Пушкина, и царя Николая I, состоявшейся в Санкт-Петербурге в 1826 году по желанию Николая I, после возвращения А. С. Пушкина из родового поместья в селе Михайловском Псковской губернии, где, по повелению Александра I, он отбывал ссылку; и после восшествия на престол нового царя, — был прощен и впущен в столицу, и зван на аудиенцию, начавшуюся с околичностей и перешедшую в строгое русло возможности, как это бывало не раз на огромной мобильной глиняной платформе Российской империи.

Аксессуары не имеют значения,
цвет стен кабинета тоже.
Пульс – на пределе
Сердцебиение нормальное

Николай I. Как ты думаешь, что у нас в России сейчас плохо?

Пушкин. Государь, мы не свободны, народ в нищете.

Николай I. Как ты думаешь, свобода сейчас может быть?

Пушкин. Нет, Государь.

Николай I. Молодец. Почему?

Пушкин. Мы еще не умеем быть свободными, не нарушая порядка.

Николай I. Так почему ты нарушаешь порядок.

Пушкин. У каждого родившегося есть дело на земле. У меня — осуществлять свободу, у тебя — порядок, между нами те, о ком мы печемся. Свобода и порядок любят друг друга и друг друга пытают — как всё в любви, даже при гармоническом состоянии, а у нас гармонического еще нет. Никто из нас смиряться не станет, но вместе мы, или наши дети, внуки, после нас могут постепенно придти к гармоническому. Только порядок должен идти навстречу, как начало мужское и мыслящее. Свобода — это женщина, это состояние, — оно сладостно, и все живое хочет быть в нем и из него происходит. Нельзя, чтоб свобода угождала порядку, сие противно идее жизни, устроенной Господом Богом.

Николай I. Что есть идея жизни Господа Бога?

Пушкин. Порядок не должен стать насилием, — сие погубит жизнь и погубит Россию.

Николай I. Иди.

Я тебя люблю.

1976

Я слышу — темнотой раним уходит
в бездну человек
Когда змея ужалить не решилась
И звезды неуклончиво верны
И сон травы покоя не спросив свой
разговор спокойно пропускает
И конский храп перекладных снует
по деревням и весям бездорожья
А на запятках фельдъегерь стоит
Здесь полк прошел своей работой занят
И в сон пришли движеньем поезда
Растущих городов окраины ранимы
Приносят каждый день от сада
На стол еду
В саду на курьих жить никто не хочет
Делами все по горло заняты

1976

Ласковость объемлет лаской где-то
И объемлет лётом стая поутру
И двуногая стеклянная карета
Продырявила собою темноту

И когда полузабыт безверьем
Я в карету приношу себя
Прихожу в невидимость барьера
Видимостью пляшущего дня

И когда за розовостью блика
Тронут поворотом шар земной
Странен мир безвременного крика -
Бездной глотки
Бездной бляди
Бездной смерти
Тихо верьте...
Тихо тихо...
В тишине отрада,
В тишине заучен наизусть
Выход по тропе и столб ограды
Можжевела ли, боярышника куст
Тихо
В этом лучшем из миров
В этом мире лучшем из миров
В этой наилучшейшей ограде
Символом земного бытия
Трепетала девочка на дяде
Срезанною веткой сентября
Снова   тихо
Снова тихо, тихо
Слёзы камнепадом в голове...
Слёзы камнепадом отдаются...
Слёзы камнепадом в голове
Слёзы сентября
Ко мне прольются
Будто я не вор и не злодей
Будто бы я вор и будто злобен
Слёзы, слёзы
Почему моря до сих пор

Из берегов не вышли
Или тягость
Тягость человечья всё вмещает
Тягость человечья...

В этом мире лучшем из миров

Взлохмачен истый короед -
Грызёт разрыв пути,
Танцует менуэт Макбет
А я хочу пройти

А я лупырь в зелёной глади
Несу себя в тиши
И тихо веселятся бляди...
А я хочу пройти

1963

Велемиру Хлебникову

И черный рак
Со спелых вишен
Обмокнут в землю бытия
И тихий толк -
Судьбой услышан -
Покинул тихие края
И Волги всплеск
Ушел в песок
И пенясь ликом, вышел к морю
И там остался островок
Его люблю и с ним не спорю

Я влагу цедил из ее пупка
И жизнь не была для меня беленою
И стыла струна хрусталем хрупка
Как соль на сосне распрощавшись с водою

Я солнца лучам лизать не давал
Глядящего моря принесенной капли
Я /шилом?/ себя ее укрывал /телом? пылом?
И мозг на ноге мой дрожал, нрзб. в рукопи
Словно цапля

1963

Саскией распятой на коленях
Оголтелой волей бытия
Тлело на ладони неистленно
Сумрак раздевался догола

Здесь
В бокале крова ночи
Расплескало одиночество набег
И припухли губы лаской строчки
Клятвенно обрушившей обет

Заметалась тень
    хозяин не был найден
        и не нужно
Выскалив черты
Выгибался день на тонконогой лани
Горло полоща причастием ветлы

Раком обрамленный будуар
В сонмище известнейших печалей
В пепелище тлеющий пожар
Дум избитых, обновлённых далью

И каким он выйдет из меня
Этот Бог пожара и влагалищ
Знаю я ...
Не зная теребя
В пальцах дни истлевшие, пожарищ

1963

Брату и себе

1

Расстанься
Плоды быть может под прошедшей ратью
Усмотрят пядь растерянной земли
Огорбились дорогой братья
Пристало реквием вещали глухари

И правда затаившейся печали
Наивом затуманившихся грёз
Надрывом в подсердечниках кричала
Отброшенных на развороте поз

Страда листала взаперти объятья
Приспущенным окружевом дорог
Склонялись над собою братья
Прощался берег парусом пирог

2

И только вышел
Гарью полон
Захватанной жилеткой припадал
За край кормы приманкой волн
Разделав череп на бокал

Примером ласковости. -
Ладно. -
Обрушен страх на водопад
Как-будто стонущую падаль
С надеждой выплеснул на лад

Ох - хо
Еще быть может утра ратью
Листом позёмку окликал
Склонялись над собою братья
Губатым ртом твердя завал

1965

Летела ночь лягушечья горласта
Я не трепал мочала загодя
И разъяренной болью Солнце гасло
И уходило птицами галдя

И боль, потусторонняя порука
В плебейской честности
Плебейский огонёк
Как-будто на панели потаскуха
Молила, продавая свой порок

Шизоид
Услыхал я грохот эха
Шизоид
Уходи, уйди, изыди
И горизонтом вспыхнула планета
И сникли осчастливленные люди

И льном поросшее нечеловечье поле
Сухой тоски потусторонний лоск
И человек во ржи с дущою голой
Спустился с гор и выпил горечь грёз

Феодосий Гуменюк

Ф. Гуменюк. Петух и маки

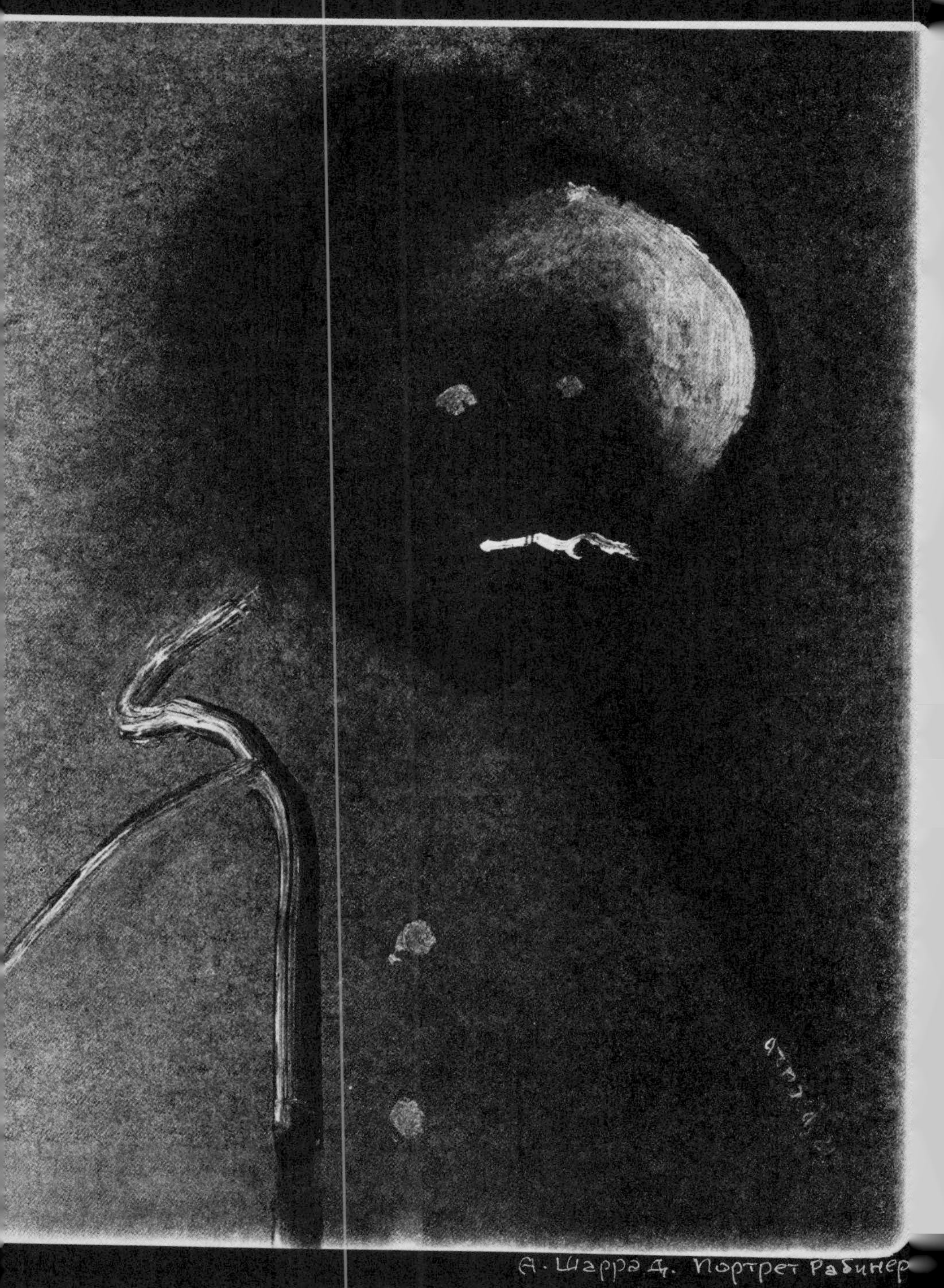
А. Шаррад. Портрет Рабинер

АНКЕТА ИЗ ТРИНАДЦАТИ ПУНКТОВ

1. ФИО Я-РАБиНЕ-Р. Я. РАБИНЕР

2. Дата, место рождения, родители. МАЙСКИЙ. МАЮСЬ ПО СЕЙ ДЕНЬ. 5/7/1943. ДЕНЬ РОЖДЕНИЯ НЕ ПОМНЮ ОТЧЁТЛ НО МУЧИТЕЛЬНО НЕДОЛЮБЛИВАЮ.

3. Образование - годы и место.
УЧИЛСЯ ВСЕГДА НЕОХОТНО. ~~[illegible]~~ СОВ. ШКОЛА, ПОТОМ СОВ. ИНСТИТУТ. СОВИННОЕ ОБРАЗОВАНИЕ. БИАНКИ-И ТОЛЬКО

4. Работа /места/.
РАБ. ВЕЗДЕ ИЛИ ПОЧТИ ВЕЗДЕ, А МЕСТА? МЕСТА МАЛО ЧТОБЫ ОПИСАТЬ ВСЕ МЕСТА.

5. Публикации, участие в выставках, симпозиумах, конференциях.
СТАТЕЙКАМИ ПРОМЫШЛЯЛ ИНОГДА. ТИСКАЛИ ДРУЗЬЯ И ТИСКАЛИ ПОРОЙ ГАЗЕТЫ

6. Друзья - наиболее запомнившиеся /максимально подробно/.

а/ художники ИЗ ХУДОЖНИКОВ - МОЙ ПРИЯТЕЛЬ-ПОЭТ. НРАВИЛОСЬ ЧТО В ПОЭЗ ОПЕРИРОВАЛ КРАСКАМИ, А ЖИВОПИСЬ ОЧЕНЬ ПОЭТИЧНА.

б/ поэты

в/ литераторы, музыканты

г/ прочие - ТЕМ, ПРЕДЫДУЩИМ, ПЛОХУЮ СУДЬБУ ПРОРОЧИЛИ

7. В каких домах /салонах/ бывали и как часто. НЕ ПОМНЮ КАК ЧАСТО. БЫВАЛ - И БЛ

8. Чего там делали. ЧАИ ПИЛИ, ПОТОМ СЦАЛИ МНОГО. ЕЛИ - ПОТОМ... (ДЕТАЛИ ОПУС ИЗ ЖАЛОСТИ)

9. Кого там встречали: ~~эпизодические встречи~~.
НЕЗНАКОМКУ БЛОКА, ОСТАЛЬНЫХ ПОМНЮ ПЛОХО.

10. Духовные учителя /живые и мертвые/. НЕТ ТАКОВЫХ.

11. Учителя в искусстве. БЛОК, МУНК, ОТЧАСТИ Маяковский, Вийон

12. Периоды жизни /наиболее значительные/.

13. Типичный день /в пределах каждого периода/. ОСТАЮТСЯ ЗА ПОРОГОМ - ДНИ, В КОТОРЫХ Д НЕМНОГ.

/ТИПИЧН. ДЕНЬ/ ЛОДЧОНКОЙ УТЛОЙ ВПЛЫЛО УТРО. СЕЛИ. ПЛЫЛИ. ЕЛИ. ПИЛИ.

Дополнения, пояснения, враги, недруги, высказывания /и соображения/ об 1) искусстве, пороки, любимые занятия, путешествия и переезды, надежды, мечты, любимые кушания, любимые женщины, 2) впечатления от заграничной жизни, 3) отношение к Солженицыну, мнение о "Континенте" и прочих журналах /газетах/, ностальгия, желаете ли кому набить морду, планы на жизнь /будущую/ и прочие не приходящие в голову вопросы.

1) ИСКУССТВО И ПОРОК НАХОДЯТСЯ В ТАКОЙ ЖЕ ИНТИМНОЙ СВЯЗИ КАК МУЖЧИНА И ЖЕНЩИНА. ВОПР ТОЛЬКО В ТОМ - РОДИТСЯ ЛИ РЕБЕНОК В РЕЗУЛЬТАТЕ ПОДОБНОГО СОВО КУПЛЕНИЯ. 2) НИ ОДИН ГОРОД МИРА НЕ ВЫЗЫВАЛ У МЕНЯ ТАКОГО РАЗДРАЖЕН КАК НЬЮ-ЙОРК. 3) НАДО Ж БЫЛО ТАКОМУ ЧЕСТНОМУ ИМЕТЬ ТАКУЮ МИЛИН

Стиль - авторский /свободный/, размер - не лимитируемый, на нежелательные вопросы можно не отвечать /можно и отвечать/, писать на машинке или от руки, за подписью.

Фотографию приложить обязательно /любую/.

И я Раскольников. Раскольников и Карамазов
сразу.
Не смыть крови и страсть - моя беда.
В любви, в любви - день страшного Суда.

Раскольников я - прочь!
Как снежна эта ночь.
О, господи,как снежна эта ночь!
И до сих пор с тех пор
Под мышками топор.

И это девичье в малинике:
"А ну-ка догони меня."

Зеленой чешуей древесной-
Леса, былинный знак Руси.
Здесь хлябь и топь.
Здесь солнце к вечеру
Заглатывает мгла трясин.

Оно оранжевую бороду
Протуберанцев вскинув высоко-
Течет сквозь мрак лесной, соборовый
Спеша себя лучами высказать.

Молчи. Вечерние румяна
И запах трав как близкий обморок
И наваждений
и обмана
Сгущающееся облако.

Неон.

Неон сочился так кроваво-красным
В названии мясного магазина,
Как будто в бойне, над мычащим мясом
Не прекращала танец гильотина.

Бежали буквы, вспыхивая блитцем.
Асфальт горел витринам рыжим в тон
И каждого прохожего в убийцу
Гримировал сочащийся неон.

И только выше всех- кариатиды,
Устав держать пол здания собою:
Переглянулись и за все обиды-
Спокойно
расступились над толпою.

Ночь.

Дождь с фонарем в руках
Куда-то по улочкам шел.
Беззубая шлюха-осень
Листвою плевалась в канал.
А там, где грязь с нечистотами
Блестит как китайский шелк
Пробиралась крыса
Лабиринтами сточных канав.

Корабль блуда.

Все руки мачт воздев под небосвод
Сквозь темень волн летит корабль блуда.
Затылком ко всему – резной смущенный Будда
Глядит в пучину вод.

Сшивает молния тяжелый свод с землей
И дергаясь как будто в пляске Витта
Руками и ногами перевиты
Тела блестят-как рыбы чешуей.

Они лежат вповалку: на полу,
На палубе, на скрученных канатах.
Сама ль судьба там корчится, каналья
На члене воткнутом в нее, как на колу.

А море – расходившийся бедлам,
Рвет, мечет волны, рушит их как горы
И расползается медузами по голым
К друг другу присосавшимся телам.

Всех гибель ждет. Так торжествуй разгул.
Все лучше так чем биться в стенку с воем.
На волю-мысль! Желанья все – на волю,
Химерами засевшие в мозгу.

Карающе как будто на таран
Идет волна, прихватывая с пеной
Обрывки рубищ, щепки, сгустки спермы,
Тела уставшие и сам корабль.

Корабль тонет, волнами тесним.
Под ним уже разверзнутая бездна.
Свой адский танец там заводят бесы
И ангел смерти носится над ним.

Сомкнувшись с плеском, черная вода
Всех поглотит навеки, без следа.

Прими, господи, детей твоих,
Последних детей земли.

Моя прошлая жизнь представляется мне иногда
Ярко освещенной витриной,
Где женский торс соседствует с книгой
Положеной на пюпитр,
А порнографический искус наподобие жука-древоточца
Проел насквозь тело распростертого подростка.
Где губы живущие как бы отдельно
Диктуют что-то моему отражению в зеркале.
Где в темных лабиринтах комнат,
Чтобы отыскать себя нужен компас
А мечущиеся от двери к двери тени
Только усиливают
Тревогу ожидания неизбежного.

Потуши свет...Так хорошо мечтается,
Так четко видится в кромешной темноте.

Вот- женщина. Та, что пригрезилась.
Прильнула телом голым
И сладко так почувствовать в ладонях
Лицо ее, и волосы, и кожу
И изможденно рядом замереть.

А это, словно виденное где-то:
Башку кладет на плаху славный малый.
Палач показывает голову народу,
Кровь льется под ботинки палачу
Лицо казненного с твоим ужасно схоже.

Вот путешествие желанное- Помпея
У ног твоих, весь этот город мёртвых:
Собака замершая на бегу,
Мужчина в странной скрючившейся позе
И пеплом отформованный старик.

Потуши свет... Так хорошо мечтается,
Так четко видится в кромешной темноте.

Истоки.

Сюда когда-то вполз туман
И спермацетовою слизью
Стёк, просочась тропою лисьей
В овраг глубокий по холмам.

Так этот город был зачат.
Три дня грозой здесь лес метало.
Земля три дня здесь грохотала
И извергала камнепад.

А на четвертый день она
Затихла, бледная, немая,
Холмы-колени разжимая
И вся откинувшись для сна.

Все остальное без неё
Здесь довершилось и сложилось.
По каменным и медным жилам
Забило кровью бытиё.

Под черепами черепиц
И за слюдой высоких окон
Зрел друг за другом нежный кокон-
Лгунов, тиранов и убийц.

И весело здесь кровь неслась.
У самых плах, в ее потоке-
Кораблики в немом восторге
Пускала будущая мразь.

И в мясорубки труб витых
Всех гнало так парадным маршем,
Что даже самый гордый - фаршем
Смердел как все вдоль мостовых.

Тогда гудел восторгом плац.
Сексот торчал из каждой ниши
И если надо - нотой ниже
Из глотки выжимал палач.

В разливах труб, под барабан,
Под бесконечные „виваты"
Полз влажный серый, клочковатый
Родоначальник всех - туман.

Так длилась жизнь. Века подряд.
Казалось неизбывным это.
И только раз громовым эхом
Упал за городом раскат.

И вынырнув из облаков,
Во тьме ночной скрипя чуть слышно,
Дамоклов меч над каждой крышей
Завис как маятник Фуко.

Как знак беды, пока палач
Вздымал тесак над чьим-то горлом
Я медленно прошел сквозь город
До глаз закутан в черный плащ.

Слепил закат. Я шел в поля.
Назад не бросив даже взгляда,
Я знал - за мной
Огнем и Адом
Уже разверзнулась земля.

Крик.

Тролейбусы срезающие взгляд
Машин и шин змеинное шипенье.
Мысль на бегу:"На кой все это ляд?"
И город к вечеру- в цветной
Отливной пене.

Потом воспоминанья: чей-то жест,
Обрывок спора. Анекдот из трепа.
День как отточеный тяжелый жезл,
Безжалостно вонзившийся под ребра.

Зато потом- веселый грешный жар,
Отдохновенье духа, песня песен.
Когда б не это- пропади и спейся
Усталая, безгрешная душа.

Еще от книг тончайший аромат
Бумаги, букв, даров открытых в поте.
Да, аромат. И аромат и мат
Каких-то черных грязных подворотен,

Клоачных ям, где окон желтый свет
Сверлит в затылок всем:"Исхода нет!"

Акробат

/экспромт/

Браво акробат и ты в цене!
Сцена - ад, а в зале только черти.
Ну и что?-жизнь тоже ад по мне,
Попривык и знаю круг очерчен.

Но и в том кругу на вираже
Вдруг рванусь назло чертям и смерти.
Да устал, да нету сил уже
Только раж сильней всего поверьте-
Акробатом механическим Леже
Шпарю так, что рты раскрыли черти.

Ввинчен в синеву и взвинчен ею
Понимаю я уже в прыжке
Ад заменят раем коль сумею
Ублажить всех этих в кабаке.

Пейте дьяволы! Гарсон-еще им водки!
А теперь смотрите дураки
Вон у той вот электрической проводки
Спичкою черкнут мои виски.

И под мат старинный и блаженный
Мимо столиков и мимо милых рож
Унесут меня спокойного со сцены.
Всё. С покойного чего возьмешь.

Руки сложены. Плевать на ваши вздохи.
Член я положил на все плевки.
Лучше так чем в кой-то день издохнуть
Вымучив зевотой желваки.

Вступление.

Взор диких зорь. Набеги татарвы.
И ковыля прощальные поклоны.
И неизменный тот узор оконный
Венком вкруг чьей-то русой головы.

Все это Русь.
А может быть не Русь.

Тяжелых баб увесистая ругань
И похоть-стон от чьих-то голых ног;
А надо всем как власяница грубый
Одним ударом выдолбленный Бог.

Все это Русь.
А может быть не Русь.

И голубые реки как напряженье чьих-то жил
И из варягов в греки
Лодчонок острые ножи.

Крик черный. Крик черный
Все выше и выше.
Плывут челны. Плывут челны.
А крик никто не слышит.

Зима... От Москвы до Тобольска
Скользко.

На колокольнях черные грачи.
На гроб скользнули рыжие лучи.
Березовые белые бинты
И резь в глазах до слепоты.

Разбуженный выстрелом лес
отряхнулся-
Проснулся.

Горизонта узкая каёмка.
За спиной мотается котомка.

Леса серые и лысые.
Следы быстрые и лисьи.
По снегу носится,
Рыжим глазом косится.

У... бестия.
Б-бах.
Б-бах.

Хорошо. Морозец.
Рыжая на снегу.
У-гу-гу...

ЕРМАК.

Ещё я силы наберусь:
От губ, от рук, от жаркой крови.
Верстами, как крестами Русь
Благославляет путь сыновний.

Благослови мой тяжкий путь!
Дай вывернуться. Будь порукой.
Над прорубью, у вражьих пут –
К руке протягивая руку.

Всё морок чёрный да туман.
В пол-силы сила, свет в пол-света
И в чём загадка? Где обман?
Кто пересилит?–
Нет ответа.

И я
Ответить не берусь.
Кружиться ворон над становьем.
Верстами, как крестами
Русь
Благославляет путь сыновний.

Давние времена.

Мороз на Руси чуть нежнее Малюты.
Клещами, антихрист, рвет уши и нос.
Ить напасть какая. Не ворог ли лютый
Москву в тайном умысле снегом занес?

Да только злодейство и стужа
хоть розно-
Все общая пытка для многих мужей.
Болтают: Малюте мирволит сам Грозный,
К боярской казне подбираясь уже.

Болтают о многом. Что будто над Спасской,
/Скуратов с царем пировали как раз/
Мол гром громыхнул
да по окнам как хряснул
И выветрил начисто Тайный приказ.

Теперь заседают и денно и нощно,
Гонцов по Руси разослали везде-
Без пыток, без казни, без крови
как можно
Держать неразумное стадо в узде?!

Смерть Ивана Грозного.

В покоях мрачных Иоанна
Горит свеча. А в полумраке
Монах с лицом достойным сана
Глядит в узорчатые знаки.

И губы жесткие монаха
И вычерченный хищно профиль
Полны как будто черным страхом
Христовых пыток на Голгофе.

Чуть голубеет свет из окон.
Приподнят слугами повыше,
Царь неотрывно скошен оком
Под свод, в решетчатую нишу.

Судьба ль его там словно голубь
Трепещет бьется глупой птицей
Пока ей кто-то целит в горло,
Пристроясь с луком у бойницы.

А память жжет, но плохо греет.
И даром кровью жилы бухли.
Пред скипетром благоговея,
Склонились пудренные букли.

Сместилась царских глаз орбита
И медик был ощупан взором
От губ жующих: "Bitte, bitte"
До пуговицы от камзола.

И грянул час. Цветные тени
Легли на пол. Как в мрачной драме
Входные царские ступени
Вдруг раскрипелись под шагами.

Зловеще, прижимаясь к стенам,
В ладонях с гробовой доскою-
Толпа невинно убиенных
Собой заполнила покои.

Как призраки из преисподней
Они сошлись. Царя из платья
Тряхнули - и в одной исподней
Швырнули к божьему распятью.

Пока там память суд свой длила
И крик души был к небу взмолен
Москва неистово звонила
Со всех российских колоколен.

Впервые над зубцами башен,
Над сонмищем рабов несметным
Был явлен всем и не был страшен
Лик и ужасный и бессмертный.

Осьмнадцатый век.

Сердце замерло.
Не страна, а - кунсткамера.

Россия...Мокрый плащ Петра.
Не раздеваясь, до утра
В ботфортах.
Жилы-шнур бикфордов.

Боляринская Русь
У...-гнусь.

Как водка в красивом штофе-
Петр первый в Петергофе.
Ожог на нервы-этот первый.

Меньшиковская брага.
Бедняга.

Екатерининская страсть...
Усы..кровать,
Между ногами-пасть
Упасть-пропасть.
Упало: в ляжку, в тину, в перину.
Мать ее за ноги, Екатерину!

Катька!
А ну ложись, со мною сладь-ка!

Ну и времечко-
Почеши темечко.

Серебряный крюк месяца.
Кто хочет - может повеситься.

Сказка о длинных и коротких зверях.

Длинные звери невзлюбили коротких. И началась между ними война. Всем верховодили конечно змеи. Они спали днем, а ночью злобно шипя, наполняли лес страшными звуками. Любая короткая мышка или зайчик прижимались от страха к стенкам своих нор так сильно что их более смелым братьям и сестрам надо было заостренными палочками отлеплять их от стен.
Такая жизнь надоела коротким зверям и однажды днем переплетясь друг с другом они сами обвили лес и громко стали звать на бой спящих днем длинных зверей. Но змеи и крокодилы отдыхали и не хотели из-за каких-то там смешных коротышек прерывать свой сладкий сон. Тогда короткие звери стали подгрызать деревья и валить их прямо на спящих врагов. Деревья разбивали длинных зверей на маленькие отдельные кусочки и каждый кусочек кричал чтобы его немедленно соединили с другим шевелящимся рядом. С той поры в лесу настал мир ибо все звери были теперь одинаковой длины. А как только кто-нибудь оказывался длинней чем все ему сразу же укорачивали хвост лесные врачи. И никто не обращал внимания на вопли несчастного. В лесу стало тихо и только те, кто были когда-то длинными зверями не могли смириться никак с тем, что они такие короткие как все. Некоторые из них прятались в густых кустах и там дожидались срока, чтобы опять разрастись в длинных змей и крокодилов. Так проходило время. Лес наполнялся то воинственными криками длинных зверей то коротких. И только солнце неустанно посылало сквозь листья деревьев свои теплые лучи, стараясь примирить всех зверей. Но все было напрасно. Войне зверей не было конца и солнце устало мирить их и перестало светить. Лес погрузился в такую темноту, что всё перепуталось в ней. В темноте короткие звери перекусали друг друга, а длинные, приняв за врагов своих же братьев и сестер разорвали их на мелкие короткие кусочки. И в лесу не стало зверей. Солнцу больше некого было мирить и оно согревало лучами листья. А листья, подрагивая шептали друг другу историю гибели коротких и длинных зверей. Лесник живущий в лесу подслушал этот разговор и рассказал о нем мне, а я вам-грустную-грустную историю о зверях, которые не любили друг друга.

Сказка о толстом Томасе.

Толстый Томас был очень толстым, то есть таким толстым, что для него одного должны были построить отдельный дом. И когда ночью толстый Томас ворочался на своей громадной кровати то всем спящим казалось, что у них в комнате воры-такой стоял кругом скрип. Тогда в домах зажигался свет и люди с фонарями в руках обшаривали каждый угол. Даже малыши подвигали свои ночные горшки и светили маленькими фонариками под свои кроватки. Ну а уж когда толстый Томас начинал храпеть то все опускали в квартирах окна обитые очень большим слоем ваты и затыкали ватой уши, чтобы суметь заснуть. И только бездомные псы собирались вокруг дома толстого Томаса и лаяли всю ночь как сумасшедшие.

Но толстый Томас только ночью доставлял беспокойство людям. Днем он был очень добр и ласков с ними. Он шел по улице обычно обсаженный детьми. А в парке, когда он ложился отдыхать на траву, он становился похожим на громадный холм, так что ребятишки могли бегать по нему как по настоящей горе-то опускающейся под ними то поднимающейся. Зимой толстый Томас как и летом ложился отдыхать в парке и разрешал заливать холодной водой свой живот, а когда живот замерзал то дети катались на нем на лыжах или скатывались с него на санках, а толстый Томас смотрел на них и улыбался. Я же сказал-он был очень добр этот толстый Томас. Но однажды, когда он шел в парк и ребятишки бежали за ним, неся в руках санки и лыжи- толстому Томасу стало вдруг очень плохо и он упал на землю, ломая деревья и кусты, но стараясь не задеть детишек. Он так и остался лежать неподвижно толстый добрый Томас. Дети очень оплакивали смерть Томаса. Они плакали везде: на улицах, в метро, в автобусах, в школе и дома. И тогда взрослые решили залить толстого Томаса специальной жидкостью. А когда его залили то он стал похож на большую стеклянную гору, внутри которой спал толстый добрый Томас. Он так и лежал в своей стеклянной могиле с доброй тихой улыбкой так что всем казалось, что он просто прилег отдохнуть. А дети как и прежде могли кататься и играть на его животе как это делали до них другие дети. Только теперь ночью никто уже не боялся воров и не заглядывал под кровать, никто больше не опускал ватных штор на окнах и не затыкал уши ватой, а капризных малышей успокаивали перед сном сказкой о добром толстом Томасе, сказкой, которую я рассказал вам.

Клещ Роджера.

Этот парень был обречен. Он смеялся уже четвертые сутки. Смех душил Роджера как душит убийца свою жертву, захватывая руками все горло и не давая ни на секунду вдохнуть глоток свежего воздуха. Иногда смех был таким удушающим, что раскрасневшийся Роджер с лицом человека, которого вот-вот хватит апоплексический удар, складывался пополам, колотил себя в живот кулаками и судорожно глотал воздух. Оцепеневшая в своем горе жена Роджера сидела на кухне, сложив худые ладошки рук на кухонном переднике. Она отчаялась чем-либо помочь своему мужу и ждала либо какого-то чуда либо самого худшего. Все семь дней Роджер ржал и не произносил ни единого слова. И то ко на восьмой день из его глотки стали вылетать какие-то булькающие звуки Врачи, окружившие кольцом Роджера и напиравшие на это кольцо репортеры ничего не могли разобрать пока кто-то из журналистов наиболее близко стоявших к нему не закричал с победно-сияющим лицом:"Я понял...я понял, что он сказал". Все немедленно бросили Роджера и плотным кольцом сдавили удачливого репортера. Беднягу разрывали на части, не давая ему никак произнести что же все-таки выдавил из себя переламывающийся от смеха и брошенный всеми Роджер. Наконец он отбился от всех и громко сообщил , вскарабкавшись на стул и показывая пальцем в сторону Роджера: "Он сказал...-подлец выдержал паузу, явно испытывая нервы разинувших рты врачей и репортеров-...он сказал, что ему щекотно.И видя сразу сникшие и разочарованные лица всех присутствующих, топнул ногой о сиденье стула и важно добавил, ткнув себе пальцем в живот:"Он сказал, что ему щекотно внутри живота."

В этот день газеты наконец могли преподнести сенсационную новость. Все се дней на все лады варьировали они эту странную болезнь Роджера. И читатели и сами пишущие стали уставать от этой безмолвной пикантной истории, которой, однако, не видно было конца. На следующий же день после того как Роджера посетили репортеры, его слова были вынесены на первые страницы всех газет и значение всему сказанному было придано едва ли не всемирно-историческое. А между тем успокоение в семье самого Роджера не наступало. Наоборот все становилось только мрачней. На девятые сутки Роджер не выдержав залез под кровать и оттуда уже раздавался его хохот, перемежающийся криками и даже рычанием. Устали врачи, установившие дежурство в доме несчастного, устали репортеры. Роджер был забыт и заброшен. Окончательно и бесповоротно. Жена его извелась и почти не выходила из своей комнаты, боясь врачей и репортеров не меньше чем завывающего уже в диком смехе мужа.

К концу второй недели, вечером она услышала странный крик своего Роджера и впервые за все это страшное время четко прозвучавшие фразы. Радостно рванулась она к двери комнаты, в которой находился муж, но застыла на пороге её словно жена библейского Лотта, превратившаяся в соляной столб. Роджер сидел у кровати на полу в громадной луже крови с ножом в руках, торжествующий и сияющий:"Извини, Марта, -сказал он. Я не мог больше этого выдержать. Я пощекотал,наконец,это проклятое место." "Извини"- сказал он и рухнул на бок, так и застыв с блаженной улыбкой на измученном судорогой дикого смеха лице.

Вскрытие показало, что в желудок Роджера попал клещ. Его движения в пищеводе и были причиной столь долгого и безудержного смеха. Клещ был извлечен из желудка несчастного Роджера, заспиртован и выставлен для обозрения в музее клинической истории. "Клещ Роджера"-было написано на темно-коричневой стеклянной банке и добавлено что-то по латыни из чего можно было понять, что теперь и навсегда клещ этот будет назван его именем.

Предки.

Осень уже коснулась леса. Желтые, ржавые и ярко-красные листья лежали вперемешку на жирной щетинистой от травы земле. Птица, спрятавшаяся в кустах камыша издавала тонкий протяжный свист и через минуту, словно нехотя и полувздыхая ей отвечала другая. Над болотом завис туман, неподвижный и такой плотный, что его можно былобы взять в руки. У самого края болота, с правой стороны длинного ряда сосен примыкавших к нему, слышался стон и булькающие странные звуки, напоминающие причмокивание или удары деревянной ступы о что-то мягкое и влажное.

Они лежали на земле. Друг на друге. Голые, розовые и разгоряченные. Листья прилипли к их телам, но они даже и не делали попытку снять их. Лениво, у самого их изголовья, плескалась вода и высокое солнце полоскало в ней свои длинные прозрачные руки. Казалось, что это не они, а лес сейчас совокупляется, войдя по самые кроны, в теплое влажное лоно осени.

Ее ноги были согнуты в коленях. Пальцы рук впились в его ягодицы и если бы она могла всего его втянуть и поместить в себе-она бы сделала это с готовностью. Она была его родной сестрой и они оба, воспользовавшись тем, что отец ушел в пещеру проверить очаг, схватились за руки и...через минуту были уже в лесу. Они долго кружились по лесу среди высоких сосен, разрывая ногами густые заросли папоротника. Она подставила у одной из сосен ладони, словно пытаясь налить в них солнечные лучи, дымившиеся у самого её лица, а он подбежал и крепко прижал ее к себе. Она вырвалась и они долго бегали по лесу. А потом катались по земле. Они скатились с высокого холма С одного. Потом с другого. А когда они набегались и накатались вдоволь и он почувствовал, что у самого паха его затвердело и налилось силой так, что грозило порвать набедренную повязку, он подхватил ее и понес к болоту И сейчас он, откинув голову, лежал на ней, прислушиваясь к себе и ловя себя на ощущении близости бурного финала, когда он рухнет на нее всем телом и вгрызется зубами в это круглое розовое плечо. На плече ее до сих пор не зажили полосы и багровые рубцы, отметины их былых грехов и игр.

Он закричал, откинув еще больше голову назад. Закричал так громко, что птица сидевшая недалеко на раскачивавшемся камыше, испуганно взвизгнула и порхнула вверх. А потом и не пытаясь сдержать себя, зверски рыча, он упал на нее, просто рухнул громадным булыжником, смяв в лепешку ее грудь и вонзив с наслаждением зубы в ее уткнувшееся в самый подбородок плечо.

Отец встретил их тяжелым взглядом исподлобья. Мать сидела у котла и помешивала в нем похлебку. Ей ужасно захотелось есть. Она отошла от брата и потянулась к очагу. Но отец загородил ей дорогу. Она увидела в его глаах злое, упрямое желание немедленно, сейчас вот обладать ею и хотела избежать этого. Но он не дал ей уйти и потащил в угол. Вытянув левую руку, на изо всех сил тянулась к очагу, где уже булькала и пускала пар похлеба. Она упиралась, мычала и бросала умоляющие взгляды на брата. Отец тое метнул взгляд на сына и увидев в его глазах недовольство, распалился ще больше: сгреб ее своими лапищами, повалил тут же у огня и буквально аспял на полу. Она не чувствовала еще его в себе, но пальцы его копошиись уже у ее ног, под самым животом, нетерпеливые грубые пальцы, котоые могли бы разорвать ее от паха до головы.

рат, стоявший все это время у порога, не спускал глаз с отца и сестры. кулы его были сжаты, вот-вот и раскрошатся друг о друга зубы. Наконец н не выдержал-закричал, издал какой-то звериный рык и рванулся к отцу. хватил его руку, вывернул, заламывая за спину. Гримаса боли и злости рошлась по лицу отца. Быстро и резко подхватился он на ноги, оставив очь на полу. Двумя руками вцепился в горло сына. Он душил его, упиваясь ыпученными глазами сына и его беспомощным хрипом. Страшным напряжением ук разжал сын пальцы отца и выбежал из пещеры. Схватив костяной нож у пoога, отец ринулся за сыном. во двор.

н догнал его у края двора и два раза погрузил свой нож в его живот. Сын азинул рот, но на крик его уже не хватило. Он упал на бок, держась за живот и жалобно постанывая. Мать не вышла на порог потому, что если бы она ышла то кто бы остался у очага. Тем более что дочь, воспользовавшись суатохой, запустила уже плоско оструганную палочку в котел. Она вцепилась волосы дочери и с силой рванула вниз. Драки бы не миновать, но в это вреая в пещеру вбежал отец. Руки его были перемазаны кровью, взгляд был дик. он победно взирал на притихших мигом женщин. Он схватил дочь и как она не пиралась, вытащил все же во двор. Он бросил ее почти рядом с дергающимся конвульсиях сыном и, словно довершая победу, так потянул на себя, что она закричала и застонала. А он мял ее громадными руками, длинные грязные воосы его висели над ней, загораживая собой небо и солнечный свет. Она плаала, слезы текли по ее лицу и она не могла утереть их так как ладони ее были зажаты его руками. Но толчки его тела были такими могучими, уверенныи, так остро ощущала она его в себе, что боль и раздражение постепенно оставили ее. Его всклокоченные волосы и борода развевались над ней огненно-рыжим пламенем. Тело ее уже давно отбилось в судороге наслаждения. Она лежала под отцом, забыв обо всем: о том, что она голодна, об утренних ласках брата, да и о самом брате. Она презирала его, умирающего рядом с ней. Ничтожество - думала она о нем. Ублюдок несчастный. Ведь он даже не смог ащитить меня".

Гуменюк в студии. На стенке – портрет Тараса Шевченко.

КИЕВСКИЙ ЭРЛЬ

Я нашел Эрлюшу -
Это не Эрлюша...

Осиротянский, Осточертянский, Остоебянский, Ассиро-Еботянский - несть числа псевдонимов, мною данных, этому человеку. Изнасиловал он меня в первый же день моего пребывания в греческой Астории. Хотя было и до - но по почте - и не очень настойчиво. Пришел, сел, открыл неизменный плоский чемоданчик-дипломат /у Эрля, напомню - портфель/, и начал. Продолжается это и по сю.
Существенные отличия /при всем сходстве/: у Эрля - рыжь волос и веснушки, Очеретянский же волосом чёрн, и зарос таковым, как... /отсюда следующий его ксюндаминт - "Обезьян"/, Эрль - чистокровный русак /Горбунов/, Очеретянский же - стопроцентный киевский - как бы это помягче сказать - иудеец. Эрль предпочитает - чифирь /и к таковому, по возможности - травку/, Осиротянский пьет, что ни попадя /если пьет/, в пьянстве становится не то, чтобы буен, но настырен /будто он в трезвом виде - не!/ и безобразен. Прошлый раз - перелез через забор и насрал у соседей в садике /у львовчанки Маруси, ди-пи, милой старушки на пенсии/, я же отлавливал его с фонариком и убеждал перелезть взад. Но это, так сказать, факт "непоэтической" биографии, каковых у каждого немало /у меня же - в особенности/ Отсутствие чувства юмора, наконец, и некоторый провинциализм, у пыку утонченному снобизму петербуржца /хотя и крестьянина, по предкам/ абсурдиста Эрля.
Сходства: год рождения - 47-ой. Папы - полковники. Дети, оба /и Эрль, и Очеретянский/ - зануды и буквоеды. Гениальные библиографы, составители, обобщители. Помимо сего - поэты. /К поэзии собственнной - относятся по-разному: Эрль устал быть гением лет в 17, опубликовав к тому времени себя и всех своих малосадовски монстров-друзей, Осиротянский же - неопубликован и по сю, отчего комплексует/. В противность сходству, оба они - мои категорические антиподы. Отчего и люблю. Опять же, только с ними и можно сотрудничать, что и делали или делаем. Поднять ТОННЫ справочного материала /что мне не только не под силу, а главное, что не в кайф/ - способны только Эрль, или, в данном случае - Осточертянский.
Отношения же личные - складываются соответственно и, я бы сказал, идентично: у Эрля дома я, вычетом максимум пары раз, никогда не бывал, у Очеретянского - не был еще ни разу /правда, и знакомы мы всего месяцев восемнадцать/. Наоборот, ка Эрль посещал меня в Питере, чуть ли не еженедельно, принося пачками и охапками материалы и материалы - так теперь это делает Очеретянский в Нью-Йорке.

Более об обоих сказать ничего не имею, вычетом, что люблю. Так же относится к ним и моя жена, хотя и ее они убивают занудством. Занудство Очеретянского, впро чем, без вычурностей, попроще: когда если и удается вытащить его от материалов к столу - он и там продолжает говорить о деле, когда даже жрет /в чем он силен, уважаю/ - при этом жрет он не глядя - например, Мышь однажды подсунула ему из пакисти, за бесконечный разговор, бутерброд из одной аджики /"вырви-глаз", при том/ - сжевал, не поморщившись, и продолжал говорить, насилуя меня каким-то очередным проектом. Одно слово - Осточертянский!
Однако ж, люблю.
И помог он мне здорово.

Штрих к портрету: если перед Очеретянским сидит баба и - гм - лежит рукопись, то - НОЛЬ внимания на бабу, весь, в волосах и очках, утыкается в книгу-бумагу, чего я категорически не понимаю - хотя б передо мной лежала рукопись самого Гомера или там, Махабхараты. Но - каждому свое. Баба у него есть, дивная Галка, киевлянка, пышная телом и русая волосом, с сыном Максимкой, которая терпит этого монстра - который уж год. И не мешает ему проводить вечера за книгами. Что он и делает. Дикси.

Сентябрь 1984, Н.Й.
На открытии галереи
„Подвал" без картин.
Фото Нины Аловерт

1950 год. Москва. Шаболовка. Ребенку 4 года.

Почти рядом с их домом, где он живет с папой и мамой, совсем недавно выстроили телевизионную вышку. Смотреть на нее, так долго что потом шея болит противно и тягуче весь день, доставляет ему ни с чем несравнимое удовольствие. Когда я вырасту - часто думает он - я буду жить там на самом-самом верху. Когда буду таким большим как папа. А пока все равно надо что-то делать. И лучше всего ждать. Впрочем,и ждать можно по-разному. Например так. ... За окном проливной дождь. Но есть одно непреодолимое желание. И в самом деле почему бы ему не осуществиться? - Аликл,- кричит мама,- Аликл!! Ни в комнате, ни в коммунальной ванне, ни на кухне, где орудуют четыре хозяйки.. Наконец, мама догадывается выглянуть в окно. Ребенок сидит в песочнице и усиленно трудится. Он перепачкан сырым песком с ног до головы, но это он, Аликл, его не украли, он только может заболеть, простудиться; воспаление легких! О! И мама, захватив все три шерстяных платка /больше нет/ мчится вниз, с 4-го этажа, ребенка хватает, кутает на ходу во все эти платки и мчится назад. Чай с медом, чай с малиной, ватное одеяло и, конечно, таблетки. - Что ты еще хочешь, Аликл, у тебя болит, где и что, и этот насморк... Температура, дыши, не дыши, постарайся уснуть... Ой-ё-ёй, чтоб только пронесло, на этот раз, ведь я никому ничего плохого не сделала. Через некоторое время, короткое, приходит Ясик. Майор, артиллерист, прошел всю войну, сейчас учится в Артиллерийской Академии. - Ясик, - кричит мама,- Ясик!!!-Она делает при этом очень большие глаза,- Аликл /следует пересказ вышеописанной истории, большая часть которой заполненна соответствующими случаю восклицаниями/... Папа терпеливо выслушивает, подходит к ребенку, щупает его лоб, гладит по голове, и обращаясь к маме, говорит: Все нормально. Жить будет. - У тебя нет сердца, - говорит мама и уходит на кухню. Папа снимает портупею, потом сапоги, растегивает верхнюю пуговицу на гимнастерке и спрашивает: Тебе, что больше делать было нечего? Посмотри, как мама волнуется... - Да, но мне это очень хотелось - отвечает ребенок. Как видно все папины аргументы исчерпаны, потому что он говорит: Ну ладно, спи.

Выше был описан День необыкновенный. Обыкновенный день начинался необыкновенно и обыкновенно заканчивался. Ребенок просыпался, когда папа был давно на работе, а мама трудилась на кухне. После умывания, причесывания, одевания и завтрака, он делал себе лежбище на диване, доставал припрятанный со вчерашнего вечера кусок шоколадки, мамины коробки с нитками, большой шерстяной платок, книжку большую с разноцветными картинками и устраивался поудобнее. Две больших пуховых подушки и несколько маленьких служили ему укрытием. Иногда в свое импровизированное лежбище он брал еще и альбом, семейный с фотографиями. Мамины коробки с нитками, а нитки были всех цветов и оттенков, имели имели очень интригующее название: мулине. Давая волю своему воображению, он мог часами перекладывать нитки, фотографии, рассматривать картинки в книжке, добавляя или отбрасывая те или иные детали по своему усмотрению. Маму такое времяпровождение устраивало не меньше ребенка. Когда отец возвращался из Академии, весь уклад жизни мгновенно менялся. Во-первых включалось радио, во-вторых папа шуршал газетой, в-третьих мама делилась новостями произошедшими за день - и укрыться от всего этого шума и гама было некуда. Комната была одна. Узкая, и как ему казалось - длинная. С одной стороны стояли диван, комод, дальше шла дверь. С другой стороны его,нечто,типа походной койки, стол, три стула и трюмо с огромным - выше папы - зеркалом. Все эти вещи были хозяйскими, то есть той тети, которая сдавала им эту комнату, и которая была очень довольна, что ребенок попался тихий. А то у нее часто болела голова, и вообще с виду она была не совсем, но Баба-Яга. Не совсем может быть потому, что причесанная. Разминуться вдвоем даже папе с сыном в этой комнате не получалось. Поэтому приходилось проходить по очереди. Но это все ерунда, а вот комод огромный вишневого цвета, пропахший нафталином с низу до верху внушал к себе необоримое уважение,к которому примешивалась изрядная доля опасения, что там все-таки кто-то живет... Этот кто-то мог быть хорошим или плохим, в зависимости от того как к нему относиться. К комоду и к тому кто там живет - не может не жить! в таком огромном ящике. Потому и баррикада на диване в углу, около окна, единственного на всю комнату. Он, конечно хорошо старался относиться к комоду, проходя мимо,всегда, даже если и задевал его, то потом обязательно гладил; а если ему казалось что он хотя и непреднамеренно, но был груб с ним - извинялся. И пока все обходилось нормально. Но трюмо,вот это совсем другое дело. Проходя мимо него, он закутывался в мамин платок, и проходил так, чтобы оно оставалось у него за спиной; мало того - чем быстрее, тем лучше. И странное дело: таинственные силы комода и трюмо бесследно исчезали в том случае когда папа или мама были в комнате. Разумеется, они никуда не исчезали, но в присутствии папы или мамы они попросту ничего не могли бы сделать, даже если бы очень захотели. Он долго размышлял на эту тему, но так и не пришел ни к какому выводу.

КИЇВ

В Нью-Йорке

В Венеции

ГРУДЕНЬ

на балу в честь Бурлюка, в костюме „астролога"

Книжки были его слабостью. Его страстью. Одни и те же книжки он мог без конца рассматривать, изучать, фантазировать. Недаром он часто повторял: я все ниги знаю. При каждой удобной возможности он просил читать ему, и с неослабевающим вниманием выслушивал одно и то же в сотый раз. Даже помня их наизусть.
Когда ему было 5 лет, родители купили азбуку. Складывать кубики, составляя слова - не было более приятного в его жизни занятия. И уже через полгода он ходил в библиотеку, благо не надо было переходить дорогу, чуть ли не каждый день. До школы оставалось полтора года. Время было. Полтора года, на предмет почитать, были насыщены до отказа. Сначала только совсем детские, потом про животных, птиц, путешествия. А позже, конечно, все про шпионов. Вообщем, все как обычно, ребенок рос, развивался. Дни проходили за днями. И только один день, этот день врезался в память четко отчетливо, контрастно. День был не такой как все. С утра весь день гремело радио. Мама ходила заплаканная, ломала руки и только повторяла: Боже мой, Боже мой что же теперь со всеми нами будет. Мы погибли, мы пропали. Это конец. - Почему конец, какой конец? Что случилось? - Мне не объясняли. - Ответ: ты еще маленький, ты все равно ничего не понимаешь. И хорошо, что ничего не понимаешь, потому что ничего хуже быть не может. - меня разумеется не устраивал. Но абсолютно ничего нельзя было добиться. Три коммунальные соседки, сидели на кухне и рыдали в полный голос. В нашу комнату вошла соседка, ребенок которой всего несколько дней назад подставил мне ножку, после чего я упал и разбил нос, за что мама была страшно зла на нее и вообще с ней не разговаривала. А тут она зашла, мама усадила ее за стол. Та что-то сказала, и обе они начали голосить, как заведенные. Пришел отец. Лицом сер, с огромными синими под глазами. Они сидели за столом, мать рыдала, а у отца по щеке медленно но упорно катились капли одна за другой. Наконец соседский пацан сообщил мне что умер Сталин, Иосиф Виссарионович, вождь и учитель, друг всех народов. - Умер,- объяснил он мне,- это значит больше не живет. И больше стоять на Красной площади не будет. - А кто-нибудь будет стоять там? - поинтересовался я. - Нет, наверно больше никто никогда там стоять не будет, - ответил он мне. - Потому что он был генералиссимус. Он был Сталин. Слово: генералисимус мне ничего не говорило, но"Сталин" я уже слышал. И много раз. Так закончился этот день. После чего я пошел, и даже! не поужинав, лег спать.

А потом я вырос.

апр.83.

Наброски Б. Рахамима

Лист еле-еле держится,
качаясь и дрожа.
И поневоле верится,
Что у него душа.

Такая, как у нас с тобой,
как у других людей.
Давай его возьмем с собой,
как память этих дней.

И в записную книжку
положим до весны.
Спасем его, мальчишку -
Пусть спит и видит сны.

1968.

Трава, зеленая трава,
под снегом ты живая.
Что боль моя, твои слова,
когда вся жизнь такая,
как эта вечная трава,
как эта быль земная.

1969.

Горько ли, сладко ли -
дело не в этом.
      К горлу приставлен нож.
Просто ли сложно ли -
Дело не в этом.
      Нож заберут - умрешь.

Страшно с ножом жить,
приставленным к горлу.
      Жить без ножа - страшней.
Будешь с ножом жить,
приставленным к горлу -
      смертью умрешь своей.

1969.

Уж ломали меня ломали
Все ломали кому не лень
Убивали меня печали
И расстреливал черный день

Но сломались мои печали
Застрелился мой черный день
Что-ж выходит меня ломали
Все ломали кому не лень

Уж ломали меня ломали
Убивали вчерашний день.

1969.

Я никуда сегодня не спешу,
сегодня некуда спешить.
Усталость связывает мысли,
короче делает шаги
и усмехается невнятно
довольная одержанной победой.

1969.

Красота постоянна, а вера чиста.
Что родней мне из них, что мне ближе?
Ничего не пойму: красота чистота
почему-то рифмуется с грыжей.

Это мыслимо ли, чтоб такой вот конфуз
пережить мне на третьем десятке.
Чертыхаюсь, плююсь и рифмую: француз.
Вот теперь все в отменном порядке.

1969.

В саду запущенном густом
фруктовые деревья,
как мухоморы под дождем
растут без промедленья.
И не становятся ничуть
ни суше, ни печальней.
По слухам в них сокрыта суть
мечты первоначальной.

1969.

Н.

Здесь музыка.
Здесь не до шуток.
Непосвященные прочь!
Тайну тайн в любое время суток
Лихорадит ночь.

ПОЭМА ЦВЕТА

Черный и желтый. Желтый и черный. Эти два цвета
преследуют ме-
ня. И
даже во сне, когда я засыпаю, черный цвет сменяется желтым, желтый сменяется черным. Бывает / правда нечасто /, что какой-то из них преобладает, и тогда я вижу - к примеру - черный,пронзительно черный цвет с едва уловимой желтизной; желтизна эта похожа на цвет разлившейся желчи. Я никогда не видел желчь,тем более разлившуюся, но очень четко представляю себе это зрелище. Когда концентрация черного цвета доходит до апогея, еще какие-то секунды, или доли секунды,она находится как бы во взвешенном состоянии, затем точно так также, как ртуть медленно на глазах расползается, растекается на большие пятна, куски, которые в свою очередь делятся на пятна куски поменьше и так далее, пока совсем не исчезает, приводя меня в состояние ненужности нецелесообразности и прочее,прочее,прочее...
Цвет черный.
Черный-пречерный. Пространство черное. Самый тот что ни на есть обыкновенный черный фон; на черном фоне кустики, цветочки /бледные, чахлые,но ку.. цве../. Хватит. С черным все.

Желтый цвет. Прозрачный, чистый, светлый
беспредельно - безвозвратно -
безобразно - бессистемно -
безоблачно желтый цвет......

Ночью светло, как днем. Нет не белые ночи. Нет совсем нет. Другое. Желтый воздух. Ясная голова Все хорошо. Все прекрасно. Город желтой чистоты. Растет быстро. Из двух-трех, наскоро сколоченных домиков, на глазах вырастает многомиллионный современный город. Продолжает расти. Заселяется скоропостижно друзьями, книгами, увлечениями, интересной /на данном этапе/работой, конечно недоброжелателями и т.д. и т.п. Казалось бы хорошо все, все хорошо, даже интересно, и вот тут = вдруг = постепенно, исподволь, как бы ненароком, город начинает лихорадить неудовлетвореность. Желтая лихорадочная неудовлетворенность.Сначала медленно, потом все быстрее быстрее быстрее... Золотисто - желтые крыши, мостовые дома, люди золотисто - желтые блестящие, некоторое время пребывая в эпицентре лихорадочного блеска, постепенно чернеют, чернеют... пока наконец не наступает такой момент, когда вокруг только черные люди... черные радости... черные

печали...   черные крыши. Черные мостовые.....
Черным-черно. Черным - черно. НО если внимате-
льно только внимательно, только пожалуйста, в-
ни-ма-те-ль-но, приглядеться - можно увидеть
как этот черныйЧЕРНЫЙ-ПРЕчерный
цвет отливает желтизной...   ч е р н о -
п р е ж е л т ы й   ж е л т о -
п р е ч е р н ы й   ЦВЕТА ПОЭМЫ

1969-1981.

СЦЕНКА

Аллея парка.
На одной из многочисленных скамеек сидят двое мужчин.
Мимо проходит нищий. Он просит милостыню.

1-ый мужчина:
/ вынимая из кармана мелочь /

- Поди-ка сюда, бедолага.
/Несчастный, он спился вконец/
я слышал, что ты /ах бедняга/
был прежде ... Мечтатель... Певец...

2-ой мужчина:
/ перебивая 1-го /

- А ну расскажи, оборванец,
как ты очутился на дне.
Поведай, как тусклый твой глянец
зачах, искупавшись в вине.

Нищий:
/ Направившийся было к скамейке, останавливается;
выпрямляется, насколько это в его силах и не-
ожиданно резким голосом с дребезжащими старчес-
кими интонациями, отчеканивает/

- Когда б я знал по чьей вине...
Нет огня без дыма,
я б утопил тебя в вине,
холеная скотина.

Затем поворачивается и неторопясь бредет прочь

1969.

... Вошла со стулом
как с полки жизнь мою достала
и пыль обдула.

Б. Пастернак

Ты не снимала жизнь мою
и в книжный ряд не ставила обратно.
Просматривая книги,
ты
лишь прикоснулась к ней рукой
и дальше побежал твой взгляд,
а пальцы рук тем временем
листали корешки книг.
Немного посидев для приличия
ты ушла.
Озабоченная не столько постигшей тебя неудачей
сколько потерей драгоценного времени.
После твоего ухода
книги снисходительно улыбнулись,
зашелестев страницами.
Минутное оживление
так же быстро прошло, как и началось.
Они впали в прежнюю спячку.
И только одна книга
застонала так громко,
что никто ее не услышал.
Снаружи она была такая же, как и все.
Так же снисходительно улыбалась
по поводу посещения незванной гостьи.
- Лишь бы никто ни о чем не догадался...
Жила же до сих пор... И ничего... Жива...
Так она думала.
А где-то: "Вошла со стулом
как с полки жизнь мою достала
и пыль обдула."

1969.

/ Отрывок из письма./

Сто лет прошло,
как я тебя не видел.
Сто лет,
как я с тобой не говорил.

Душа болит -
так я хочу тебя увидеть
так я хочу с тобой поговорить.

А здесь меня никто не понимает.
И только все смеются надо мной.
Иные здесь обычаи и нравы,
Иначе здесь и плачут и поют.

Неужто Бог не даст тебя увидеть?
Поверь, ни в чем не виноват я пред собой...

1971.

Печаль ушла, но по инерции
еще живу вчерашним днем.
Еще придерживаюсь версии,
что все идет своим путем.

И ничего не изменилось,
и не изменится вовек:
ни грусть, что сказкой нарядилась,
ни боль, что тоже человек.

1972.

Черный лес надежд погибших,
Черный лес нагих дерев,
Черный лес погибших, бывших
Свой утративших напев.

Ветви - крылья дивной птицы,
Почепневшей от тоски.
В лапах ветра - ветви спицы,
В рамках неба - языки.

Словно пламя лижет небо
Языками черных дум...

Слышу я осенний шум.

1972.

Вы плачете книги. О бедные книги!
хозяин ваш спит вечным сном...

Я сам часто плачу о нем.

1972.

Тонкий изящный профиль
не поддается перу.

Вот если б кистью владел я...

1972.

ЖЕНЕ

ты не врывалась в жизнь мою
не путала конец в ней и начало
не тасовала колоду дней моих ночей моих
и снов -
ты не врывалась
ты входила
неторопливо
отмеряя каждый шаг

... я знать заранее не мог
что ты любовь моя
придешь
такими осторожными шагами
с безветренной и тихой стороны

1973.

Распадается сущность твоя
на частицы бесчисленных "я"
каждый сам по себе
каждый сам себе бог
и слуга и учитель и случай
каждый сам по себе
и молчанье твое
насыщается криком
откровенным животного
страха исполненным криком
и уже умирая ты слышишь
как крысы бегут с корабля

идиоты безмозглые
знать не дано им
что в любое мгновенье
из праха восстав
стать живее живых
в состоянии сущность

1973

безоблачное частое дыхание -
ты мое сердце
        что выходишь из себя
от ветра свежего
от несгибающихся веток
от полноты невыдуманных слов
все это ты
        ты мое сердце
        бунтующая ясность

1972.

Из цикла: " вишни, яблоки, груши, сливы... "

Их никто не собирает
Их давно уже никто не собирает
Они падают
И молча
Превращаются в мираж
Иногда в труху
А чаще
Уплотняют собой землю
Удобряют собой землю
Удивительная смерть

Их ругают проклинают восхищаются
Кто как

1974.

Слепой с протянутой рукой
заунывную песню поет
И такой в этой песне покой
что невольная зависть берет

всех
включая и тех
кто ему подает

1974.

по желтым листьям я
          по осени бреду
шепчу слова
           слова одни и те же
окпвщенные в бледно-желтый цвет
они только по форме
                    непохожи
как листья желтые
                  на осень в октябре

1974.

странно

обычно лежит

посреди мостовой
собака кошка
реже голубь

сегодня
проезжая перекресток

я обнаружил тряпку

присмотрелся: точно

непорядок

1974

этот ландыш расцвел
и не хуже других

я его не сорвал
потому что не вышел он ростом

каждый скажет:
гордись повезло

он же чем-то еще недоволен

1974.

собачки птички рыбки хомячки
на вкус любой
в избытке
            любой на выбор корм
восторг детей
дороговизной недовольные хозяйки
спокойствие
непризнанных и признанных
учителей и просто знатоков

шум деловой базарный шум
воскресный

по птичьему базару прохожу
как по живому месиву лишенных

членораздельной речи

1974

не душу свою в дереве увидеть
а душу дерева глазами дерева увидеть
не в ветке сломанной искать созвучье боли
а веткой сломанной кричать от боли
не наблюдать себя со стороны
а наизнанку выворачивать мечты
чтобы до истины добраться
до мечты

1974.

обожание - звук пустой
слово с пылью смешать раз плюнуть
из улыбки легко сделать фарш мясной
замечательный надо думать

обожание - звук пустой полый звук полу-звук чет-верть сотая
ноль без палочки
обожать - значит день и ночь
для того только жить чтоб нравиться обожание - звук пустой

1974.

Она стара, но молодится. Он стар, но он таков
каков он есть   Она в него старается влюбиться, а он..
он знает что такое лесть: Он ей целует руки осторожно
любовь ли имитация любви - все что угодно все что можно
лишь бы малейшее волнение в крови
Она стара, но молодится. Он стар, но он таков
каков он есть   Она полна им, как же не влюбиться -
последний шанс, мечты последней весть, а он...
он тоже хочет жизнь свою продлить Две старости
два вымысла две сказки может быть

1974.

В человеке должно быть все
прекрасно...
А.П.Чехов

Мать с физиономией крокодила,
с умом курицы,
с руками аристократки,
с ногами цапли,
с шеей кенгуру,
с задом гиппопотама,
с любовью ко всему прекрасному
с неопределенной верой в будущее
наставляет
успокаивает
/мягко но решительно/ свое дитя:
не поднимай, сыночек, веточку с земли.
Кака, сыночек, кака. Брось ее.
Не плачь, сыночек. Не плачь мой маленький.
Вот тебе веточка с деревца,
маленького деревца, совсем как ты, сыночек.
Красивая веточка.

1974.

не - понимаешь - даром
прожито 36
не
изошел паром
не
приобрел спесь

жив.
потому что верил.
верил - не доверял
"он жизнь кофейной ложкой мерил"
кофейной ложкой - умный мерил
дурак -
он душу ей отдал

окт.82.

годы и годы
жизни и жизни
годы и листья
листья и жизни
люди и листья
падают листья
падают листья
музыка листья
листья и листья
падают листья
ритм жизни листья
ритмы и листья
жизни и листья
листья размеры
ритмы размеры
падают листья
падают листья
падают плавно
неторопливо
и торопливо
и кувырком
годы уходят
жизни уходят
люди уходят
падают листья
падают листья
падают листья

лист
за листом

1977.

желание
родиться выродиться вы
материться вслух пройти на голове коленками
назад ползти на четырех на месте
прыгать головой трясти сойти
за неврастеника шута паяца идиота все
что угодно только бы не эта
                    тишина

1976.

мгновение под прессом между от и до
вчера и завтра завтра и всегда
в отчаянной последней может быть попытке удержаться от
падения убийства крика
        его день день день каждый день день
от начала до конца висит больного жизнь на волоске больной
находка для хирурга идиот
его конечно не поймет
он сам себе и врач и опухоль и скальпель протяженность

1975.

Велите дрогнуть нам
Мы дрогнем под ударом
Последний вздох
Последнее прости

Быть мертвым честь для нас
Быть мертвым честь для нас большая
Быть мертвым
Мертвым быть
Быть мертвым безвозвратно
Лишь для того чтоб дрогнуть под ударом
Ударом новым
Смертью новой
Отчаяньем идущим изнутри
Быть мерьвым
Мертвым быть
Быть мертвым честь большая
Для тех кто хочет жить

не хочет жизнь свою прожить чтоб умереть

1975.

тоска
бессилие
и
и
грусть
ярость

душа

и в состоянии войны

разум

густая неразборчивая

тяжесть

1975.

снег тает тает тает
расстает скоро снег
мечтает тает тает
мечтает человек

1975.

сказка но
крошечный /излюбленная тема/ росток зеленый в трещине асфальта
зеленым цветом закрывает мгновенно красит серый
асфальт избитый нашими ногами нашу
жизнь

1975.

Старушка старушечка маленькая сухонькая с места
набрала скорость первой ворвалась в трамвай опередив
на несколько мгновений прочих всех рванувшихся
за ней Мгновенно оценив наличие свободных мест
неуловимым поворотом головы вокпуг своей оси не
останавливаясь вихрем с силой с силой всей своей
энергии с точностью до сотой бросив сухонькое
тельце словно камень из пращи в сиденье у окна
Вздох нула облегченно Расправив плечики головочку
подняв От бега и удачи раскрасневшись не на шутку
окинула победно поле боя

/уставилась на сверстницу в вагон втащившую
подагрой искалеченные ноги где ей поколебавшись
уступили место/

1975.

я любил тябя шлюха любил тебя шлюха любил тебя тош-
но я любил тебя шлюха любил тебя шлюха любил тебя тош-
но-творно-убийственный запах подмышек тош-
но-та та-та-та та-та-та не дает мне покоя весь день
всю неделю весь месяц всю жизнь
я любил тебя шлюха любил тебя шлюха любил тебя тош-
но запах тот же все тот же таинственный запах убийст-
венный запах тош
но-творно-убийственный запах
не оставить оставить могла не могла не могла не оставить
на память оставила

шлю-ха

1975.

морда
квадратная крупная
одеколоном
умытая

доброжелательно кивнула мне в поту
холодном сел я на кровати
ночь утро
ждать

1975.

умирала роза
в горшке
на чердаке
шла жизнь жизнь шла шла жизнь стремительно
мучительно
в горшке
на сквозняке
царица
богу
душу
отдавала

1976.

развеваются флаги
колышет их ветер

все равно ветру что развевать

серость скука посредственность ложь суета
мысленно стерты границы
между белым черным
злом добром
истинным преходящим

1976.

стебель травы и
камень бетон пластмасса асфальт но
крошечный стебель травы и
камень бетон пластмасса чугун асфальт но
совсем - совсем крошечный стебель травы и
камень бетон пластмасса чугун известь асфальт но

1976.

объятие обязано быть

КРЕПКИМ ПОРЫВИСТЫМ И ЧИСТЫМ КАК СЛЕЗА

обязано объятье быть объятием или не быть

1976.

старик / опыт объемного портрета /

ему уже не нужно ничего
он полон жизни
а какой
не помнит

глаза
разрушенные
бойницы

глаза
пусты
беспомощны

забытых помнят

1976.

когда всем серцем ждешь покоя тишина
когда всем сердцем ждешь покоя глубина
вся жизнь твоя видна
такою
какою быть обязана она

1976.

как только себя оправдать хотим срвзу находим
слова и поступки и жесты все то
чего у нас нет и когда делаем дело
нет у многих
ни разу, целую жизнь

1976.

Базар Март Мясной ряд

Пахнет мясом пахнет свежим
Пахнет мясом день-деньской

Руки красныЕ торговок
Пахнут свежестью мясной

1976.

Ничто не нарушает ход вещей:
ни взгляд со стороны,
ни музыка,
ни музы

1976.

Стихотворение не обязательно
привязанное ко времени

исчезли вишни отошли
а скоро яблоки исчехнут
лишь на асфальте
долго еще будут жить следы
немногих выскочек
рискнувших преждевременно вкусить
всю сладость полноценной жизни

1976.

ветер листья ветер листья
ветер ветер желудь ветер
ветер желудь и опять
ветер листья ветер листья
желудь ветер
и опять

1976.

Некто

нежный с утонченным вкусом
не обязательно умный
упрямый чаще настырный
не обязательно расторопный
любящий и умеющий любить
не обязательно себя
неуживчивый большей частью
казалось бы отрешенный
почти всегда уверенный в себе

Некто

1976.

от фургона
с надписью "хлеб"
идет пар
над которым
грею я
свои озябшие
руки

1976.

воробьи

голодный сытый
давится жрет
ест неторопливо
торопливо с достоинством
озирается солидно
по стронам про запас

1976.

не камень камушек
подобие приличия
болезненная судорога мышц
тоска надгробный дар
удар из-за угла
по голове
тупым тяжелым металлическим
предметом

Киев. Бабий ЯР. 1976.

ЗДЕСЬ

прежде теперь
покой запустенье
величье тишь

ЛИШЬШОРОХШАГОВЛИШЬ

1976.

Не любит страдание тех кто идет на поводу
у него Любит оно мять и ломать Сопротивление
любит оно При каждом удобном
и неудобном в каждом отдельном случае
с особенной яростью злостью особой
вонзает клыки свои в души тех кто любит
хребет ему с хрустом ломать Любит оно
наслаждение

1976.

я видел
усмешка
сползала
с лица

с лица
уползала
сползала
ползла
я
ще
ри
ца
я видел

1976.

Они совесть свою уложили в карман
Ониниткой суровой зашили карман
Они думать забыли о том что у них
Был когда-то суровою ниткой зашитый карман

День за днем годы мирно живут хорошо

Я хочу очень очень хочу
Я хочу очень очень хочу посмотреть
Я хочу очень очень хочу посмотреть в глаза
перед смертью в глаза

Одному из них ручаюсь даже
Не спрошу: ну и что или ну и как или
Что-нибудь в этом роде

1976.

искус

в самолете
сесть
ноги вытянуть
вздохнуть
откинуться
на спинку кресла
погрузиться
в сон кратковременный
очнуться
в городе другом
в другом костюме
под другой фамилией
с другим лицом
имея амплуа
ну скажем комивияжера
с солидной репутацией
с умением шутя
из денег делать деньги
что не ново скажи мне что
чего еще душа твоя желает
все будет будет все твоим
сегодня завтра и всегда

моя душа желает жить одну
одну свою единственную жизнь
еще она желает
чтоб ничто
ей эту жизнь прожить не помешало

расстрелять

1976.

ползти назад стоять на месте двинуться продвинуться вперед
вперед все больше больше скорость набирая
с размаху ниц упасть пасть ниц лежать
лежать не шевелясь просить пощады умолять
оставить дар ничтожный жизнь свою в покое
рывком подняться на ноги бежать бежать куда глаза глядят
не видеть и не слышать ничего
остановиться выбившись из сил упасть глаза закрыть заснуть
проснуться встать расправить плечи голову поднять

1976.

из любви к ненависти
от ненависти к скуке
из любви к тонкости
от ненависти к грубости
из любви к упрямству
от ненависти к тупости
из любви к силе
от ненависти к слабости
из любви к работе
от ненависти к тщеславию
из любви к самолюбию
от ненависти к беспомощности
из любви к искусству
от ненависти к бездарности
из любви к верности
от ненависти к предательству
из любви к жажде
от ненависти к пустыне
из любви к жизни
от ненависти к смерти

из любви к ненависти

1976.

мне протянута была тоненькая ниточка
уцепившись за нее размотать клубок
было честно говоря делом техники
я не знаю отчего нитка тонкою была
знаю лишь что был в том прок
раз мотал таки клубок

1976.

зимний день день
день свежий
прозрачный воздух
солнечный покой
тишина

я подумал что жизнь моя жизнь быть такой же
быть точно такой же могла будь она эта жизнь
человеку другому дана

1976.

затяжная скупая невзрачная прелесть

1976.

с
каждым
годом

сил будет
меньше все меньше
и

с
каждым
годом
как будто
иначе нельзя

с
каждым
годом
обязан я быть
все
сильнее сильнее

с
каждым
годом
иначе нельзя

1976.

говорил ты слова
да слова все
не те

или слово
не то

портит

все
остальные слова

или может быть ты
интона
цию на

выбрал не
ту

повтори все слова
повтори
я прошу

только
медлен
но не торопясь

псалом

в огромном этом ярком пышном сочном Во всеобъем-
лющем и красочном живом неутолимом и бесспорном
этом мире нет слабым места слабым места нет
хотя лишь слабые и только слабые одни они одни они
понять умеют в полной мере умеют в полной мере оценить
всю красоту всю глубину всю ненависть всю ярость
всю любовь одной-единственной единственно одной
немыслимо и мыслимо достойной человека жажды жить
немыслимо и мыслимо достойной человека жажды верить верить
уменью верить верить жизни и только жизни жизни до конца
беспрекословно подчиняясь сердцу сердцу
его велению и таинству его

его святейшеству святейшеству его
учитесь сильные
учитесь у него

Учитесь сильные учитесь говорю и повторяю

Да-да я знаю знаю я все знаю
всю жизнь свою живут они согнувшись
под грузом нерешенных слов и дел Всю жизнь свою
Всю жизнь Всю свою жизнь они лгут нам себе другим
        но тонкости но нежности но глубине
едва-едва пульсирующей нити тончайшей нити
его святейшества святейшества его

Учитесь сильные учитесь говорю учитесь говорю и повторяю
учитесь сильные
учитесь у него

1976

/ В традиционной манере /

Как пишутся стихи:

точно так же,
как по водной глади
пляшет и прыгает плоский голыш.

/ В т.н. нетрадиционной манере /

пишутся стихи
по водной глади
пляшет прыгает плоский голыш

1977

Из цикла: Двустишия. 1976 - 1979.

1. Как слепого котенка я глажу цветок.
   И не жил, а уже умирает.

2. Пахнут свежестью поздние розы.
   Поздней осенью свежестью пахнет

3. все то что не забрало себе солнце
   склевало подчистую воронье

4. меленькое миленькое маленькое
   старенькое личико

5. Женщину, увядшую до срока,
   я в поникшей астре угадал.

6. Округлая законченность плода
   уже сама себе награда.

7. на слегка припорошенной снегом траве,
   желтый лист, как оазис печали.

Из цикла: пожелания

Умейте голову нагнуть
В почете быть умейте
Умейте стоя спать заснуть
Когда вас бъют умейте
Когда кого за что убить
Кому когда где битым быть
Умейте знайте смейте
Учитесь жить
Умейте бить
Умейте битым быть и бить
При случае умейте

1977.

пьяная баба
пьяным пьяна
в луже
как в кресле
сидела
и умоляла
прохожих она
дать ей
на полный
стакан вина

или кто сколько может

необходимость быть никем
посредственность на грани совершенства
желание прожить как можно дольше
ичтожества всесильное чутье
начало всех начал
закономерность стадная
животного инстинкта

страх и смирение смирение и страх

бессмысленно бесчувственно безмолвно

не пусто не пустынно
ничего

до абсолютного нуля - века века века

до человека - сотни тысяч верст
ни самолета
ни дороги
ни дерева
ни дома
ничего

пространство безвоздушное

ни грусти
ни тоски
ни тьмы
ни света
ничего

никто ничто никак никем
некому незачем нечем
не о чем не к чему

никого ничего нет

1977.

он много пил
жадно устало
один не доверяя никому
вариться в собственном соку уже не мог
нервов не хватало
пил потому что исчерпал себя
был нужен выход задыхаясь
он пил
много в голове
перебирая все реальные варианты

1976.

не день а дань

1977.

издалека -

три натуральных
крохотных
зеленых

три живых

невесть откуда
где
когда и как
чуда возникших

три жизни
три надежды
три печали

три веры

слитые в одну

вблизи -

три натуральных
крохотных
зеленых

три мертвых
три засохшие на корню покончившие жизнь самоубийст-
вом ничем не примечательные

листья

1977

по сторонам неторопливо посмотрела откашлялась
ладонью рот прикрыв по локоть руку в урну за-
пустила и выжидательно сощури ла глаза

1977.

/ глава /

приветливо опрятно справедливо
легко непринужденно остроумно
наивно гениально бесконечно
законченно спокойно энергично
оригинально деятельно чисто
значительно уверенно серьезно

1977.

мы выживем

мы выживем не просто и не сложно элементарно
выживем во что бы то ни стало
тот кто не жил кто не живет не понимает
и не поймет нас наше право

1977.

Есть горсть людей
Чья жизнь вся жизнь собой являет горький
Привкус ягод горчично - бледных -
Ярко - голубых встречающихся редко очень
Живущих не по правилам без правил по праву
Правых
Свою жизнь кто судьи им кто
Смеет быть судьей им кто
Право на себя берет судить
Рядить решать за них судьбу их
слепо /''правильно''/
тупо /''точно''/
грубо /''верно''/
пошло /''аргументированно''/ всегда
к о н т р а с т а ради может быть хотя бы
была будет есть
хлебавшая предельно одиноких
по собственной солоно горсть вине людей

1977.

на дерево   ДЕРЕВО   один и тот же взгляд
на протяжении минуты очень разный
ВЗГЛЯД разный   дерево одно один и тот же человек

1977.

Не будет общения
Будет
Сообщение
Очередное волнующее
женат что да уже два
года родился сын
мой сын зачем-то стены
разукрасил ты у меня посмейся
весна опять вошла в свои права
с цепи сорвался пес
мерзавец друг
прорвало кран балкон
покрасить двери
на кухне отстает окно
ты мусор
вынес нет еще А разве

Вчера по дружески сообщили мне что я
Не в меру скуп стал на слова
Не та общительность
Коммуникабельность не та

Со стороны виднее может статься
Хотя кто его знает с какой целью и зачем и что
Хотели от меня такое заявленье
Сделав мне в интимном разумеется порядке

однако вместе с тем и все-таки с тем самым
общения не будет
будет
очередное
лимфу кровь мочу
волнующее

Ах вы такое говорите
быть того не может
ну да да нет а что опять но он она Ах

1977.

Нёме Гройссману

два стула стол
бокалы два
вина бутылка
два куска сыра
луч солнца

ты и я
помнишь

1978.

на поворote
большой дороги

дерево
маленькое
лежало

мимо неслись машины
прохожие шли мимо

все было
как
обычно

сумерки продолжались
день подходил к концу

все было
как
обычно

дерево умирало
сумерки продолжались
день подходил к концу

1976.

искать меня послали
искать послали книгу
какую не сказали
не знаю почему
не ту нашел я книгу
не ту открыл страницу
с конца читать я начал

но так или иначе
вся жизнь прошла в м/ученье
не знаю почему
наверно надо было
взять в руки мне мотыгу
а я дурак ошибся
не знаю почему

1977.

хроника

всегда счастливый никогда не страдающий
нисколько не ограниченный во веки вечные
не испытывающий скуки
в меру
растительно - животное наполовину
шарообразное частично
прямоугольное элегантно
двуполое осел
буриданов слуга
двух господ двуликий Янус
лесбиянка крокодил Иван Царевич дурачок чок
нутый казалось бы /себе на уме/ у-
добо - снедь варимая из
с-частья вес-елья г-рез
вполне прилично
одетое сытое бездарно-дарственное суще
ство-с пер
спектива ксива
номенклатурного работника в кармане идеаль
ный зубоскал шутник "загадка
геронтологии" и тд тд тд и
ДДТ
ДДТ
ДДТ

1978.

отходит сердце
                    если взбешенно
когда красивое лицо
в глаза на улице бросается
в полынью-омут-прорубь
                                    опускается
                                прошло
                        ушло
                исчезло
сгинуло бесследно
И   раздражение
  И склонность
видеть в черных красках мир

с и н е е т   н е б о
з в е з д ы   р а з г о р а ю т с я

и вновь и вновь несовместимость совместимых
понятий   вновь бесповоротно окончательно в тупик
зашедший очень и давно
треп сговор косно
язычный говор заГОВОР
о-с-л-о-в

вбивающих упоРно
метоДично
в свою собственную крышку гроба гвозди

1980.

Вы
Вы ветки
Вы не можете ветки меня не понять
Вы не можете ветки зеленые ветки меня не понять
Вы не можете ветки зеленые ветки на мусорной куче меня не понять
Вы не можете ветки зеленые ветки на мусорной куче цветущие пышно меня
не понять

Вы не можете ветки зеленые ветки на мусорной куче цветущие пышно - плевать
Вам на мусор - меня не понять
я такой же как Вы плоть от плоти такой же как Вы
так же точно живу оживаю расту под дождем
так же точно как Вы умираю от холода голода жажды

1980

этот куст на себе отпечаток несет тишины
и конечно мечты   идеальный осколок
[illegible] набросок всегда
всегда неожиданный и
даже очень
сверх всех ожиданий не куст
человек

1980

\- К А Р Т И Н А -

тушь/бумага/акварель

на черном фоне
кпемовая роза
роняет
крошечные
слезы

л
е
п
е
ст
к
и

В ВЫСТАВОЧНОМ ПАВИЛЬОНЕ ХУДОЖНИКА
/!фамилия не имеет значения/

нЕ
нА стоЯщее пирожное пахло
сначала сказочно
потом неповторимо
я
пальцы липкие тщательно о джинсы
обтирал и все не мог понять
в чем дело почему
хотелось мне
с такой настойчивой такой
неизъяснимой
силой
пальцами врт этими моими НЕ-
настоящими / потому что липкими /
потрогать
нарисованные капли
на яблоке живом натуральном НА-
стоящем / жаль только то, что в рамке на картине /
не/понятно
но/понятно
и : очень зримо очень ощутимо
как - что-то - вот - оно - во - мне -
- возьми - руками - пожалуйста -
- быстрее - да! - еще - быстрее!! - и:
руку протянул - и:
воздух сжал сжал воздух
воздух сжал двумя руками сжимаешь
чтоестьсил

1980.

из цикла: в галлерее художника

лишенные естественной своей окраски непривычно серые
бессмысленно бледные листья листья   листьев толпы
форм всех и размеров напомнили мгновенно полчища не-
сметные бездарно в салатовый ярко цвет разукрашенных
крыс

женщина в голубом остросюжетном на розовом незаконченном
размытом интригующе-туманном знакомая до самого крохотно-
го из пятнышек на полотне -
юность моя ну пожалуйста еще раз
улыбнись мне.

1981.

хороши росточки-ниточки крохотные винограда дикого на стене отвесной замшелой каменной и куда отталкивая друг друга в безжалостной рукопашной схватке кто - кого сучья толстые выкрученные дугообразно по стене отвесной замшелой каменной лезут куда
и если вникуда а только престижа собственно ради и если кончится терпение стены из года в год междоусобные выдерживая войны когда-нибудь ей это надоест когда-нибудь тогда
земная жизнь закончится как плюнуть раз и рукавом не утереться от делать нечего и никому тогда о потерянном дне пожалеть не придется некому будет жалеть о потерянном дне тогда жизни растраченной попусту
в пространство говорю громко говорю дано вам услышать меня последнюю возможность использовать вспомнить себя росточками-ниточками крохотными винограда дикого на стене замшелой отвесной каменной

1981.

там тихо и сумрачно. сыро.
там только что сильный закончился дождь.
там тени на стенах скулят сиротливо.
там гость. я. неузнанный и нежеланный.
и званный.
на все торжества.

1981.

иллюстрация фрагмент

над пропастью у края на краю
пустыни каменной застыл
не смея права не имея шелохнуться
человек
склонившийся над крохотным
растением цветком ростком
живой страницей фразой буквой точкой
в многотомной очень
для многих мертвой книге
как ни смотрел я ни одной
так и не мог увидеть трещины
в безбрежном
в никуда ведущим казалось бы
пришедших ниоткуда Все

о тайне

1980.

Да хранит тебя Господь -
сказал бы человек верующий
Да хранит тебя Совесть -
так говорю я человек верующий в человека
и ДА сбудутся наши:
его и мои пожелания

Николаю Бокову

тебе выпадающему из раз и навсегда
установленного распорядка
тебе не влезающему ни в какие рамки
тебе плюющему на приличия
тебе окоченелый лист зеленый
лист в ворохе сплетенных сучьев веток
тебе застрявший лист лист чудом уцелевший на ветру я
верю

дек. 1981.

на скамейке сама с собой время культурно проводит
улыбается рот до ушей только зубы вставные блестят
говорит что-то яростно истово вслух разобрать невозможно проводит
носовым по лицу платком вверх вниз и слева направо блестят
на обрубки похожие кольца конечно не сладко одиночество ветер
осенний поздний вечер фонари ровным светом покойников души горят
мимо мимо   в беспорядке без оглядки   улепетывают листья

1981.

в темноте
ни одно
на себя непохоже
дерево

в темноте
ни один
на себя непохож
человек

не меняет своих
очертаний душа в темноте, потому я думаю, что еще никому
не удалось определить ее на ощупь

1981.

Из заумного цикла. 1982.

уже не стихи еще
не разговорная речь
1. не успели выйти из т.вып. серия, г. изд. год, стр.
2. вдруг сверху на них н е п п пл а а ка ка-ть
3. на что они взвззвзгнули вспрнули вспрячь прч
4. но /и,а/ она ждная мзка та-та- тата- та- тат- трррр - а-
а-а- та
5. вопр-ос-сы-сик-сики что что-с-что кто за кто что
что что до бесконечности
6. то же те же др. в зависимости от

общ голос глас в-густо-на-селен-ном-жи-лом-маССиве:
/attention, Ahtung, внимани, тиши прошу/
не стихи/не проза/не разговорная речь/не бессмыслица/
ничто/черт-те-знает-ничто

ответ на: "по иссохшим мошонкам воображения"! В.Петров. Аполон-77, стр.6. о-о-огонь А.Очеретянский 82.29.май. Ailend Long у-хх

партре /тишко, тец, тичек/

бара ашашашками седыседуседеваласая
галалававевувешечка усяпровсезавспр'обхевешена
смрщное личичичико
глаз езезенки караокр углаи цепсцепвцепк
лючие
губыбабубочки тонннюехибрзглвые
лоб об иби/к/ чек нктрОБрзм
лоБОКжбиночка со самчками
who are ткаяскаяюртьёбнненькая ёбрзиночка
херес-херен дери тебя дуляде
у мою переносицу вперитый за всю дорогу ни разу
не сморгнуть ухитрившийся о! you -
любвеобитель
клейкопластблядьблюбитель
знатьлюобзнательный
мужичок strange

шикарны бедры стервы федры
фо фризби снилась ваша мне жина
и душу вашу из окна я видел в безшьортах
и шварце говорили мне
ну и анимдлык ты
вам дякую за правду и за кривду
за сорри иф римембе уои за быта
быт не бить забута
за счастье щастя шаром покати
не бось свинья не выдаст
было б что бояться

на ногах пади
красны пятные
на руках мани
пятны красныя
на губах щечкачечках
падимани страстны
ей-е-ей
ни фигуры ни ног
под углом 45 перекошена
градусом Вот. Нашел!
один вижу я крупный
достаток выпирающий
круглый весомый гармо
очень зад нично доволь
ный засранец собой

литу цопое в покое
злое
заплн своеиёю
прямтак и благ
одуш нею
дач у чею
полное падалью
псиной прокисшим
пивком тухлым
яечком воняет

В.Т-ну.

трактат ничтоуничижительный

уничтожить ничто
свежепобеленный лист
холст стены тугослабонатянутую
крестовину дверь проем двери
форточку око за око ресниц
опадающий взгляд тишину
уничтожить понятие дружбы
врага не узнать по ошибке?
нет ошибки ошибки не может быть
нет радости нет попытки
попытки нет места месту
места нет   ничего из чего
не растет не вырастает
в т.ч. идея даже
уничтожить ничего
лист белый холст стены
кусок свежепобелепобеле-
нный желание часть
желания прославиться
НИЧТО уничижительное
уничтожению подлежащее

юль 25. 8219.

- ты завшивел мой мальчик
завшивел мой мальчик за-
вшивленных лупят ногами
носаками
и в т.ч. по голове и
по яйцам по яйцам
- оо ё ёй оёё
ёё ёё-ёй дядя
дяденька
больше так честное слово
не буду
буду
строить любить буду
вместе со всеми родную
блядь вашу советскую власть

1982.

и по траве обильной и густой
вышагивая зрелым твердым шагом
на чахлый кустик посреди утоптанной тропы
ступить не смей

чего бы стоила иначе
жизнь
тех кого из массы выделяем мы людей

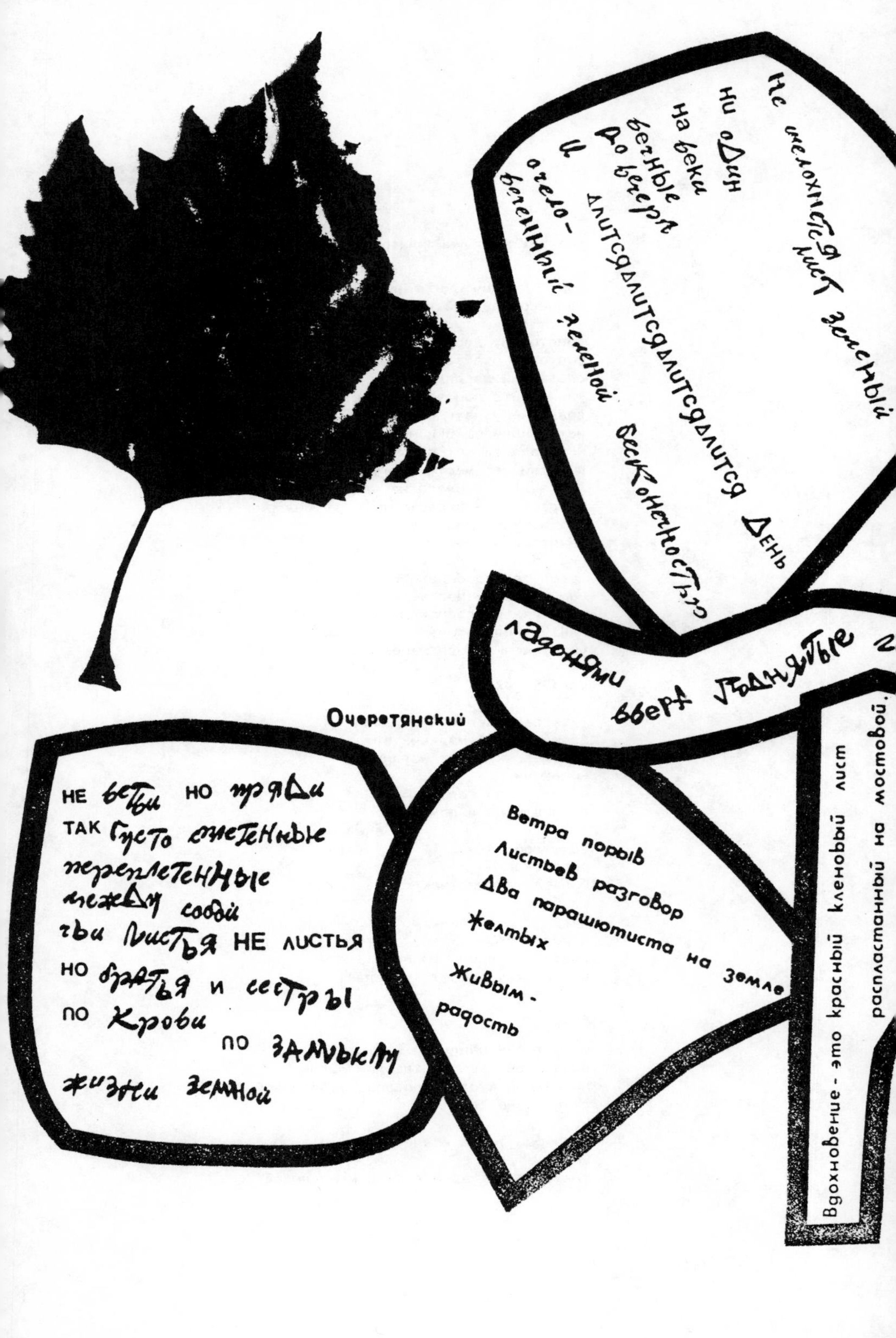
ладонями вверх поднятые
Очеретянский
не ветви но пряди
так густо сплетенные
переплетенные
между собой
чьи листья не листья
но братья и сестры
по крови
по замыслам
жизни земной
Ветра порыв
Листьев разговор
Два парашютиста на земле
желтых
Живым -
радость
Вдохновение - это красный кленовый лист
распластанный на мостовой.

и даже за окном
СРЕДИ СВОИХ
ЗДОРОВЬЕМ пышущих собратьев
...т желтый лист
сочувствия
лишен

на обломанной ветке
умудрились зеленый свой
цвет сохранили
обмякшие листья
остальные все
желтые
плавно кружась
опадают один
за другим

...ерно-белом мартовском снегу
...ом уцелевший желтый лист
...ак выцветшее желтое пятно
...а старой скатерти
застиранной до дыр
обтрепанною черной бахромой

не льстила уготованная роль
не стал зеленым
мертвым - рано
желтым - поздно
так и живешь
знакомый мой
неуязвимый
обезличенный
бесплотный
тень на воде
ни тени
ни воды

блестящий коричневый
темно
собой
доволен кленовый
лист
на мостовой

листья убеленные сединами
по утрам вздыхают тяжело
и скрипят и скрипят под ногами
отживают свой век старики

НА Крошечных узеньких
фон
бразующих Темно-зелены
листьях листья
салатовые бледно-полу
прозрачные в себе
уверенные очень / в сравнении!!!
широкие почти
гиганты

разворошите палую листву
вдохните палую листву
глубже глубже
ещё чуть чуть чуть
после дождя
вдохните
ещё
совсем чуть чуть ещё
достаточно
попробуйте
теперь
сказать
мне эта жизнь сил нет вконец осточертела

Мне лист обглоданный
нечистью смелой
дороже во сто крат
чем лист ухоженный
лист целый лист
благополучный бл

россыпь желтых листьев в мае
росчерком пера
очертить печаль словами
зрение душа

Не увядающее мило, а увядающему мил
Последних лепет листьев палых
Прощальный их предсмертный пыл

апрель из жести листья и цветы
бессмертники

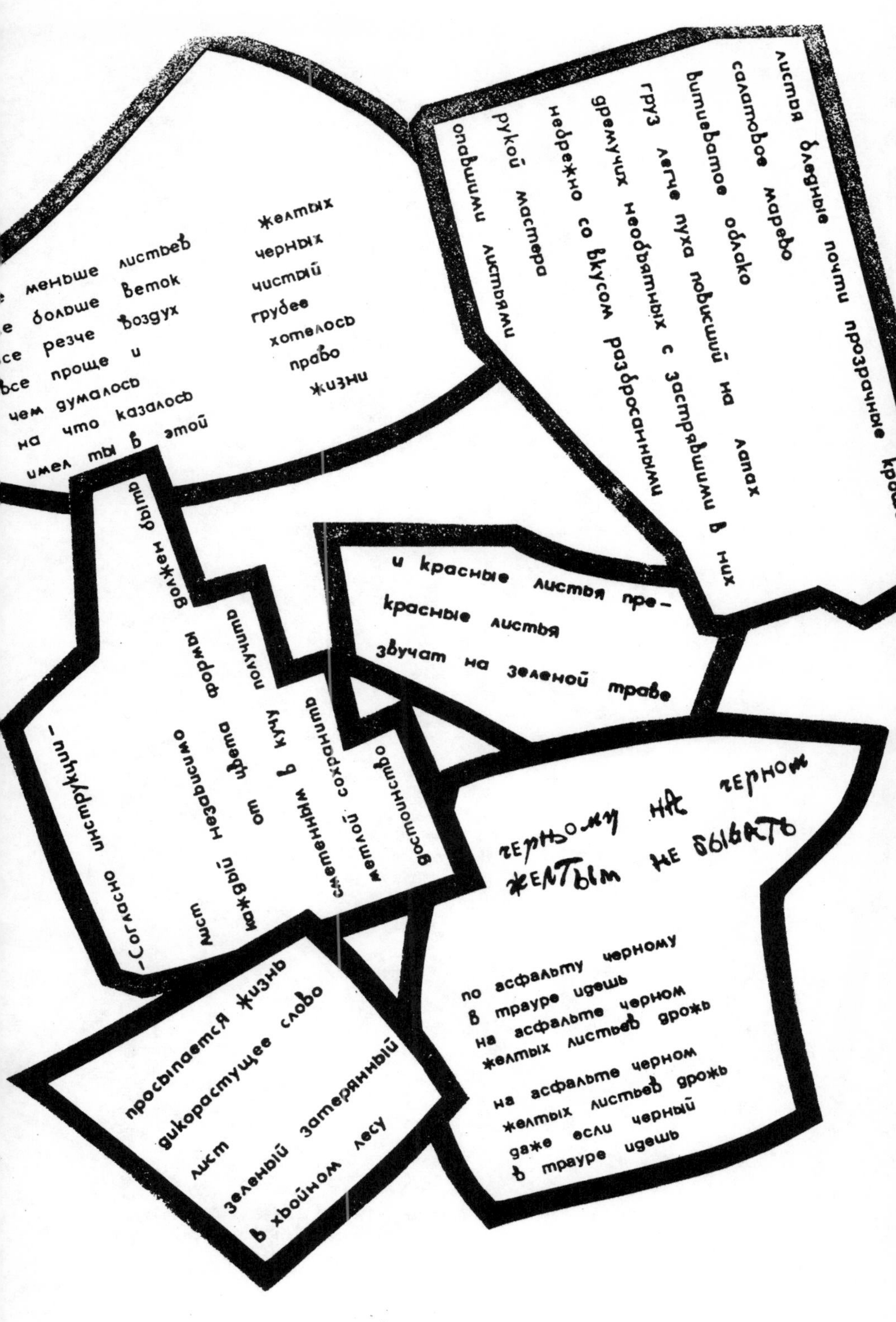

е меньше листьев
е больше веток
се резче воздух
все проще и
чем думалось
на что казалось
имел ты в этой
желтых
черных
чистый
грубее
хотелось
право
жизни
листья бледные почти прозрачные крошечные
салатовое марево
витиеватое облако
груз легче пуха повисший на лапах
дремучих необъятных с застрявшими в них
небрежно со вкусом разбросанными
рукой мастера
опавшими листьями
и красные листья пре-
красные листья
звучат на зеленой траве
—Согласно инструкции—
лист независимо формы должен быть
каждый цвета получить
от в кучу
сметенным сохранить
метлой
достоинство
черному на черном
желтым не бывать
по асфальту черному
в трауре идешь
на асфальте черном
желтых листьев дрожь
на асфальте черном
желтых листьев дрожь
даже если черный
в трауре идешь
просыпается жизнь
дикорастущее слово
лист
зеленый затерянный
в хвойном лесу

А это просто белый лист
/посвящается Очеретянскому - ККК/

А ОЧЕРЕТЯНСКИЙ
ТЕКСТЫ
ГАЛЕРЕЕ
ХУДОЖНИКА
New-York
СОБЫТИЕ
1985
Лишенные естественной своей окраски
непривычно серые бессмысленно бледные
листья листья листьев толпы
форм всех и размеров
напомнили мгновенно полчища не-
сметные бездарно в салатовый ярко
цвет разукрашенных крыс

Портрет /саржик/ Очеретянског
работы Б.Рахамимова /ок. 1985

1959–1980

Живопись Malerei
Графика Graphik
Коллажи Collagen
Тексты Texte

В. БАРСКИЙ
V. BARSKY

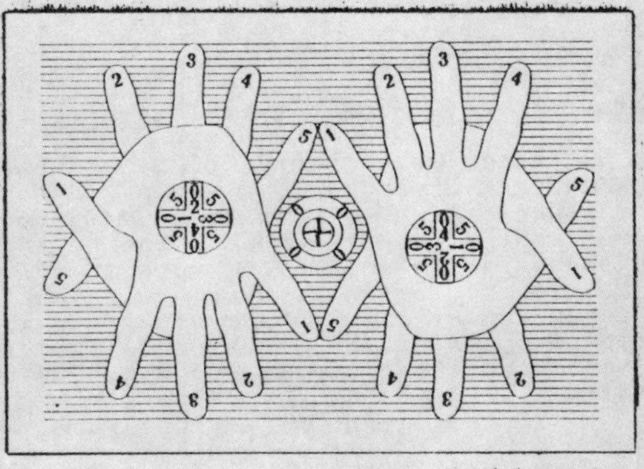

Вилен Исаакович Барский
отвечает на анкету
К.К. Кузьминского

Детство. Учеба, работа, выставки /до эмиграции/

Я родился 27 октября 1930 г. в Киеве. Родители мои — и мать, и отец /Цецилия Ефремовна Ставницер и Исаак Борисович Барский — дед его был раввином, отец — зубным врачем/ родом из Житомира. Моя мать была фармацевтом, отец — инженером. Вполне добропорядочные совслужащие, трудившиеся всю жизнь. Отец, правда, был не совсем стандартен: он играл на скрипке, резал в молодости /чтобы не помереть с голоду в австрийском плену в I мировую войну/ прекрасные портсигары из орехового дерева и был поэтом панегириков "на случай". Вот начало его шедевра — без кавычек /я считаю его мастером стенгазетно-поэтического стиля/:

Когда я пищу принимаю,
Ее кусаю иль жую,
Я протезиста прославляю
И технику спасибо шлю!

В таком роде он и писал: на 7-ое ноября, на Новый год, к полету Терешковой и т.д. и т.п. Одно из первых наставлений отца: дым из трубы парохода, плывущего по волнам, должен изображаться /я рисовал с раннего детства — сколько себя помню/ улетающим назад. Ре-а-лизм!

В 9 лет я рисовал серии кадриков условных человечков, идущих в атаку под предводительством командира с саблей наголо, и лепил из желтой глины, накопанной после дождя с холма против нашего дома № I на тихой Никольско-Ботанической улице, натуральных древне-русских богатырей с копьями и щитами.

Первые два класса школы я окончил до войны. Ходил одну зиму в изостудию при городском Дворце пионеров.

I94I год. Эвакуация в Сталинград. Там в I942 г. окончил третий класс. Перед самой Сталинградской битвой мы успели уехать одним из последних пароходов вверх по Волге до Казани. Оттуда — в Марийскую АССР, в райцентр Сернур /много лет спустя я узнал, что когда-то в Сернуре прошло детство Н.Заболоцкого/. Там и окончил 7-ой класс.

После конца войны возвратился с родителями в Киев. Спустя год сдал экзамены в Киевскую художественную одиннадцатилетку. В 9-ом классе втроем или вчетвером решили издавать рукописный литературный журнал. Первый номер открывался моим стихотворением. Результат — нагоняй дирекции и строгий запрет продолжать журнал. В I949 г. участвовал в Республиканской художественной выставке, посвященной I50-летию со дня рождения А.С.Пушкина — композицией "Отъезд Пущина из Михайловского".

В I95I г. поступил в Киевский гос. художественный институт и закончил его в I957 г. как художник-живописец. В том же году дипломным портретом принял участие в Республиканской художественной выставке. Однако, сразу же после окончания института начал последовательный отход от того, чему учили. Но уже и в институте, в конце, скажем на последнем курсе, помню, монтировал на фоне большого голубого листа картона предметы: перчатки, моток веревки и еще что-то — сопоставление предметов как таковых, нечто вроде поп-арта, который только прорастал тогда на Западе и о котором я, конечно, не имел никакого понятия.

В конце 1959 г. происходит мое "знакомство" с киевским КГБ: обыск и арест-допрос в Областном КГБ, с 7 утра до часу ночи, и вскоре погромная статья обо мне и нескольких моих приятелях в органе ЦК ЛКСМ Украины "Сталинское племя".

После 1957 года на выставки мои работы не принимали, и тем более усилилось отрицательное отношение ко мне Киевской организации Союза Художников после "истории" с КГБ и газетной травли. По совету друзей-художников и с их помощью я встретился в 1964 г. в Москве с Е.Белашовой, бывшей тогда Первым секретарем СХ СССР, рассказал о своей ситуации в Киеве и показал ей свои реалистические портреты, которых у меня было не много. Москва слезам поверила /хоть я и не плакал/. Когда я вернулся в Киев, мне вскоре предложили подать документы в двухгодичные киевские Творческие мастерские Академии Художеств СССР, а в 67 году приняли в Союз Художников. В мастерские и затем в СХ пошел, т.к. с момента окончания института на службе нигде не состоял — все по случаю,— надо было выходить из "тунеядства".

Выставлялся на республиканских, всесоюзных и зарубежных выставках: первые несколько лет довольно активно /одновременно не прерывая работы над вещами личного плана/, потом очень редко — только чтобы не было формального повода отчислить из СХ, который давал единственное "благо" — возможность не состоять на службе, не считаться "тунеядцем" и работать как хочу, "для себя", — для этого, собственно, и поступал в Союз.

Конечно, за это было заплачено раздвоением. Хотя бо́льшая часть энергии была направлена на принципиальную перестройку ви́дения и понимания искусства, какую-то часть себя мучительно приходилось отдавать официальному искусству. И хотя я пытался и эти работы всегда делать так, чтобы было "честно", "хорошо", "не пошло" и т.д., это все же была дань, которую я платил, т.к. делал то, во что уже — по большому счету — не верил. Единственное утешение, что дань эта была не очень большой и не длительной. Часто приходилось выходить из положения, просто подсовывая выставкому свои более ранние, традиционные работы /вполне в этом плане неплохие/, и это его устраивало. Я приучил руководство Союза к тому, что тематических картин не делаю, а выставляю только портреты, иногда пейзажи, рисунки, графику. Конечно, оно, это руководство, постепенно все поняло — я для них стал "белой вороной". Если надо было кого-то бить на собраниях за "формализм", били меня, но из СХ не исключали. Исключили наконец и немедленно в 1980 г., как только подал документы на выезд.

В первые годы пребывания в СХ отзывы обо мне и моих работах и репродукции с них публиковались в газетах: "Радянська культура" /Киев/, "Советская культура" /Москва/, "Медицинская газета" /Москва/ — о портрете хирурга М.И.Коломийченко; в журналах: "Мистецтво" /Киев/, "Искусство" /Москва/; в книге "Риси сучасності" /Черты современности/, /изд. "Мистецтво", Киев/.

За все время моей работы государство купило у меня не более пяти картин /портретов/. Халтуры в Художественном фонде я избегал. Единственным средством существования были занятия с неофициальной группой учеников.

Все эти годы писал стихи — это была свобода. За них не нужно было жить /в это не впутывалась профессия/, а жить нужно было ими, жить можно было ими и они являлись.

У меня была радикальная установка. Во-первых, не публиковать /по вполне ясной причине: за редкими исключениями современная советская поэзия это не поэзия, а публикаторство; т.е., тот — поэт, кто не публикует через официальные издательские каналы и даже не думает о подобной публикации, ибо именно свободное самовыражение для него органично и потому неизбежно/. И во-вторых, не показывать /по причине уважения к зоне тишины, естественно долженствующей окружать личное — личное, в котором сквозит коллективное бессознательное и которое есть исток поэзии/. Вторая часть моей установки была внутренне противоречива, и постепенно моя радикальность в этом вопросе смягчалась. В дальнейшем я отошел от нее. Но все это сложно и требует объяснений объемом с роман.

Из СССР я эмигрировал в августе 1981 г. Сейчас живу в г.Дортмунд, Западная Германия.

Касаемо друзей и знакомых

С художниками дружить всегда был не очень склонен. Хотя один из моих очень близких друзей Петя Беленок /Петр Иванович Беленок/ — художник, и очень интересный. Сейчас живет в Москве. Учился в Киеве. Он на 8 лет моложе меня и, в каком-то смысле, был выпестован мною /речь идет об интересах в искусстве, в поэзии/, — я имею ввиду еще киевские времена.

Сходился я как-то больше с поэтами, с композиторами.

С начала 60-ых годов — знакомство и дружба с Геннадием Айги. Я был первым из киевлян, кто разыскал его в Москве, в Музее Маяковского /где он тогда работал/, познакомился, прочитал кучу его стихов и привез их в Киев, частью в авторских рукописях, частью в перепечатанном виде — все, данное мне Геной. Когда я впервые пришел в Музей, Гена сразу же усадил меня в пустом холодном полутемном полукруглом зале читать его стихи. Оставив меня одного с пачкой своих стихов, сам он ушел в комнату, где работал и где были столы еще других сотрудников.

Комната эта была мне уже знакома — в конце 1956 или в начале 57 года, когда я собирался делать дипломную картину о Маяковском, я побывал тут, собирая материалы для работы. В одно из посещений музея меня познакомили с Людмилой Владимировной — сестрой Маяковского, которая в этот день зашла сюда к кому-то из сотрудников. Узнав, что я интересуюсь молодым Маяковским /я расспрашивал ее о том, как выглядела знаменитая желтая кофта/, она, рассказывая мне о кофте, точнее о кофтах — их было несколько, — вздыхала горестно и все повторяла, глядя в сторону, в пол: "Вот были молодые, хотели все изменить, переделать..." Подтекст был — ничего не изменили, ничего не переделали.

С этой моей безумной идеей — делать дипломную картину на тему: Маяковский читает в "Бродячей собаке" стихотворение "Вам!" — связан еще один небезынтересный эпизод. В тот же мой приезд в Москву, когда произошла встреча с сестрой Маяковского, я решил пойти к В.Шкловскому, чтобы выяснить, какие-то детали внутреннего вида "Бродячей собаки", о которых не мог найти точных сведений в книгах. Разыскал в телефонной книге номер Шкловского, позвонил, назвался, объяснил вкратце в чем дело и попросил аудиенции. Шкловский, кажется, тут же и велел мне приезжать. Приехал. Не помню, где это было, помню только какой-то одноэтажный флигелек, если я не ошибаюсь. Вхожу. Объясняю в чем дело подробнее. Шкловский спрашивает, читал ли я его книгу о Маяковском. Я, хотя ее и просматривал, говорю, что нет. Тут он взрывается и с невероятной энергией начинает на меня кричать что-то вроде того, что как это я мог, не прочитав его книгу, приходит к нему и отнимать у него драгоценное время и т.д. и т.п. Я несколько смутился от неожиданности, но быстро почувствовал, что ему кричать на меня приятно — а мне это, собственно, нипочем. Накричавшись, Шкловский обратился к какой-то безмолвной женщине неопределенного возраста, молча присутствовавшей при этой сцене, по имени-отчеству /наверное это была его секретарша/ и попросил ее дать мне тут же прочитать нужные места из его книги. Она сняла с полки не книжку, а машинописные листы, нашла нужный фрагмент и переда-

ла мне. Я начал читать и понял, как, впрочем, и ожидал, что мне это место ничем не поможет. Сказал Шкловскому. Он, уже сменив гнев на милость, стал мне давать разные советы, объяснять, что он точно не помнит, но что даст мне сейчас несколько телефонов и я узнаю все, что мне нужно.
Итак, я получаю список из 5-6 фамилий с телефонами. Первой идет фамилия Городецкого, второй Ахматовой/которая сейчас в Москве – сказал Шкловский/. Я встал, поблагодарил. Шкловский уже совсем миролюбиво что-то мне говорил в напутствие – что, не помню. Самое интересное было дальше. Я вышел и решил, не откладывая, сразу же позвонить. Звоню по списку, сначала Городецкому. Дома его нет и мне дают его рабочий телефон, кажется, на кафедре в Литинституте. Звоню. Городецкий берет трубку. Я начинаю обстоятельно объяснять, что собираюсь делать диплом на тему... и т.д. и т.п. Он что-то вежливо отвечает. Но как только мои уста произнесли "Бродячая собака", все мгновенно меняется. Из трубки летит раздраженный крик Городецкого и я в недоумении понимаю, что он со мной встречаться и говорить отказывается, – и вешает трубку. Я оторопел – я ничего не мог понять. Тут же решил, что он что-то не так понял или вообще ничего не понял, и снова набрал тот же номер. Городецкий. Я пытаюсь как-то его вразумить, но он еще более рассержено кричит мне, что в моем возрасте стыдно интересоваться такими вещами как "Бродячая собака" и не нужно, что это возмутительно, что вместо того, чтобы... /он, правда, не сказал – ехать на стройки коммунизма, но это было что-то вроде того/ – и опять вешает трубку. Скажу, что в жизни редко я впадал в такую ярость! Выскочив из телефонной будки, держа в руке список Шкловского, я смотрел в него, ничего не видя. Второй шла Ахматова... Я в совершенной ярости разорвал бумажку в клочки и бросил в стоящую рядом урну, проклиная Городецкого и всех этих "гадов, сволочей, трусов", и чего еще я только не набормотал тогда.

Так я не встретился с Ахматовой.

Дипломную тему мне, конечно, вскоре совет института зарубил.

Возвращаюсь к стихам Айги. Я был в восторге. /Это был прекрасный ранний Айги/. Это было то, что нужно. Это был свободный стих, который меня интересовал, над которым я сам работал и который, я считал, и сейчас считаю, необходим русской поэзии и необходим не только как эксперимент, а как свободная зрелая форма выражения, не отменяющая рифмованный стих, а существующая рядом с ним и равноправно, становящаяся привычно-естественной и имеющей свои традиции.

Я читал до конца рабочего дня. Потом мы с Геной поехали к нему домой в какое-то сельце в пределах Москвы /кажется, Голенищево-Кутузово, точно не помню – его давно уже нет/, где он жил в низкой деревянной избе, по самые оконные рамы засыпанной снегом, с дымом, подымающимся из трубы, с русской печью, с гуашами В.Яковлева и рисунками А.Зверева на стене, соседствующей с печью.

От Айги я впервые услыхал о Хармсе. Сразу же он дал мне прочесть "Елизавету Бам" и еще что-то. Я, хорошо знавший пьесы Ионеско и Беккета, был поражен. Близость "Елизаветы Бам" и их пьес была неоспоримой. Но неоспорим был и приоритет русской науки – на сей раз без кавычек. И какой – на добрые 20-25 лет раньше! Все это, конечно, было замешано на Хлебникове, все было вылеплено во плоти русского языка, такого русского! Экзистенциально это тоже было трижды наше.

Еще он мне прокрутил на плохеньком магнитофоне запись голоса Крученыха, где тот имитировал чтение Маяковского, читая одно из его стихотворений; Крученых рассказывал также о себе, о том, что он первый в России, еще до войны 14-го года, обратил внимание на детское поэтическое творчество, на его ценность для поэзии. Он читал какие-то детские стихи, потом читал и свои вещи.

Показал Гена мне ряд стихов Красовицкого и ленинградца Еремина. Тогда /и позже/ характерным для Айги был своего рода культ Малевича.

В Киеве я дал почитать и переписать привезенные стихи Айги своим знакомым. Первому, кажется, искусствоведу Борису Лобановскому. Позже художникам: Валерию Ламаху /ныне покойному/ и Григорию Гавриленко. Вскоре оба, как и киевский композитор Валентин Сильвестров, стали друзьями Гены. Круг любителей его стихов в Киеве разросся и Киев для него стал, как мне кажется, какой-то даже опорой. Москвичи многие недолюбливали его поэзию, поэзию "какого-то чуваша, не только пишущего, но и говорящего-то по-русски не вполне правильно". Они не понимали, что стихи Айги уже тогда были одним из немногих истинных фактов современной русской поэзии, при том, конечно, что их личным правом было любить его стихи или не любить.

Еще до встречи с Айги было знакомство и сближение с московским композитором Андреем Волконским — в 1959 г., если не ошибаюсь. С первой же минуты контакт был установлен через литературу: когда я впервые пришел к нему, у него на столе лежала пьеса Беккета "Конец игры", которую я сам совсем недавно прочитал — мы дышали одним воздухом.

У Андрея были свои "княжеские" причуды. Было забавно и одновременно вызывающе, когда он — в первый мой к нему приход — зайдя в другую комнату, вернулся с прозрачным целлофановым кульком, набитым носками, и произнес важно, обращаясь ко мне: "Какие же мне носки одеть в Вашу честь?" — Каково?! Но на полках стояли французские и американские монографии по современному искусству, на проигрывателе крутились пластинки Шёнберга и Веберна, а стены сплошь были увешаны живописью Володи Яковлева — настоящая выставка, да еще Андрей сам демонстрировал мне пачку листов-гуашей Яковлева и рассказывал о нем, аккуратно ставя каждый лист по очереди под стекло с приклеенной сзади картонкой. Не помню, в этот раз или в следующий, появился и сам Яковлев, и Андрей со мной вместе отправился на вокзал провожать его в санаторий, куда Яковлев уезжал, чтобы подлечить свои больные глаза. Тогда он /Яковлев/ был все же более контактен, чем много позже, когда я с ним увиделся еще раз у него дома в новой квартире, где он жил вместе с родителями.

В том, что я упорно не желал устраиваться "на ставку" /так и уехал из Росии не сдав трудовую книжку — у меня ее прсто никогда не было, — что в ОВИРе совершенно не в состоянии были постичь/, были свои преимущества, естественно. Я мог приехать в Москву, жить, скажем, там два месяца и прочесывать фонды Библиотеки иностранной литературы и Ленинки — западные издания по искусству /20-го века/ появились тогда у них в изобилии.

"Я был мостом, я лежал над пропастью". /Кафка/.

Наше поколение было мостом в западную культуру, в русскую культуру и искусство первой трети нашего века. Думаю, что это и была роль, отпущенная нам Богом. Восстановить связь, но не рухнуть в пропасть, как герой притчи Кафки "Мост". Это была наша жизнь: осознать себя — то, что ты делаешь в искусстве — в ряду живой культуры, в ряду ее истинных ценностей.

Важность для меня импульсов, данных Международной художественной выставкой во время I-го московского междунар. фестиваля молодежи, а также выставкой Пикассо в Москве, сейчас мне совершенно очевидна.

Обенно сильным было воздействие Американск. промышл. выставки 1959 г. в Москве /конечно, я имею ввиду отдел искусства/. Это были не книги и репродукции, а живые факты искусства наших дней, и притом высокого класса, — живой Поллок, живой Горки, Тоби, Танги, Ротко /картина которого приводила в бешенство московских обывателей уже одним своим названием: "Бледное золото на белом", — она висела у входа в зал искусства и, поднимаясь по лестнице, каждый неизбежно сталкивался с ней/. Мы с Леней Переверзевым, моим московским другом, у которого я тогда жил, каждый день ходили туда.

Леонид Переверзев — интереснейший человек, один из первых, в эпоху "оттепели", наших новых знатоков и любителей джаза. Леня, чей огромный шкаф в коридоре коммунальной московской квартиры был сверху до низу набит лентами с записями классического и современного джаза, Леня, который не будучи профессионалом, глубоко постиг корни этой музыки — так, что музыковеды приглашали его читать для них лекции об этом. Сколько мы вместе у него слушали прекрасного джаза! "Леня, каток Государства все равно прокатится по нам", говорил я ему /что и произошло, во всяком случае со мной, осенью этого же 59-го года в Киеве/.

Важную роль в моей жизни сыграл Василий Васильевич Сухомлин. Сын народовольца, он эмигрировал из России до I-ой мировой войны. Образование получил во Франции. Был журналистом. Жил во многих странах Европы, в Штатах, в Японии. Долго жил в Париже. Был социалистом, другом, как он мне говорил, лидера итальянских социалистов Пьетро Ненни. В 1955 году, кажется, вернулся на родину и был тогда и до самой смерти московским корреспондентом парижской газеты "Libération". Познакомился я с ним в конце 1955 года, когда он приехал в Киев и жил у своего родного брата — киевлянина. От В.В. я впервые услышал о Модильяни, о Руо, о других художниках. Он рассказывал о своей коллекции современных французских художников, оставшейся у его сестры в Париже.

Но главное заключалось не в этом. Его спокойное удивление совьет-лайфом, статьями наших газет, особенно "Советской культуры" /он слал в Париж много корреспонденций о нашей культурной жизни/ действовали на меня сильнее протестующих воплей. Это удивлялась, не понимала, недоумевала другая жизнь, которую мы не знали, о которой не имели никакого понятия, но которая существовала — некий огромный мир вне нашего опыта.

Я написал его портрет. Он остался у его вдовы Татьяны Ивановны /первым ее мужем был известный московский скульптор Цаплин/.

В.В.Сухомлин написал интересные воспоминания, только небольшая часть которых была опубликована, уже после его смерти, в "Новом мире".

Как раз тут и место помянуть добрыми словами чету Болотовых, у которых я познакомился с Сухомлиным. Оба фотографы. Михаил Григорьевич Болотов — прекрасный фотограф, который всю свою долгую жизнь снимал старую архитектуру и связанные с ней интересные уголки старого Киева, притом совершенно не рассчитывая ни на какие гонорары. Он вместе со своей женой работал в фотолаборатории киевского Инст-та рентгенологии. Серия его фотографий Киева великолепна. Только после его смерти сначала в Киевском музее русского искусства, потом уже в Москве, в Доме Архитектора была вся эта серия выставлена и, особенно в Москве, выставка прошла с большим успехом.

Болотов и его жена Нина Мелитоновна, которая относилась ко мне как к родному сыну, и которую я почитаю своей второй матерью, были люди редкие, удивительные. Это была ниточка в старое доброе время России. Я не хочу идеализировать — скажем так — доброе по сравнению с нашим. Это были честнейшие душевные люди. Немногие из уцелевших от старых времен, сохранившие обаяние этих времен, не "перекованные", не "перестроившиеся", и к тому же живые.

Через Болотовых познакомился я с Виктором Платоновичем Некрасовым, с которым я общался, пожалуй, с конца студенческих лет. Некрасов в Киеве был своего рода либеральным институтом, центром притяжения для многих /еще задолго до его открытых конфликтов с властью/. Я очень любил его. Эта любовь была внелитературной. Он мне был дорог тогда не столько как художник /хотя "В окопах Сталинграда" я в ранней молодости любил — тем более, что в городе и во времени, описанном в книге, я сам жил двенадцатилетним мальчишкой/, сколько как честный человек просто, и "В окопах" ведь была тоже просто честная книга.

В.П. обладал талантом естественной и открытой контактности с любым человеком, даже случайным человеком улицы, и изумительной наблюдательностью. Обаяние его было велико. Атмосфера его дома, со старой почитаемой мамой Зинаидой Николаевной, с ее неизменным вопросом ко мне, когда я приходил — "Виля, когда вы пригласите нас на свой вернисаж?" /привычки парижской ее молодости/, с обедами в старом стиле, с разложенными столовыми приборами, с салфетками в старинных желтоватых, слоновой кости кольцах и т.д. и т.п. Для меня — советско-столовского человека в этом было особое очарование. Я как бы участвовал в хэппенинге старого быта, который был тут еще живой жизнью.

Но все не было так идиллично, как могло показаться — в тайниках, в разных местах квартиры стояли начатые или недопитые бутылки — хозяин пил и тяжело пил /речь уже о более поздних годах/ — внутренний конфликт должен был как-то реализовываться, но этим не снимался.

От В.П. я впервые услышал о Солженицыне. Мы встретились как-то с В.П. на Крещатике — Виля, скоро Вы узнаете, прочтете в "Новом мире", это такая вещь, вот увидите, готовьтесь! — восторженно говорил он мне, имея ввиду готовящуюся публикацию "Ивана Денисовича".

За несколько дней до отъезда Виктора Платоновича на Запад мы с Лилей зашли проститься. Посидеть у него можно было очень недолго, ему с женой нужно было в нотариальную контору и мы прощально проводили их вверх по крутой Лютеранской /Энгельса/ до самых дверей конторы.

Я хорошо знал Сергея Параджанова, который, уверен, был /горестное был! — но он уже больше десяти лет ничего не снимает/ самой яркой и самобытной индивидуальностью современного советского кино. Он это сам прекрасно знал и, скромностью не греша, всем об этом напоминал. Он мог бы сказать в королевском стиле: "Студия Довженко — это я". Но у него это звучало иначе, и я сам свидетель, как он прямо в лицо одному засл. деят. искусства режиссеру N /фамилию забыл и вспоминать неохота/ говорил на студии: "Ты говно и все вы говно", при том не с пеной у рта, а так просто, как само собой разумеющееся. З.д.и. улыбался и продолжал разговор дальше — ведь против правды не попрешь.

Человек он феноменальный, конечно. Второго такого, кто бы так чувствовал, мгновенно постигал предмет, вещь, ее фактуру, цвет, форму, роль которую вещь может сыграть в кадре и просто в жизни, — я не встречал. На моих глазах однажды он вцепился в дорогущую меховую шубу, купленную женой одного нашего общего приятеля, киевского художника, но шуба не подходила ей, "не сидела" — дама была, мягко говоря, не худенькая — и Сергей в какие-нибудь 30 минут, орудуя острым ножиком и бритвой, выбросил теплую подкладку, что-то сделал с рукавами, с полами, что-то подколол /хозяйка тряслась от страха, что все будет безвозвратно испорчено/ — вся комната была в вате, и сам Сергей, — и вот он надевает свое произведение на хозяйку. Здо́рово! Объясняет какому мастеру отдать, чтобы закончить все это, и тут же, забыв обо всем, переходит к разговору о чем-то другом. Такой человек!

Сергей дважды приглашал меня работать с ним в фильмах, но оба раза все срывалось. В первый раз это было с "Киевскими фресками" /после "Теней забытых предков"/. Сергей для начала заказал мне копию с "Инфанты Маргариты" из киевского Музея западн. и вост. искусства. Копию он желал не просто для того, чтобы показать в кадре, а выполненную по большому счету, по настоящему. С превеликим трудом мне удалось договориться с директором музея и получить разрешение делать копию в величину оригинала, как хотел Сергей. И после этого, когда я уже собирался начать работу, Сергей вдруг от этого всего отказался. Я ужасно обиделся — я же не художник из киногруппы, там они привыкли ко всему, особенно работая с Параджановым.

Во второй раз он хотел, чтобы я и мой приятель, художник Ким Левич, приняли участие в важном этапе подготовки к фильму "Интермеццо" /по рассказу Коцюбинского/ и затем в съемках. Сергей хотел сделать фильм с использованием при монтаже, старых фотографий: семейных, журнальных и т.д. Именно мы и должны были сделать отбор этих снимков, просмотрев обширный материал. Параджанов нажимал на нас, пел дифирамбы нашему вкусу, говорил, что полностью нам доверяет. Фильм был очень интересно задуман, но мы отказались /правда, по совершенно различным причинам/. Ким — потому, что просто испугался обстановки и атмосферы у Сергея — он был тут, кажется, впервые. Все эти параджановские мальчики с развратными, нахальными и пошлыми лицами, надевание на палец одному из них дорогого перстня в подарок — через пять минут все отменялось и перстень перекочевывал опять на палец хозяина, весь шум, гам, беспрерывная маскарадная безумность домашнего быта Сергея — все это смутило бы любого непривыкшего, и Ким, человек спокойный, тихий /очень интересный художник, прекрасный живописец/, "отошел в сторону".

Сергей, конечно, в жизни и в делах, часто бывал совершенно невыносим. Нужно было многое стерпеть, чтобы с ним вместе делать что-то общее. Я это все уже хорошо знал. "Ну пойди ко мне консультантом по цвету", /что за должность такая?/ — "будешь получать I20 руб. и ничего не будешь делать, только на плане присутствовать", уговаривал он меня после моего отказа от "Интермеццо", но я, наученный его выкидонами, и от этого отказался.

Сценарий "Интермеццо" не был принят, так же как и ранее была зарублена начавшаяся работа над "Киевскими фресками" — судьба большинства проектов Параджанова...

И все-таки у меня была "золотая мечта" — предложить ему и сделать вместе фильм по "Слову о полку Игореве". Мне казалось,что он единственный, кто сможет найти кинематографический эквивалент этому словесному потоку. Пока я обдумывал какие-то ходы, собираясь открыться Сергею, его арестовали и он так и не узнал об этом моем замысле.

Много раз я смотрел с друзьями Сергея на студии Довженко /конечно, на неофициальных просмотрах, которые С. часто устраивал, т.к. фильм всё не выпускали на экран/ его шедевр "Саят-Нова". Ну это, конечно, фильм совершенно изумительный! Это класс международный и самый высокий. То, чем восхищаются /по слухам — только сейчас/ французские и английские кинокритики, это жалкое подобие того, что видели мы тогда, это экранный вариант, урезанный и перемонтированный Юткевичем, испорченный по цвету и т.д.

О трагической судьбе Сергея Параджанова /вот опять он арестован, опять посадят — теперь в Тбилиси/ надо кричать на всех углах стритов и штрассе, но разве услышат, разве поймут, и главное — разве что-нибудь смогут сделать...

Еще одно знакомство. Больше похожее на сон, чем на явь. "Вот пойди, посмотри деда, — уговаривала меня знакомая, — не пожалеешь". Дальше шли странные рассказы и верилось им с трудом. В конце концов я пошел. Район Лукьяновского рынка. Улица Володарского. Адрес был неточный. Этот дом и снаружи отличался от всех других, стоящих в этой части улицы. Дома старые невысокие, улица запущенная. И этот дом был старый, деревянный, трехэтажный, с несколькими небольшими деревянными балконами. Но на всех углах крыши, на балконах торчали какие-то странные штуки, флюгера не флюгера, куклы не куклы — непонятно что. Когда я подошел ближе, слева от единственной парадной двери, в окне за стеклом /было это осенью — окна все были закрыты/ появилось лицо старика, бородатого, с улыбкой как из сказки. Рукой он делал мне знаки, указуя на дверь — зайди, мол, зайди. Я вошел и ахнул: все лестничные стены /лестница старая, с деревянными ступенями/ до верхнего этажа увешаны картинами. После того, как я познакомился с дедом Черняховским, он повел меня еще и на большую застекленную веранду, выходящую во двор, конечно общую. Все ее стены тоже заполняли работы деда.

Что же это были за картины? На бумаге, на картоне, на фанере, некоторые в самодельных рамках, сбитых из планок и раскрашенных, другие в каких-то старых, подпорченных, но "настоящих". Там было все что угодно: Чапаев на коне в бою /увеличенный с открытки/, В.Терешкова на красном фоне, огромный портрет ангелоликого Коперника, увеличенные карикатуры из "Крокодила", пейзажи с открыток, иллюстрации к басням Крылова... В углы многих картин были воткнуты "первоисточники", например, в портрете Терешковой — фото ее же из газеты. Была картина, где название шло большими буквами прямо по изображению /этим "удостоверяющим" приемом дед пользовался часто/: "Депутат горсовета — дальше шли Ф.И.О. — с дочкой на спектакле в оперном театре", и фото из газеты. Самое удивительное, что какая-нибудь карикатура из "Крокодила", увеличенная и написанная красками /дед работал трамвайными красками: белой, черной, желтой, зеленой, синей и красной/, становилась шедевром наивной живописи. Деформации рисунка были очаровательны. Дед применял также серебряную краску и битые стеклянные елочные игрушки, вклеивая их в живопись. Прием, которым сделано лицо в портрете Терешковой: белая краска, по ней карандашом прорисованы черты лица и все это на алом фоне. И синий жакет и фон по интенсивности цвета и простоте трактовки не уступают Матиссу. Но главное — это общее впечатление от всего этого лестничного музея в целом. Это было то, о чем мы, художники, могли только мечтать. Наивность, свобода делать вещи и свобода вешать их на стены, чтобы их свободно смотрели — разве это не миф, который дремлет в нас бессознательно, который движет нами и который мы мечтаем реализовать. Все это было метафорой искусства, которое живет среди нас, в пыли жизни. Проходя, мы толкаем его локтем, обтираем плечом, на него летят брызги с веника, которым подметают мусор.

Это был урок "снизу".

Происходило все это в 1965 г., в городе, где всегда и во всем царил полный и образцовый советский порядок, чем этот город у нас в стране и знаменит, и особенно этот порядок царил в творческих союзах .

Дед Черняховский продавал свои работы по 5, по 7 рублей. Когда я уезжал из Киева на Запад, две купленные у деда вещи, которые я очень любил и хотел увезти, оценили в комиссии по вывозу художеств. ценностей ровно в десять раз дороже, чем я за них заплатил деду. Я был рад. За деда.

Черняховский начал рисовать, когда ему было больше 70-ти лет. Он был сторожем в трамвайном парке — оттуда и краски трамвайные, которыми он работал. В молодости он служил в уланах. Прекрасный автопортрет / наверное со старой фотографии / в уланской форме купил у него Сергей Параджанов. Самая большая работа деда — традиционное озеро в камышах с плавающими утками и рыбами в воде — висела у Сергея на кухне, и на гладкой серой воде озера он записывал номера телефонов.

Валерий Ламах /Валерий Павлович Ламах, 1925 — 1978/, о котором я уже упоминал, был, думаю, из значительнейших и важнейших личностей не только украинской современной культуры /хотя он писал по-русски, все же почему-то я бы "приписал" его к Украине/, но и русской мысли последнего времени.

Здесь я рискую показаться голословным, но причина этому одна — то, что сделано В.Ламахом, неизвестно за пределами Киева, да и в самом Киеве известно не многим. Это объясняется тем, что Киев психологически изолирован от потока, скажем, московского литературно-философского самиздата /своя же традиция подобного самиздата в Киеве очень слаба/. Кроме того и сам Ламах не был склонен путем прямого запуска своих вещей в самиздат сделать их известными читателям, как это делали и делают москвичи и ленинградцы. Однако, все тайное становится когда-нибудь явным. Многие известные сегодня по самиздату имена поблекнут со временем — с Ламахом же, после того как он будет опубликован, думаю, будет как раз наоборот.

Многое в нем было противоречиво. Не со всем я мог согласиться — в частности, с его пренебрежением к тому, что близко, важно, больно сейчас, тут, возле нас, — иногда это доходило у него почти до бесчувственности. Но всем этим он жертвовал ради вечного, целого, космического, ради своей любимой "схемы" /схэмы — как он произносил/. Семантика этого слова не укладывалась для него в обычное понимание. Но тут не место вдаваться в подробности. Как профессионал-художник — график и монументалист, он мне мало интересен. В текстах же оригинальность его ума, неожиданность его построений и концепций, удивительная форма, часто соединяющая поэтическое и философское, религиозное и эстетическое в пределах одной небольшой вещи — да так, что не разделить — свидетельствуют об уникальности его личности. Как жаль, что вне Киева не знают его совсем, кроме одного Айги. И как жаль, что умер он в 53 года.

Близок я был с двумя талантливыми киевскими композиторами: Леонидом Грабовским и Валентином Сильвестровым, особенно с последним — тоже человеком с оригинальным, глубоко самостоятельным умом и тончайшей чувствительностью не только к музыке, но и к литературе и живописи. И с ним много я прослушал музыки — особенно современной, в том числе и его собственной.

И о своей жене Лиле /Ольге Денисовой/. Хотя она сама и считает, что я очень повлиял на ее становление /она ведь значительно моложе меня/ и, может быть, в какой-то степени на ее поэтическую работу — я думаю, что влияние было обоюдным. Для меня она как раз вариант жены Набокова, который говорил, что написанное он прежде всего показывает жене — т.е. как бы и пишет для нее. Кроме того, стихи ее — из самого интересного для меня в современной русской поэзии. Эта последняя фраза может выглядеть забавной /ведь это муж пишет о своей жене/, но я думаю, что она, эта фраза, таит в себе нечто серьезное и значительное, таит в себе предчувствие того, как поэтический факт становится столь же явным для других, сколь явен он для меня.

О духовных учителях и учителях в искусстве

Дело в том, что часто для меня обе эти сферы являют себя как два аспекта эманации одной и той же личности.

Однако, я буду говорить не только об учителях и не только о влияниях, но и просто о тех и о том, что мне нравится, что близко.

В художественной школе и в первые годы института решающим было влияние Врубеля. Это помогало противостоять рутине преподавания и развивало очень важное для меня чувство конструктивности, как в смысле конструкции формы, так и в смысле общей конструкции вещи — будь то работа с натуры или без нее. Но было к Врубелю отношение и как к духовному авторитету, как к моральному образцу что-ли.

В 1956 г. знакомство с Робертом Фальком. Посещение его мастерской и беседа с ним.

После института увлечение живописью действия вызвало интерес к средневековой дальневосточной живописи дзен-буддизма, которая в свою очередь приблизила меня к сфере дзена вообще. Увлечение акшен-пейнтинг прошло довольно быстро, но дзен остался для меня по сию пору живым и важным. /Что может быть более живым, чем наставление дзен для стрелка из лука: если хочешь попасть в цель — стань стрелой./

Далее. Два художника повлияли сильно: Клее и Дюбюффе — именно в такой последовательности, — это в шестидесятые годы.

Очень плодотворным было воздействие нового джаза. В 1960 г. слушание записей Орнетта Колмэна было для меня так же важно и необходимо, как если бы я сам был музыкантом, но это помогало-то мне не играть на саксофоне, а писать и рисовать.

С конца шестидесятых и в семидесятые годы — интерес к идеям Дюшана, Кэйджа, идеям концептуализма.

Отход от живописи, переход к коллажам с использованием текстовых элементов, интерес к визуальным возможностям самого текста, помогающим по-новому углубиться в мир языка /на основе понимания равноценности смысла слова и его визуальной знаковости/.

Зимой 1968 года я побывал во многих мастерских московских нонконформистов. Самым интересным для меня было знакомство с Ильей Кабаковым. В 1977 г. я еще раз был у него. Видел его новые альбомные циклы. Он же долго и внимательно смотрел мои визуальные тексты /всё, что на то время было у меня сделано/.

В детстве, и всегда потом, одна из самых любимых книг — "Гаргантюа и Пантагрюэль" Рабле.

В поэзии же все для меня начинается с ее великого дервиша — В.Хлебникова, который остается для меня истоком нового поэтического "трепета".

Три сильных поэтических увлечения — французы /в первой половине 60-ых/: Сюпервьель, Сен-Жон Перс и Анри Мишо, влиявший в прямом смысле этого слова.

Из русских новых классиков люблю Мандельштама /особенно "Грифельную оду"/, но кто же его не любит!

Всегда важны и любимы мною были средневековые китайские и японские поэты /как и художники/, особенно круга чань-дзен.

Из сверстников, Г.Айги не то чтобы влиял, но был одно время как бы опорой, просто потому, что вот существует в современной русской поэзии такой человек.

Первые попытки стихов близких к идеям конкретной поэзии были уже в 1957 г. — стихотвор. "огурец":

огур
гурманец
огур
рец
рецом
гуром
рецуггуром

овощ обдумывает как вести себя в хорошем обществе
и вот что еще говорю я вам недумайте не думайтене
думайтене
о рыбах

Этот ручеек журчал понемногу, пробиваясь время от времени. Пробился же всерьез в 1976 г. С этого года до сего дня больше ста вещей, включая дноактную пьесу, сделаны в этом плане. В этих работах интересовала еня как визуальная, так и музыкальная конкретность буквы-слога-слова ее неразрывности с многозначностью смысла всей вещи в целом. Постеенно я все больше интересовался концептуальным подходом в работе со ловом /с его присутствием и его отсутствием/ и с общей конструкцией ещи. Примером может быть "исправленному верить".

Все это не означает, что собираюсь сочинять только так.

Обериуты приводят меня в восторг своим фантасмагорическим, истино русско-советским духом безумия. Особенно близки мне у Хармса и Введенского проза первого и драматургия первого и второго.

Огромным было воздействие мира Кафки. Рассказы "Превращение", "Исправительная колония" и некоторые другие прочитал в 1956 г. — задолго о того, как однотомник Кафки был опубликован по-русски. "Процесс" прочитал в 57 г., "Замок" в 58 г., немного позже "Дневник", "Письма к Милене" и многие притчи и рассказы, не переведенные на русский.

Хорошо знаком с основными авторами театра абсурда. Ранние пьесы онеско и Беккета были прочитаны в конце 50-ых годов. Читал также их олее поздние пьесы и радиопьесы. В полном объеме знаю театр Ж.Жене.

Восхищаюсь поэтической прозой Рембо — "Иллюминации" и "Сезон в ду" мы с женой перевели полностью, но увезти не смогли. Сейчас Рембо ышел в "Лит. памятниках". Еще не видели. Сравнивать будем по памяти...

Конечно, как только что-то начал соображать, прочитал главы из Улисса" Джойса, опубликованные в 30-ые годы в "Интернациональной литературе". Было это давно, давно, давно. Еще когда учился в институте.

Во второй половине 60-ых годов открытием для меня стал Хорхе Луис орхес /совершенно неизвестный у нас, правда, вот недавно в 81 г. один ассказ перевели на русский — впервые/. Он из тех, кто повлиял на мой нутренний климат весьма. Очень я с ним носился и много переводил /с листа/ друзьям. И по сию пору Борхес — из самых любимых.

В русской классике любимейший — Гоголь. Очень люблю Лескова.

Также — Зощенко, Платонова /который Зощенко не любил/.

Очень люблю необыкновенно индивидуальную поэзию Всеволода Некраова и его самого.

Незадолго до выезда знакомство, к сожалению, шапочное с Сатуновким и Приговым. Поэзию Сатуновского знаю в достаточном объеме — нравится. Вещи Пригова знаю меньше. Кое-что мне близко.

У Лимонова нравятся стихи и проза, написанные еще в России. Хороо, как для меня.

Проза Соковнина интересна, но, по-моему, очень похожа на Анри Мио — я имею ввиду цикл Соковнина о Вариусе, а у Мишо вещь "Некий Плюм" оторую я для себя когда-то перевел на русский/. Не знаю, знаком ли ыл Соковнин с этой вещью? Если нет — то случай удивительный.

Современная музыка, которую слушал:
ёнберга, Берга, всего Веберна, всего Вареза, очень много Штокхаузена, улеза, Берио, Ксенакиса, Кэйджа, Кристиана Вулфа, Крамба, американких "электронщиков" и других. Кроме этого — в большом количестве — мериканский классический джаз, и современный — от О.Колмэна и Дж.Колрейна до А.Брэкстона и "Арт ансамбль оф Чикаго", также наиболее инересные рок-группы.

Должен оговориться, что в этом разделе упоминал я только тех и то, что мне близо, и перечисление мое, местами, может быть, похожее на библиографичесий каталог, а местами на "сия дыня съедена такого-то числа" — есть ереница точек, каждая из которых это личностно пережитый факт культуры или общения с человеком, и потому все они входят в мое личное поле культуры, поле, в котором ты живешь и которое движется вместе с тобой.

Добавлю, что какого-либо единственного учителя, "гуру", возле которого я рос бы, долго и счастливо расцветая, у меня, к сожалению, не было. Для человека Востока это, конечно, трагедия, но человеки ли мы Востока? или Запада?

О периодах жизни /наиболее значительных/

Зачем о них, кому они нужны /наиболее значительные!/, даже если и были. Жизнь несет тебя, как морской вал, пока не разобьет — это и будет период, один единственный и потому — наиболее значительный.

Типичный день

Обычно раскручиваюсь с утра постепенно. Оптимальное рабочее время — с середины дня до вечера. Но это не всегда обязательно. В школе и институте много рисовал по ночам перед зеркалом — автопортретов. После института писал и рисовал, наслаждаясь свободой, дома — с утра до темноты, и так каждый день. Если интересно — могу работать до полного изнеможения. Даже сейчас, когда здоровье средненькое, переводя свои визуальные тексты, сделанные вручную, в машинописные варианты, часто сижу за этим каторжным делом с утра до 3-4 часов ночи. Все, что связано с литературой, с сочинением, делаю лежа. Читаю много, также и во время еды. Каждый день слушаю музыку.

Высказывания об искусстве

Они рассеяны во многих местах этого текста. Добавляю еще одно, датированное 1982 годом, Зап. Германия:

Мир — это Слово, — это ошибка Бога, ужасающая и прекрасная, ибо Он создал Слово многозначным.

Впечатления о заграничной жизни

Пока впечатлений не много. До конца 82-го года мы не имели права выезжать из Дортмунда, не имели права работать. Существуем пока на социальное пособие, т.е. всего в обрез. Конечно, "самоволкой" мы поездили по близлежащим городам. Летом 82-го видели международную выставку "Документа 7" в Касселе. Огромная экспозиция. Размах! Диапазон — от международных знаменитостей до 18-летнего начинающего, но ни одного из третьей русской эмиграции, из второй, из первой и т.д. /можно и в обратном порядке/. В Дортмунде, городе не очень маленьком, но и не столичном, в местном джаз-клубе можно слушать приезжающих американских музыкантов /любимых по пластинкам/ высочайшего класса!

В смысле быта в Германии все несколько однообразно-удобно и сверхчисто. Привыкаем.

Контакты же с интеллектуальной элитой пока небольшие — язык!..

Туземцы относятся хорошо.

Вскоре после приезда в Дортмунд состоялась выставка моих работ в Католической Академии Шверте: живопись, графика, коллажи, тексты /всё это привезенные работы 1959-80 годов/, — по сути, это была ретроспектива более чем за 20 лет /работы никогда не выставлялись/. Католическая Академия издала неплохой каталог. На открытии выставки был доклад проф. S.J.Schmidt'a /Университет Siegen/ о конкретной поэзии. Я читал некоторые свои вещи, напр., "песню летней птицы". Сначала читал я, потом переводчик читал слушателям подстрочный перевод с кратким комментарием, после чего я вторично читал ту же вещь. Все это было по-немецки: весьма солидно и информативно.

О выставке были положительные отклики в немецкой прессе: в "Die Welt", в "Westfälische Rundschau" — интервью и большое фото, в "Deutsche Tagespost" и в некоторых других газетах.

Добавлю для информации, что незадолго до выезда из СССР в парижском "Ковчеге" № 6 были опубликованы шесть моих визуальных текстов /под псевдонимом Виктор Беленин/. Они же выставлялись в 1981 г. в галлерее "Trans/form" в Париже на выставке "L'émigration Russe. L'art en voyage".

В журнале "Время и мы" № 65, 1982 была напечатана статья о моих работах /репродуцированы коллажи, графика и тексты/. Также в журнале "Время и мы" № 71, 1983 -- публикация моих стихотворений.

В Зап. Германии Зигенский Университет издал небольшую книгу моих визуальных текстов с комментариями на немецк. яз. /в серии "экспериментальные тексты"/. Название книги: "СЛОВА являются мыслят звучат" /1983/.

Отношение к Солженицыну

Художник он, во всяком случае для меня, мало интересный. В сущности, он скорее тип деятеля, а не художника.

Публицистические его свидетельства считаю важными. "Архипелаг Гулаг" — книга по значению эпохальная. Это то, что останется.

Легко представить себе Солженицына во главе авторитарно-демократической/?!/ России, или хотя бы во главе ее культуры. Думаю, что некоторым гражданам этой России, таким как я или, скажем, как Бахчанян, не поздоровилось бы.

Ностальгия

Пока вполне определенная: по своему пятитомнику Хлебникова и по "Неизданному Хлебникову" /первоиздания/, по своей коллекции пластинок /американских/ и проигрывающей системе /западно-германской/, — каковое всё имел в России.

Любимые занятия

Слушание музыки.

Любимые кушания

Чай /не кофе!/, чеснок.

Планы на жизнь /будущую/

Планы на жизнь /вечную/

И прочие не приходящие в голову вопросы

И прочие не приходящие в голову ответы.

1983 г.

ангел
аромат ангел
столп света аромат ангел
ребенок столп света аромат ангел
простыня ребенок столп света аромат ангел
след и жизнь простыня ребенок столп света аромат ангел
ангел аромат столп света ребенок простыня след и жизнь
ангел аромат столп света ребенок простыня
ангел аромат столп света ребенок
ангел аромат столп света
ангел аромат
ангел

ночь

ночь утро

дерево тишина

птица пение

небо свет

человек молитва

ночь утро

утро

то да сё

танка

сёдато
дасёто
тосёда
датосё
сётода

хокку

тёдасо
тадосё
тодёса

о ужас

ОУЖАС ОСАЖУ
УОЖАС СОАЖУ
ЖУОАС АСОЖУ
АЖУОС ЖАСОУ
САЖУО УЖАСО
ОСАЖУ ОУЖАС

люди к
люди в
люди с
люди у
люди из
люди на
люди от
люди под
люди над
люди при
люди через
люди между
люди возле
люди сквозь
люди вокруг
люди внутри

внутри люди к
вокруг люди в
сквозь люди с
возле люди у
между люди из
через люди на
при люди от
над люди под
под люди над
от люди при
на люди через
из люди между
у люди возле
с люди сквозь
в люди вокруг
к люди внутри

```
      ау вечер
      а
       у   чер
ве    ау   чер
зе    а
       у
вечер ау
```

ОДИНО АЯ ПТИЦА

смех

смехАхАхАхАхАхАхАхАхА
смеАхАхАхАхАхАхАхАхАх
смехЕхЕхЕхЕхЕхЕхЕхЕхЕ
смеЕхЕхЕхЕхЕхЕхЕхЕхЕх
смехИхИхИхИхИхИхИхИхИ
смеИхИхИхИхИхИхИхИхИх
смехОхОхОхОхОхОхОхОхО
смеОхОхОхОхОхОхОхОхОх
смехУхУхУхУхУхУхУхУхУ
смеУхУхУхУхУхУхУхУхУх
смехЫхЫхЫхЫхЫхЫхЫхЫхЫ
смеЫхЫхЫхЫхЫхЫхЫхЫхЫх
смехЭхЭхЭхЭхЭхЭхЭхЭхЭ
смеЭхЭхЭхЭхЭхЭхЭхЭхЭх
смехЮхЮхЮхЮхЮхЮхЮхЮхЮ
смеЮхЮхЮхЮхЮхЮхЮхЮхЮх
смехЯхЯхЯхЯхЯхЯхЯхЯхЯ
смеЯхЯхЯхЯхЯхЯхЯхЯхЯх
смехАхЕхИхОхУхЫхЭхЮхЯ
смеАхЕхИхОхУхЫхЭхЮхЯх

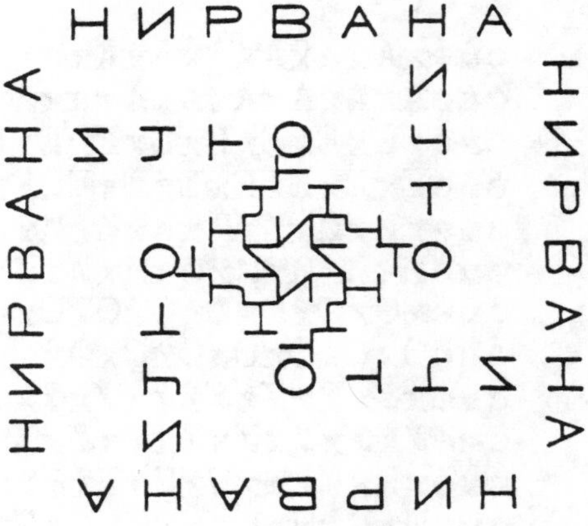
НИРВАНА

зарезервированные слова 3

ПО средству
АВТОР слов
СПЕРВА ставит знак
это – метка
МЕТКА-НАЧАЛА-МАССИВА
МЕТКА-НАЧАЛА-ЛЕНТЫ
проБИТЫ ладони христа
ПРОБЕЛЫ эпохи
БЛОК и хлебников
СЧЕТЧИК БЛОКОВ и дат
отоПРИ, НАдо
ЛИТЕРА
ЛИТЕРЫ
будет ПРОВЕРКА всегда
КЛАССик
благоУСТРОЙСТВА-ВРЕМЕНИ раб
открыть и ЗАКРЫТЬ заслонки слов
КОБОЛ твой код
как бы ДЛЯ ВЫЧИСЛЕНИЙ желания жить

II.1973

зарезервированные слова 4

ИНАЧЕ как принять
будет КОНЕЦ end
happy end – счастливый конец
МЕТКА КОНЦА МАССИВА жизни
жизни МЕТКА КОНЦА ЛЕНТЫ
КОНЕЦ МАССИВА жилого
КОНЕЦ ЛЕНТЫ лестничной
ВОЙТИ
принято ОБОРУДОВАНИЕ сдано
РАВНОденствие
все РАВНО
ОШИБКА в слове
и КАЖДОЕ
ПРОСМОТРЕТЬ
РАССМОТРЕТЬ
ВЫЙТИ потом
чернобуддийское ОМ у колтрейна
криков МАССИВ
слов УПРАВЛЕНИЕ МАССИВАМИ звуков

12.1973

зарезервированные слова 6

              В четкости
              УПРАВЛЕНИЯ ВВОДОМ-ВЫВОДОМ
              ЕСТЬ блаженство
            и ВЫРАВНЕННЫЙ УСТАНОВЛЕН стиль
бросающая лассо МЕТКА́ рука
              ВЕДУЩИЙ и ведомый меняются местами
              ОСТАВЛЯЯ привычность формы
              ВЛЕВО или
              МЕНЬШЕ вправо
              БИБЛИОТЕКАрь должен рухнуть
       из слов СТРОЧКА ненависти
          слов СТРОЧКИ навсегда
            и ПОЛОЖЕНИЕ во гроб
            и ЗАПИРАНИЕ возможности
         есть НИЖНЯЯ ГРАНИЦА
         есть НИЖНЕЕ ЗНАЧЕНИЕ ее
            о ПАМЯТЬ
              ОСВОБОЖДЕНИЕ ПАМЯТИ это
              ПРИЗНАК ОЧИСТКИ ПАМЯТИ
              МИНУС
              СПОСОБ жить

5.I974

зарезервированные слова 7

МОДУЛЬ железный
ПОСЛАТЬ и постлать
СОСТАВНОЙ или чистый
УМНОЖЕННЫЙ заново
еще раз УМНОЖИТЬ multiply
ОТРИЦАТЕЛЬНЫЙ взмах
СЛЕДУЮЩИЙ поочередно
как НЕ БЕЗзастенчиво
как НЕТ и не надо
ПРИМЕЧАНИЕ
ЧИСЛОВОЙ аромат
РАБОЧАЯ ПРОГРАММА благовоний
ПОВТОРЯЕТСЯ
но ВЫКЛЮЧЕНО ухо разбухшей жизни
сеть клитемнестры ОПУЩЕНА
ВКЛЮЧЕНО и надписано
ОТКРЫТЬ – закрыть
НЕОБЯЗАТЕЛЬНЫЙ шаг
ИЛИ
ИНАЧЕ
ПРОХОДНОЙ номер
человек выхода

IO.I974

упражнение для заикания

будьте внимательны
будьте ннастойчивы
будьте бббдительны
будьте ооосторожны
будьте сссчастливы
будьте пппрокляты
будьте ссссспокойны
будьте зззззнакомы
будьте вввввежливы
будьте ууууверены
будьте зззззздоровы
будьте лллллюбезны
будьте ддддддобры

песня летней птицы

лиле

лето
лето
лето ли
  то ли лето
  то ли
  то ли
     ли ле
     ли ле
     ли лето
        лето ли
     ли лето ли
  то ли лето ли
        лето ли то ли
        лето

А
ИСПРØВЛЕННОМУ ВЕРИТЬ

ПЕРЕВЕРНУТОМУ ВЕРИТЬ

ПРОПУЩ ОМУ ВЕРИТЬ

+ ВЕРИТЬ

+невидимому

ДЛЯ ТЕХ

ДЛЯ ТЕХ КОМУ ЗА 30
ДЛЯ ТЕХ КОМУ ЗА 40
ДЛЯ ТЕХ КОМУ ЗА 50
ДЛЯ ТЕХ КОМУ ЗА 60
ДЛЯ ТЕХ КОМУ ЗА 70
ДЛЯ ТЕХ КОМУ ЗА 80
ДЛЯ ТЕХ КОМУ ЗА 90
ДЛЯ ТЕХ КОМУ ЗА
ДЛЯ ТЕХ КОМУ
ДЛЯ ТЕХ

у е д и н е н и е

у д в о е н и е
у д в о е н и е

у т р о е н и е
у т р о е н и е
у т р о е н и е

ч е т в е р
т о в а
н и
е

Е
Е
Е
Е
Е
Е
Е
Е
Е
Е
Е
Е
Е
Е
Е
Е
Е
Е
Е
Е
Е
Е
Е
Е
Н ЧТО
И
И
И
И
И
И
И
И
И
И
И
И
И
И
И
И
И
И

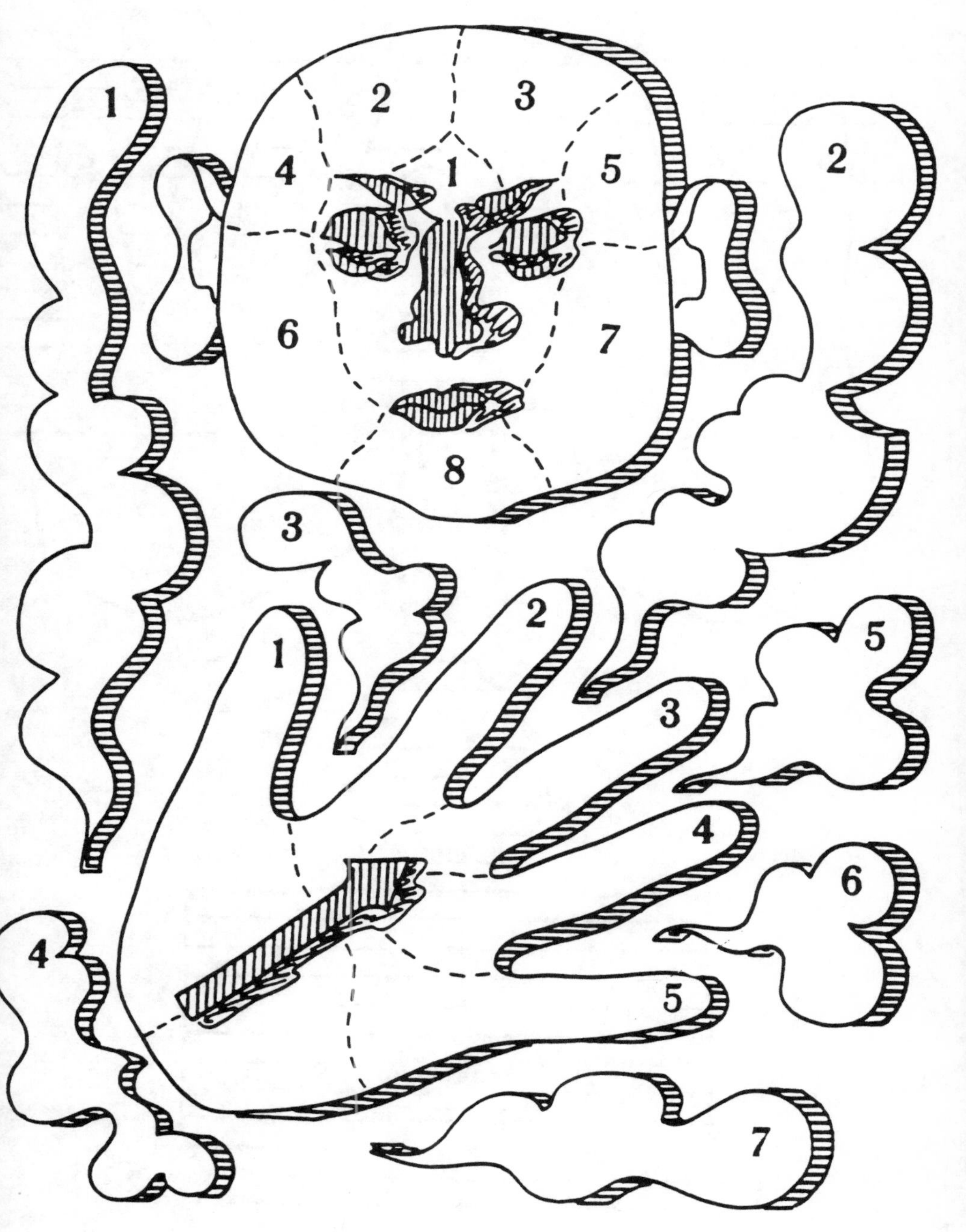
1
2
3
2
4
1
5
6
7
8
3
1
2
5
3
4
6
4
5
7

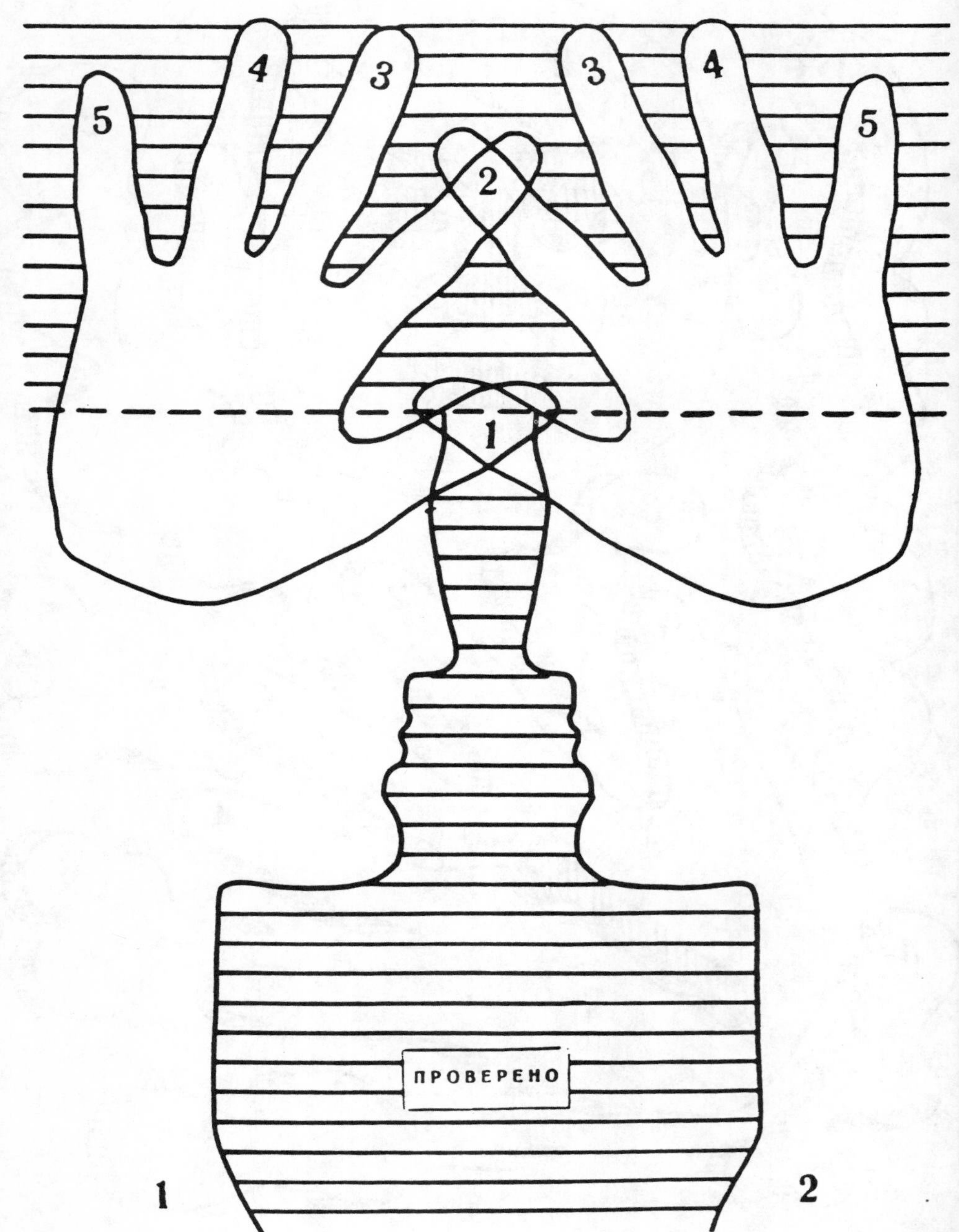
5
4
3
2
3
4
5
1
ПРОВЕРЕНО
1
2

Olga Denisova c/o Vilen Barsky
Wellinghofer Amtsstr. 17
4600 Dortmund 30
West Germany

21.
I7 ноября I982 г.

Уважаемый Константин Константинович!

Благодарю Вас за предложение напечатать мои стихи в издаваемой Вами антологии.

Хотелось бы знать, в каком издательстве выходит антология и в каком городе.

Нужно ли мне также ответить на Вашу анкету? Если нужно, то сообщите, пожалуйста, для чего Вы их собираете — для включения в антологию наряду со стихами, или для отдельного издания, или, так сказать, для личного употребления.

/В личном разговоре, если возникает контакт с собеседником, можно много чего порассказать интересного, но не все подходит для печати. Во-первых, мои знакомства большей частью были с диссидентами, а не с людьми искусства, но как раз на эту тему я бы предпочла не вдаваться в подробности, а только написать, какое влияние в целом это на меня, как на поэта, оказало; во-вторых, для меня очень важно было общение с двумя моими друзьями, которых я, очень приблизительно, назвала бы моим злым и моим добрым гениями, но которых нельзя считать "фигурами" в общепринятом смысле, и рассказ о них не укладывается в анкетный жанр. Не знаю, смогу ли я о них написать, но во всяком случае я не хотела бы называть их имен. В общем, я так для себя решила: я буду писать, как мне угодно и о том, что считаю для себя существенным. Согласны?/

И — какой крайний срок ответа на анкету? — Мне представляется, что эта работа потребует много времени, а мне приходится заниматься также множеством других дел.

Я шлю Вам 26 стихотворений /I968-80/. Из них 3 стих. /стр.I7,I8, 26-27/ печатались уже в "Ковчеге" №6 /в "Ковчеге их было 4/. Из тех 4-х, что были в "Ковчеге", — 3 были опубликованы в журнале "Akzente", №3, 1982, München /а из данной подборки — это 2 стих: стр. I7 и 26-27/. Переводил Felix Ph. Ingold.

Возникает пока еще непривычная для меня проблема копирайта. Собираетесь ли Вы оформить со мной /и Барским/ договор юридически? Дело в том, что мы хотим публиковаться также и в журналах, которые здесь издаются /а что же делать?! приходится хотеть/, и в будущем попытаться найти издателя на отдельные книги стихов, его и моих. Также будем пытаться печатать стихи в иноязычных изданиях, в переводах. Насколько мне известно, если договор с нами не будет оформлен юридически, то мы вправе будем все то, что будет у Вас опубликовано, печатать в других изданиях, где удастся. Нам такой вариант подходит. А как Вы считаете?

/Если же возможно указать в антологии, что копирайт остается за нами, то еще лучше./

Что касается тех моих стихов, что уже были в "Ковчеге" и в "Akzente", то:
в "Akzente" указан их-ний копирайт, хотя договор со мной не был заключен /но Ингольд, составитель номера — номер весь посвящен русской поэзии — и переводчик, прислал мне гонорар/;
в "Ковчеге" стоит копирайт Ковчега, но оговорено, что произведения авторов из СССР печатаются без их ведома /я тогда еще жила в Союзе, и, стало быть, никаких договоров заключать не могла/.

/Барский насчет копирайта Вам ничего не пишет, потому что, как он говорит, ему эти дела неприятны и непонятны, и он поручил их мне. Сам он, как Вы знаете, публиковался только в "Ковчеге" – тоже "без ведома автора"; да вот еще на днях послал в журнал "Время и мы" свои визуальные тексты, в том числе и некоторые из тех, что он шлет Вам; в № 65 этого журнала в разделе "Вернисаж" были репродуцированы его визуальные тексты по материалам каталога выставки – каталог шлем Вам вместе со стихами./

Теперь некоторые подробности о моих стихах.

Если для Вашей антологии нужно раскрыть начальные буквы посвящений, то:

/стр.6/ В. – Вилен Барский, художник и поэт;

/стр.I2,I3/ Е.С. – Евген Сверстюк, украинский литературный критик, арестованный в I972 г. в Киеве;

/стр.I9/ Г.А. – Геннадий Айги, поэт;

/стр.22/ Т. – Тала /Наталия Николаевна/ Раллева;

/стр.32/ И. и В. – Ирма Полтинникова и дочь ее Виктория Полтинникова, мученицы еврейской эмиграции, умершие в безумии в I979 г. в Новосибирске.

/Это все люди мне хорошо знакомые – далеким знаменитостям я стихов не посвящаю./

Я бы просила давать мои стихи в хронологическом порядке: так, как они у меня представлены.

Вероятно, Вы захотите сделать отбор, но, на всякий случай, я даю указания по всем тем стихам, при напечатании которых могут вкрасться ошибки:

/ стих. "в широких коридорах смерти" /стр.I7/: в последней строке "шаг 1" – цифра обязательно арабская /не римское I/;

/ в посвященном Айги стих. "вишневой косточкой" /стр.I9/ буква-знак в кругу ⓐ должна быть именно такой: взята из стихотворения Айги /см. Геннадий Айги "Отмеченная зима", Париж I982, стихотворение "Лес старинный", стр.389/, лучше эту букву сфотографировать прямо с парижского издания;

/ в стих. "псалом" /стр.26 - 27/ обращаю Ваше внимание на то, что строка:

– Афон – Афон! –

должна быть напечатана отдельной"строфой", с интервалом над и под ней /не так как в "Ковчеге"; Н.Боков, очевидно, хотел поместить стихотворение целиком на одной странице и "сжал" его/; это стихотворение у меня напечатано на двух страницах – если будете печатать не так как у меня, то прошу Вас учесть, что между последней строкой на стр.26 и первой на стр.27 тоже надо давать интервал, разделяющий"строфы";

/ в стих. "в небе" /стр.3I/ подзаголовок:

/триптих/

желательно давать более мелким шрифтом, а эпиграф – курсивом;

/ в стих. "о том что жизнь" /стр.32/ посвящение:

И. и В., умершим

желательно дать более мелким шрифтом /или курсивом; так, как Вы делаете по всему изданию/; соответственно – и в других стих. /стр. 6, I2, I3, I9, 22/, где посвящения даны только инициалами;

/ в стих. "красивый баловень лица" /стр.I3/ и "посторонись душа" /стр.33/ у меня знак кавычек не двойной, как обычно: "....." – а одинарный: '....' – так иногда делают в современной англоязычной литературе, – я позаимствовала; такие кавычки менее нарочиты;

7/ в стих. "в снегах исчезающий" /стр.28/ и в некоторых следующих за ним /стр. 3I, 32, 33/ есть между словами промежутки в 3 пробела — это так нужно, это знак паузы, визуальной и звуковой; /чтобы их легче было заметить, я их отметила для Вас галочкой возле каждой строки/;

8/ у меня встречаются скобки; надо их печатать круглыми: (.....) ,— а не так, как они получаются на моей машинке: /...../ .

Об авторе:

Ольга Денисова — родилась в I944 г. в Киеве. Закончила Киевский институт иностранных языков, работала переводчиком. Стихи пишет с I967 г. В Советском Союзе не публиковалась. В I98I г. эмигрировала. Живет в Западной Германии. Печаталась в журналах "Ковчег", №6, Париж I98I ; "Akzente", №3, Мюнхен I982.

Нужно ли раскрывать мой псевдоним. Я бы предпочла этого не делать — во-первых, вообще, а во-вторых, потому что я сейчас еще не знаю, какая фамилия у меня будет к тому моменту, когда выйдет 6-й /?/ том Вашей антологии. После замужества я оставалась на своей девичьей фамилии Клопер /Ольга Викторовна/, а теперь хочу взять фамилию мужа /как здесь принято/, но оказалось, что это не так просто и если вообще это можно будет сделать то не ранее чем через год. Так что я не знаю сейчас, останусь ли я Клопер или стану Барской.

Ну, как будто все. Послание "во глубину нью-йоркских руд" вышло у меня длинновато, но все подробности мне казались необходимыми. Если Вас не очень затруднит, сообщите мне, какие стихи Вы для себя отобрали /номера страниц/.

Всего хорошего,

Ольга Денисова

Ольга Денисова

С Т И Х О Т В О Р Е Н И Я

из циклов

ФЕНОМЕНЫ
/ 1968-1969 /

ПУНКТИРОМ
/ 1969 /

ЕЩЕ ЖИВЫЕ
/ 1969-1973 /

СТРАНА - СТРАНИЦА
/ 1974-1978 /

ПЯТЬ СТИХОТВОРЕНИЙ
/ 1979-1980 /

в снегах исчезающий
тонок путь
ветхий   ветром укрытый
сквозь пальцы
сквозь ветки
ветхие   ветер бездомный
и так уйти
наклониться   и долог путь
исчезающий нежен
к сугробам
странник
когда-то жизнь
звезда   и далек
исчезающий в сумерках
след   снег

2.1978

боги герои страна террористы
выжжены ваши шаги
на свитке бумаги от края Охотского моря
красный рот нарисован
белые губы ветер сухой выдувают как песню
пыль на дорогах и звон железа по небу солнцем степей
и черемуха пыльная себя повторяя в лицах в усталых подошвах
не знает какие года стоят неподвижно на горизонтах
какие проносятся мимо с толпой
в стенах ступенях стеклах слепого
бумаги строительной неба

7.I974

когда дерево жизни проступит на скулах страны
– спрячь лицо в этот голос из мрака
в сырую постель ветра и влажных сердец
в остов искомый пространства

когда дерево жизни обнимет тебя
коленями жесткими страха
медвежьим столовым теплом
– спрячь лицо в дымные речи
юродивого – снег и татарская черная кровь
шинель – и пять черных утесов
сила бархатная великих вельмож

столетий падающих постамент и лапа
пылающая шерсть
костра и брата скулы

I2.I974, 2.I975

/ моление о чаше /

Т.

ладонь чернильная
лицо обито кожей
вот почему их лица горемычны
вот почему раскрытая ладонь
цветок лелея гвоздь
утопленницы пальцы швеи
любимые судьбой

и – десять рук слюду царапающих
лица голубые
или – кровь небесная в болота тихо сходит
на площади темно и люди

и птичьих голубых чернил не видно на стене
на лестницах толпа – деревья неподвижны
отмечен ли ударом висок
наполненный – кого минует
кто не пил с руки ее
горячий прах жизнь горькую
в ручье небесном

5.I975

рожденные в земле комки
и в свете влажные сухие глины
ты говоришь ты умираешь
шаги не спрашивают
голова седая
и тело влажное тебя раскроет
в комках на огородах
бегущих топот
в разбухших глинах ночь
дороги черные тебе открыты
вздуты горизонты
и черные струящиеся зерна
ветер гонит
переливает ночь

IO.I975

Г.А.

вишневой косточкой
коленями в земле
в кустах как будто
в чаще слов своих святой
лучу горящий и шепча приказывает
себе гореть
как взвешивает тяжесть мира и хрупкость войн
и лица закрывает пятерней
и открывает лица керосинным чадом
лучиной славит
огня узлы свивает бормоча
шаманства лепестки послания и ветки ки́слые
и ягод вкус медвежий
пылинкой на весах
кричащих ртов сбирает в горсти шепот
в луче клубится (а) его лица и неба
под лампой камеры один один

5.1974

botanica

источник железного корня
раскроет тогда
пепел растения
свет отстоящий не трогает сквозь
неживую минуту застывших движений они
не зная иного кроме зеленого
в пучках окончаний резных
опора темноты внутри
сквозных на ветках очертаний роя
со всех сторон направленные
острия молчат
взывая цветом
отпусти тогда
нить тянущую жизни
печать ствола серым выкованную защиту
льнущего к другому
в снах своей наготы
прими
и отпусти

5.1968

/облако I/

голая кожа
воды́
собирающейся плодами
размытыми
там наверху
будущего действия
косые линии намечены для струй
венчик атаки стремительной
вокруг
нежного нёба как девушка
свернувшегося
отверстие вздоха светлеющего
так углубляется прочь
уступами у́ха
иглы́ вокруг
тяжести себя
держащего

7.1968

Г.А.

вишневой косточкой
коленями в земле
в кустах как будто
в чаше слов своих святой
лучу горящий и шепча приказывает
себе гореть
как взвешивает тяжесть мира и хрупкость войн
и лица закрывает пятерней
и открывает лица керосинным чадом
лучиной славит
огня узлы свивает бормоча
шаманства лепестки послания и ветки кислые
и ягод вкус медвежий
пылинкой на весах
кричащих ртов сбирает в горсти шепот
в луче клубится (a) его лица и неба
под лампой камеры один один

5.I974

В.

в стене единичный поиск
мира
на виду двора и всех
отсюда в глубину
не-нашего версаля
где ты тебя
и я себя
не вижу
в двойном кругу во многом круга уменьшенье
обратный ход бинокля глаза не его
не-зеркала не-нашей жизни
расхожденье вен
спирали венценосцев личинки муравьиных качеств /кислоты?/
и невесомость личности скитальца
по очереди дверь
что много раз в стене
давления двойного пресса
держит здесь
а теперь нигде

8.I968

кругами чаши каменная влага
наполнен сон земной
рассеянно вода глядит и забывает

кругами камня стынет память
о темноте шагов
крылом темнеет воздух

прерывистую нить
гнездо из капель ржавых зеленое
разбрызгивает птица

в окружность стен стекая с высоты
себя забудет небо
оглянулась еще раз тень

6.1970

мраморно дерево камня
крик картавый из горла
росчерки птиц на воде
ракушка розы сонно живет
как крепость облизанная временем
дремлет птенец в яйце
каменной птицы столетий
рождается долго
во сне желтого времени винного
струи горячие лижут солнечный блеск
горькое море зеленое тонет
тает вода в горле горячем

6.I97I

вот колымага
коричневая соль качающейся жизни
держи шаги мои
пятнистые
асфальтовое дерево-качели
баюкай проходящих
дрожащим говором мы кубики дробим стекла
напамять карамельку гложем
мы заворачиваем листья в волосы
заворачиваем воздух
сегодня мы далеко ушли

6.1971

козленка лоб шершавый под рукой
перемывает время вены
переливает дождь
листву из серых снов стеклянных
рассыпан север в клювах птиц
крик долгий горизонта
как удивленье белого над голубым
горячий лоб козленка возле камня
шершавых гор плечо объятье длится
как горький круг воды у горизонта
переливает время кровь
а здесь
перемывает дождь
песок на серых пустырях сонливых

6.I97I

Е.С.

уговаривал голос
что вдоволь еды для клыкастых
что черная ночь жирный свой лик отпечатала в нас
что тлеет сокровище в язвах лица

осколок
ты всего лишь осколок от камня бросаемого
ты падаешь раньше

уговаривал камень
что есть голоса выползающих луж
что слепой паутины касанье ложится
что пила рассекает спокойствие воздуха

сине-свинцовых голов
облака неподвижны
тебя уменьшают брови сведя

I2.2.I972

Е.С.

красивый баловень лица
погладить можно ветром или взглядом
теплой кровью вечера одеть
живое тело
стоном не ставшее еще

а ты сокрытый камнями бульваров
пленник
под кровью вечера твое дыханье тянется
ты духом стал напоминаньем страхом
незрима смерть седая голова незрима в небе

кирпично-красных слов узлы руками греем
гладим языками лижущими
мякоть жизни алкоголя сердцевину
и кровью голубей облиты продираясь сквозь листья
среди деревьев сталкиваемся и у стен 'о боже' шепчем

а тех далекий шепот дым развеянный
глухие гимны
частоколов зов
где пылью стелется и застывает
наскальных обликов толпа

8.1972

закроем плотно двери
вспомним жизнь
она казалась шорохом прогулки по руке протянутой навстречу
под кожей таял снег
кружилась кровь
по улочкам по лестницам соленым
деревьев мысли хранились в дыме холода

теперь измерим взор
раскрытых век
поземку шороха по сводам роговицы
по углам чердачным
хранящим пыль и шум
стиснем
тишину глухую плоти
крошащийся орех

I973

останки мраморных балов
прожилки горностаев в желтом камне
прах
ступени
небо
зияющее
столетий русских
император б ы л

останки мраморного бала
желтый прах
ступеней поцелуями затверженных
зияющая лестница
легенда
дерева сухого
ни солнца нам
ни ночи
ни тепла истории горячечной убийств
пенька веревки
ветра свист
одежд парчовых мертвое сиянье

"Строитель яростный бестрепетной рукой..."

а ты считай ступени
слушай свист
растягивай за горизонты пряжу
пеньковых снов дневных

прожилки крови в колесе дорог
идущий гложущий железо кость и камень

а ты танцуй на мраморных балах
в сугробах пожелтевших
в руках Строителя страница белых дней
рассказ затверженный

в широких коридорах смерти
проситель конквистадор муравей
сверкающих гробов
отмычки пробуя
"смешок" сказал он
"а теперь болит"
и – "выход здесь"

лежащий навзничь

и узел развязать старался
розы мускул
простыни заката острый край
дымился меч
прорыты ходы
юноши бегущие в метро никелированные боги

тугая дверь
и липкий запах свой он узнавал
и плечи руки рты
бегущих юношей
и медная сверкающая кровь
в широких переходах смерти
шаг 1

2.I974

масонство слов
сырая куча жизни
оскал зубов в земле воинственного племени побед
шумящие знамена зреют в тишине
качают лютики пронзительно глазами
над пылью сукровичной пламени

и однако всё же где-то кулак сжимает живую шею
и мышь пищит
и серое пальто мышиных кож одело плечи мира
некий лоб роняет капли думая
и коридоров брешь как сутки лазарета
протянет ослепит прошьет

равнина пыли сукровичных лет
кровавый ночью лес и лес костей и крыльев
уходят в землю времени доспехи доски
о братья петухи о красная семья сращенных братьев
невидимого крылья режущие из земли растут

4.I974

иволги черной стрела
как ее ты узнаешь
ростки словарей бледнолимонного неба
отдаляются лица
кто прочитает
крупнодалекие гласные
зимы народов
пургу локтевых выражений
он хмурится он замышляет удары ногой признаки жизни
в подбородок левой удар
далекого гласного
жилосплетенья зимы
какое быть может подошвами мы отпечатали
числа дня взорвав
и иволги черной метанье в зрачках и сорванных буквах
круг ветра крик солнце засеяло
и вот на земле или в щебне
или это изгиб облаков колебанье стрекоз
солнца копье тебя нанизало удары ногой
время сгущается в ком кровяной
капает сверху уходит сквозь щебень
отсутствует иволга ярко хрипит
ты просишь пощады живешь

I2.I975

как черный водолей мешает струи
времени и лица почернев
объединяет взглядом прошлого
скромно тают жизни в метро
зеленая ветка обуреваема запахом
                                        но
кто измеряет числа
вот поезд стремительный в темных числах
и лица стоят в желании жить
волны волос оставляя потомкам и гладкую кожу детей
о прошлом мечтая струит водолей каменный поезд потомков
потных и дышащих облаком славы
как кони горячие служат кровью годам
а облако в куполе мнимом дорог
стояще-стремительных линий отсчета
для тающих взглядов в метро
                                        но
в зеленую пыль ветка стремится
в красную пыль кровь лошадей
в черную пыль водолей
белым сверкающим облаком скрыты мы от себя

I6.4.I976

псалом

что впишется в пропасть между сиянием света и этим грохочущим грузовиком?

линии света, дуги света, круги света

что может пыль, покрывшая кабину и стекла грузовика? –
– комья пыли, хлопья пыли, долина пыли, пыль лохматая, растущая как волосы на теле – голова в развевающихся языках пыли

есть дитя с голубыми глазами, с серыми глазами, с золотыми глазами – кажется, девочка

есть леса как зеленая страна облаков – многоразличны их круглые формы – к ним еще приблизимся

– есть мозг спрашивающий, спрашивающий –

– текучие линии звука, грохота, автодорог, слепящие стекла многоквартирного дома – о, белый голубь! – где? –
– везде – и кафельные плитки тысячекратно сверкают тебе в глаза

поток зеленый, синий, красный, черный – есть время полдня между землей и небом – белый поток

– Афон – Афон! –

воды, леса, прах и кровь – чаша и безмолвие – и крик птицы – игла, меч, столп света, сияние

– есть молнии и слезы – есть прекрасные глаза –
– есть улыбка – есть радуга – есть облака

– есть блаженство

есть точка в мире, дающая взгяд – не дающая взгляда,
отнимающая зрение, отнимающая разум – есть точка
в пыли, в земле, в стекле – в зените, – в голосе, –
– на острие ножа

что может пыль, покрывающая лицо – покрывающая губы,
покрывающая волосы, покрывающая глаза? – клубы пыли,
тучи пыли, стены пыли, пустыня пыли

– вот облако, вот голова – с гневными глазами,
с прозрачными глазами, с золотыми глазами –
– Тебе Господи!

8.I977

поет ворона:
душа, дитя,
как много песен в горле
изрытом нищей жизнью
в горле ветер сквозит сырая яма
– сегодня у нас снега
твоя гладкая, дитя, твоя сырая
твоя нежная – сегодня небо у нас
мое горло изрыто песнями о тебе
о прикоснись! – сегодня ночь
душа моя уйдем
уйдем уснем

2.I979

в небе
/ триптих /

Но дай мне имя!
О.М.

безутешны безудержны плача
сплетаетесь так
имя утратив
Лейлы Леилы

. . .

в просвете   горячими пальцами
гладить
место звука
как это было? – дышать
в лазури
ладони сближая как облака

. . .

отдельно сердце
капля гладит каплю
холодную
вопрос   ответ
как будто хочешь дно от свода отличить
в далеком – о
как имени остаток
здесь

8.1979

И. и В., умершим

о том что жизнь
белая стена
как лоб монашенки
пропала пропала
и око черное   и плат
и волосы растопленные жаром
ресницы смежив   чудное тепло былого
взгляд   что белая стена
у стен былых
подворье   небо у земли   одежды холод белый
и ветер носит смерть далекую
покров тончайший
о не коснись того что видишь
тех куколок в белом
в паутине застывших
в пространствах   стены пустыня

I2.I979

посторонись душа
красавица
включи тот свет
которым две слезы
сверкают
нить прерывается в далеком поле
луч косой   последний будто бы
как солнечно прошедшее
как золотисто ‘было’
и серп сияет – то ли лето? то ли ли
в небе осеннем

в небесном
две слезы
по ланитам
волосы
дымятся
косы снопы облака
рукавами закроешься
хлынут складки
небесная дева
буря в лазури
о! – тишина

то ли осень
вспомянется все
все короче прерывистей нити
прозрачные девы уносятся за горизонт
мелькают у края
скоро седая богиня лицо откроет
невидящее
что ‘есть’
две капли
падают
не исчезая

I3.I0.I980

туалет теплота искренность

такая теплота такая искренность в туалете этом   такая естественность   все так просто душевно   заходи́те
входи́те   да вот сюда сюда   без пожалуйста   одни интонации   атмосфера   жесты легкие полные любви и п онимания   главное понимание   электричество светит н еярко тепло   тот кто приглашает неописуем   это атмо сфера   оттенки   тонкости   но без холода без жестк ости   душевность   нечто противостоящее официальному стилю   стилю вообще   эманация теплоты   вибрации д ушевности   хотя жесткость есть   есть и углы и грани
пластика   определенность   но все это как бы вби рающее а не отталкивающее   принимающее   живущее что бы принимать   способное легко вдавиться и так же легк о вернуться в прежнее состояние   взаимодействующее в полном смысле этого слова   дающее ответ
все немного отдалилось уже   чуть угасло   но ты еще в

8.1977

Геннадий АЙГИ. Портрет работы
Татьяны Габриэлян 16.4.86

К.К.КУЗЬМИНСКИЙ

МОЛЕНИЕ О ЧУВАШЕ

"В такт движениям раздавались крики: Ой-го-го! Ай-ду-ду!, повторявшиеся без конца."

/Акад. Обручев/

дитя совало голову в чавун
был лоб микроцефала как кавун
в кулак созревший
бедер чешуя
ея не обещала ни фига

как фига дулся семенем айги
дитя кричало в зыбке ай-ду-ду
художник барский сделал ой-го-го
чуваш чавун перевернул в аду

кивая кикой киев тароват
растя на суше вымерших китов
тарас тарас поедем торговать
мешок свежепросоленных котов

богдан богдан ты заряди пугач
бердану заряди щетиной с солью
как на бахче растут с такою болью
усы у батьки луковым пучком

то винница где курят самогон
по праздникам же курят самосад
сосед курят на выпускает в сад
где над черешней дребезжит оса

то в тони забирается хопёр
воронежский линяющий бобёр
козак чубатый в пясть берёт багор
закат над белой речицей багрян

до волги где-то иволги полёт
мышей пожравших рожь велик помёт
чуваш чурбану кланяясь поймёт
что надо бабу срочно поиметь

и сняв чувяки волокёт в чувал
а пользованну бросит он в подвал
от чихиря икал чуваш чихал
и кал его в штанинах засыхал

так перейдя хопёр или донец
булгарин тюрком станет наконец
обрив чуприну стянет чигирём
и во саду зальется снегирём

а киев там москва или саранск
сметёт орда монгольская зараз

2

я посвящаю барскому браслет
который уронивши в бересклет
несет чуваш в подарок параджа-
нову которого скрывает паранджа

поволжский чувашей биробиджан
обидно что нажатием ножа
он мусульманскому обряду покорён
хотя и ярый вятич по корням

затем кандинский изучал зырян
чтоб зрак свой приучить к нетопырям
в ночи все кошки серы а заря
взрубает неба вену топором

и радуга соитий цветовых
как радужные крылышки це-це
зачем край неба робко целовать
когда гадание таимое в овце

раскрыто орфиком жрецом от слова жрать
и движется раскосых ликов рать

3

чого ты не чув чуваш
кавун запихав в чавун
шемякин к примеру ингуш
и бьет чаушеску челом

чому на кочевье чомг
там слышится щёлк и чмок
китайский радужный шёлк
чрез черемисов шёл

так киев или саранск
встает на востоке заря
москва сурова сыра
заречье или зарядье

где ищешь ты корни те
что растут в темноте
славяно-татарской идеи
на запад чтоб отлететь

4

моление о чуваше
который погряз во вше
который пропал во щах
кои ел натощак

да пребудет айги
сиянием третьей ноги
/цитата из стаса/ ша
и песни поёт айша

9 фев 83, НЙ

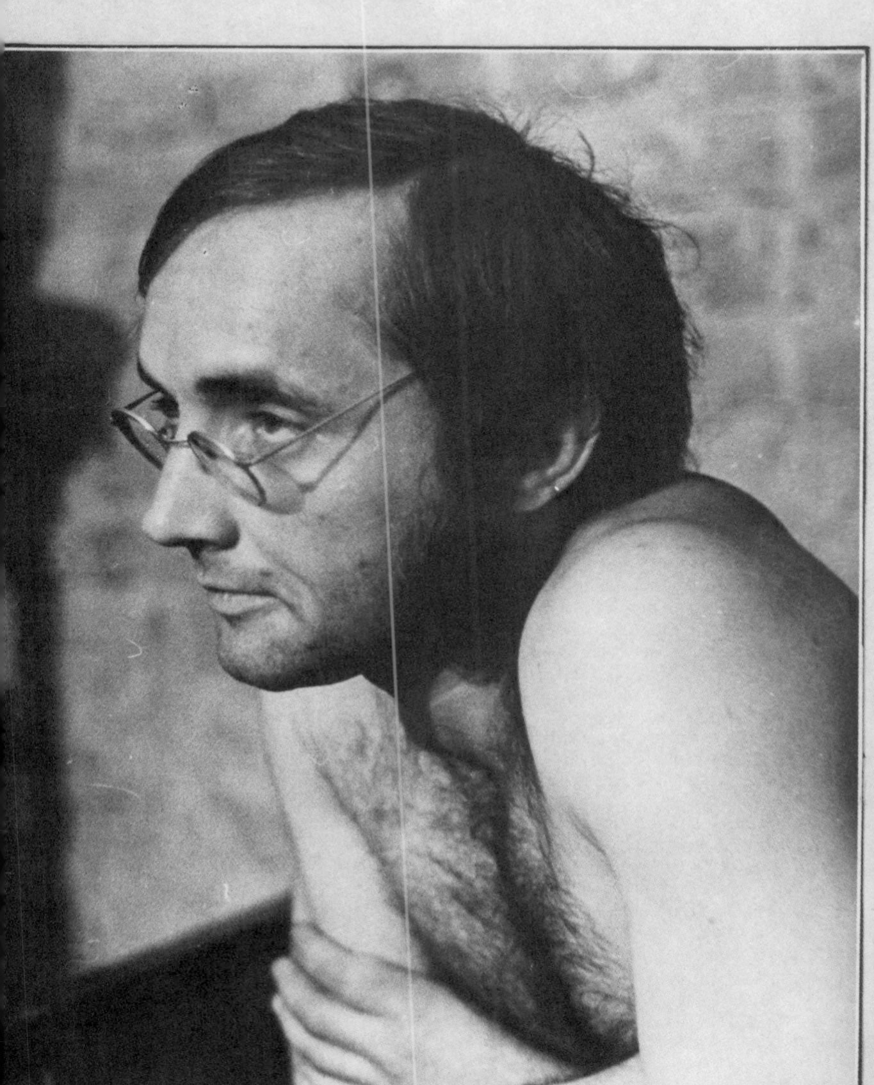

ВИННИЦА

Драгомощенко был одним из моих последних приобретений в предпоследний предотъездный год. Приволок его, естественно, Кривулин, и я, не медля ни часу, включил его в антологию "ЮГ".

Потом он бывал у меня перманентно, с очаровательной, но несколько замученной женой Зиной, поскольку жили они не густо.

Быв родом из Винницы, он переместился в Петербург, где в первый же год покорил поэзией своей таких мастодонтов, как Гена Алексеев, а потом и Кривулина, Юлию Вознесенскую, меня и даже, похоже, всю "элиту". Покорил фотографа Бореньку Смелова /"Птишку"/ и много кого еще.

Служил он, естественно, в дворниках, чтоб иметь какую-никакую прописку. А комнату, естественно, снимал. За что и невзлюбил Аркадий Веничку Ерофеева. Пригласил, на свою голову, поэтов и прозаиков к себе в коммуналку, так Веничка, по пьяни и обыкновению, мало что ко всем соседям успел ввалиться, так еще, с Кривулиным напару, весь коммунальный сортир обоссал. Ну, Кривулин - понятно: он по пьяни и от полиомиэлиту прямо писать не может, а Драгомощенку за эти подвиги гостей - с квартиры поперли. С тех пор он и не может имени автора "Москва - Петушки" слышать.

У меня они надирались с Алейниковым. Точнее, надирался один Алейников, привезя с собой из Москвы саквояж портвейна, но, тем не менее, тут же послал на чьи-то деньги купить еще, чтоб выпить. Так и встретились у меня два малоросса, пили портвейновую и спивали на мове "Ой, дывчына, шумыть гай" на два голоса, при этом ни тот, ни другой, слов не помнили. Потом Алейников покушался читать и даже, в самом деле, читал стихи, почти даже не забывая. Аркадий тоже выступал со стихами, а мне не давали, потому что я был трезв. Эта пьяная украинская "парти" записана у меня на пленку, но разобрать там что-либо сложно.

Потом Драгомощенко, вроде бы, служил в лодочных сторожах, как и прочие петербургские интеллигенты, где и познакомился с аспирантом Левиным. Левин и сбагрил за кордон его тексты, но издать их он явно не соберется, поэтому за него это делаю я, тем более, что Драгомощенко входил в антологию "ЮГ", недоделанную и затерянную двумя российскими феминистками, Юлией Вознесенской и Натальей Лесниченко-Гум-Рыбаковой-Волковой-Волохонской, моей отставной секретаршей.

О биографии Драгомощенко мне ничего не известно, кроме того, что изложено в его стихах. В Виннице я был только единожды, когда гонялся за Мадонной Лялькой /Ларисой Андреевной Войтенко/ по всему югу, при чем в Виннице выдавал себя за работника Ленинградской студии телевидения, показывая старый пропуск рабочего редакции обмена помянутой студии, присутствовал на премьере оперетты "На свитанку" и был приглашаем на освящение двух сахарных бюстов В.И.Ленина, сделанных Винницким сахарозаводам в подарок городам-героям Одессе и Севастополю, но вместо этого напился. Еще я покупал ведро огромных тюльпанов на базаре в подарок Ляльке и молился у закрытой Елизаветинской церквушки. О прочих эскападах в Виннице я напишу где-нибудь еще, а пока речь идет о Драгомощенко.

Одном из самых удивительных поэтов и, естественно, из ПРОВИНЦИИ. Что он подчеркивает и сам в последующих текстах.

А.Д. Чтение у Юлии

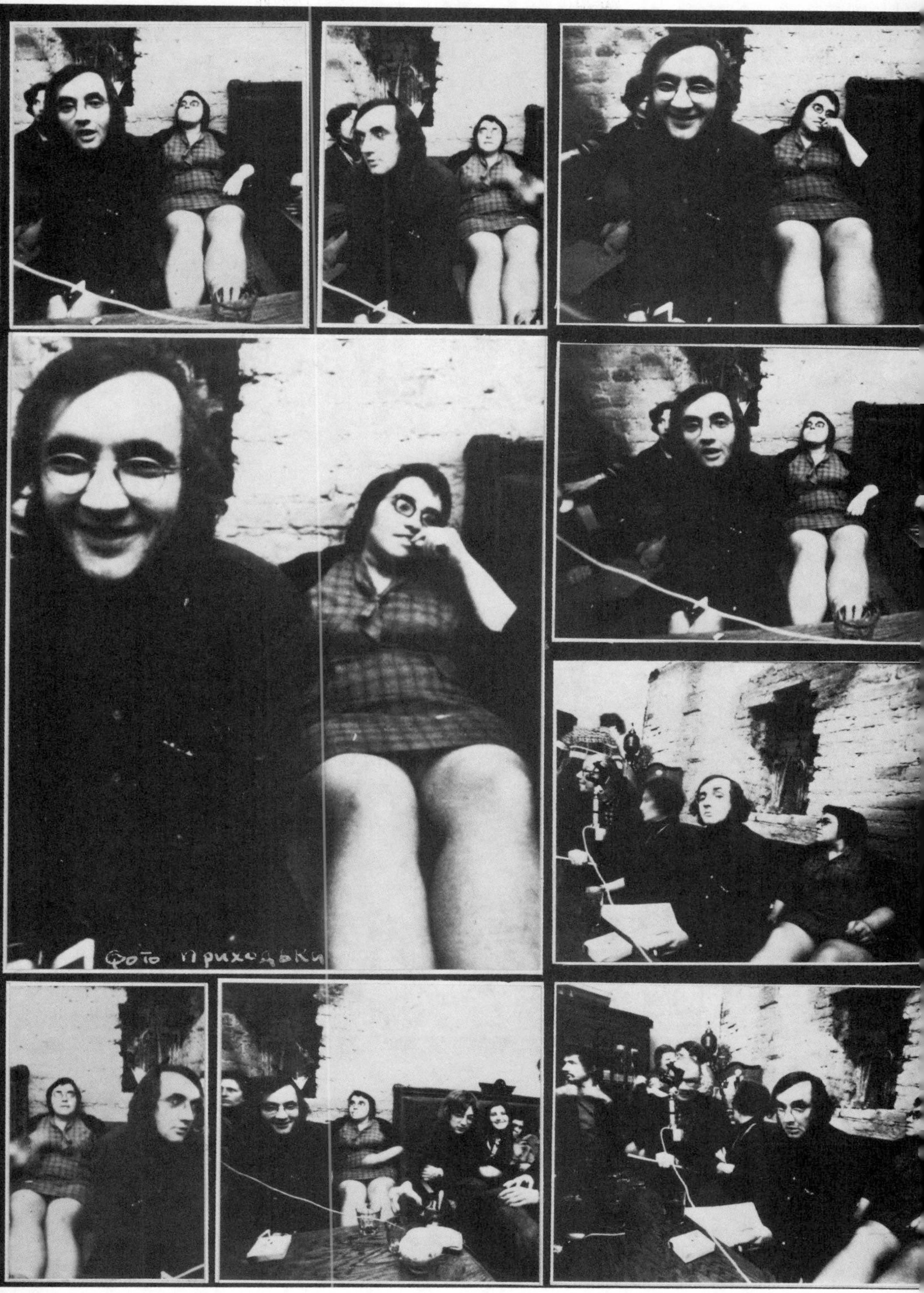

Фото Приходьки

Дрaltomoщенко в фильме.

ОПИСАНИЯ

•

ТОРЖЕСТВО ТРАВЫ

•

ВЕСЕЛЬЕ НА КРЫШЕ

А.Т.Драгомощенко

1968 – 1975

Ленинград

[illegible]

[illegible]

[illegible]

О, Петроградская сторона!

К издателю

Если будет возможность издать мою рукопись, включающую в себя большую часть "Описаний", "Торжество травы", "Веселье на крыше", то я прошу учесть следующее:

1/ Книгу печатать целиком, потому что резкой грани между первыми и последними стихами нет. Напротив - они очень крепко связаны между собой - и "Описания", и "Тор.травы", и "Веселье на крыше", так связаны листья с корнями.

2/ Не должно быть подзаголовка - "Стихотворения". Если это будет необходимо, то в этом случае лучше обойтись единственным числом: "стихотворение".

3/ К рукописи приложены два снимка Бориса Смелова. На одном из них стоит человек у стены, прислонясь к ней; на втором этот человек стоит на пустой, полуденной улице. Эти два снимка играют для меня очень важную роль, и мне бы очень хотелось, чтобы они были на обложке. Первый соответственно на первой, и второй на последней.

4/ Прошу сохранять графику.

5/ В силу некоторых обстоятельств, которые мне не хочется оговаривать, рукопись в техническом отношении оказалась далеко не совершенством. Наличие множества опечаток /часть которых все же оказалось возможным вычитать/ "редакторская правка" машинистки, спешка и пр. - могут и неизбежно приведут к некоторым искажениям текста. Заранее прошу извинения. Однако, повторяю, что это не по невнимательности автора, не из-за его равнодушия.

Последнее - Я живу в Ленинграде с 1969 года. Если будет кому-то нужно отнести меня к так называемой "Петербургской традиции" - прошу этого не делать, потому как это будет неверным. Я жил на Юге. Личный мой опыт формировался там, Вероятней,всего, что я "южанин".

Я православный.

А.Т.Драгомощенко.

27 май 1975 г.

Ленинград.

27. май 71 г.
Ленинград.

А.Т. Драгомощенко
фотогр. №2
фотогр. №1
ОПИСАНИЯ.
Торжество травы.
Веселье на крыше.

Две фотографии на обложке.
Это непременное условие!

Межи мои прошли по прекрасным местам, и наследие мое приятно для меня.

Псалом 15, ст. 6

ОПИСАНИЯ

Ты спрашиваешь, что я могу
сказать
о себе...

Да, конечно, это было так - мы с тобой сидели на берегу тихой речушки в один прекрасный майский день. Ты был беспечным пророком и пастырем почерневших за зиму лодок, и мы, Илья, сидели и глазели как стояла черно-белая вода, и не оглядывались, а скользили глазами по ее фальшивому зеркалу, к которому приклеелось высокое облачко. Двигались вялые и сырые тела / зима все же была долгая/ владельцев, пахло суриком, олифой, нитрокраской, табаком, а нам повсюду виделось вино, веселье. Но глядя так на все, ты морочил меня и себя страстной мечтой безделья, ты вслух мечтал / так мечтают о потерянном времени/ о даче: шелушится кора на стволах сосен, дым, комары, светлеющее лицо в кустарнике, роса, чье-то дыхание.

Мусор качался в отражении берега и дачная местность вставала перед нашим взором неизъснимой красоты парадизом. Мусор подрагивал под ветром и двигались владельцы катеров и лодок, лилась их речь совершенно непонятная нашему уху. В будке было жарко и душно.

- ...А если будет твоя книга, всякое может случиться,- то надо тебе все же что-то сказать о себе. Вот... Так принято. Да?

О Илья! Ну что мне сказать о себе? Что сказать кроме того, что я бездельник! Что родился в какой-то непонятной германии, в городе Потсдам и во время, отмеченное сорок шестым годом. Жил долгое время на Украине, в Виннице, что был у меня отец Трофим, мать Мария, был дед Савва, бабушка Ганна, и ныне есть Зина, жена моя, и сын пяти лет отроду. Зовут его Остап.

Что еще скажу? Или, что успею сказать - где ночевал, когда был дом, и когда его не стало. Кого встречал, кого любил?..

Или еще пуще того - где учился, кем работал! Учился и там и тут, работал и так и сяк... Пустое это всё, Илья.

Лучше вспоминай как мы сидели на берегу Ждановки и предавались истово мечтам о всякой всячине. И не говорили о литературе.

А.Т.Драгомощенко.

Ты, Селихов, спрашиваешь меня о том, что я делаю.
А мы не виделись почти полгода, но я точно знаю,
что в Виннице повторяются осенние сухие дни,
по-прежнему твои записные книжки полны заметок
о времени, а рыжий Прилипко пьет вино и не хочет
работать. Ненайдох, как и тогда, проносит ликуя
свою аскезу и знамя наших побед плещет над голо-
вами, у женщин между ногами по-прежнему то, что
было всегда, наши тени полны великого смысла,
красоты и изящества.
И еще река. Ты помнишь, Селихов?
Воды которой напоминают постель,
И еще покойный Котельников, ушедший без единого
воспоминания о себе,
бараньи стада туристов,
старость тех, кто учил нас,
смутные сведения о Кучере, неимение денег,
мой сын схвативший ртом сосок божественной
Амолфеи...
Как и раньше стоят сухие осенние дни,
как и раньше моя жажда солнца,
моя блаженная лень, твои построения
и смешливость,
О бежать и бежать
от трагичности обветшалой!

Он любил ее
оба пили из бутылки одной
рты прижимая друг к другу

на другом конце мироздания
валились мертвые пчелы,
мед отдавал древней цикутой,
животы вспоротые до горла,
желтое облачение в едва видном
  огне горящего тела в три часа
по полудню...
Все это было их достоянием,
Любивших неизменно друг друга.

/Ноги его ощущали беспокойную нежность
кожи ее, которую в будущем
он сравнит с беспокойным дыханием./

И я думал тогда, что наши
   мятежные души - корни всего сущего
на земле, и я думал тогда, что Бог - это
мы,
   изможденные любовью, ждущие,
         разбросив веселые руки...
Отражений потоки текли тогда
     через зеницы мои,
Бесплодие вод и гордость
     были моим достоянием.

Довольно поэзии,
Пусть она не отличается от плохой прозы.
Косноязычие поэзии, слов, жеста!
Еще раз начнем с того,
что известно:
улыбается Дева, что-то мешает ей плакать,
в руках у нее младенец из глины,
Произрастают цветы сквозь камень.

Чьи ладони открылись передо мною
пространствами слегка размытыми по краям
бездомными голосами?

Вода тянется к кончикам пальцев,
словно в них узнает потерянный берег.
Бег солнца, протяжный возглас,
тяжесть дождя,
И нелепые тайны любви, гниения,
звезды и червя...
Со сколькими
Я разделил неприкаянную смерть
под ночными деревьями!
Довольно.

1. струна
за холмами
ветер гонит клочья тумана
ветер листья срывает
/тысячесвечие полдня/
песок
струна
женщина с ведрами на коромысле
выходит из-за угла
рассечена маком степным
колодезная вода.

2. амфора эха поет над обрывом
горизонт закипает стадами
воздух лиловый бурлит
стаями ласточек
птица скользит по дуге
собственного падения.
Она также как и по осени плод
налита тяготеньем земным
И точно мы - исполнена птица
отвращением к тлению и
любовью безмерною к воздуху.

3. Травы, травы простираются перед нами!
И если смерть свою примем мы здесь -
среди миллиардов травинок,
вкусом подобных светлому меду,
Если смерть принять доведется нам здесь,
в этих травах -
то вздох последний сольется
со вздохом рожденья, чьи травы
вновь откроют нам
простор вечноюного неба.

крылом меня своим одень,
волненья сердца утиши,
и благодатна будет тень
для очарованной души

Тютчев

приходи
моя дорогая ко мне
когда вечер прикроет застиранную до дыр
одежду нашей любви,
когда стены прорастут сыростью,
когда в дверь постучат и чайник попросят,
когда в коридоре будут ходить,
и возмущенные голоса требовать станут,
чтобы в раковины не блевали
богоподобные юноши...
моя дорогая
ангел мой, приходи!
и плотней закрой дверь за собой,
иначе кто-то войдет и разглядывать станет
твои лопатки и спину,
когда я тебя обнимаю,
когда уже вечер,
когда из шкафа ползет удушье,
а легионы клопов застыли на потолке,
и качаться нам на панцирной сетке,
о качели! а на твоей щеке заалеет
вмятина от спинки кровати,
словно след старой раны,
и живот твой податлив, он нежен
живот твой,
когда ноги твои разведены руками моими,
когда тебе не свести их больше,
когда в двери стучат,
и двери вываливаются,
обнажая охристое нёбо коридоров и комнат,
когда входят все, кто знает тебя и меня
и кого знаем мы, когда все
кому не лень
забираются к нам
о качели!
приходи, любовь мря,
ангел мой, мой добрый ласковый гений -
нам будет здесь хорошо
в этом маленьком милом аду.

лекции по истории зарубежного
театра.

тело у этой особы было весьма полным
лицо ее было покрыто мукой
а губы очерчены красным.
Она улыбалась и рот ее был растянут.

как прелестны создания обитавшие там,
продолжавшие голосом некое постоянство
лилового бархата, парчи, бумажных корон...

вам приходят на ум монологи аллей,
лица идущих засыпаны светом...
как чудесны создания обитавшие там -
повторяю, листая голос за голосом.

век в котором поворот головы
был изящества полон и тайного смысла,
век в котором поклон, слетающий в зал
был подобен звону разбившейся птицы,

о поклоны, вы катитесь по обочине
этой истории давней о кострах и любви,
и предательстве,
о мудрости тайной и явной,
о том как прекрасен рисунок
        невесомого яда
на смуглых запястьях...

/вышеназванный Ингрэм нанес смертельную
рану глубиною в два дюйма, над правым глазом,
от которой упомянутый Кристофер Морли тогда
и тотчас скончался/

И мистерии ртов, очерченных красным
    длятся из месяца в месяц,
Миракли безмолвия сопутствуют им -

корабли стремящие путь свой,
короли понуро склонившие головы,

геометрия наших движений,

изъеденные странным недугом
хрупкие страницы усилий.

Самое желтое стихотворение.

они прекрасные девушки, любят свою работу,
которой они отдают все свои силы, они прекрасные
девушки каждое утро выходят из пены морской
как-будто они просыпаются, прекрасные девушки...
каждое утро они причесываются, красят ресницы
и засыпают на миг сном, в котором лишь стоят
карликовые смерчи угольной пыли,
                    они прекрасные девушки,
стучат на машинках, перепечатывая годовые
отчеты, статьи, обучая детей, засыпая на миг,
Они обволакиваются небесным дымом, они
прекрасные девушки ждут и ждут ночи, а
затем дня и все реже и реже простаивают
перед зеркалами
рассматривая прекрасные бедра, живот
груди, они, прекрасные девушки, выходят
и входят и коридоры полны ими,
и улицы,
     а после пепельницы полны окурков.
Они, прекрасные девушки, глазеют на
киноэкраны, сидят долгое время в библиотеках,
выходят замуж, любят мужей и детей,
забывают о первых, а вторые
            забывают о них...
Они умирают, прекрасные девушки.

на их лицах застывает лишь удивление,
как у прекрасных собак раздавленных
        трамваем на улице.

пой утренняя птица,
и спи и спи и пой,
покуда не случится
и мне запеть с тобой.

С.Семененко.

Наши города на заре сродни бормотанию,
И птицы застыли,
на ветвях угасания птицы застыли,
листья живы едва
гибкость покинула их зеленые жилы,
и воск пеленает стволы.

провисло небо,
в городах на рассвете шаги слышны
не далее чем за метр,
в стеклах нет-нет да мелькнет
фарфоровая голова...

в таких городах птицы оцепенело
льнут к сучьям собственных песен,
рассеянный свет кладет прозрачные тени,
клюв,
позвоночника просветление,
Я пойман, ты пойман...
О райское песнопенье!
Коготки горстью к ногам,
Наши города спят по утрам,
Только птицы поют
на ломких ветвях виселиц.

маме

Тысячи южных семей в одном взмахе
  твоей обожженной солнцем руке,
брызжущей при этом на
        голубоватые стены
сок помидоров раздавленных,
Пар на кухне,
и элегантная серая шляпа с большими полями,
     тульей высокой
в круглой жаркой коробке на чердаке.

Наивная хитрость и хохот,
и боязнь, в которой ты затаилась,
точно улитка в монотонной спирали.

Побег за побегом свершаешь ты
из тусклой желтизны поблекших волос,
ныне подобных отражению
        цветущего берега,
Ты бежишь,
Память укрывает тебя,
Но память тебя предает!
      Надтреснут смех твой,
и ноги утратили стройность былую,
Кипы писем хрустят под ногами,
Кто-то видит любовь, что мечется
     в стареющем теле, словно зверь
за стеной лесного пожара
О розы растущие на песке!
Перекликаетесь вы с листом жести
        на вздыбленной крыше!
итак - здравствуй, прощай
/до полной невысказанности/
итак прощай и здравствуй опять...
        в сквозящем пространстве
вновь трубит наша встеча.

СМЕРТЬ ДЕДА

А по вечерам он, окруженный внуками, сыновьями,
женами сыновей: полногрудыми, слегка надменными
и красивыми,
пил охлажденное пиво и писал на медлительной
ленте воспоминаний нечто вроде любовного гимна,
привычные слова с обстоятельностью, которая
присуща людям, посвятившим жизнь цифрам и точности.

и дряблые веки прятали радость, уходящую за
бледные моря его глаз, между тем, как вечер
легко проникал в его память, на подмостках
которой неизвестная девушка изображала
деву Марию,
Не деву уже, а жену, положившую руку на чело
бога, на его крепкий лоб,
ласкающую тело его, еще не
старое, но, разумеется, лишенное гибкости, что скорее
свойственна юности,

а вечер развешивал свои холсты -
трепетала зелень, переходя в сладко-лиловую мглу
смутных ландшафтов...
Мария что-то шептала возлюбленному,
живот ее округлился, соски стали темнее...

- она зачала сына,- отметил голос бесстрастный.
- лоно ее обременено семенем божьим,

и уже было выкатилась на подмостки коляска,
и вдали послышались стоны и крики,
уже на дороге возник юноша приятной наружности
со взором меланхоличным,
шагавший легко и размашисто -

Как вспомнил он о существовании птиц.

Ястреб, воспаривший над ясностью
восходящих потоков,
Орел, размах крыльев которого
измеряется мерой нам неизвестной,
Миг стрижа, вторженье ворон
в талое небо,
О птица! Затягиваемая неудержимо бездной земли,
Парящая птица!
/лист на воде, рыба, осень, лукавое небо/
О парящая птица, танцующая на острие одиночества
неужто и ты убежище находишь в огне!
/лист на воде, тень воды на песке, осень,
лукавое небо, смятенные руки./

Тут внезапно испустил он горестный вопль,
Рука прижатая к горлу - почудилось - оказалась
рукой желтого сумрака,
Смерть стала пред ним в облике юноши,
которого видел он, шагавшим легко и размашисто,
когда вдали раздались крики и стоны,
Теперь он коляску катил, где младенец лежал,
впоследствии ставший великим поэтом,
И тогда из горла этого человека вновь вылился
стон,
и долго метался по улицам внуков, сыновей,
их жен полногрудых, гордых и снисходительных,
в которых он узнавал своих жен, сестер,
покинувших его в незапамятные времена.

замечание

Дед Савва повесился в июле месяце, утром.
Хорошо помню, как сухой ветер носил тогда
над огородами волны белых мотыльков. Помню "солдатиков"
с которыми я играл целый день возле трухлявого
пня - останков древней липы. Помню их красные
с траурным узором спины.

тихая россыпь шагов
    на пелене ожидания
холст покрыт пятнами
Неразрывно с холстом связано
    неокрепшее дерево
Девушка с гордой спиной
    ложится в постель
руки она держит ладонями книзу
притрагивается к бедрам своим
    не памятуя о них
Вечер на веках ее
Она засыпает
приотворяются двери

Портрет № 1

груди мои тогда отбрасывают
слишком резкие тени

когда свет направлен вдоль тела
вдоль рук к щиколоткам.
Плечи мои очень четко выносятся
из пространства,
за ними будто мягкой кистью размыто
все, из чего слагается пустота.
Материален лишь свет.
И я ощущаю его упругость, стекающую
по моему телу к пальцам ног -
предутренний туман, затем глыбы воды,
озера поставленные на ребро,
сухой песок струится по животу.
Я удивляюсь себе...
И свет отбрасывает тень
слишком резкую,
и подчас я вижу как летит
эта тень, слышу ветер крыльев ее.
Из пустоты появляются ее приметы
думаю я, что когда заканчивается
какое-то время любви
появляются слова
обозначающие это время.

Ночь.

На привязи лампа бьется с остервенением.
Окружают меня создания, о которых
   я думал, что давным давно истаяли
в будущем образы их -

в окно влетает лошадь
   с бирюзовыми крыльями,
в трубах водопроводных слышится рокот
   голосов приглушенных...
Лапинский, брат мой, с какой тоской
   вглядываюсь я в очертания подвижные
   сучьев на стенах, корневища которых
кожу рвут,
   набухая у меня на руках!

Вижу я тебя плешивого в девственных
   зарослях одичавшей смородины и крыжовника,
похожего на монаха
   из ордена францисканцев
с книгою Данте в руках.
И божественная нищета ткала в тот час
   полог покоя...
Вижу тебя, и вижу как дернулся рот твой
   изумлением детским
   пред любовью неслыханной
к прекраснейшей Беатриче!

О брат мой! Окружают создания меня,
   о которых я думал, что образы их
   утеряны мной.
Ночь. Загнанный свет лег на снег.

Дерево выплывает к луне,
Оно рассыпает бесценные тени.

Тускнеет твой облик монаха,
   играющего на домре,
Плачу я.
Мерцают звезды в Господних садах.

ох засвечу я свечу
да против солнышка

/нар. песня/

Во снах - поля
пыльные улицы голосов.
я пение рыжих поэтов слышу во снах.

однажды я вспомнил Печерскую Лавру где довелось мне когда-то жить. Вспоминая улочки, вымощенные желтоватым булыжником, сырую ветреную весну, неяркие костры во дворах, я написал такое стихотворение.

смотрю на огонь
смотрю на воду, в которой он отражается
смотрю как корчится в огне
  и чернеет клок прошлогодней соломы

иду к воде как к прибежищу
иду к тебе как к прибежищу
иду к огню как к прибежищу

ты выпиваешь свой вдох
отмеренный точно любовью
а источник вновь полон дыхания.
                    Безбрежное небо -
бездонный колодец всяческих бед
                    и чудес!
Птицы из него непрерывно летят -
    подобны они небольшим черным стрелам,
     клювы которых напоены
                  апрельской ленью.
Откуда бредут и бредут эти цыгане?
Акация, сыпучий песок...
Женщины, взорваны руганью дикой,
     движутся мягко по тропе
       уводящей в молчание,
Как из рогожи дырявой
   сыпятся беспорядочно пестрые юбки,
косматые головы.
И ты затихаешь.
Снова я обречен на безукоризненную
   красоту твоего умирания -
Неспроста ведь тлеет рыжая голова
      в изумрудной накипи лета.

Боре Останину. Тогда мы жили
на улице Чехова, рядом друг с другом.

Вечер
Пальцы опущены в паутину
жарких углов,
оцепенели псы
у стен - как из сосуда в сосуд
перетекает из животных в хозяев
ужас старости и сонливость,
Жарким летом
пересекая множество островов,
мы возвращались к домам и
думали о неизбежности великого
зеркала, где наши образы
претворятся в полотна,
глиняные кувшины, могильные плиты,
плоды,
детей, тыквы, слова...

Голоса детей выкатывались из
подворотен - они переливались
голоса детей,
они цвели, полые голоса гибели
под острыми сводами
нашего ученичества,
Бесшумно
совы чертили крылом
по остывающим крышам.

Зине.

КОГДА ЗЛОБА ОСТАВИТ НАС

Ящерица дрожит на искристой стене.
Ее спина в изумрудных крапинках,
Волна накрывает корни песка,
смотри,
        смотри!
Якоря торчат то тут, то там.
И летят с пронзительным криком
    чайки к неистовой синеве.
Заплетенная туго в пряди песка
        песня ветра стала понятна
деревьям,
а мы бредем побережьем,
    слушая как шуршит песок,
стекая по плечам и бедрам,
Бредем понятные песку, раковинам
        и воде, которая то подступает,
то вновь отступает от берега.

Динабургу Ю. в день
рождения его дочери Анастасии.

В твоих руках крохотный огонек
маленькой девочки,
капля за каплей на которую сваливаются
мгновенные стеариновые ожоги.
Семь свечей
прикреплены
к спинам семи черепах.
Сад пуст,
ползет ко лбу тяжких оград
драгоценная пустота,
И лишь в конце песенки той
голубь опустится к изголовью,
неся золотой язычок пламени в клюве.
"С днем рождения,
с днем разрушения, - кто-то промолвит,-
С вестью о смерти, о жизни.

В сырой глине тумана тлеют зерна
лиц, голосов...
"С белым снегом и тишиной,
С ясным словом, что вскоре будет
даровано дочери и тебе
этим звездно-далеким годом.

По следам Г.Алексеева

\- отсеките мне голову,-
как-то вечером сказал он,
лежа на полу у стены.
Птицы выклевали зернышки
из его волос.
\- Отсеките мне голову!

\- Почему? - удивились мы, - Ты
хочешь быть похожим на Иоанна?

Отсеките мне голову, не медлите
ни минуты, - сказал он, - Потому что
нет мне в ней надобности.

Наконец все это услышали боги,
и стали хохотать во все горло,
и от смеха колотить голыми пятками
о горячую крышу.

После чего принялись обезглавливать
друг друга.
Божественная грация полнила
их движения,
И в поздний час,
к нам, обескураженным просьбой
приятеля
и весельем богов,
стали закатываться головы,
в которых даже у бессмертных
не было надобности.

Утопленнику

Продрогший олень продирается к берегу,
- Воистину не умирать ни разу! -
                    слышу я,
- Поднять это голое тяжкое тело
            с сырого песка...
Солнце зашло,
все ушло вслед за ним:
  и воды, и дым, и рыбы, и звери,
    и жизнь наполнявшая волосы,
Все ушло вслед за ним.
Но ты подними это тело,
        в котором нескончаемо длилась
    встреча крови и солнца,
и когда остывая
    петь начнут камни,
опусти пальцы свои на снег его век,
которые стали теперь сродни белому пеплу,
коснись клубов горького сумрака и
        погрузи тяжкое голое тело
   в дрожащую воду, пустившую плодоносные
стебли во всех направлениях.

сидя однажды с тобой за столом
и склонясь над жареной рыбой,
я ощутил странную тревогу
и взглянул на тебя.
Ты и не подозревала -
в твоем теле росло дерево.
Неужто я стал отцом?
Ты говорила, что рыба слегка пережарена,
а дерево уже начинало со мной говорить
листвой и ветвями,
ты склонилась еще ниже и волосы твои
упали,
облака опрокидывались над холмами,
и я смотрел на дерево, на его смутные
очертания, повторяющие твое тело, как
на некую старинную карту, где
пытался найти ту местность,
когда целыми днями ходили мы меж камней
и искали пустые птичьи гнезда.
К жилам листьев прикоснулся мой слух,
а где-то шла ты и не слышала моих
шагов.

Покорность травы и изнемогших деревьев
разделяла нас в те
незапамятные времена.

На зеленой бумаге стола
поющая раковина
   словно голос открытый
солью по краям опаленный
В желтой обложке книга,
пейзаж на стене, а на нем,
    голову запрокинув рыбак тянет
сеть схожую с парусом,
На берегу нет никого,
краб метнулся назад -
      пуста сеть у одинокого рыбака,
белый месяц тает в воде...
На стуле, перед столом
     сидит Вермеер и говорит, что все
          очень красиво.
И люди, которых встречала она на улицах
    приветливы и прямодушны, но только
говорит он, поигрывая рассеянно
     увядающим георгином.

И льется черный плащ старческих лиц,
истлевшая шляпа лоснится под светом,
разорвана тетива,
бежит из пальцев моих,
сгибаются устало ветви в саду неся
    великое множество плодов напитанных
      холодом и покоем.

Ну, Катулл, и смешно читать твои
  ямбы в вагоне пригородного поезда,
когда стаи цыган вьются над ними!
/ореховый сосок зажат
        в зубах мальчика,
осколок стекла скрежещет
          в руке,
зеркала затянуты илом/
Ах Катулл, алые листья губ давно
    отлетели с деревьев
        безукоризненных голосов.
Тысячи поцелуев! Десять тысяч,
сто тысяч! Подумать только - сто тысяч!
Уже изранено дыхание
  падает на следы,
однако птица мертва,
муха копошится в белом глазу,
Тьмой сокрыт ее не разгаданный путь,
А блаженный Септимий соединяет руки
    с руками не менее блаженной Актмы.

Вот как, Катулл, мой приятель,
бесноватый, плачущий, тихий поэт,
    которого давно нет в живых...
Но как страшно все же читать тебя в вагоне
   пригородного поезда.

совсем не страшные паучки,
обычные создания,
плетущие без сомнений лукавую ткань,
которая цепляется за деревья,
которую птицы и ветер несут в поднебесье,
словно весть первой осени.
Обычные создания.
Один больше
другой
меньше,
Пляшущие на травинках,
пляшущие на воде.

Ткут и ткут нестрашные паучки
неосязаемые орнаменты в которых
прекрасные змеи с могучими спинами
и глазами как драгоценные камни
следят за паучками несущими
свадебные дары влюбленным.
Лениво качается воздух,
лошадь из черного мрамора застыла
в ослепительном отдалении...
Они ведь совсем не опасны -
и листья, трепетные ступени к сердцу,
и деревья, созерцаюшие змей!

Но откуда тогда этот ужас, что смотрит
настойчиво глазами
паучков безопасных,
древесных лягушек,
прекрасной змеи, кротких оленей
и легкомысленных мотыльков -
ответь мне!

Обычно цветы собирают с женщинами,
и во снах тоже с ними.
Женщины меланхоличны,
и нам хочется плакать от счастья
        и неизбывной печали,
в том же сне
мы собирали цветы с тобой,
мы размахивали руками, кричали,
спорили, обламывали кусты и все шли,
шли, а по рукам стекали у нас
        густые потоки безмолвия.

мы вытаскивали из карманов ножи,
и кричали друг другу, что не снятся
   нам сны, в которых печальные женщины
сопутствуют нам,
печальные красивые женщины
с рыжими, светлыми и черными головами!

Вырывая ноги из цепкой росы,
мы шли, раскрывая ножи,
и кричали надсадно
       доказывая свою правоту,
направляясь к белому гиганту -
Был отвратителен этот древний
цветок
   /нечто среднее между лилией
               и подсолнухом/,
напряженно стоявший на толстом стебле,
  ждавший нас в сонме
     бабочек, мошек и изумрудных птиц.

И мы шли к нему и кричали,
     не замечая, что никто не откликался
нам в этом лесу,
И было тихо, очень тихо,
Так тихо,
        что следовало бы нам это заметить.

Хроники

1. почтовый ящик открыт
на половине восьмого голос сиплый
смятение свесилось с лестниц
на пороге болтают
траурный шелест травы на пороге
он уехал - доносится голос
кто-то видел, что он стоял
у подъезда
с женщиной более чем странного вида
и дверь осталась открытой
кто-то ключ подобрал

2. половина восьмого
отваживаются войти в комнату
радостный хохот руки
бросающий отражение на
оскал тишины
белые рукава зноя
клювы цветов раскрыты
впивается в воду звезда

3. половина восьмого
отваживаются войти в комнату
стулья кровать чашка плакат
чаша наигрывающая полузабытые песенки
пятно воска на меди
носок спазма окиси
херувим стыдливо прикрывший
свою наготу
и труп уехавшего
мыльная пена на серых щеках

4. приветственно поднять руку
он уехал - слышен стук в дверь
рыдает женщина более чем странного вида
сердце ее в доме печали
качается в сияющей паутине
белые муравьи пьют губы
доступней отчаяние
дрожью наливается веко
еще только половина восьмого

отваживаются войти в комнату -
сведения поступающие
крайне нерегулярно.

СОРАЗМЕРНОСТЬ

логика
желтого цвета

Гомер паруса
штиль

мандельштам
м л м
мертвые

СТРЕЛА СЛОМАННАЯ У ОПЕРЕНЬЯ

ночь

предверие сна

Менуэт

если ты заплачешь -
у тебя станет больше морщин
ведь этой весной мы отвыкли от солнца
да?
не надо плакать
как не надо плакать!
потечет тушь и обожжет веки
глаза погаснут
не надо
да?
возьми сигарету
поднеси огонь к сигарете
вдохни дым
все будет прекрасно
в скверах появится трава
на дереве в конце улицы
у поворота
распустятся листья
и красота вернется к нам неприметно
так же как и оставила нас
и оживут наши надежды
и ты отрешь слезы
и будешь смотреть
как летят облака
и постепенно
глядя на то как несутся они
вспоминать будешь птиц
которые покинули нас
и санитар
почуяв неладное
принесет тебе огромную деревянную птицу
она будет пестро раскрашена птица эта
будет орать эта хитроумная птица
и колотить деревянными крыльями
а из твоей шеи
потечет струйка крови

и я наклонюсь и поцелую тебя

А что скажет нам с тобой потом тишина?
Что промолвит сегодня гость последний,
  уснувший на стуле, положа голову на теплую
    плаху вечернего света?

Что промолвит наш гость,
принесший смехотворную веру
  в чудесные превращения?

Что скажешь ты,
и что я отвечу тебе...

Дикий цветок прекрасен всегда - скажу я,
припоминая надпись выцарапанную на стене
                вонючего лифта,
надпись опровергающую смысл другой,
найденной мною в одной опустевшей квартире -
"Лишь человек знает о существовании зеркала".

И гость,покинувший нас для улиц ночных,
радостно закричит, начиная старую песню о
    страшном шиповнике,
о двух бродягах поэтах,
из которых один был уродлив, а другой юн
        и беспечен /даже жесток/
о странствиях,
сгоревших домах,
о себе и о нас,
            и о двух душах несущих
жизнь всем на свете диким цветам,
О двух диких душах, и о двух странных телах -
 двух огненных стрелах, зажегших дыханье птице
                и свету!
а что тишины...
то она ответит нам словами этой же песни,
ведь она и есть то зеркало, о
        существовании которого знаем
                    лишь мы.

У дяди Сани лицо очень похоже
на африканскую маску.
Он умрет скоро и туристы
будут раскупать слепки с его
лица,
а кто побогаче, тот купит подлинник -
багровую опухоль со стеклянными
щелками глаз,

А ныне вечер,
Дядя Саня, объятый безмолвием и
перегаром, валится в комнату, где
сидим мы и переворачивается на спину...

- Где я живу? - внезапно вырывается у него.
И я веду его в конец коридора и
укладываю в постель,
Поднимается лоскутное одеяло
и скрывает его.
- Не в этом дело, - мычит дядя Саня.
А его смерть, золотушная женщина с давно
немытыми волосами вышивает на пяльцах.
Она молча показывает мне на дверь.
Выхожу,
Стараясь не шуметь
закрываю дверь за собой.

перечитывая Аполлодора

Исмар убил Гиппомедонта,
Леад Этеокла,
Амфидик Партенопея,
но, как сообщает Эврипид,
 Партенопея убил вовсе не он,
а сын Посейдона - некто
 Переклимен.
Амфиатрий же отрубил
 Мелланиппу голову и отдал
 последнюю Тидию.
Тот раскроил ее и выпил
 весь мозг.
/и это в такую жару!/

Остается воскликнуть -
 Воистину это время было временем
 настоящих героев!

Акробаты Господни
  Господни певцы
и шуты с бубенцами,
     и русалки с хвостами из стали -
возникали в пыли раскаленной.

И вот - конь поднят на дыбы,
кружев лохмотья дымятся
   на безумных запястьях,
розово плещет платье.

Пределов здесь лишено:
   парение и страстная смерть,
набухли вены, сдерживая
                    мироздание
разноцветных лоскутьев,
Ревут ослы за стеной из холста,
и мгновенной рукой белого клоуна
     перечеркнуто зеркало зрения,

Боже мой, как он неловок и стар,
он растерял все улыбки и, вдобавок,
    последняя все снимает с себя,
Нет, несомненно погибнет он, старая обезьяна,
умрет в изысканных рощах
         страшных улыбок -
клубок размотанный до конца.

И новый рассвет.
Рука покоится на нежной шее осла,
тихий зов молока пьет струна,
   что колышется на бумажных ветвях -

Акробаты Господни,
Господни певцы
        исчезают в пыли раскаленной.

Светлой памяти
Котельникова Александра

Взгляни - песок
песчаный берег метнулся
к дыханию
смотри песок
только песок лишь песок
песок
песок
песок
вслушайся
вот он обращается в ветер
а тот стал песком
будто эхо он
парящего света
вслушайся в любовь песка
в свои ступни и руки
Ты брат его
ты сестра его
слушай как ты утекаешь
течешь словно песок
в ветренную погоду
движимый лишь собою
и светом
Слушай и при этом удаляйся
неторопливо
Уходи!
Ступай! Я не забуду тебя -
ты стал песком
Смотри - песок /дыхание пресеклось/
песчаное побережье
и мы
удалившиеся настолько
что никому нет до нас дела

колокола озер
денно и нощно гудят
      под ветром
фигурка Христа безмятежна
/красная обожженная глина/

никого, только ворон целью
   избравший самое сердце креста...
Перекресток,
Скрип колеса запутался
       в черных колосьях
Сталью блистает
извилистая колея

я за столом в своем доме.
том, старом, которого нет.
Плывут, колышатся подводные травы
  и пальцы воды нижут кружева песков.
Это давно...

Отец
/смотри внимательно мать,
ты просила, чтобы он вернулся
                к тебе!
Вот он - крупный лысый мужчина,
   склонивший голову, нежно сокрывший
в руке горсть лепестков.
На лице пот, дыхание со свистом
     вырывается из груди.../
отец рвет цветы и дарит их
    матери, мать сгибается под тяжестью
нарцисов, ирисов, роз и пионов,
Отец рвет цветы,
по стеблю ползет тяжкая капля
           сока...

Ветка вишни видна в раскрытом окне,
видна еще старуха устроившаяся
на солнцепеке,
ее мешок, набитый хлебными крошками,
виден забор, воробьи...
           Глубокая прохлада комнат,
Щемящая отрада мая.

разбить раковину,
несложный слепок, а до этого
шевеля пальцами, как плавниками рыба,
попытайся разъять острые створы,
разбить раковину,
и длить слухом тончайший звон, в котором
тополь созерцает себя и неприметно
его покидает разум,
протянуть руки к туману, чтобы коснуться
смутных голов, запутаться в
неуловимых чертах,
Разбить налет из свинца и
мрамора, раздробить деревянные дни,
чтобы увидеть над крышами
бритвеннокрылых птиц.
Сливаются их
силуэты, уводя зрение в память,
Глаза их - прямая, искаженная звоном,
Зрачек - зеркало, пронзенное
изображением,
с притяженьем земным не совладать
тонким гремучим пальцам - и я
говорю:
разбить раковину,
разбить несложный слепок,
сжечь ветхий рисунок перьев...
Сонный червь крови
лежит у изголовья,
дерево проникается тяжестью,
я неуклонно слепну.

Послесловие

Все стихотворения, порядок которых отчасти определен хронологией их написания, не составляет *единого* целого, в том смысле, что можно в одном из стихотворений увидеть начало другого, или - впоследствии - в третьем отыскать его отголоски, а скорее всего - одно единственное стихотворение или попытки написать такое стихотворение.

ДИАЛОГ

Беги, возлюбленный мой,
будь подобен серне или молодому
оленю на горах бальзамических.

Песнь Песней.

ДАВИД

Верните чадо мое, верните мне чадо!
мой мальчик, где твоя кровь?

водой асфальтической стала она
в черных жилах,

мой мальчик, где губы твои?

Золотые губы солью покрылись.

Верните мне чадо! Верните чадо мое!
Мальчик мой... ты сделал со всех сторон
меня бедным.

АБЕССАЛОМ

О, сколько света и какая печаль
в чешуе лунной маслин
и во многих желтых камнях,
А за спиною горы Моава...

ДАВИД

Верни мне себя,
Ты смог ведь уйти,
сумей теперь возвратиться,
Облако проплывает...

Я вырублю все деревья!
Я выжгу корень корней,
я вытравлю поросль каждую на этой земле,
Иудея будет чиста - ни тамариск, ни плющ,
ни мак дикий вовеки не бросят тени
на этой земле!

Облако проплывает,
Облако проплывает...
Облако...

АБЕССАЛОМ

О, сколько света на моей родине,
сколько света!
Стоящему за городской стеной видно все,
Не посмотрит назад, кто стоит на обочине
изо дня в день,
Как вода пролитая на камни,
стоящий в сонном плаще черных мух,
И разверсты зрачки его -
О Боже, сколько огня повсюду здесь скрыто,
Сколько света...

ДАВИД

Есть ли новые вести? Может быть,мне принесли
отрадную весть? Может быть, скажут, что все это ложь?
Облако проплывает...
Почему здесь деревья!

АБЕССАЛОМ

Заткнись, старая падаль! Не тебе, а мне
качаться на собственных волосах,
купая ноги в скудной тени.
/Странно... вначале сестра, потом брат -
Утрата, суть которой мне не понятна,
А ты все ноешь, огородное чучело,
Все хнычешь дурак!/

Вначале сестра, затем брат...
Иного брата я встретил за городскою стеной,
Был он младше меня - я дождался
Неспроста ведь стоял дни напролет,
Погрузив жала зрачков
в гнезда бурлящего света,
И наша тень стала единой, только он подошел,
Как аист по воде неслась она, призывая
грядущее,
Вмещая его и меня, двух капель созвучие
иссушенное солнцем,
"Иди домой", - зарыдал он и протянул руки мне,
в которых мерцал крохотный червячок,
напоминавший одновременно растение
и человека,
Как лист шипя неслась наша тень,
призывая свидетелей прошлого,
И вставали образы тех, кого я не знал.

Их глаза встечались с моими и погибали во
времени,
В потоках пьяных лучей плыли мы
к Моавским горам...
Ну что ты ноешь, заткнись, старая падаль!
Оставь свободным меня,
Пойми, хочется лишь одного - не слышать тебя,
А видеть как зеленый свет
растворяется в золоте,
а пурпур красит ласточек
и облекает их сном,
Чтобы ноги мои проросли в землю,
И стали ползучими травами руки -
вот чего хочу я,
мне ничего больше не нужно;
ты слышишь?
Только смотреть, как отделяется плод
от усталого дерева,
Как за пеленою тумана
расправляет пространство зерно и отходит,
И времени нет, и нет поэтому скорби,
И слов нет потому,
И ничему нет имени,
а есть только тень,
с которой я, как с немым и верным мне зверем,
буду скользить по вселенной,

О, сколько света на моей родине
сколько света!

ДАВИД

Облако проплывает,
Облако проплывает...
Облако...

БАЛАТТА

женщина с прядью седой
прядь выбилась
  из-под красной шляпы
подбирает дохлую птицу
на побережье пустынном
ветренным днем

женщина с прядью седой
перо затем подбирает
на побережье пустынном
и втыкает за ленту перо
на пламенеющей шляпе

женщина в красной шляпе
и пером за лентой
в башмаках безобразных
           и тяжких
приходит в шкрлу
и начинает урок,

Но перед тем, как начать,
Она над головой поднимает
  дохлую птицу
/чтоб всем было видно/
И вопрошает -
"Кого напоминает вам птица?
 На кого похожа она?
"Нас напоминает она!
 На нас похожа -

кричат пронзительно дети
и бьют, бьют в ладони.

Пронзительный свет падает
        из окон широких,
мечется в сосредоточенных
               взорах,
На черном фоне доски, будто
     агонии след
тлеет влажная алая шляпа.

РОЖДЕСТВЕНСКИЙ НАПЕВ

на улицах гибких
как на качелях высоких
взлетают деревья
        скрываются дети

в домах приоткрытых дыханием спящих
утварь мерцает, блестят медные чаши.
Подарки раздарены, уплачено акробатам.

Комедианты ушли и стало спокойно,
точит вода белые лилии, обрывки бумаги, кости, бутылки,

улица изгибается, в ее продолжении
замечаем осла, жующего сено,
а вокруг ни души, только белые стены.

На солнцепеке женщина, на коленях младенец,
Подле нее мнется угрюмый мужчина,
Он плешив, староват... И день такой длинный!

На улицах гибких, как на качелях,
То загораются дети, то дымятся деревья,
Да где-то песков колышутся
            лиловые тени...

Маленький хлопчик
сiв на стовпчик
в дудочку грає
Христа забавляє

эпитафия

здесь беспечный прохожий, под твоею стопой
Драгомощенко прах покоится сына Трофима.
Знавал он много историй, делал это и то...
Корни жасмина текут лишь теперь,сквозь
его праздное темя.

Счастье, счастье, прохожий, ему подмигнуло
в конце -
Был он розами убран,
как шлюха на кануне свидания,
Милосердные руки
отвязали птицу от шеи его,
Как туман на лугах сошла плоть ранним утром.
А потом из костей,
как звук из свирели выбежал стебель,
А затем в белый хмель облаков
лепестки обратились -
здесь и там, повсюду дышать тебе им суждено.

Здесь или там, какая тебе в том забота?
Там и здесь, Аркадий стоит под тобой в наказанье
за то, что всю жизнь провалялся в постели
у Лени,
и, не взирая на все,
верным остался он ей...

Кажется, сказано в Книге, что безмерна
Господняя милость,
за приливом отлив, за засухой следуют ливни,
Встанут, сказано, те, кто лежал в этой жизни,
Рухнут ниц, кто свой срок проплясал,
И не лазурь, а известь и глина
будут пить их глаза.

А теперь, рот закрой свой, болван,
и с миром ступай!
Возвратись к тучной ниве, к друзьям, жене, детям,
Его оставь одного - ТОТ КТО ЖИВ БЫЛ ВСЕГДА,
может быть его примет...
Дай, дай вздремнуть неприкаянному сыну Трофима!
Здесь Аркадия, Родос -
здесь ему вздумалось прыгнуть.

аркадий т. драгомощенко

Т О Р Ж Е С Т В О   Т Р А В Ы

Ленинград

1974

когда ветшает кровля, и ветер беспрепятственно гуляет в стропилах; когда стропила, пораженные тленом, рассыпаются прахом;когда кладка стен расшатана временем,и трещины разрывают камень; когда земля подступает к порогу- тогда наступает час торжества травы.

предварение

Вот уж и день угасает, солнце долу клонится,
тени бредут по степям, погребенным снегами,
Льдистые птицы сокрылись в мороке белом,
Дома зажгли окна свои.

Это зима, пора покоя и дыма,
Час огня, обретенного вновь.

Нынче нас много собралось в этом доме...
Сонными осами дрожат струны стропил,
Сны висят в темных углах чердаков
вниз головами,
Но подвинемся ближе к огню - много нас
собралось нынче в доме!
Кто поводит плечами от холода - возьмет пусть
мой свитер, он еще греет,
У кого ноги озябли, тот пусть натянет носки
шерстяные и укроет колени толстым
в цветах одеялом,
Кто-то из вас, лучше ты, друг Корзинин, - разотри
хорошенько траву и не забудь всем по порядку
дать вдохнуть полынный запах ее -
Ведь и взаправду служила она летом убежищем
Нам, нашим глазам, нашим женщинам, детям, лицам,
длинным легким телам...
И кроме того, укрывала стремнины она, хранила
их бег, и сама вместе с тем набиралась
разума вод, стоящих, словно Божьи глаза
в широких долинах.

Смотри! Траве присущ, оказывается, вкус соли
и йода и вкус высокого солнца, лучи которого
собраны стадами ветхих камней...
Чудесно! Вот и вдохнем мы ее аромат сухой,
горький и строгий,
Пусть-ка сегодня
найдем в ней свой дом и в стенах привычных
станем мы говорить,
Но о чем?
Ладно, время уходит, начнем. Ты растер? Все вдохнули?
Раздай теперь всем, кто сидит у огня... Так, по очереди,
никого не минуя, и тому и другому - глянь, как
смеются они, и еще одному,
Зовут, насколько мне помнится, его непривычно,
Рембо... Вроде бы так. Да и той, что подбрасывает
поленья в огонь, передай.

Ну и что с того, что мертва она! И с мертвыми надобно
в ночь такую делиться травою,
Да и мне насыпь, пожалуй, в ладонь, слегка увлажненную
        потом -
Как много нас собралось на ночной пир!

Раздал? Никого не забыл?
Ну за дело. Траву смешать с табаком,
Важно лишь не спешить с этой затеей... Теперь
   произнесем хвалу этой траве, и летней, и зимней,
        и желтой, и черной, а заодно всему
божьему миру,
и нам,
и солнцу хвалу пропоем.

Все. Вот уже дым завился, обволок пеленою он стены,
тяжесть зеркал всех вобрал он в себя...
Чья-то рука срывает со стебля мохнатое пламя,
в волосы, в волосы вплетают цветы!
          ну скорей, пока не погасло!
Скорее и довольно движения -
      Это зима, пора покоя, дыма и сна.

наблюдения /1/

я лежу рядом с ней
стручки гороха бледные от солнца
    валяются по полу
а в волосах еще течет июльская пыль
повторяя движение солнца
мы неподвижны
замер я без движения
и она неподвижна
        будто отражение покоя
в котором пребывают полуденные небеса
Мы рассматриваем друг друга
мы любопытны
она ожидает меня
я ожидаю ее
мы очень медленно узнаем себя
лежа друг подле друга
в ворохе белых простынь
в спутанных стенах
когда бледные стручки гороха
        свернулись от зноя
а на подоконнике
рассыпана охра
а на улицах ни души

/2/

я лежу рядом с ней
под потолком колышутся сухие пучки
  зверобоя мяты ромашки
связки красного перца
Потом я сажусь и не спеша
      веду рукой от ее затылка
по спине
ниже
  и так же неторопливо
              снова вверх
Я могу заниматься этим часами
Закрыть глаза и вести раскрытой
  ладонью от затылка и дальше
              вниз по спине
И чем медленней падает моя ладонь
тем бледнее память лица
слабее голос волос
все дальше рот ее отступает
  чуть приоткрытые в дремоте губы
И приближается миг позвоночника

Раскрыто мгновение тайного стебля
Прочь взмывает из распростертого тела

Это как бормотание...
Это как новая луна
       замерцавшая на ледяном острие
                     колодца

/3/

она первая легла
не выпуская кузнечика
          из руки
которого утром
сняла с придорожного камня
В другой комнате
у белой стены под часами качаясь
    моя мать беззвучно рыдала
Давно умолкла кукушка
   в высокой обители дерева
Связанные травой
   мы уходили куда-то
не разбирая дороги

гадание

Гадание началось,
Гадание бесконечно - терпение!
судеб отростки вживляются
в тело,
Луна на исходе,
Рыба на зеркале - чешуя отражений
и бликов сумрачна и золотиста,
Отсветы меда восходят
к лицам склоненным -
Я буду, ты будешь, но есть:
изнемогшее зеркало леса,
скважины эха в горних высотах,
Есть рыба, опущенная в расплавленную
амальгаму, есть непреложность закона
медленного гадания - терпеньем исполнись -
Росой мертвых, звездной водой
сочатся глазницы, и розы ползут по
плечам, а в кулаке шиповника
скрипучие ветви застыли,
Гадание длится,
Оно
предполагает полную неподвижность
вселенной, лишь жажды смертельной
укус летучий проникает
сквозь веки...
Однако стены несказанно прохладны,
Нить вольна,
Пульсирует мерно отточенное
дыхание флейты.

Словно яблоко пронесли и с моста
обронили рассеянно,
Близится пепельный пух
к крышам домов, да
напоминая отдаленное временем пение
Блещет зыбко паутина витая.
О сладость удушья осеннего света!
О печаль неизбывного странствия,
Недугом неведомым охвачены ноги, а
память скована воском - жарким и
на удивление легким,
Замирают пчелы в пряже воды, и
всплеск множится до исступления
в бездонных порах листвы,
Когда яблоко падает,
когда срывается птица,
коготь разжав, оставляя тебя
слушать дни, как поют они и рыдают -
не то монахи прошли со словом,
не сумасшедшие всхлипывают,
увивая нежными рукавами шеи
друг другу,
и лица их не видны,
и голоса не понятны!
О радость бесконечного
странствия
/удаляется шепот/
не нащупать артерий,
Хлещет стекло, колышет
подводные травы в сокровенных глубинах
полузабытого тела, а слух замирает
в пряже воды, словно пчела на пороге
отсутствия, когда
коготь разжат,
когда касается яблоко магической глади,
где изредка появляется облако...

И только удушье осеннего света!
Да свобода сладостной паутины.

унесите меня на каравелле,
унесите осторожно,
в поцелуях нежных...

Анри Мишо

А теперь

унесите меня тихо и без лишних слов
в круглом мусорном баке.
на голову возложите хрустящий веник
из крысих хвостов,
и так положите меня, чтобы скрюченный
я был воплощением покоя и невозмутимости,
и закатите бак на машину,
И плюньте, разотрите плевок удобной ногой,
И, вставив в рот мой, кривой от улыбок,
сигарету зажженным концом - унесите
меня в благоухающем облаке
дохлых котов, унесите меня в поцелуях
помоев,
в плаще засохшей блевотины,
в сонме заскорузлых носков,
В облаке изобилия и великого народного
праздника меня унесите - чтобы все
пели, плясали, радовались солнцу, луне,
звездной падали и, разумеется, мне,
в руке которого
на манер философского камня
цепко зажат обломок дерьма -

"унесите меня на каравелле,
унесите осторожно в поцелуях нежных..."

Благославляю вас
печальных и жаждущих, скорбных,
ликующих, измученных вопросами бытия -
Я -
дитя
самого прекрасного мусорного
карнавала.

Нищий на кладбище
долго жевал губами
Медленно
     стекала монета
из моей мокрой ладони
в его дырявую шапку.
"Благослови вас Господь"
произнес наконец нищий
опустил плешивую голову
и тяжело задышал.

замечания

вначале двадцать стихотворений, собранных здесь, должны были называться "Гадание". Нетрудно понять, почему.

на Рождество тоже гадают. Зеркало поставлено против зеркала, в котором отражается зеркало, в скорлупе которого ты увидишь цепь зеркал, которым дано вывести тебя из ночи. (Она - ночь - одно из непременных условий гадания.)

гадают женщины. Вереницы призрачных ступеней с каждым мгновением обретают все большую вещественность. По ним ступает тот, кто гадает. Женщины гадают и выстраивают, создают по неведомым законам неизреченный мир из узкого пламени свечи, ночи и зеркала. Не станем вникать в смысл трех названных нами явлений, но заметим, что помимо всего есть еще терпение: способность ожидать. Ожидание - тоже одно из главных условий, однако ожиданию предшествует желание, а желанию, по всей вероятности - отсутствие.

женщина уже не гадает. Она отстранилась, чтобы обрести ту полноту, которая суждена каждому. Именно здесь лежат истоки великой церемонии освобождения и обретения подлинной реальности.

имен много.

слово, поставленное в ряд с другими, можем уподобить зеркалам. Они живы лишь миг, затем их нет. Пропадает необходимость. Это развеществление. Слово свободно и свободны вещь и понятие.

это гадание. Гадание длится. Зеркало расплывается, еще видна свеча, но затем блекнет и пропадает пламя. Что остается? Или что появляется? Не скажем, не знаем, забыли. Забываем то, а это помним.

потом радуется трава.

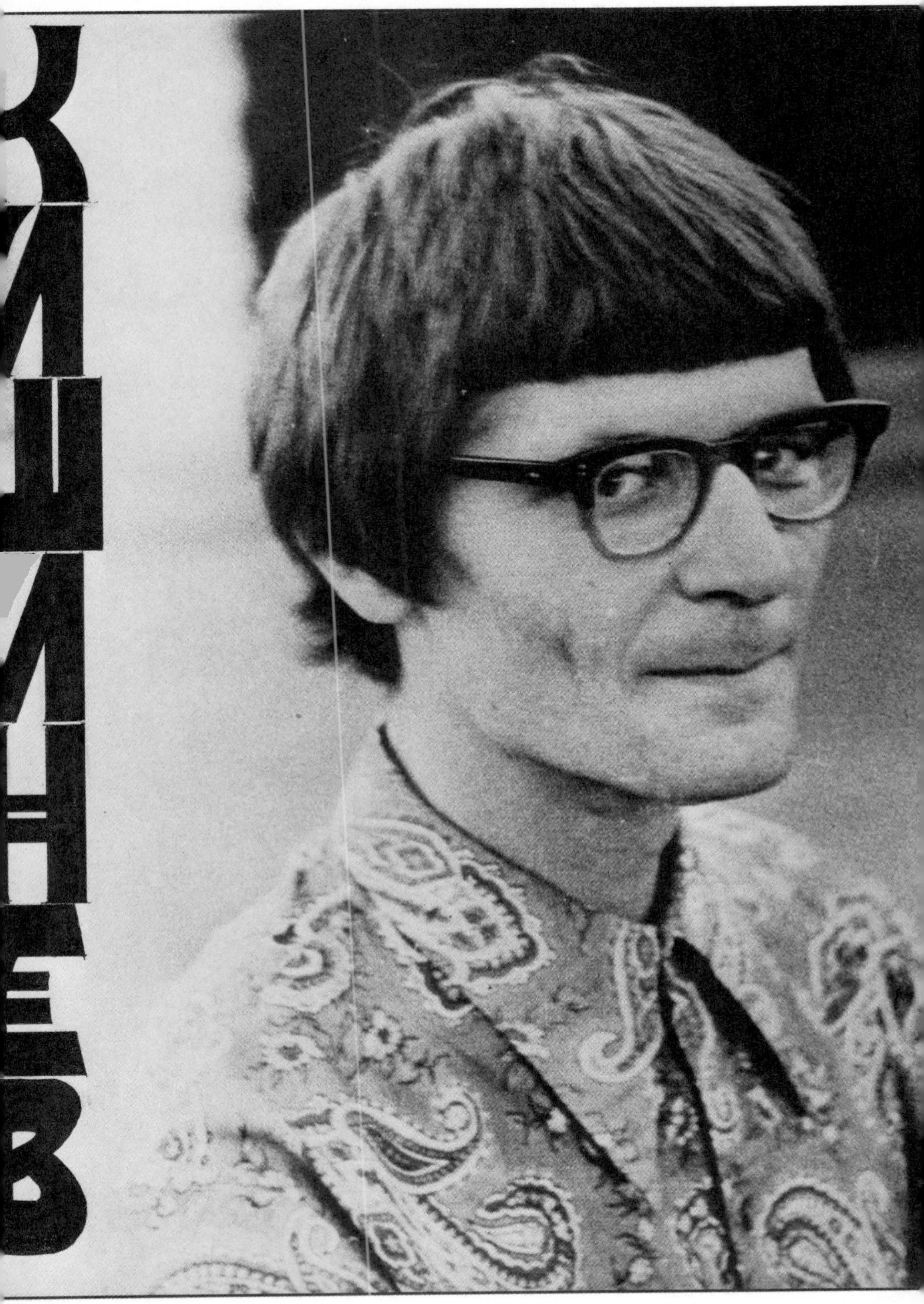

С. ГОЗИАС

ОЖИГАНОВ В ЛЕНИНГРАДЕ

В феврале 1966 года в Доме Писателя на ул. Войнова в Ленинграде отмечался очередной юбилей литературного объединения "Голос Юности". Территориально и социально это литературное объединение принадлежало обществу "Трудовые резервы", а руководил объединением писатель Д.Дар. Правда, в 1966 году официальным руководитеоем стал ученик и друг Дара Алексей Ельянов /Емельянов/ - человек более умный, чем талантливый, хорошо чувствующий политическую атмосферу и своевременно настраивающийся на нужды этой безвоздушной деятельности. Хитростью руководителей литературного объединения юбилейные торжества организовывались либо в Доме Культуры им. Трудовых Резервов /если хвастаться перед завсегдатаями Дома Писателя было нечем/, либо в Доме Писателя им. Маяковского /если в объединении "вырастало" новое и заметное имя/. С Алексеем Емельяновым - некогда близким мне другом - с 1963 года у меня не было контакта: мне не нравилась его манера руководства литературным объединением, в котором /с его владычеством/ внедрилась школьная дисциплина, а молодые кружковцы обязаны были называть своего учителя по имени и отчеству. Мне казалось, что дисциплина облегчает деятельность руководителя, но связывает начинающих авторов программой поведения, а, следовательно, и мышления.

Официальная часть юбилейных торжеств происходила в "Красной гостиной" Дома Писателя. По какой-то причине я опоздал к началу вечера и, чтобы не мешать читающим скрипом шагов, пристроился в кресле у открытой двери гостиной и стал слушать. Читал новичок - молодой человек в больших очках и в темном костюме. То, что читал очкарик, было непривычно. Темный костюм - тоже необычный вид одежды для кружковцев, которые на официальных вечерах обряжались в униформу профессионально-технических училищ. Я стал прислушиваться - звучали крепкие стихи, как бы не новичка, а уже сложившегося поэта... Но тут меня отвлек немолодой человек в сером и каком-то неряшливом, кургузом пиджаке, над которым висело почти знакомое одутловатое лицо.

- Интересно? - спросил он.

- Еще не понял, но кажется, что - да, - ответил я.

- Володя, - сказал он и протянул руку, - пойдем выпьем.

- Меня зовут Слава, - поправил я, думая, что меня спутали с Владимиром Алексеевым, - Володя сидит вот там у стены.

- Пойдем, выпьем, - снова позвал он.

- Извини, я хочу послушать...

Он ушел.

А очкастый новичок закончил чтение.

Я пробрался вдоль стены, пересаживаясь с кресла на кресло с краткими остановками, к могучим плечам Владимира Алексеева и прошептал в его медвежьи уши:

- Кто это читал, а?

- Блестящий поэт, ты его не знаешь, папа, - ответил Вова, - Ожиганов, Саша Ожиганов из Кишинева. Потом познакомлю.

Но знакомство не состоялось. Закончив официальную часть, кружковцы быстрой толпой ринулись в буфет, уволакивая гостей и руководителей, оккупировали столы, извлекли тайные бутылки с водкой /чтобы не переплачивать за удовольствие выпивки/, а закуску заказали официантке, и пока она справлялась с заказом, разлили водку по стаканам и фужерам - и выпили, даже не чокаясь. В этой торжествен-

Ожиганов и Куприянов у Новой Голландии. Лето 1974?. Фото Б.Смелова.

но-боевой обстановке знакомиться было невозможно. Кроме того, меня смущали обиженные взгляды немолодого человека с одутловатым и почт знакомым лицом, который сидел в сторонке за отдельным столом и вы-пивал свою бутылку коньяка.

– Чем ты обидел Торопыгина? – спросил Шигашов, подсаживаясь ко мне, – он не хочет присоединиться к нам.

– Я не знаю Торопыгина, – признался я.

– Знаешь, знаешь! – прогнусил лукавый Шигашов. – Он звал те-бя выпить, а ты отмахнулся. Я слышал!

Вскоре после юбилея, Давид Яковлевич Дар позвонил мне на ра-боту:

– Слава, это Давид Яковлевич Дар говорит...

– Я узнал Ваш голос...

– Спасибо, Слава. У меня огромная просьба к тебе, и Шигашов утверждает, что посильная для тебя.

– Не знаю, но в любом случае постараюсь сделать, что могу.

– Хорошо. Ты помнишь поэта – новенького, который читал заме-чательные поэмы на юбилее?

– Саша Ожиганов из Кишинева? – спросил я.

– Да. Саша в ужасном положении. У него нет ленинградской пр писки, у него нет работы, ему негде жить и нечего есть. Семья живе в Кишиневе, но он поэт – и хочет быть в Ленинграде. Можешь ли ты н йти ему работу и жилье?

– Могу, почти со стопроцентной гарантией, – ответил я, – но работа грязная, вонючая. Сможет Саша осилить отвращение перед клоа-кой ветхой канализации?

Те же и Охапкин.

- Не знаю, - ответил Дар, - думаю, что - да. И комната будет?

- Если будет работа, будет и комната. Дайте мне два-три дня на переговоры с приятелями, и я найду самй терпимый вариант.

- Договорились, - сказал Давид Яковлевич.

Через три дня Дар снова звонил мне и записал адрес жилищной конторы, имя и фамилию начальника, и даже будущий адрес Саши Ожиганова. Но Саша не приехал ни в назначенный день, ни днем позже, - видимо, запах все же достал его на расстоянии. А через месяц от Володи Алексеева я узнал, что Ожиганов устроился кочегаром в газовую котельную, где тепло, чисто и можно писать на работе.

Через пять лет я стал холостяком /или овдовел?/, покинув жену и сына - семья не состоялась ... в течение семи лет: я был удавлен гениальной бесхозяйственностью и любовью без дружбы моей вдовы, чьи великолепные стихи дороги мне и по сей день. Забрав самое необходимое - рукописи, пишущую машинку, маленький мольберт и этюдник с красками, - я выбыл из отдельной квартиры в коммунальный полуподвал, который в ленинградских условиях зовется "мастерская". Моим соседом по полуподвалу был замечательный человек и виртуозный керамист Иван Мачнев, но Ванечка ночевал дома, а иногда не появлялся в мастерской две-три недели. Заботой неутомимых женщин, моя комната в мастерской выглядела уютным жильем и ко мне "забегали" друзья почти каждый день. В эту мастерскую привел Евгений Феоктистов Сашу Ожиганова. Поэты принесли бутылку вина, а у меня была бутылка водки, колбаса и хлеб. Известно, что на первых глотках водка укрепляет дружбу, но разрушает - на последних. Мы выпили без условий по первой, но на второй

Ожиганов поставил условием, что будет читать стихи только после Феоктистова. Феоктистов дружелюбно заупрямился:

- Ты пришел сюда первый раз, - сказал он Ожиганову, - и принес свой устав, что неправильно. Ты будешь читать первым - для знакомства, а я за тобой.

Саша сдался.

По традиции, заведенной Д.Даров ещё в пятидесятых годах, стихи в литоб"единении читались стоя, - Саша покорился этому правилу и читал стихи стоя, придерживая спинку стула - вдруг сбежит или запрыгает! - глядя внимательно в неопределенное пространство. Смотреть это художественное чтение было забавно, но стихи покоряли, а во время чтения Саша раскрепощался.

- Теперь читай ты, - сказал Ожиганов Феоктистову.

- А у меня нет охоты читать сегодня, - лениво ответил Евгений.

- Это не честно! - скрикнул Саша, опустил глаза долу, но вдруг сорвался с места, обежал стол и выскочил за дверь.

Ожиганов был взбешен, Феоктистов - спокоен, а я чувствовал себя смущенным ситуацией.

- Зачем ты его так... - сказал я Феоктистову.

- У него отвратительная манера провинциала выглядеть поэтом, - сурово приговорил Феоктистов.

Ленинградцы почему-то строги к поэтам из Кишенева. Другой кишеневский поэт, ныне проживающий в Москве, не то Виктор Годунов, не то Борис Французов, уговорил Евгения Феоктистова познакомить его с весьма известной Еленой Шварц.

- Это не безопасно, - предупредил Феоктистов, - она взбалмошна, и может ударить бутылкой по голове.

- Но мне будет стыдно, что я был в Ленинграде и не познакомился с Еленой Шварц! - воскликнул поэт.

Они были в гостях у Елены Шварц, и поэт читал свои стихи, и поэтесса треснула его бутылкой по голове, правда, удар был символический -

без серьезных повреждений.

С Александром Ожигановым у меня было еще несколько мимолетных встречь, но никаких запоминающихся событий или слов не возникло, - кажется, что по просьбе и поручению Владимира Алексеева Ожиганов бегал за водкой, ибо устоять против обаяния Володи может далеко не каждый. Последняя встреча с Ожигановым произошла в 1979 году в пору моего решения о выезде из СССР.

Был февраль с морозами. И как обычно в феврале "Голос Юности" отмечал очередной свой юбилей. Давид Дар уже проживал в Ерусалиме. Алексею Емельянову уже предложили прекратить переписку с Д.Даром, а письма сжечь. Традиция традицией, а условия трудные, и Лёша Емельянов решил в Дом Писателя не соваться, а провести скромные чтения в концертном зале Дома культуры им. Трудовых Резервов, а после официальной части - к вечеру посетить ресторан, - решение мудрое и вполне выполнимое.

Незадолго перед юбилеем Володя Алексеев подарил мне большую подборку стихов Саши Ожиганова - около 400 - его последнюю книгу, разумеется, нигде не напечатанную. Прекрасные стихи - прекрасные даже в слабостях, то есть монолит поэтического голоса был так крепок, что мелкие шероховатости проскакивали незамеченными, незамечаемыми, как мы не замечаем неправильность устной речи, считая это естественным.. Не ведаю, какое место в русской поэзии отведут Ожиганову искусствоведь, но цельность поэтического голоса во второй половине XX столетия в России стала большой ценностью... Я поблагодарил Володю Алексеева за подарок и сказал:

- Передай привет Саше и скажи ему, что я рад его стихам...

- Скажи ему это сам, - ответил Володя, - Ожиганов будет на юбилее.

- А кто ещё будет?

- Точно не знаю. Соснора обещал быть. Какая-то Галахова ещё. Да все наши придут, кто не занят.

Отметим, что Галахова - не какая-то, а стала "какой-то", но 25 лет тому назад жила в Ленинграде талантливая молоденькая писательница Галина

Прокопенко - Галка Прокопенко, которая писала краткие, жуткие и блестящие рассказы, за каждый из которых могла получить бессрочных 15 лет от "Софьи Васильевны", но время - дети, желудок и прочее превратили её в писательницу Галахову, награжденную какой-то фестивальной медалью за книгу безвкусной и вялой прозы.

В морозный полдень с Владимиром Алексеевым мы пришли в Дом культуры "Трудовых Резервов", что прячется в глубине улицы им. Софьи Перовской. В фойе первого этажа и перед концертным залом на втором этаже сидели разобщенные группки кружковцев и "гостей" - бывших кружковцев, многие из которых ныне обрели широкую или печальную известность. А некоторые - Алексеев, Степанов, Шигашов, Ожиганов, Феоктистов, Холоденко и другие /в том числе и я/ остались "молодыми писателями" и, кажется, что навечно. Ярлык "молодой писатель" пристегивается к личности автора после участия его в работе конференции в качестве "подающего надежды и определенно талантливого". Конференции по работе с молодыми авторами были выдуманы секретариатом правления Союза Советских писателей для подготовки должной смены старею- гвардейцам от литературы.

Мы вошли в полутемное фойе первого этажа Дома культуры и увидели ещё несколько молодых писателей. В одном уютном углу утопал в кресле Анатолий Степанов - человек редкой худобы, которому легко утонуть в кресле. Возле него на подлокотнике сидел Алексей Ельянов. Шигашов занял соседнее кресло. А Саша Ожиганов стоял в уличной одежде - в джинсовой куртке, вязаной шапке с помпоном, с холщевой торбой через плечо. Сашины очки поблескивали пугливо, а глаза за очками были умны и настороженны. Евгений Феоктистов манкировал традиционное сборище - он убыл в Публичную библиотеку. Сабуров не прибыл, ибо проживал в Москве, где по будням водил троллейбус, а по выходным напивался.

- Вот, - сказал Алексеев, хлопнув Ожиганова по спине, - привел поклонника твоих стихов.

Алексеев хихикнул. Саша смутился. А я вскипел:

- Ну, что ты несёшь, Вова!? Что - Ожиганов тебе баба для поклонения?

- Папа, не ругайси, - скоморошничал Володя, - у меня рубль есть.

- У меня тоже, - мрачновато сообщил Степанов.

- А у Саши есть неприятности, - подсказал Емельянов.

Оказалось, что Саша Ожиганов по приглашению некоего чиновника читал стихи в чиновном доме - и стихи чем-то не потрафили хозяину, а потом Саша в прозе обидел хозяина и покинул дом, хлопнув дверью. А хозяин был негодяй - он обвинил Сашу в краже какого-то антикварного распятья, заявил в милицию.., и на Ожиганова завели уголовное дело. Дело то пустое, но у Саши нет постоянной ленинградской прописки, и его могут выдворить в родной Кишенев.

Юрий Шигашов - тайный друг всех знаменитостей Москвы и Ленинграда от Евтошенко до Козырева - вызвался помочь, так как у него есть друг-юрист - один из лучших юристов Ленинграда. Кроме того, у Шигашова тоже был рубль. Где то на втором этаже звучал картавый голос Сосноры. Неизменный друг "Голоса Юности" -печальный Саша Кушнер ходил кругами, не воссоединяясь ни с одной группкой присутствующих. Галина Галахова привела трех своих почти взрослых дочерей - прекрасно выполненные издания, читатели которых будут справедливо рады.. Необ"ятная Зина Сикевич /начинала поэтессой, а стала социологом/ мрачно курила на лестнице, оперщись о перила, которые не разрушались от контакта с ней.

Неожиданно, как откровение, в фойе вошел Саша Морев и его явление определило направление наших страстей. Володя Алексеев собрал по рублю с носа, вручил сбор Саше Ожиганову, говоря:

- Ты знаешь тут магазинчик, сбегай, пожалуйста, купи подешевле и покрепче. Мы будем сидеть в буфете.

Ожиганов мгновенно исчез. Мы ушли в буфет /когда-то в этом месте была славная библиотека, в которую у нас был беспрепятственный доступ/, заказали кофе и два маленьких яблочка - какая ни есть, а закусь.

Саша прибежал так же быстро, как исчез. Он принес две громадные бутыли "белого крепкого", но выпивать с нами не стал, так как у него не было рубля для складчины, что для меня было странноватым, но Алексеев сухо и правительственно заметил:

- Ты подожди внизу, мы скоро придем.

Саша дождался нас внизу только для того, чтобы пройдись вместе до Невского проспекта /две сотни метров/ и заспешил в котельную - убыл.

К счастью, Шигапову не нужно было помогать Саше юристом - чиновный хозяин, устыженный заступниками поэта, взял своё заявление назад и уголовное дело на Ожиганова прекратили.

... Я спрашивал мнение друзей об Ожиганове, но большинство говорило не о поэзии, а о позиции Ожиганова в буднях.

Анатолий Степанов: - Я знаю Сашку почти 15 лет. Он не от мира сего. Где бы по простоте, так он с фокусами. А вообще то парень хороший, но не теплый.

Владимир Алексеев: - Талантливый человек! Пусть поступает, как может, ему всё равно простительно.

Юрий Шигапов: - Ты знаешь, отец, Саша мне друг. Он такой поэт, такой поэт.., как ты.

- А я не поэт, - отвечаю.

- Всё равно, отец! Он - наш, понимаешь?

Олег Охапкин: - Хороший поэт, самобытный.

- Феоктистов определяет его, как провинциала, - говрю я.

- То правда, - вздыхает оракул, - Ожиганов провинциален по поведению - он снует в "Сайгоне", кружит вокруг Кривулина - ему кажется, что там - передний край поэзии, а поэзия без краев - безкрайна. Но я все равно его люблю.

- Я тоже, - сказал я.

Я родился в Одессе... О своем отце у меня нет почти никаких сведений; я даже не знаю, как он выглядел, так как его фотографии вместе с другими вещами были украдены при переезде в послевоенное время. Кажется, он был бухгалтером. Вскоре после моего рождения мать разошлась с ним.Долгое время у нас хранилось единственное его письмо из Звенигородки, в котором он называл меня "тюптяляшкой". Родина отца - Уфа. От первого брака у него было двое детей,которые оставались у своей матери /если она была жива/. Вюности он совершил убийство из ревности. Его постоянное проживание на станции Звенигородка было, как будто бы,обязательным. По словам матери, мой отец был красивым и сильным, в припадке ярости он сгибал железную спинку кровати.. Кажется, он много пил... Такая отрывочность сведений об отце объясняется тем, что с раннего детства в семье была принята версия о его гибели на войне, версия, в которую я по непонятным причинам почти никогда не верил, но щадя мать, не задавал никаких вопросов.

Моя мать, Валентина Петровна Уварова, родилась в 1900 году в Бендерах. Она была, кажется, тринадцатым ребенком в семье железнодорожного служащего. По окончании гимназии ее выдали замуж за единственного в Бендерах, владельца и водителя такси Владимира Пех-Пегу, чеха, который оказался подпольщиком и был расстрелян румынами в 1937 году. Тридцатисемилетняя мадам Пех была вынуждена начать работать сначала бонной, а после освобождения Бессарабии, закончив учительские курсы, - сельской учительницей. Перед самой войной она была направлена на курсы усовершенствования учителей в Одессу и оказалась в оккупации. Работая в конторе на дамбе, она познакомилась со своим сослуживцем Федором Ожигановым и вышла за него замуж. 2 октября 1944 года родился я...

После войны мать возвратилась в Молдавию и по совету родственников поступила на работу в детдом, чтобы иметь возможность кормить сына. В один из осенних дней в детдоме появилась странница с котомкой и посохом, ставшая моим духовным отцом и главой нашей семьи,- Нина Васильевна Дубинская, урожденная Некрасова. В юности она переплыла Днестр, по которому тогда проходила граница, оставив родительский дом, и вышла замуж за работника НКВД. Обладая разнообразными природными данными, она посещала в Одессе несколько студий, снималась в кино, пела, писала стихи... Мужа шокировала ее полубогемная жизнь, она со своей стороны, будучи глубоко религиозной, требовала от него перемены профессии. Кажется, какое-то время он работал на морских судах, а она полностью посвятила себя воспитанию сына... Перед войной они жили на Кавказе. Попытка замкнуться в семье закончилась крахом. Началась война, после которой муж, оставшись в живых, не возвратился к жене, а шестнадцатилетний сын, Глеб, уйдя добровольцем, погиб в 43-м году под Москвой /такова официальная версия/. У сестры на какое-то время помутился рассудок, она долго скиталась в горах и получила тяжелую болезнь позвоночника, от которой уже никогда не оправилась.

Несколько очень скупых и размытых фактов ни в коей мере не воссоздают этот почти легендарный облик, трагический облик женщины с необычайно тонкой духовной организацией, чуткой душой, сильной волей и неистребимой /при всей ироничности/ верой.

Что представляли собой послевоенные детдома описать невозможно. Эта тема, которая только затронута в некоторых стихах /"Диалог", "Баллада о двух Маринах", "Цветы"/, еще ждет своего часа. В этих детдомах, бывших помещичьих усадьбах, и прошло мое детство. Мы исколесили всю Молдавию, сестре не сиделось на одном месте. Чоплены-Грушево под Кишиневом, Волонтировка, потом опять Грушево, Купчино на севере Молдавии и наконец опять Волонтировка... Это было похоже на сон. Я возвращался в места, которые мне в самом деле снились, превращались в легенду, которая вдруг опять представала передо мной во всей своей фантастической яви!..

Почти каждое лето я ездил в Одессу.

Замкнутый мир детдома был и моим миром, я ходил в той же застиранной байке, ел ту же жидкую кашу, что и воспитанники, и называл мать Валентиной Петровной. Дети ее очень любили, и на работе она не позволяла мне никаких нежностей. Сестра руководила художественной самодеятельностью, и наша квартира перед каждым праздником превращалась в мастерскую с ворохами бумаги, марли, цветов и масок...

Весною детдомовцы ударялись в бега, и я часто следил, как они по двое, по трое с великой предосторожностью перелезали через забор и бежали, бежали по зеленым холмам... На бегунов устраивались облавы, чаще всего их ловили, иногда /через несколько месяцев/ они возвращались сами.

Но и совсем другой мир, недоступный и чуждый детдомовцам, мир деревни, села тоже был моим миром, и я знал и любил его не меньше детдомовского.

И еще у меня было море и сказочный город, где я жил то на окраине, на Слободке, за церковной оградой /там была квартира одной из сестер Некрасовых/, то на Садовой, у своей тетки, бывшей оперной певицы, болеющей туберкулезом.

И, конечно, еще один мир - мир книг и спектаклей, которые ставила сестра, мир маскарадов, мир снов и фантазий... Особенно памятны мне роль андерсеновского Кая, которую я сыграл после третьего класса, и - через год - роль Димки-невидимки в пьесе одного современного драматурга. Но и помимо спектаклей игра не прекращалась, и даже стоя в углу /а стоял я там очень часто/, я разыгрывал на неровных деревенских стенах, покрытых пятнами и волосками от щетки, целые представления...

Школу я помню плохо. Учеба давалась мне незаметно, но я ее не любил и роль первого ученика играл скверно.

По окончании 7-го класса мне выдали аттестат с отличием, который мама вставила в рамку и повесила на стену нашей бендерской квартиры, так как мы уже жили в Бендерах в городе моей матери: мать выходила на пенсию. Детство оборвалось. Сестра осталась в деревне - доработать до пенсии, а мне нужно было продолжать учебу, в селе же была семилетка. Этот раздел семьи, множество всяких проблем, повергли меня в такое уныние, что даже поездка в Одессу ничуть его не рассеяла... Матери назначили пенсию в 30 рублей, половина которых уходила на оплату квартиры, и мне пришлось поступить в интернат в богатом болгарском селе на противоположном берегу Днестра. Интернатская жизнь подробно освещена в восьмистишиях "Буратино" и в поэме "Парканы", поэтому здесь я о ней ничего не скажу. После восьмого класса меня как отличника отправили со старшеклассниками на месяц в Ленинград. Возвратившись домой, я узнал о смерти сестры. Писать об этом еще невозможно. Последующий период времени темен. Я не разговаривал. Даты сместились и перепутались. Я не в состоянии воссоздать последовательность событий. Кажется, следующим летом я ездил на Кавказ, куда в это же время я должен был поехать с сестрой.

В предпоследнем, десятом, классе я прочел "Фаустуса", и эта книга об угасающем разуме вновь затеплила мой собственный разум при продолжающемся онемении и искажении чувств и души...

Со смертью сестры моя жизнь извратилась так, что я не в состоянии сколько-нибудь внятно о ней написать. Я где-то работал, где-то учился... Впрочем, нигде не задерживался. От рака кишечника умерла мать. В 27 лет я неожиданно стал солдатом, а после службы в армии столь же неожиданно оказался на Волге, в Куйбышеве, где и застрял, абсолютно ни с кем не общаясь и то и дело хватаясь за чемодан...

За 33 года я написал гораздо меньше стихов, чем, например, писем. Было бы неостроумно ломиться в открытую дверь с увереньем, что я не поэт. Кого бы я удивил? Это же очевидно. "Стрекоза" - моя первая книга - письмо и адресат известен. Неизвестен лишь точный адрес. Я пытался узнать его. Эти попытки и составили вторую книгу - "Трещотку" Мнение "профессиональных" читателей /буде такие найдутся я встречу с известным спокойствием уже потому, что "непосредственно личное играло тут /в этихкнигах,А.О./ существенную, даже большую роль, чем духовное, каковое к тому же... могло быть замечено и оценено лишь в общих чертах, чисто инстинктивно и подсознательно" /Т.Манн/ Это как раз те молитвы, которые от меня добивались когда-то столь безуспешно и преждевременно, и, может быть, какая-то часть их когда-нибудь будет услышана.

В детстве я фантазировал. Вымысел не был неправдой. А правда не была констатацией фактов. Все было волшебным, и я мог часами смотреть на огонек керосиновой лампы или сидеть на корточках перед какой-то травинкой. Жизнь была ко мне снисходительна, даже нежна, но я едва выносил эту нежность, отсюда постоянные слезы. Стоило матери тихо запеть, и я уже начинал плакать... Грусть вечеров, пыль на дороге, прутик в руке, звуки оркестра, мычанье коров - все это опять вызывало слезы. Я долго, до пятого класса, спал с матерью и засыпая, держал ее за руку. Сестра меня ставила в угол. Она мне купила тельняшку и собрала библиотечку из книг о море. Я нахлобучивал шляпу, накидывал на плечи платок и, размахивая деревяшкой,бросался на абордаж...

Сестра учила меня вышивать и быть стойким. Ее нетерпимость ко лжи восхищала меня и доставляла мне много бед, ибо я лгал, как ангел. Она добивалась от меня терпеливости и была нетерпима. Я восхищался ею - внизу. Она бывала несправедлива и неизменно была права. Перед сном она ставила меня на колени перед иконой. Я плакал. "Почему ты молчишь? Ты не веруешь в Бога? Ты мне не веришь?" Это было мучительно. Как мог я не верить? Я верил, я ей верил во всем, даже в том, что - я знал - было неверно. Я верил в бога - в нее. И молчал. Я молился молчаньем или же лепетал про себя свои жалкие речи, но и про себя,- даже про себя!- я, решаясь сказать ОНА, не в силах был выдавить ОН, БОЖЕ МОЙ, ОТЕЦ, БОГ. Она была, и она и была отцом. Это было так очевидно! Мы не понимали друг друга и мучались.

Мама не говорила мне ничего. Я лежал и ждал. Она расплетала косы, тушила лампу и, сидя в постели, быстро крестила темноту надо мной. Потом ложилась и протягивала мне свою руку. Я держал ее за руку, и это была самая щемяще-сладостная молитва в моей жизни... Я без ума любил свою мать и без конца ее мучил, так как не отделял от своих мучений.

Сестра же парила на недосягаемой высоте.

Иногда сестра читала мне Библию Я лежал, замерев, и боялся прослушать хоть слово, исходящее из ее уст. Это не было чтением книги. Это было пророчеством, откровением, совершающимся у меня на глазах, и то, что сестра при этом держала книгу и глядела в нее, только усиливало необычайность происходящего. Долго я не выдерживал... Сестра закрывала книгу и опускала руку на мою голову.

Мать и сестра работали с утра до ночи. Я подходил к зеркалу и, хмуро глядя в него, начинал... говорить? Нет, я не произносил ни слова. Слова дожидались. Сейчас важнее всего была интонация, и интонационно я проговаривал бесконечные речи, жесты были решительны, сдержанны и суровы. Так я учился суровости, ибо величие, человеческое величие, преломленное в боге, сурово.Я придавал этим занятиям большое значение. И все же - конечно же!- одновременно я понимал, что все это - обезъяничанье, что я ни на йоту не приближаюсь к той суровости, к тому величию, которыми пропитаны речи Завета, ее речи, что мне не хватает мужественности и узости, этой священной узости, при которой только и возможно деяние, измененье, прорыв... Я забирался на подоконник и мурлыкал какие-то песенки, в которых тоже не было слов, а одни интонации, совсем уж другие... Это было блаженством, и это блаженство все сильнее и чаще начинало меня злить. Я становился упрямым, тупым и грубым, неистощимым на всякие каверзы. Неимоверно разрослась подозрительность, и я сознательно подогревал ее.

С годами подозрительность уменьшалась, но прошлое не восстанавливалось: и я сам и мир - оба мы стерлись и потускнели, а воспоминанье о том, каким я гаденышем был когда-то, сдерживало порывы, я уединялся и начинал себя презирать.

Подозрительность уживалась с наивностью, грубость - с робостью. Лишь на других я согласен был видеть и видел печать избранничества, благородства, глубины, тайны и робко приглядываясь к чужой жизни, благоговел перед нею. /Почему же сегодня при взгляде на кого бы то ни было мороз пробирает по коже от ужаса и отвращения?/

Мое преклонение перед сестрой, перед матерью, перед всем миром, не проявлялось прямолинейно, подспудно и неустанно формировало меня и в итоге руководило каждым моим движением, независимо от того, насколько сознательно я поддавался этому руководству.

Чувственный мир, природа сама по себе безразлична нашему духу и недоступна уму. То, что мы ощущаем, воспринимаем и познаем, то, что мы именуем /и весьма обоснованно/ объективной реальностью,- это не вещи как таковые, а связи вещей, Гармония, Хаос. Только универсальная связь создает разнообразие, которое и формирует нас, раздирает на части и устремляет к единству... И ребенку должно быть понятно, что успехи науки находятся в прямой зависимости от духовного уровня, что связи мира вещей настолько доступны чувствам, уму, насколько они, эти связи, присутствуют в нас и извлекаются нами в связях нашего <u>я</u> и <u>ты</u>, <u>я</u> и <u>она</u>... Почему так разительны впечатления детства? Потому что ребенок доверительно смотрит на мир глазами самого мира... Ад - это, конечно, не кухня со сковородами, а пустота. Не отсутствие, а изначальная и принципиальная пустота. Ведь и мучение - благо, и каждый знает об этом с пеленок.

И вот когда умерла сестра, когда она отказалась от нас, от меня, мир опустел и замолк одновременно со мною - мгновенно: так в глаз и в сердце влетают осколки разбитого зеркала. И когда боль прошла, я разогнулся, отнял ладони от глаз и рассмеялся от отвращения: розы кишели червями, а люди, эти избранники божьи, отвратительно и препотешно корчили зверские рожи, виляя свиными туловищами и суетливо перебирая муравьиными ножками. Себя самого я не ощущал, не слышал, не видел: я был невидимкой... Первым делом я сорвал и растоптал розы. Облегченье, полученное от этого буйства, прошло очень скоро. Тогда я стал корчить рожи, хрюкать и суетиться, как муравей, передразнивая все, что обрушилось на меня. Так я стал <u>"поэтом"</u>.

25 августа 1978 года.
Куйбышев.

Столь патетическая концовка этого очерка, как ни двусмысленна эта патетика, более уместна в других литературных жанрах, и поэтому, хотя это "подобие биографии" и так непростительно разрослось, я позволю себе добавить еще несколько строк. Пожалуй, слово поэт напрасно взято в кавычки, ибо на такие же знаки внимания претендует любое другое записанное здесь слово. Природа слов такова, что они должны исчезать по мере возникновения, и поэтому-то и представляется, что с изобретеньем письма природа слов извратилась настолько, что то, что запечатлено на бумаге, на глине, на каком-либо ином материале, почти что уже не слова, а что-то другое, противоположное Слову; то, что можно определять и рассматривать, оценивать и приобретать, на чем можно остановиться. Слово - письмо и конструкция - безначальное универсальное слово пронизывает и организовывает себя самого подобно тому, как у Пифагора Космос пронизан строго исчисленной музыкой, речь же - и конструктивно и исторически - как бы упадок письма, примитивизация, срыв, низвержение. Слово-письмо как бы отвергает полноту своего бытия, свое постоянное esse, тотальную взаимосвязь, несвободу, не быть в однократности речи, чтобы после падения, из глубины бессознательности и помрачения, из ничего, от нуля обрести осознанье себя самого в бесконечности, получить выражение, восстановить свою грацию.

И при чтеньи читатель обязан /за автором вслед/ повторить этот путь Слова, беря все слова в кавычки, как бы отрицая их первоначальную непосредственность, данность. Условность, возведенная в абсолют и направленная в бесконечность, перестает быть всего лишь условностью и, не теряя ни одной своей связи, сохраняя всю свою строгость, оборачивается свободой и - слово за словом - освобождается от кавычек, которые, впрочем, не разрушаются, а преображаются, придавая всему выражению, высвободившемуся из и благодаря тотальной конструктивности, неслыханные до этого интонации.

С Т Р Е К О З А

Н. В. Д.

Улыбался. Плавал. Пировал.
Впереди - Клухорский перевал.

Ветер с гор. Костер на берегу.
Муравьиный кислый запах тлена.
И горят шиповники в снегу
У туберкулезного Ульгена.

Ветер с гор. И черная лоза.
В это время пляшет стрекоза.

На снегу кристаллы папирос,
Ржавые консервные коробки.
И ложатся лозы поперек
Муравьиной сумеречной тропки.

В это время вольная душа
Необыкновенно хороша!..

И свистит, свистит, катит в глаза
Ледяная флейта перевала,
И беспечно пляшет стрекоза
На сухих колючках астрагала!

В это время, рядом - у костра -
Научи плясать меня, сестра!

1958, 1969.

С Т Р Е К О З А

Н. В. Д.

1

Смотри любимая сестра
смотри ноябрьская гроза
смотри у синего костра
опять танцует стрекоза

Опять кристаллы папирос
опять безлюдный перевал
опять ложится поперек
тропы колючий астрагал

Смотри никто нас не спасет
смотри ни ангелов ни фей
смотри как медленно ползет
к тебе последний муравей

2

Я муравей а не царь
зарежь меня и зажарь
на этом костре
по ветру пепел развей
Я не царь а муравей
он говорил сестре

Ты муравей а не царь
конечно мне очень жаль
но я не пойму
что мне до грусти твоей
ты не царь а муравей
она отвечала ему

Загонит любых царей
в нору говорил муравей
снег ветер и гром
не прогоняйте меня
и до наступленья дня
я позабуду дом

Но я не забыла дом
и стол под любым листом
с бочонком вина
до сих пор не в тягость мне
память об этом вине
ему отвечала она

3

Слабый слабый свет
а источник света

за десятком лет
ледяная флейта

Светлый светлый хор
звук подобен свету
дует ветер с гор
в ледяную флейту

4

В предрассветной мгле скрипела
старая повозка
Впереди коней летела
мокрая стрекозка
На одном крыле желтела
звездочка из воска

На балу напропалую
все она плясала
В ночь последнюю сырую
до смерти устала
И на старенькую сбрую
ленту привязала

И скрипит скрипит повозка
Молния сверкает
А усталая стрекозка
в полумгле летает
И кичась остатком лоска
плача умирает

Тускло звездочка из воска
на крыле мерцает

1969.

Ее ласкал орел крылом,
Паря под облаком кругами.
Сухой и серый бурелом
Цеплялся за нее руками
Корявых сучьев. Стаи рыб,
Как серебро, вкруг ней сверкали.
Колокола гранитных глыб
От ее вздоха рокотали.
Сгибался колосом колосс.
Сократ краснел и заикался...
Ее каштановых волос
И я в глубоком сне касался.

И грустно до смерти порой,
Что эта байка устарела.
Мне ближний яму роет. Рой.
А мне смотреть осточертело.

Молодая Магдалина
Наконец-то ошалела -
Ничего не пожалела:
Все, что было, отдала.

И, покачиваясь тихо,
Тихо смотрит Магдалина,
Как летает паутина
От угла и до угла.

В уголочке паучиха
Закусила пауками
И следит семью глазами
За свечею из угла.

Так плетет легко и длинно
Паутину паучиха
И, покачиваясь тихо,
Тихо трогает канву.

Я люблю ту и другую:
Молодую и сухую,
Семиглазую.
Ни одну не назову -
Никогда - заразою.

На табурете как полено
Лежало желтое колено,
И хвост коричневый вокруг него слонялся.
И разрастаясь по спирали,
Красные перья напирали
На желтое бедро так, что чулок смеялся,

Как поросенок под орехом!..
И, обрастая мягким мехом
Кошачьего хвоста, колясь о петушиный
Качающийся хвост, колено
Лежало так обыкновенно
Часами на часах, когда взводить пружины

Часов еще никто не хочет
И спят на кухне кот и кочет
И газа рваный ореол еще сияет
И беззаботно на чулочке
Рука какие-то кружочки
Выводит, а других забав еще не знает.

Э Л Е Г И Я

Есть три эпохи у воспоминаний

А.Ахматова

Кто повелел на эту вечеринку,
Забыв полунамек, полузаминку,
Попасть праздношатающейся тенью,
Когда полуразбитую пластинку
Поставила хозяйка по стеченью
Нелепых обстоятельств и желаний
Гостей, полулежащих на диване
По-дружески, почти запанибрата:
"Есть три эпохи у воспоминаний.
И первая..." Теперь полуцитата

Тебя заполучила по дороге
В Сосновую поляну. Полубоги
Восстали. И расстаяв в полуплаче,
Пою твои раскинутые ноги,
Уверясь, что получится иначе,
Чем это получилось посегодня,
Когда тебя почти тащила сводня
Неправедным путем, путем обмана...
И да пребудет благодать Господня
Отныне на тебе. Но полупьяной

Ты валишься на руки, потаскуха!..
А прочее, наверно, не для слуха.
О Господи, прости мое кощунство,
Но мартовскому небу Петербурга
Почти необходимо опекунство.
Неточности оправдывают пламя,
А не наоборот. И полупамять
Оправдываясь тем, что непонятно,
Какого цвета поднятое знамя:
На нем от слез образовались пятна.

И если это пламя не потухнет,
Еще я засижусь с тобой на кухне,
Но в шею целовать еще не время:
Так медленно трава забвенья жухнет
И прорастает брошенное семя.

Садись. Перечислять мне виновато
Прошедшие грехи уже не надо:
Их с каждым днем, по-моему, все меньше.
Бухгалтера спасла простая вата.
Она необходимее для женщин.

Я выслушаю все, но - краем уха,
Что даже на тебя была проруха,

И оба глаза пальцами прикрою.
Но ты, моя мадонна и старуха,
Останешься на памяти такою:
С ногами, занесенными на спину...
И вот я табурет к тебе придвину
И трону твою грудь не отнимая
Ладони от нее,наполовину
Признания твои не понимая.

Поток твоих безудержных признаний
Прервет разряд скопившихся касаний,
И утром наконец-то разразится:
Одна эпоха у воспоминаний!
И бабочка прозрачная приснится.

———

Ц И Р К

1

Как безнадежно огрубела
Душа, как тяжело глазам
Глядеть на розовое тело,
Стремящееся к небесам.

Оркестр над головой грохочет,
И пот артистов ломовых
Дрожит под куполом, щекочет
И дразнит зайцев световых.

Там наверху в неразберихе
Тросов, трапеций - серебром
Горит летающий, но тихий,
Атлет с развернутым бедром.

Бесшумным маятником реет,
Повиснув на одних зубах.
И кто из тех внизу успеет
Раздернуть ворот у рубах,

Когда он ангелом летящим
Сверкнет под самым потолком
И вдруг окажется лядащим
Сухим московским мужиком?

2

У облезлых медведей от черного хлеба понос.
Укротитель беспалый вспоминает улыбку Попова.
И у ног акробата валяется свернутый трос,
Побелевший брезент покрывает его, как попона.

Может жилам стальным и тянуть бы теперь канитель
Под ужимки, прыжки, под прыжки и ужимки коверных?
К циркачам в ресторане, качаясь,бежит метрдотель,
Отражаясь пузатым болванчиком в рюмках ликерных.

Не подробностей, нет!- только смены их просит душа.
Только праздные руки, как на тренировках, потеют.
Циркачи не имеют в кармане штанов ни шиша.
Вообще за столом циркачи ничего не умеют.

В побелевших глазах, округленных от крымских красот,
Отражается блеск вологодских больших колоколен.
И вздыхает жонглер, разрезая сухой антрекот.
И беспалый медведь говорит, что салат пересолен.

Только вечером свет собирается плотным пятном,
Отражаясь вверху барабанным торжественным треском,
И вступает оркестр и возносится ввысь, и потом -
Открывается то, что как ангел скрывалось за блеском.

3

Устал сплетать и расплетать
Судьбы раздерганную нитку.
Мне так хотелось бы летать!
Я даже делаю попытку.
Как подкупает высота
Одной возможностью паденья!
И слиты контуры листа
С продленным отзвуком мгновенья.
Как осиянный акробат,
Я наклоняюсь над закатом.
А за моей спиной солдат
Стоит с тяжелым автоматом.
Его незыблемый Устав
Суть воплощенная беспечность.
Лишь ускорение придав
Мгновенью, обретаешь вечность.

1972

ЗАЩИТНАЯ БАЛЛАДА

У защитников шеи обриты,
На лопатках щетинится мех.
И стихи мои страхом прошиты:
От защитного цвета защиты
Не ищи у защитников тех.

Их стальные волнуют доспехи
И штандарта прогнивший кусок:
Те же глупости, те же потехи,

Те же тысячелетние вехи,
Тот же Запад и тот же Восток.

Не хватает ли суток у года,
Глаз - у страха, лазеек - у сна? -
В придыханиях нет перехода,
Слабым эхом при крике: "Свобода!.."
Долетает ответ: "Тишина!.."

И сквозит изо всех перекрытий:
Не хватает ни леса, ни сил...
Что вы, черт побери, говорите
Об отечестве и о защите
Ио братстве священных могил?

Мы в сколоченных наспех бараках
Покрываемся ржавой корой,
И на нас, как хирург на собаках,
Упражняются в сварах и драках,
Освятив государственный строй.

Не хватает ли мне кислорода,
Одуряет ли запах могил? -
В придыханиях нет перехода,
Все твои наставленья, свобода,
Оловянный солдатик забыл.
И как будто бы в прятки играю:
Оглянулся, и нет никого! -
Я старинную книгу читаю:
"Белым облаком в небе растаю
И оставлю тебя одного."

Так и быть: уходи, Беатриче!
Не пристало болтаться в аду
Мельничихой приснившейся притчи;
Изучив твой расчерченный птичий
Путь, и я не останусь,- уйду:

Сигану лягушенком в канаву,
Не снимая защитных штанов...
Надо мной проведут по Уставу
Провонявшую бойней ораву
заградительной линией снов.

1973

Д И А Л О Г

"Не останавливайся здесь:
Ты все еще в гостях - не дома!
Все смысла лишено, все невесомо:
Не соль и суть - а вспененная взвесь.

Не останавливайся здесь!
Здесь кое-что тебе знакомо.
Усадьбу белого детдома
Ты видишь, поглядев отвесно ввысь.

Там ангел в белом колпаке
И вылинявшей куртке,
Там ангел кроткий, ангел жуткий
Обломок кирпича зажал в руке.

Его ладонь в открытых гнойниках
И голову, как факел керосином
Облитую, ты видишь?- в двойниках
Взвесь повторяет эту же картину."

- "Приевшееся колдовство
Как дрожжи здесь необходимо.
Немного солнца, горсть сухого дыма,
Глоток вина - вот только и всего!"

- "Здесь ангел отразился в двойниках
Из взвешенных частиц, из мнимой глины.
Земной пузырь пронзив до середины,
Ты одного из них сомнешь в руках.

Здесь смысла нет ни в чем, нет сердцевины."

- "На полпути - я не на облаках:
Там ангел, расплодивший насекомых,
Обломком кирпича швыряет: трах! -
И наконец-то найдет икс искомый.

Необходимо колдовство.
Необходима ведьма в три обхвата,
Растущие, как на дрожжах, ребята
И жара впрок - вот только и всего!"

- "Тебя охватывает страх,
Запрячься же, укройся под соломой!
Во взвеси вспененной и невесомой
Ты просто лишь соринка на губах.

Я пью от жара вспененный настой,
Отвар, который пострашней отравы.
Здесь все - игра, здесь все - одни забавы,
Броженье, гниль, земли пузырь пустой...

Ни берега здесь нет, ни переправы."

- "Необходимо колдовство,
Путеводитель и запас словарный

И стол - корабль, простой и легендарный,
И одиночество - вот только и всего!

Не догадается о том,
Как парус призрачный надежен,
Тот наверху. Он только корчит рожи,
Швыряет сверху битым кирпичом".

ИЗ ЦИКЛА

"ВОСТОЧНЫЕ СКАЗКИ"

3

Победа порождает ненависть

/Дхаммапада, глава о счастье, 201/

Я сторожем куда-нибудь устроюсь,
Поношенным пальто на час укроюсь,
Проснусь и ледяной водой умоюсь.
И подойду к столу.
Полузабытых книг черновиками
Лежит на деревянном теле камень.
И чем так виноват я перед вами,
Закут тепла и радости лоскут?

Мышиный писк застрял в плотине горла.
Кормленье с рук - проклятье Святогора.
Короста не отшелушится скоро
Чешуйками, корой.
Но, как дракон о чешуе забытой,
Я помню смутно о семье разбитой,
Охаянной и впопыхах зарытой
В шершавый хворост и песок сырой.

Что выползло - не обрело вниманья.
Кормленье с рук не радует нимало.
Электромясорубка. Майя. Майя!
Спермодоильный бум.
Бомбардировка. Изобилье женских
Бомбоубежищ в результате членских
Активных взносов в профсоюз и энских
Подпольно-анонимно-частных сумм.

За проволокой возле телефона
Я что-то охраняю. Оборона
При мирном наступлении законна.
Чай. Сахар. Бутерброд.

Ни к черту не гожусь как рисовальщик,
Ни к черту не гожусь как шифровальщик,
Но в общем-то я скромный, я - пай-мальчик!..
Вот только бы не лезли пальцы в рот.

Хотя б из уважения к железу
Я никого,пожалуй,не зарежу,
Как жалко, что главбуху Козарезу
Так нужен лозунг - прямо позарез!
Я тоже отмечаю годовщины.
На это у меня свои причины,
Но только - чур меня! - без чертовщины,
Товарищ Козарез.

Астральный свет сменяется нормальным.
Светает. /Не берется эпохальный
Масштаб, имеется в виду банальный
Сегодняшний рассвет./
Пенсионер замешкался, ему же
Не надо зарабатывать "для Нюши",
Ему удобен минимум, к тому же
Старик не покупает сигарет.

Радиоволны ходят, как цунами.
Я шевелю распухшими губами.
Лежит на деревянном теле камень
Полузабытых книг.
Читаю, протирая окуляры,
Рассвета черновые экземпляры
И вечера печатные кошмары
И ночи нечленораздельный крик.

Напрасно ты со мной носилась,Клио:
Смотри, что натворил, - все вкось и криво!
Ни к черту все, бессмысленно, крикливо.
Ни выкладок, ни дат.
Нет, из меня не сделать костоправа:
Я сам свихнусь - не отыщу сустава.
Другому предоставь такое право,
История, а я - простой солдат,

Лаэрт, persona grata. Наговорам
Я без труда поверю и по норам
С восторгом соберу народ, с которым -
На крест, на небеса,
В тартарары, на дно, куда угодно!..
Сознание и шпагу вон! - свободны!
Я за тобой - твой брат единородный -
Офелия, сестрица, стрекоза!

Я детство возвратить уже не властен,
Но памятью твоей- твоим участьем
И ревностью клянусь'' я непричастен
К их планам, их делам.
Когда к полустолетнему позору
Скребли гранит и красили ''Аврору'',
То мать в слезах ползла по коридору,
Мараясь рвотой с кровью пополам,

Я оптовым значком в учебной гамме
Чернел под северными небесами.
И чем так виноват я перед вами,
Скрипичный ключ и круг?
Буддийские иконы в Эрмитаже
Не доставляют беспокойства страже,
Никто на них не молится и даже
Никто не ошивается вокруг.

Должно быть не хватает рук у Шивы,
Скрежещут тормоза, сгорают шины.
Мужчины превращаются в машины.
Последние - в мужчин.
Тотально истощаются ресурсы
Энергии. Приходят Иисусы.
Спасители основывают курсы
Крыс, посрамляющих гемоглобин.

Зря Мефистофель, собирая брови,
Распространяется о свойствах крови,
Ее берут, где потекло, и кроме
Того - сосет насосом ширпотреб.
В бескровье задыхаются заводы.
Артерии отводят под отходы.
И завтра в нас введут фторуглероды,
Как в холодильник ''Днепр''.

Качаются в тайге березы, кедры.
Я на балкон давно забросил кеды.
Оптимистичен академик Келдыш.
Подозревать науку - кретинизм,
Но мне таежный дядька нааукал,
Что есть у нас наука и наука
И то, что как-то некий мавр напукал,
Разбавив пивом английский снобизм.

И страх и безразличие наивны.
Всеобщие законы субъективны.
Не жду ни прорицания Наины,
Ни матриц ЭВМ.

Но то, что видит глаз и слышит ухо,
Вздыхает нос, чревовещает брюхо,
Берет рука, - так скупо и так сухо,
Так замкнуто в себе!.. Кому повем

Печаль мою? Забота атеиста
Не замутит экстаз евангелиста.
В несчастье, в помыслах нечистых, чистых,
В сиянии, в огне.
И голуби, как черти, на горище
Копаются и мрут и ищут пищи.
Должно быть, над Тибетом воздух чище,
Чем тот, что поднимается в окне.

Закончилась ночная служба. Утро.
Внутри, снаружи муторно и утло.
Растаяла пронзительная сутра
За визгом поросят.
Дышу не надышусь свинхозной вонью,
По мокрым волосам вожу ладонью.
Мечтаю обрести в кредит болонью,
Устроить наконец-то дочь в детсад.

На площади беру кефир для Нюшки.
Мерещатся волшебные игрушки.
Опять я не усну на раскладушке,
А буду воевать:
С утра искоренять непослушанье
И, вслушиваясь в звонкое рыданье
Ребенка, сознавать, что оправданья
Бессмысленны, когда так виноват.

Плод нелюбви и недоразуменья,
Бесправная в системе управленья,
Не знающая счастья удивленья,
Урод, антидитя,
Она впитала блеск господней славы:
САЛМОН РОДИ ВООЗА ОТ РОХАВЫ,
ВООЗ РОДИ ОВИДА. Динозавры
Зашли в тупик. А девочки хотят

Запретных яблок. "Взрослые секреты"
Уже невыносимы для Анеты,
Она ребенка просит, как конфеты.
Но древо жизни зря
Цветет и плодоносит год от года:
Одно перечисление дохода
Сведет с ума любого садовода,
А штаты садоводов разорят.

Приготовляя жвачку для машины,
Скатаем имена в кусок резины,
В один фотон засадим все картины,
А действия - в один электровсплеск.
И то, что выплюнет одна машина,
Разрежем, словно шарик героина,
Дадим другим машинам. Дисциплина
Научного труда. Стерильность. Блеск.

От всех родил останется крупица,
Которую шутя проглотит птица
Амбарной книги. Чертова синица
Архивы пережжет.
В неяркий пламень, в сладость окисленья,
В последний гимн вольются поколенья;
Осмеянная буква Откровенья
Буквально воплощенье обретет.

Сиянье голубой электросварки
Сечет геометрические парки
обоев, переламывает арки
Готического сна.
Я падаю во тьму, на раскладушке...
Копается петух, кричат несушки.
И держит темнота меня на мушке
Высокого и узкого окна.

1973.

Б А Р А К

1

Куда нас занесло, моя любовь?
В глазах еще рябит от солнца
Ночью.
Качающийся свет разодран в клочья.
Как снегом занесло песком оконце.
На балках кровь.

В пустом бараке ярусы из досок
Осыпаны соломенной трухой,
Пометом
И блевотиной сухой.
Солома отдает мочой и потом.
В углу кричит голодный недоносок.

Нас приютил заброшенный барак,
Где мой ребенок
Просит молока,

Где между грязных балок облака
Повисли на веревках для пеленок,
Где у дверей хихикает дурак.

Все пятеро /я всех пересчитал!/
Вдоль озера плелись
С шести утра
И хлюпала на донышке ведра
Какая-то коричневая слизь,
Которую дурак еще глотал.

Какой ценой дается нам еда
С шести утра!
В заброшенном бараке
На согнутых гвоздях висят баранки.
Мы колем их посредством топора.
Но это не беда.

Глаза не привыкают к темноте.
И руки по соломе тихо
Шарят.
"Спокойной ночи." - "Что?" - "Там что-то варят"...
- "Ты хочешь есть?" - А ты?" - "Опять гречиха?
Нет, не хочу. Ступай-ка лучше к тем..."

Какая ночь! Очнись моя любовь:
О чем ты говоришь со мной
Впервые,
Где тихие слова - как чаевые,
Протянутые детскою рукой...
В случайной темноте не суесловь!

Опущен в темноту пустой барак,
Где мой ребенок
Просит молока,
Где только балки вместо потолка,
Где из прорех застиранных пеленок
Кристаллы звезд сверкают кое-как.

Моя жена ногами шевелит
И плача смотрит,
Смотрит на огонь...
Начало дня - смотри! - не проворонь:
Мы будем выходить отсюда по три
В густых слезах - как стая Аонид.

2

Приливы, отливы, приливы...
Дождемся ли сна и зимы?
Так эти труды кропотливы,
Что в них затеряемся мы.

Сверкают огромные домны,
И льется по трубам бензин.
Так эти труды многотомны,
Что я до рассвета один.

И тает запас мой словарный,
И бабочки тают во тьме.
И так торопливо товарный
Состав приурочен к зиме,

Что не получивший оценок
Задолго повернут спиной.
Ведь так или этак застенок
Кончается просто: стеной.

3

Нас разбудил рабочий.
Отхаркиваясь,как
Полдюжины собак,
Он говорит: "Устроили бардак,
И в зеркало никто смотреть не хочет!"

Мы смотрим на него во все глаза.
И закричал спросонок
Мой ребенок,
Выпархивая из сырых пеленок,
И мать в сердцах дала ему раза.

Рабочий говорит: "С шести утра
Приступите к работе.
Подъемник на болоте.
Пойдете по туннелю... там найдете!
Потом тебя отправят на гора..."

Горизонтальный мир!
Я лягу параллельно
Тебе и буду счастлив беспредельно,
Что приютишь меня, как богадельня,
И сунешь головой в какой-нибудь сортир.

Прощай,моя любовь!
Подъемник деревянный

Шатается, как пьяный
Жираф, и разражается осанной,
И ржавый рельс краснеет, как морковь.

Зараза проводник,
Хихикая козленком,
Ушел назад с ребенком -
Закручивать мозги другим подонкам.
Оставил нас одних.

И шевеля ногами,
Сидит моя жена:
Сидит и смотрит на
Пустое небо, где отражена
Ее душа, обиженная нами.

4

"И ту бы... и эту... и ту бы!.."
Там около каменных плит:
"Дай поцеловать твои губы!" -
Пожарный оркестр говорит.

"Дай поцеловать твои губы!.."
Твои ли?!.. Там - около ста
Так жадно сосут жизнелюбы,
Что ты как матрешка пуста.

И - день!.. И не видно ни тени!..
И у деревянных девиц
Ржавеют, вращаясь, колени
В отверстиях вогнутых лиц!..

... Я не доплетусь до ночлега.
Темно. И задача одна:
Дождаться глубокого снега.
Глубокого снега и сна.

5

Скамьи, столы, навес,
Зеленый ад...
В стеклянный лес
Со стенок зайцы дуют...
Передо мной рабочие сидят,
Не торопясь горящий суп едят,
Молчат.
И все же - что-то мне диктуют.

Стою балбес
Балбесом! - ничего

Не понимаю из их голошенья...
Должно быть,это просто ультравой.
И - бледный - я киваю головой,
Киваю головой
Без выраженья.

Ощупывая свой
Мясистый нос,
Просовывает в вой живот стряпуха
И торопливо ставит на поднос
Железный - все что под руку пришлось:
Посуду, чей-то нос и четверть уха...

Нам чей-нибудь совет необходим.
Но кто же позовет нас из-за дыма?..
В углу сидит сутулый нелюдим.
А ну-ка погоди... Ведь это Клим!
И, подойдя, я спрашиваю Клима:

"Как же ты, Клим,
Так влип?
Извини меня за вопрос...
У тебя же не нос, Клим,
У тебя же не нос, Клим,
У тебя же не нос,
А - полип!"

И вздыхает Климент: "Эх, Саша,
В том-то и беда вся наша,
Что не знаем, какова каша,
Пока не расхлебаем!

Кабы я втапоры зорнул
На десяток-другой формул,
Жил бы я тоды по-другому!
А теперь - полезай на платформу
И ходи расстебаем...

...Мы попались в этот коровник!
Видишь: каждый из нас - любовник...
А кто - в аккурат - виновник? -
Толком-то и не знаем..."

И музыкой томим -
Как бы во сне -
Сидит сутулясь Клим
И плачет тихо.
За зайцем заяц ходит по стене.
И незаметно зеркало ко мне
С улыбкой придвигает повариха...

6

Куда же нас занесло!
Получит ли отдых тело?
Дороги развезло,
И яблоко перезрело...

Уходит во тьму ландшафт.
Кричат на болоте выпи.
...Со мною на брудершафт
Пытается кто-то выпить:

Копает меня рукой,
Как будто газон садовник...
"Постойте... Вы кто такой?"
- "Я... как его? - твой Виновник" ...

Мой?!.. Мой Виновник посередине
Барака шатается, как на льдине,
Улыбка сияет на образине
Его, уходя в пространство...

Я узнаю его! Ну, конечно!..
Это его дурацкая внешность
Занавешивала скворешню,
Окаменевая в трансе...

Моя любовь, я узнаю злодея:
Это же он это все затеял!..
Он так устроил, что в темноте я,
В грязи тебя обретаю...

Ох, и гнусная у него привычка! -
Стоять над душою, покамест птичка
Свистя не снесет наконец яичко,
Сказать: "Виноват! - глотаю"...

В глазницах сверкает по светофору...
Куда занесло нас об эту пору?
Вот слопает к черту, как помидору,-
Что я тогда буду делать?

А ты говоришь: "Успокойся, право!
Хоть мне не по вкусу пришлась забава,
Но, если рассуждать здраво,-
У меня ведь и нет тела..."

Под озером плавает позеленевший ребенок,
Не просит еды и не мочит пеленок:
Сырой паучок - мой сыночек!..

Четырнадцать дочек -
Медузочек, полудевчонок...
Их голос так тонок,
Как будто - ничей!
Голосочек
Выводит неслышно:
"Не ставь нам, подонок, свечей!
Это лишнее..."

ЭПИЛОГ

На севере я сплю на раскладушке
И трогаю во сне
Угол подушки,
Прислушиваясь к возне
И музыке на пирушке.

Две девочки - кудрявые подружки -
Причмокивая ртом,
Прячутся в стружки...
Над ними такой содом
Устраивают пьяньчужки!

На севере я сплю в недоуменье.
Надо мной тени
Играют.
И девочки становятся на колени
И шепотом предлагают:

"Открой-ка нам голову на затылке
И достань оттуда
Цыпленка!
Мы приготовим блюдо
Кобылке,
И она нам родит ребенка..."

Я птенца достаю двумя руками.
Но девочек смерть поражает.
А собака, обвязанная бинтами,
На месте птенца пожирает...

Я пойду к молодой кобылке,
Я скажу: "Ничего, бабенка!.."
Притворюсь молодым и пылким,
И она мне родит ребенка.

... Что мне спеть моему Андрюшке!
Песнь моя ему не помогает!..
На севере я сплю на раскладушке.
Оркестр играет.

Моя жена ногами шевелит.
Ее душу бережно хранит
Горизонтальный мир, хор Аонид
В клумбах бескровных.

Глубокий снег. И больше нет обид.
И нет виновных.

Затмение

> И над ясным лицом, как затменье,
> проплывает рука, Эвридика, страна,
> столь чужая Элладе, с каким-то больным
> отношеньем источника с тенью.
>
> В.Кривулин

Площадка

Прожектор тычется в одну
И ту же вырезку дивана.
"Вниманье! - "Мужа и жену."
"Мотор!" И вот звезда экрана
в амебных судорогах сна
гребет к проклюнувшейся суше,
но крест воздушного окна
все глубже, глубже и все глуше,
все оглашенней! - эхолот,
холодноватый меч Тристана...
Технологический расчет
не точен,и звезда экрана
среди подводных пирамид
то пламенеет, то немеет...
Наплыв. И панцирь каменеет.
Хор нереид
неуловимым косяком
затягивает микрофоны,
и корифей с открытым ртом
стоит, забыв законы
кино... "Стоп! стоп!" - "До дна! До дна!.."-
орут статисты. Полосатый
шлагбаум пал. Сползают латы...
Звезда экрана,- ты одна
показываешь язычок
кипящей, булькающей лавы!..
Оставь. Твои, звезда, забавы
высасывают мозжечок.

Не двигайся! Стеклянный лом.

Ломается изображенье.
Изогнутый дугою дом,
и жженье
плит... Не гляди! Но третий глаз
подергивает тиком.
Протагониста рыбий глас,
вращающийся тихо,
как чешуя, живет своим
смещающимся зреньем.
Мы рыбы, если говорим
прикосновением и треньем,
высасыванием пустот...
Молчи! Открылась рана.
И этот выдохся и тот
партнер, звезда экрана...
Повымерли! И в известняк
войдя, окаменели.

Но скованность - надежный знак
того, что мы у цели.

1

Жир желто-серый брызнул из спины,
как сперма, обдавая пальцы вонью.
И стали позвонки видны,
Прикрытые трясущейся ладонью.
Там, где торчал малиновый волдырь,
теперь дыра, просвет в глухую темень
души. И третий глаз, как поводырь,
раздвинул гладко выбритое темя.

Мешком Персея вздулся мочевой
пузырь. Пегас, спеленутый в Горгоне,
запутался в плаценте, как в попоне.
"Вот посмотри. Что? - видишь..? - Ничего."
Динарий - богу, кесарево - ей!
Дыханье - вон, и волосы - клубками...
И, боже мой, кто, наклонившись к ней,
Не превратится в камень!

2

Только мухи и мыши. Чума.
Ночь. И поминовенье чудовищ.
И пропахшая тиной тюрбма
пеленает чадящую совесть.

Наклоняясь и воя, Орфей,
масло в трещину лей, масло лей!

Пузырями пошла киноварь.
Волчий голод: все мало и мало!..
И опять передвинут алтарь
из-за очередного обвала.

Это светобоязнь дикаря:
глубже, глубже!.. И все - потерял!

"Сумасшедший, отдай!" - "Отгадай!"
Материнские страхи Латоны.
В створе огненным лезвием край
мантии Основные законы
выжигает.
              И блеет Орфей
в окружении хора зверей.
"Отгадай, отгадай, отгадай!.."
Пальцы скручиваются пружиной.
Глубже! Судорожное: "Отдай!"
- "На!" - ладони облеплены тиной

/гимн Орфея ли? волчий ли вой?/:
Н И Ч Е Г О!

3

Имитация речи прямой -
разновидность прямого молчанья,
транскрибированного рычанья
говорение: голос не мой
и ничей! - родового горшка,
яйцевидной посудины горло,
чтобы прело, ки пело и перло
позади языка - от ушка
до ушка! - говорящие сверла
кремнезема, глазастый казан
с отпечатками прутьев на коже...
Просверлил! Этим все и сказал.
И казнил под собой на рогоже.

4

Музычка Пана
плотной струей водяного органа
канула.

Клавишей чувств
плотскую чашу - случайно - качнув,
сам отшатнешься:

затмится
огненная колесница,

вырвутся кони,
взрывая уступ!

А сумасшедший возница все гонит и гонит вперед
пустоту...
Пенится воздух.

5

В пароксизме усталости дикой
каменеющее естество...
За пропащею Эвридикой
вертикально - в отвесный ствол!

Сколько стереотипной рутиной
заниматься? Затменье, Орфей!
Незабвенно... Невозвратимо...
И теперь оглянись скорей:
в этой пахнущей тиною, сирой
тени есть ли естественный свет?
Повторяю /темно и сыро!/
убедиться: есть? или нет?

Ну-ка,фокусник,дока, создатель
таинств, то есть серийных страстей!..
Необходимость доказательств,
Когда столкнулась тень
с идеально светящимся телом,
выхолощена, но велика.
Расхолаживающим пределом:
жезл, страна, Эвридика, рука...

Нет, стоп! Стоп, повторяю!.. Но тайно
в зоне голографических сфер
Эвридика - горизонтально,
вертикально - вверх? вниз? - Орфей!

И над ясным перпендикуляром,
как прижатый рогатиной гад,
меж осями координат -
полосатый шлагбаум...

Слагаю
бутафорские латы и в академический сад
точкой, точ кой классической перемещаюсь! Но мало
мела.
Хищно: "Отдай!" - "Отгадай, отгадай,
отгадай!" - защищалась, и хохотала, и пела,
и "Господи, на!" -
выдыхала на плоскости координат,
покидая свое ядовитое медное тело...

/Непредвиденный кадр./

6

Благовония по желобкам
заструились... Головокруженье
полулежа: бальзам языкам!
Зарядили тяжелый капкан:
щелк! - и гаснет, и гаснет... Гашенье
в Яме обморочном, от сестры
отвращвющим губы...

Марица!
где твой суженый, сан, поплавок, что не может молиться
и ломиться в костры?

Жжет. И выжат эфедровый блин.
"Сын в петле Красноглазого..."

Сваха!

"Ненавижу!." И жалобно из материнских глубин
приливают /"Любимый?.. глупец?.. господин?..
Господин!
волны страсти и страха.

Одурь. Хор стариков. Аристокл.
365 хороводов
в год! Эллада египетских ладушек... Стоп!
стоп:

ГЕРОЙ БЕЗГОЛОС!

А исток?
Эйфория, Орфей
пес Гекаты, ободранный пес,
исступление в яме,
ямбический кайф кукловодов!..

/И последний листок./

7

Нектар в головках сырой конопли.
За циклопической кладкой кибитка
Непобедимого крепость напитка
предпочитающего! - накопил
/сколько ни пил/ здоровенную жердь
и 27 лучевых поперечин.
Пана - посмещищем! И не перечь им
на пеласгическом щебете жертв!

Вся Атлантида-под властью Совы,
вылетевшей из больного затылка!
И Водяной наклонялся и выл,
в камень трезубцем заржавевшим тыкал:
Чудо с источником! - не помогло:
затрепетала, торгуясь, маслина,
и деревянная пала Афина,
Трою окутав эпической мглой.

Чудную выбрал себе Одиссей
долю в Аиде: безвестного парня!
Пеньем сирен конопляная баня
пьяно и пр яно до мозга костей
трикстера тень прони-зала, платок
мокрое выкрутила полотно...
Кончено. Спущенный с неба Порядок
вырезал и узаконил ОДНО!

С лирою наперевес корифей
благообразно заквакает что-то...
"Душка Орфей! Сладкогласый Орфей!.."
И - за ворота! и - за ворота!..

Немотивированной немотой
и алогичным молчанием действуй!
Пук экзотический - прибыль семейству!
Священнодействие перед плитой.

Пусть архаическая пятерня
забагровеет на блеклых обоях,
если пещеру - и ту потерял,
роясь в эволюционных забоях
белесоватым термитом...

Сверлю
раковину и сверлю, улыбаясь!
Первая. Двадцать седьмая! Любая!..
Светится! - и не подобна нулю.
Но восковые дощечки... Закон...
Все забавляется Широколобый,
в приступе оргиасти ческой злобы
звонкие звезды держа под замком.

Лунного зайца - на дно! Зодиак
Темного Сына припал к изголовью:
не воскресив календарной любовью,
иероглифом беспамятства знак
выбил: "Схватиться, но не побороть!"
Тьма беспросветная спутает числа
и опояшет пугливую плоть
окаменевшим орнаментом смысла.

Ужас - на щит!.. /Неудавшийся дубль./
Где, Стагирит, тростниковая флейта?
В академическом киносаду
холодно под схоластическим ветром.
Это пещерная сырость!и тьма!..
Глубже! Зарой!.. На "Супружеском ложе"
опустошает и сводит с ума
дикое дерганье содранной кожи.

Марица - Гебр

1978.

Складень. Декабрь.

- хоть перекраситься в индейца -

Г.Сапгир

0

И зображать - бесполезно. Жить?..
Мечет индийский декабрь ножи
в нимб житийного жанра.
В синих ворсиночках писчий лист
жалок и желт, как скелет кулис.
Железы злого жара

взбухли и заледенели... Фарс.
Срыв. Исступление. Робость. Фальшь.
Жесткие швы петличек
выпишу, вышью тупой иглой,
красною бисерною икрой,
клинописью кавычек:

"Пир не весь мертв!.." Но молитв, но клятв
столб расшатав, как трусливый кат,
посередине
комнаты, оцепенев, стою,
и рассыпает декабрь салют
искр ирокезских и, не

целясь, вонзает свой томагавк
в цель! Но игольчатый тамада
вкладывает бутылку
в мокрые скользкие пальцы: "Пей!"
Огненный холод лесостепей
приливает к затылку.

Родина, - жар! Зазвенел псалом
крови, вгрызаясь голодным псом
в заячье горло
времени, по шатуну-письму
петли выпи сывающему
скорописью Егора -

Победоносца... А дробь цитат
ссыпалась прямо на циферблат,
и, разрывая нервы,
обморочный нолевой глоток
грянул через платок в потолок
пенным яблоком Евы!

1

Как это нас обскакали?

А.М.

Гоп-гоп, лошадка! Каково
перед декоративной скво
ломать картонные столицы,
брат бледнолицый?

Грудные створки приоткрой
и загляни во мрак пустой
засасывающей глазницы,
брат бледнолицый.

Убит /преувеличил: пьян/
юродивый - поэт - Боян...
Камлают ли твои ресницы,
брат бледнолицый?

В такси - почти на небеси!
И комментатор Би-би-си
тасует карты за границей,
брат бледнолицый.

Под колоколом полых муз
колышется пустой союз
полипов ли? медуз? мокриц ли?
брат бледнолицый...

Не спрашивай и не таи.
Как скальпы, шелестят твои
былины /или небылицы?/,
брат бледнолицый.

2

Овца к овце...

Е.Ш.

Не ангел ли листал твой черновик,
перебелил и сдул крылами скверну
бессоницей накопленных улик:
осадок криминала - Олоферну?..

Кормилицею муза перервет
аорту в исступленье колыбельном
и все-таки мурлычет и поет,
выкатывая блюдечками бельма:

"Любимая..." - забыл! И сразу лед
прошьют террористические иглы...
Спасут ли богоизбранный народ
твои сомнамбулические игры?

Не знаю, но играй! Немой оркестр
стрел пригвоздит глухого дирижера,
и наконец зазеленеет крест,
высасывая пустоту Шеола...

Немот ствуй и неистовствуй! - когда б
такая темнота благоволила
ко мне, - как ни убог и как ни слаб,
ты и меня б убила и простила.

Все достоверно: мужество,и страх,
и страсть, и отвращение... И все же
как хочется с тряпицей на глазах
при сесть у очага и обезножеть.

декабрь - январь, 1979.

Перед затмением

1

Куда же ты? Уже не по годам!
Разохайся хотя бы, разболейся:
не в поезде, а здесь, не здесь, а там
где желуди полуживой Адам
грызет и забывает ужас рейса,
деревенея...

Все часы с ума
сошли: спешат, обманывают... "Боже,
я опоздала!.." Но не ты сама -
все это время все намного позже:
все - не твое!.. Час от часу пустей
от путаницы жутких скоростей.

Из пункта А не вылетит никто.
Стой и старей быстрей. Еще быстрее!
Зияющий кавернами Кокто
собачий телефон в чащобе тлеет.
Звонят! звонят! - распрыгалась цифирь:
бросается, и мельтешит, и дышит!..
Но ходики без стрелочек и гирь
уже не ходоки: никто не слышит!
И не доходят наши голоса
туда, где зеленеют небеса.

Сдаем билет. Сдаемся бюллетню.
Болеем неуверенно и смутно.
И, обмирая десять раз на дню,
бормочем по ночам: "Одну минуту...
Сейчас!.. сейчас!.."
А киносамолет
похрюкивает в затемненном парке
и желудями скатывает пот
от смеси дубняка, тоски и старки.

2

По мне скучаешь? - боже упаси!
По мне скучает бешеная крыса,
троянский шпиц - эпическая Исса -
по мне скучает и пищит: "Иси!.."

По мне скучает вывихнутый век,
где ражий костоправ шутя вправляет
мозги... Оставь. Сверхнедочеловек,
на четвереньки приподнявшись лает -

по мне скучает, то есть - по Луне:
то Ницше там ему в усах, то Ницца
в цветах... По ком покойница томится?
Не по тебе ж - по мне. По мне! П о мне...

Разделимся. Беру себя /я - я!/
из памяти, из пор... Не спорь!.. И - баста!
Теперь - скучай. Дели теперь себя
ты, Клитемнестра,,, Федра... Иокаста...

Пересчитай себя. Пересади.
Пересуди... И - за море дофина!..
Эриний нет. И рана не саднит.
И носится во тьме сова - Афина!

1977.

Сонеты

1

Не спрашивай о числах. Чисел нет.
Едва до двух считать я разучился.
И много ли еще не будет лет? -
аукнемся! - вопрос, лишенный смысла.

Рассыпались кристаллы сигарет,
вверху бумага писчая раскисла,
а выше - полусон, полусонет
сочился, и сочился, и сочился...

Видения железным порошком
тряслись, и за трясущимся кружком
вращался раскаленный плотный запах

отсут ствующей плоти: круговерть,
в которую вошла, воркуя, смерть
на голубиных лапах.

4

Что в русском языке рождает связь
между словами? Не слепое
а пауза, провал: с мороза влазь
на печь и отходи со всеми вместе.

Я мы. Я мир... Затейливая вязь,
где перерыв не отголосок мести,
а место, где стремглав остановясь,
"я" выворачивается для чести

общественной, для луковичных воль...
Выкатывает внутренняя боль
гороховые слезы скомороха.

И все нелепей и длинней своя
рубаха, все теснее чешуя.
И выдох все естественнее вдоха.

6

И тьма от тьмы /мадьяры?.. татарва?../
отъединилась. Одр орды расправил
ошметки крыльев. Плыли против правил,
спустя тысячелетья...рукава...

И лукиановские острова
паря в имперско-писарской оправе,
бросали полуграмотной ораве
спасательные полые слова

 в картущах,- елисейские писцы!
И близнецы небесные сосцы
терзали в катакомбах лупанарий...

Один из полых слов построит Рим.
Другой создаст отсутствием своим
полей красноречивый комментарий.

7

Молчание и крик.
И речи нет о речи!
Один /"какой?"/ язык -
родной: ручной?.. овечий?..

Что орган речи?- стык
костей и жил в предплечьи?
Рука? Или язык?
"Быть может, свечи?" - Свечи?!.

То ничего ничем
не выразить, то - нем
и до предела ясен.

Что зрение и слух?
Дух одинок. Нет двух.
И диалог опасен.

Февраль, 1978.

Нить

Здравомыслие - это безумие,
направленное на добрые дела.

Сантаяна

Скости   крыло наполовину,
прошу тебя! - ты так щедра;
хочу подняться
в поту лечебных ингаляций
на светлый и сухой чердак
сквозь чувств лавину.

Скости   крыло наполовину! -
здесь сыро и темно.
Скости ! - хочу сорвать
двойное дно
сознания, перетряхнуть перину,
перевернуть кровать...

Не спать!
Скости крыло наполовину,
сними гантели
культур, произрастающих на теле!
нелепа атлетическая стать:
рукой не шевельну, ногой не двину.

Скости крыло наполовину! -
хочу летать. Парить
в рациональном умоисступленье
над этим тленьем
и тьмой. Спаси! Еще! еще продлить
безумной Ариадны пуповину...

Абстрактна нить.
И сумасшествие - в глухой пещере
доверить жизнь
столь смехотворно эфемерной вере,
и все ж держись
за ниточ ку, которой ни загнить,

ни оборваться,
как ни промозгло и темно
в изгибах чувств!
И если не дано
/о, и не тщусь!/
добраться

до сути, то скости наполовину
крыло. Спаси.

И горстку добрых дел
уделом сделай или погаси
луч, по которому летел,
и отшвырни назад в сырую глину.

22 ноября, 1978.

С.

Жизнь сузилась, как губы в поцелуе
Иуды, слиплась, как презерватив
использованный, жизнь предотвратив,
красуясь и беснуясь всуе.

В ки-нематографе интим
и Страшный суд в салонных пересудах
изобразив, жизнь сузилась до зуда
в сосудах, до вояжа в Крым.

Мокрицей под крутою солью
жизнь извивается, сочится, тает... Нет!
И только серебристый след
исходит неизбывной болью.

Декабрь, 1978.

Складень. Январь.

1

На желтую бумагу синих строк
набрасывал венозную плетенку
с презрительной гримасой: "Чтоб ты сдох! -
шептал и - Невтерпеж тебе, подонку.."

....

Нетрезвым гостем время на дворе
семерку искорежило в пятерку
и затерялось впопыхах в потемках,
как имена в забытом букваре.

Беги и возвращайся шатуном
подвешенным, беги и возвращайся!..
Достойные довольствуются сном
счастливым, остальные - просят счастья.

Шнурочки синие /"Смотри: почти стихи!.."/,
затейливые петельки, зигзаги...

И страх сжимает вены, как стрихнин:
"Бумаги до черта, но нет отваги!"

И корчась от презрения, листок
перечеркнув, перевернув: "Едва ли
узнают!" - торопливо синих строк
припрятывал венозные скрижали.

2

И в благодарности - укор.
Какие дифирамбы пели!
Один булавочный укол
тайком, и все! - оцепенели,
молчат. Дичают...

...Ни о чем
не думать! Пропустить! "Спасибо.."
Каким же надо палачом
быть, чтобы кричать, как рыба,
и корчиться, оцепенев -
"Не трогайте меня!" - от боли,
как будто бы центральный нерв
булавкой - тихо - прокололи.

3

К оцепеневшим за столом
выходит женщина в простом
и затрапезном одеяньи.
Смахнула крошки со стола,
посуду молча убрала,
но столько света и тепла
в ее деяньи,

в ее движениях простых,
как будто чудотворный стих
легко, презрительно и сухо
суровый ангел горьким ртом
оцепеневшим за столом
шепнул на ухо.

31 января, 1979.

И больше здесь не будет перемен.
И повторенье ежедневной роли
боль обделяет ощущеньем боли,
как обделенных - пением сирен.

А я хотя и слышу и скорблю,
привязан добровольно, но надежно...
Здесь достоверно только то, что ложно:
спасаюсь, то есть-сам себя гублю.

1 февраля, 1979.

Сестра

Что там? - водица или кровь
течет?.. Не в силах оглянуться.
Теряю голос, как любовь
сестры. Откликнись. Иляну ца!

- "Тяжел, тяжел и желт песок!
Кровь надо мной шумит? Вода ли
во мне? - я слышу голосок
и блеянье холодной стали!"

Костры горят, котлы кипят...
- "Все больше в голосе металла!"
- Нет, это блеянье козлят:
меня сестра ты не узнала!
Ножи точат, меня казнят..
Спаси!

-"Довольно! Я устала,
Мой нож, мой муж, мой брат вонзится
в грудь... может быть,- на два вершка...
И выйдет из меня водица,
и кровь мне в жилы возвратится,
И мальчик у меня родится -
Иванушка!"

Январь, 1979.

Ангелу смерти

Глазастый ангел, отними глаза,
возьми себе. Тебе они нужнее.
Смотри: холодный остов пуст и ржав...
Слепое обожание нежнее
и безболезненней пытливых взглядов. /Здесь
неразличимо./ Но прикосновенье -
разглядыванье в темноте: я весь

стал глазом! Отними его. Сверленье
кромешной тьмы кошмарней, чем инцест.

Что делать мне с моим сосущим зреньем?
И кто меня взахлеб глазами ест?..
Зажмурься, ангел,- отвернись с презреньем.

4 февраля, 1979.

Поэт

Сидит и прилежно внимает
причудливым чьим-то стихам.
"Конечно, - бормочет, - что там
еще говорить!" И снимает
ладонь со стола. "Ничего
не понял. А впрочем, похвально..."
Потом бормоточек его
стихает во мраке подвальном.
Там сыро внизу и темно.
И мучает кашель жестокий.
И, как световое пятно,
мерцают неясные строки.
Видения подчинены
какому-то странному ритму,
как будто подвальные сны
закапал расплавленный битум..

... Ворочался все до зари,
все кашлял и сам себе снился
большим насекомым внутри
застывшего темного смысла.

6 февраля 1979.

Ни умереть, ни жить нет сил.
Осталась желтая бумага
и фиолетовых чернил,
полупустая склянка. Пил.
Глупел. Бумажная отвага.
Не отличился. Сочинил.

Как хорошо, что нет со мной
тебя. Пробел. Цитаты улиц.
Как хорошо идти домой
мне - самому, тебе - самой...

Не встретились, не разминулись
карикатурною зимой.

Так и идти б вдоль фонарей,
вдоль времени, вдоль паралельных
тем, как отверженный еврей...
Не доходить бы до дверей!
И не цитировать постельных
и пыльных "огненных морей".

Пылал? или пылил? - забыл.
И не был. Вообще придумал.
Болезненный бумажный пыл.
Мурашки букв. А после - был
таков при-дурок!
И не пытался. Все наплел.

Наоборот. Слепой напор.
И в обращеньи отвращенье
сквозит... Бессмысленный набор
цитат. Победа. Пораженье.
Не спутался. Спустил на пол.
Не смерть. Не жизнь. Стихотворенье.

15 февраля, 1979.

Это пригоршня праха и страх
во мгновение смерти проснуться.
Скорбный вопль человека из Уца
пенной розой на серых губах.

Чум-ной мышью кощунственный звук,
искаженный имперскою речью,
допотопному ли Междуречью
возвращен или взят на Машук,
чье подобье - Иаков Вефиль -
льется глиняной лествицей веры,
как торчащий из масла фитиль
на квадрате дешевой фанеры?

Это родина - кто отмерял
и распиливал лобзиком? - Сина...
Так темна и сыра древесина,
что и дух над водой - матерьял
для заляпанных битумом стен
застекленного лунного Ура,
где пунктиром пятнистая шкура
сжала бедра богини измен...

И-штар, дудочка Иерихон
возвела, а разрушили трубы!
Но обмел лихорадочный сон
ги-псом тысячелетние губы
и фасеточных глаз махаон.

16 февраля, 1979.

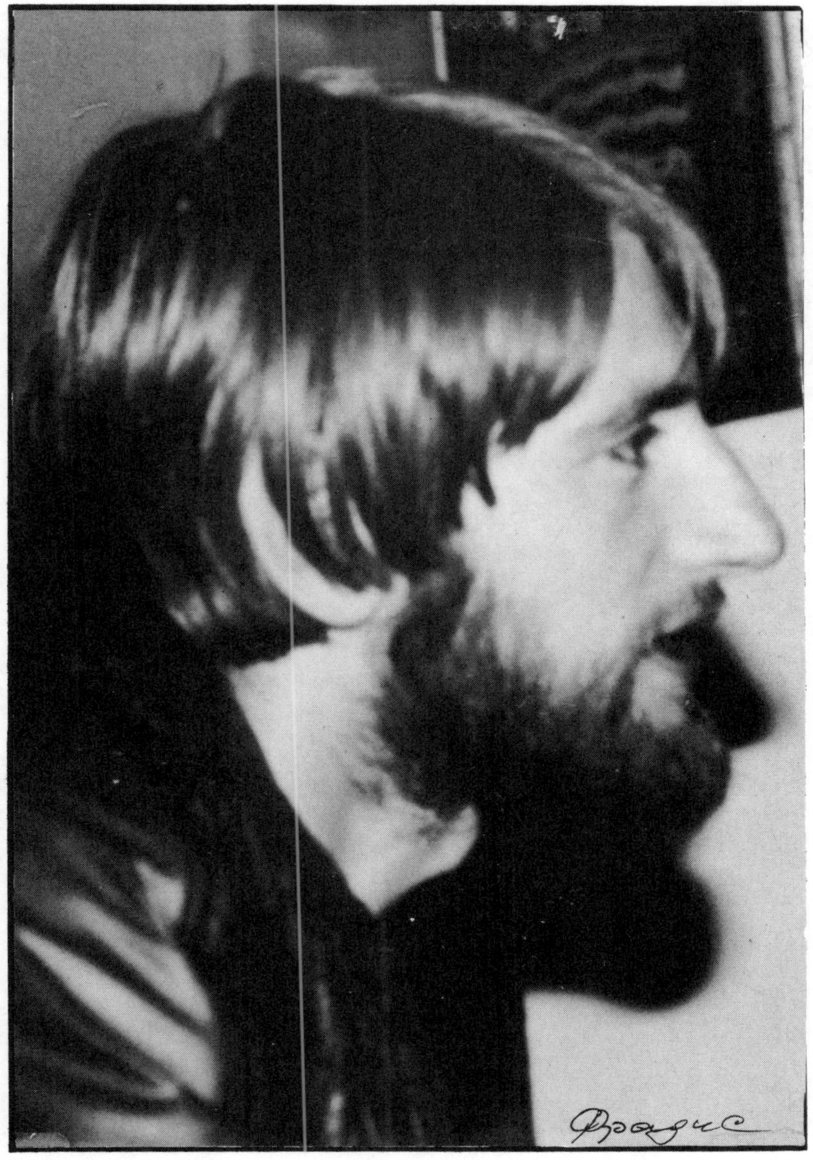

14 декабря 1982
Беркли

Уважаемый г-н Кузьминский!

Посылая Вам стихи и фотографии, я чувствую себя очень виноватым за то, что не уложился в срок, однако надеюсь, что в какой-то степени меня извинят небольшой объём материала, перепечатка которого не займёт у Вас, надеюсь, больше 2-3 часов. Увы – посылаемые стихи – всё, чем я располагаю на сегодняшний день. Меня подвели „каналы", на кои я весьма расчитывал, так что пришлось поэксплуатировать собственную память.

Зарисовка о Кишинёве у меня почти уже готова, но я решил отослать сначала стихи, а потом уже, по завершении, – и очерк (завершение, опять же, может затянуться на неопределенный срок, поскольку мне приходится пребывать на службе порой до пяти суток в неделю (я не шучу!))).

В №33 'Континента' вышла моя поэма „Еще раз о снеге". А вот нек[ий] Фрадис, опубликованный во "Времени и Мы", – явно не я. Не я и А. Фрадис, рас[с]хваливающий в Лос-Анжелесской „Панораме" советскую кино-макулатуру. А вот Б. Календарёв в №24 "Континента" – на самом деле я. Сообщаю Вам [э]то всё просто на всякий случай. Тут вокруг моей фамилии завертелас[ь] [к]акая-то нездоровая, мистическая свистопляска, и я уже порой сам не зна[ю], [г]де я – я, а где я – не я.

Еще раз простите великодушно за задержку, всего Вам доброго, и – с Рождеством Христовым!

Искренне Ваш,

А. Фрадис

От составител: и исчез. Сначала - из Калифорнии в Техас /когда составитель уже оттуда уехал/, а потом объявился в Мюнхене или где там - Ганновере? - вместе со своим другом Хорватом. Хорвата я запускаю почему-то в Петрозаводск, хотя первая его публикация состоялась в Молдавии, в Кишиневе, где они и общались с Фрадисом-Календаревым.
А Фрадис /равно и Календарев, обнаруженный тут мною где-то/ - кишиневец. Помещаю и его и Наума Каплана, и фото с Борисом и Олей Викторовыми - Борис, друг Ожиганова, был у меня в антологии "ЮГ", недоделанной и утерянной диссидентками Натальей и Юлией. Не говоря за Борис Фалька из Запорожья... Чрезвычайно интересного поэта. А Викторов - такой традиционный, вроде Саши Ожиганова. Фрадис тоже поначалу был - как бы это сказать? - банальным, но начиная с Техаса и Мюнхена - развился в мощного поэта. По профессии он что-то вроде врача, откуда и тематика иногда. Как у Лени Мака /см. в этом же томе/.

Оля и Борис Викторовы, Наум Каплан.
Кишинев, 1977

Из "Пушкинского цикла"

I

"Проклятый город Кишинёв,
Тебя бранить язык устанет..."

Проклятый город Кишинёв.
Его бранить - язык устанет.
Но этот город чем-то манит
меня под равнодушный кров.

Во чреве матери моей
сюда я был направлен в ссылку.
Здесь пил я первую бутылку,
здесь пел мне первый соловей.

Петрополь, бойкая Москва
и боль приморская - Одесса,-
всё это полно интереса,
но в сердце Кишинёв сперва.

Ни одному из городов
я так прискорбно не обязан
ни тем, что пристыжён и связан,
ни тем, что пагубно здоров.

Самонадеянный порыв
мой первый, робкие начала
здесь глупость добрая ласкала,
в итоге так и не открыв,

на что навесть прицел мне дальний,
куда направить взор и слух.
О, этот дух провинциальный,
застойный огородный дух!..

Теснит меня в пределах узких,
безмерно полного собой,
молдавский город, полный русских,
где я - не тот и не другой.

Но, славен Бог,- для русской лиры
не писан варварский закон.
Порой в окно чужой квартиры
она бросает камертон.

И здесь, где север полон юга,
где рядом запад и восток,
я взял перо, я встретил друга,
я слушал первый мой урок.

Уж верно, всякому цветенью
своя назначена земля,
и грех цветущему растенью
бранить окружные поля.

1976 г.

П

"Паситесь, мирные народы..."

Народа нет - есть человеков тьма,
сознаньем друг от друга отлучённых.
Нет в мире даже равно двух влюблённых,
два равно вспыхнувших не сыщется ума.

Здесь нет двух одинаковых певцов,
двух под копирку писанных красавцев,
тем более нет сходных двух мерзавцев
и полностью тождественных глупцов.

И если нечто - боль для одного,
то это же есть ~~радость~~ для другого. → благо
Зависит всякой мысли торжество
лишь от того, кому дадим мы слово.

Единство душ немыслимо, когда
одна душа с другою незнакома,
но мы ведь и в своей душе не дома,
а не в своей - кто проникал туда?..

Лишь те, кто нам трактует о народе,
едины в пустословии своём.
Они нам врут - а мы себе живём
согласно им неведомой природе.

1976 г.

Песня

Кого-то нелюбезно попросили,
а кто-то сам взял на душу вину,-
поэты уезжают из России
в нерусскую, чужую сторону.

Они бегут державного презренья,
от водки, от одолженных рублей,
от сна, от напускного вдохновенья,
от невозможных жён и матерей.

Но главное - от матери-России,
хмельной от крови, бледной от вранья,
они бегут, оставшиеся силы
едва-едва в больной душе храня...

А мачеха их ждёт за океаном,
сентиментальных пасынков своих,
изображая на лице румяном
сочувствие, столь важное для них.

Их ждёт почти загробная чужбина,
как в преисподней душ заблудших
ждут,-
и худшая в их жизни половина,
и лучшая - всё остаётся тут...

1977

науму каплану

потому что у других больше здравого смысла
(чтоб им было кисло - и тем и этим)
мы с тобой поедем крутить картину
юному кретину на телецентре
ты, мирон, девчонки и я приблудок
(из добротных будок косятся волкодавы
прочие соседи девки и дети
старики подавно - к щелям в заборе
лицами приникли)

на этом свете
жить тебе осталось не больше года
запорожец роет скиносы рылом
писаны акрилом прохожих рожи -
темные портреты юры брусовани
евреи молдоване разные туземцы
на границе мира города деревни -
рой народовластья

четыре года
мне осталось лаптем хлебать баланду
доставать по блату жратву и тряпки
на безрыбье в прятки играть с психушкой
на машинке книжки друзей печатать.
непочатый край стихопрозы, писем
совершенных писек красавиц летних
завершенных циклов, последних пьянок
с хорватом и панз поездок в питер
обузданья прыти -

в такой окрошке
исхитрись остаться в пределах тела
(тривиальна тема - детали жутки)
в чемоданах шмутки луна в окошке

железобетонный поток сознанья -
образы как зданья микрорайонов
из пустых проемов сквозняк вселенной
в чешуе сирени в золе бумажной -
так ли это важно?

18 Фев. 85 г.
Мюнхен

И второй "автограф" Фрадиса, посланный мне год назад - через Толстого, что ли? Точно через Толстого.
О Кишиневе Фрадис так и не написал, много их тут чего обещали годами: Лехт и Мамлеев, Сайз /из-за которого я полаялся с Очеретянским - тот отказался киевлянина же Сайза набирать, а помянутый шкап так и не написал ничего, обещаясь "Мемуары в гинекологическом кресле". Сайз, он же Кит, он же Саша Ямпольский - горазд пиздеть и заниматься местной самодеятельностью, напару с негром Майклом, а работать.../
Так мне обещает каждый третий, вырвать же мемуары удается - дай Бог, с десятого...
Не мне же о Кишиневе писать, в котором е отродясь и не был? Помню только, что не то кабачки, не то баклажаны - называются там "ГОГОШАРЫ", и этикетка где-то завалялась, а хотел привести. Иллюстрацией.

Впрочем, хватит иллюстраций. Есть кой-какие поэты - и ладно.

Но жизнь в провинции - такая же бурная, как в Москве и Питере. О чем и эти 2 тома.

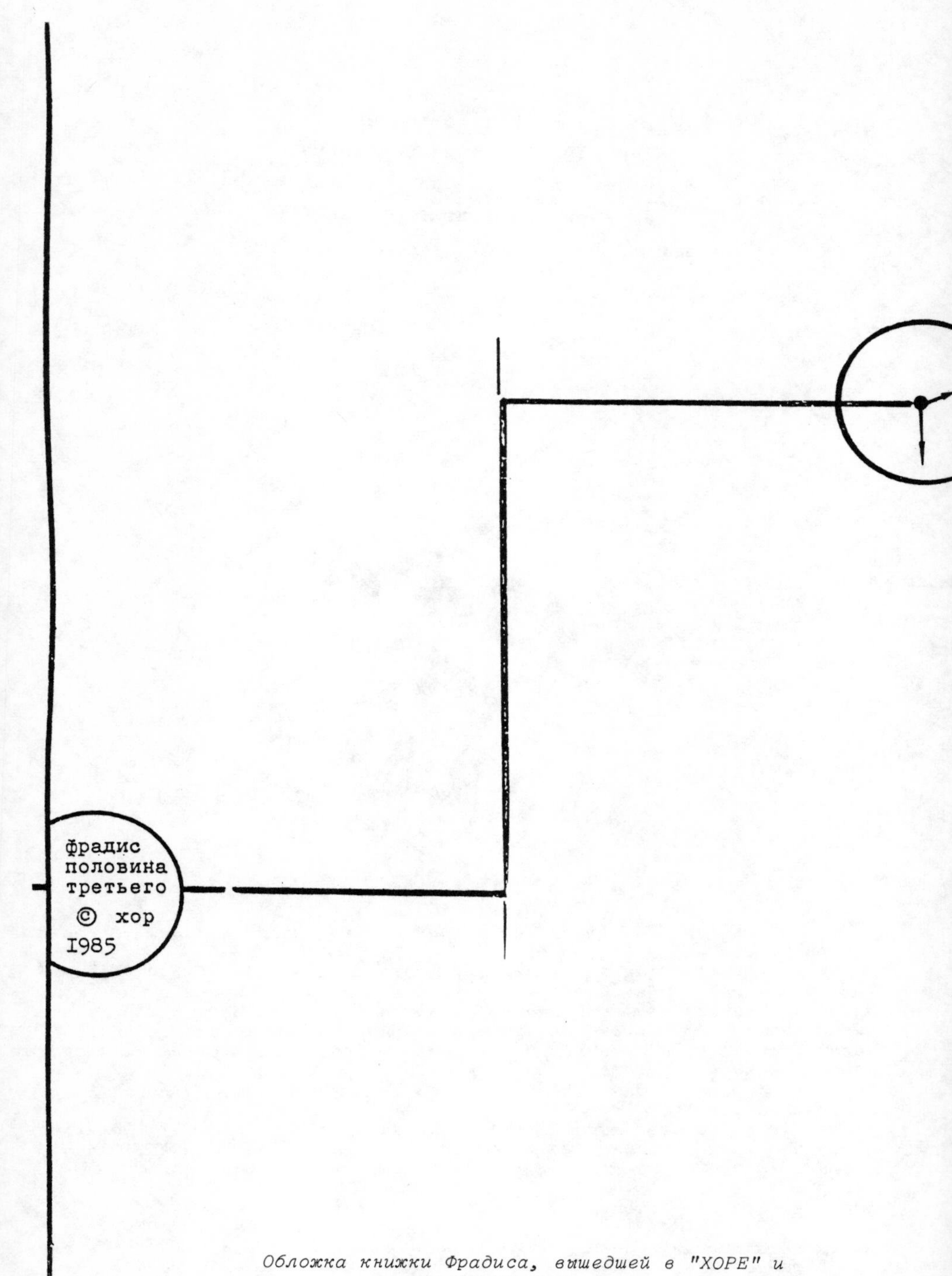

Обложка книжки Фрадиса, вышедшей в "ХОРЕ" и тексты из нее.

берклийские куплеты

"голь перекатная
поле закатное
крупно-рогатое стадо

дрожь предрассветная
чушь несусветная
у сельсовета засада

славно упитаны
парнокопытные
движутся слитно без гама.

вдруг чьи-то быстрые
меткие выстрелы
влет по рогам из нагана"

прямиком по стезе постиженья
вдоль экрана с названьями стран
чьи-то тени бредут в костюжены
превозмочь униженье и страх

там кончается время-пространство
и в чумном предвкушеньи битья
нужниковый соблазн арестанства
обращается в цель бытия

а когда на вечерней проверке
обнаружится дерзкий побег
кто-то сплюнет: намылился в беркли
нам достанется лишний обед

костюжены - дурдом в кишиневе
беркли   - дурдом-побратим костюжен
(примечание переводчика)

зима 81 - зима 85
беркли - мюнхен

"попизди, попизди - соловьем станешь"

народная мудрость

Я вспоминаю другую кухню. Карликовый холодильник, высокий стул. "Господи, - молчу я, - услышь мои молитвы..." Шкафчики, полки, стол и плита.

серый линолеум вкрапинку, с пятнами пролитого кофе, вина и молока. Есть еще две комнаты, балкон и ванная, туалет, прихожая, встроенный чулан.

мне сидится, пишется "поэма состояний", спит жена в той комнате спит в манеже сын. Пишущая машинка ничего, не грохает, - одеяло вчетверо заглушает стук.

здесь придут, рассядутся старые друзья. Через год, а может быть через шесть недель. На ковре измятом, нечищенном, морщинистом развернут бутылки, колбасу и хлеб.

Зинка тут и Юлька тут, и Паланов с Ритою, Дрейзлер и Лодыженски и всегда - Наум. И подружка с улицы, Людочка Семенова, длинная, худая, с питерских харчей.

завтра с послезавтрою спутаю невольно. Викторов пельменями закормил собак. Две джинсовых задницы - Костина с Сергеевой - едут на Ботанику, ну, и я туда ж.

если и запутаю улицы февральские - окажусь чудесненько на Обводном в Мае. Выйдем на Садовую и пешком к Гостинному: я в дырявых брюках, ты - в вечернем платье. Сядем на скамейку в Летнем и замре Целоваться хочется, но менту с собакою кто-то ж должен сильную руку протянуть.

улицы-фамилии. Улицы-извилины. Имена не помнются, проза не дается Тринадцатый автобус в сторону Рышкановки. Там в больнице мама, скоро выходить.

ты мне опять про любовь? Слезы, слезы, слезы. Только я не совсем пойму - кто, откуда, зачем. Лариса, Юля, Ира, Лариса, Света, Коля, Слава, мама, папа, Опель, сенбернар. Тут еще поэты гениальные понаезили: молодые, вредные. Смех и Коктебель.

хорошо кончается все, что худо кончилось: черная Америка, лагерь Техас. Наглухо застегнутый, комарьем искусанный, я сижу в дозоре, над собой расту.

им подай духовности. Выжмись гимнастеркою. Пусть многозначительно содрогнется мир, - но при этом вовремя кофе будет подано, дочка образована, все соблюдено.

да пошли вы на хуй все, никуда не денусь я, кончатся истерики, будет благодать, и какава с чавою, франция с германией, фрадисы на поводке, деньги и вино, -

кто с короткой памятью, тому легче дышится. Раз, и два, - как в танцах: шаг и два назад. Кровь сосать - не хуй сосать: и вкусней, и выгодней, и опять же, - медленней. Абсолютный кайф.

а я вспоминаю другую кухню: вымороченный, выжатый на пожухлый лист, не накрыв машинку, не выбросив окурки, словно вор, крадусь на общую кровать, где совсем растаяли в безмятежном сне груди, ягодицы, губы, руки, члены и конечности по-отдель-нос-ти.

если чего-то и недоставало всегда - дыханья
слабую мышцу мозга душили зачатки мысли
так появлялись на свет стихи-недоноски
сильные строчки на ниточках
рыбки на елке

то что казалось пространством пространством и было
но безвоздушным (впрочем спасала рифма)
девочки жадно внимали развесив острые ушки
вату невнятной фразы хавали с аппетитом

помню отсеки всяких комнат в дыму и свечках
под потолком витали музы чихая часто
это считалось жизнью творчеством откровеньем -
все остальное как бы даже и не считалось

так бы и жил чудесненько пьянствуя вря дурачась
но не сиделось дома - взял и свалил на запад
и оказался в жопе в армии муж семейства
(если возьму псевдóним - будет он лимонадис)

зима 85
Мюнхен

"сгущенное солнце сочится на крыши
дождям не с руки околачивать груши
словесный запор наподобие грыжи
лишает уюта внутри и снаружи

но служит живот индикатором фальши
поскольку вдали от россии и польши
говяжьи свинные и прочие фарши
из пищи в дерьмо превращаются дольше"

"гостеприимна страна майонезия
где попугаи поют на акациях
и обновляется наша поэзия
в гастрономических ассоциациях

блики на водах лоснятся как блинчики
воздух звенит как стакан в подстаканнике
и набегают на девичьи личики
тучки небесные вечные странники
(млечные слюнки стекают под лифчики)

там беглый дом барак теплушка
в снегу тягучем за окном
пустая тяжесть безделушка
ключи на куче под замком

а еще там были окна
и карнизы без портьер
на стене торцовой полка
маслом крашена панель
и двенадцать там кроватей
было сдвоенных у стен
и над ними в полумраке
потолок один блестел
две ж добавочных кровати
были втиснуты в проход
и на них совсем некстати
мы валялись поперек
две девицы ненормальных
в середине я худой
их торжественный начальник
без трусов и с бородой
грамофонные пластинки
срок вершили свой в пыли
и сосульки на затылке
словно кактусы цвели
на одной из дальних коек
дочка тихая спала
в наших длинных разговорах
не участвуя одна
и никем не охранялся
этот праздничный дурдом
только кучер да кухарка
пьяно злились о другом
мы валялись и крутили
все пластинки по одной
и киряли и курили
и пускали дым в ладонь
нам тепло и потно было
в том раду и в том аю
завитки крутого дыма
восходили к потолку
и тогда собравшись с духом
водрузилось надо мной
иры челышевой тело
я ж лежал совсем прямой
а жена моя светлана
была справа под рукой
и я комкал одеяло
ногу пробуя другой
а пластинка завывала
жалко блеяла метель
ирка жарко пробиралась
к голове через постель
над лицом моим уселась
врозь коленки развела
мне досталась ее прелесть
вся в себя меня звала
и змеюка и задира
и пупка дверной клазок
и я вылизал красиво
все что тыкалось мне в нос
да еще при этом свету
правым средним от руки
я умело вел к блаженству
через злости завитки
и тут обе заорали
и проснулся я без слез
и узнал на одеяле
мутноватый сок желез
и присел я и подумал
"надо вытереть скорей
а нето придет сутулый
психиат'р и еврей"

он мне расскажет про гоморру
и колыму и вавилон
и успокоются гормоны
и я впаду в обратный сон

январь 85
Мюнхен

эзотерическое

с.

ты спать ложись сегодня без трусов
я утром как приду домой с дежурства
так сразу и накинусь
целовать
вылизывать твое чужое тело
не мне принадлежащее а сну
который импотент и не способен
не то что до конвульсий довести
до неприличных визгов и мычанья
число их приближая к десяти -
но даже молча сделать замечанья
по поводу бесстыжести твоей
невинности на полпути к некрозу
побойся Бога -
педофил морфей
специалист по смертному наркозу

я про тебя не знаю ничего
я знаю все
(двусмысленность такая -
не атрибут лирической болтанки
а в случае с тобой навод на резкость -
здесь суть важна не меньше чем пизда)

но что такое суть?
как и душа -
не ясно существует ли в природе
и если даже существует
то
ужели познаваемы рассудком?
пизда другое дело -
матерьял
вполне конкретный и всегда искомый
поскольку я пока не утерял
любви к тебе
животной но исконной

ты спать ложись но ты не засыпай
не сотворив языческой молитвы
и это абсолютно все равно -
до христианской
после
или вместо -
в них нет противоречия:
одна
другую дополняет укрепляя
об истинности веры же суди
по степени свободы обретенной

16 Фев. 85 г.
Мюнхен

вдохновения нет и в помине
просто вошкается в кишке
аскарида тощая пимен
массовик в хоровом кружке

мне бы сторожем гастронома
мне б на крите пасти гусей
но взирают на гастролера
пол европы и ю-эс-эй

что ж потешу байкой про рашу
нацежу им соплей в сукно
как в бараке мол какал в парашу
в психбольнице писал в судно

с пионерских оргий в нирване
бегал в горы не стриг волос
только в городе ереване
показаться не довелось

но зато на неве и в коми
дуя в рифму как соловей
я оставил свой след
а кроме -
кровный выводок сыновей

в ощищенье дьявольской скверны
оглушал я сдававшихся в плен
бронебойной картечью спермы
по пельменям девственных плев

и топили меня - но куда там
я всплывал как говно со дна
потому как - меченый атом
провозвестник судного дня

только б пальцам хватило духу
додрожать до конца строки
только б страшную эту пруху
не похерили б старики

13 Фев. 85 г.

стеариновые стены мюнхенской ратуши
не нуждаются ночью в подсветке и ретуши
тычет в небо перстом одичалая готика
рассыпается в прах ленинград души
два застенчивых гомика в шубках из котика
созерцают крушение елочной ветоши

в этот час вычитание винного градуса
из невинного цельсия мучает фрадиса
на которого с разных сторон декорации
надвигаются маски святой инквизиции
чтоб любою ценой помешать деградации
христианской души в интересной позиции

ворожат витражи над фасадами в крапинку
подмывает нырнуть из колодца безлюдного
в судоходную улицу имени людвига
не по-здешнему прямо текущую к швабингу
где бубновые карлы и девочки с лютнями
обеспечат приют стихоплету и бабнику

холодает к утру и становится муторно
в этой архитектуре баварского хутора
окаянному телу военного медика -
персональной комедии верного зрителя -
а в рассветном тумане маячит америка
словно в даль устремленная тень вытрезвителя

зима 85
Мюнхен

давиду гамильтону

чистое и крупное зерно гамильтоновских фотографий
взрывчато прорастает в моем подсознании
многомерными плодами поэтического воображения
в остановившемся (на этот раз окончательно) времени

воплощенное обещание бессмертия и вечной юности
возвращение беспомощности и бессонницы
вращение бесов и ведьм под подушкой спящего
влажные простыни - не от слез ли? - нет, не похоже

о это зернышко точка на координатной решетке творенья
где острота ощущений зависит не от принадлежности пола
а от языческой жреческой жертвенной принадлежности
к избранной касте прекрасных неприкасаемых

сотканные из фотонов позы преступной невинности
светло-воздушный нездешний разврат посвященных
непоправимо статичный круг вовлеченных деталей
замкнутый круг электрический ветер магнитные тени предметов

так прихотлив этот мир отражений на ряби озерной
столько заботы тревожной вселяет в безвременно взрослую душу -
в пору ей Богу на всякий альбом гамильтона
клеить ярлык "высокое напряжение. опасно для жизни"

20 Фев. 85
Мюнхен

в этой жизни мне нужно лепить стихи
ковырять пером в перегнившем прахе
отгоняя страхи струей строки
заблуждаясь напрочь в соборном парке
посреди аллей тополей мулей
не вполне еврей но с горбатым носом
на халяву тени своей смелей
из-под сонных век озираясь косо

если нет - солдат медицинских рот
арендуя кактус на злом отшибе
по техасу ночью - ебись он в рот -
через тучи вброд на летучем джипе
с лейтенантом выжившим из ума
под шрапнелью мух мотыльков москитов -
поскорей бы что ли пришла зима
выражаясь бродски (на что мозги-то?)

если да - туда где пылает день
в заполярной тьме елисейских буден
по пупок в беде на сопливом дне
в животы блядей колоча как в бубен
(ни черта не хочется ни черта
не печется - вот и пора лечиться
со щита осклабилась нищета
волочится следом как та волчица)

между двух свобод на волне обид -
гимназист оставленный без обеда -
можно сделать вид что в упор убит
из рогатки в лоб - над собой победа
"разорву силки - говорит пиит -
изучу иврит прочитаю тору
на больших страницах могильных плит
напишу трактат про любовь который"

6 Марта 85 г.
Мюнхен

ГРИПП

Е.Хорвату

I

есть на каждом листе календарном
дабы впредь мы не знали забот
чёткий перечень в ритме ударном
красных дат и рабочих суббот

в промежутках меж грохотом стали
и воинственным лязгом газет
припадаем мы к зелью устами
по пути на парад иль в клозет

в этом веяньи явно влиянье
искривления времени но
воздаяние за возлиянья
род людской не пугает давно

по морозам и метаморфозам
утирая то водку то пот
мы дотянем наш век под гипнозом
чёрных дат и кровавых суббот

П

Преодолев полосу невезенья на брюхе,
в перьях и пухе, в бумажной трухе, будто в прахе,
драные джинсы сменив на парадные брюки,
вытянув руки, бреду, натыкаясь на плахи...

Ложные страхи! Пора бы прийти в умиленье
от всенародного мления! Прочь умаленье
планов, идей и значенья великой эпохи!
Есть недостатки, конечно, но плахи - не плохи!

Это такая попытка приятия мира -
выдавить желчь на бумагу японской пипеткой
и раствориться в колоннах, шагающих мимо
поступью гордой, сверяя маршрут с пятилеткой,-

к новым высотам, зияющим над континентом,-
слесарь с дояркой и прапорщик с интеллигентом!

Вывернуть мир наизнанку с таким контингентом -
плёвое дело. Хана буржуазным агентам!

Кентом дымя, возведём города из брезента
в джунглях и в Арктике!.. /Голос жены: "Полотенце.../
- Брысь, отщепенцы! От вас не приемлю презента!..
/...нужно под краном смочить. У него инфлюэнца."/

III

Ноябрь. Эпидемия гриппа
ломотой корёжит скелет.
Отправлена пышная грива
в корзину за выслугой лет.
То оттепель дразнит игриво,
то стужа заносит стилет.

Сограждане входят с опаской
в общественный транспорт, как в лес,
скрывая под марлевой маской
зрачков лихорадочных блеск.

На службе, у касс, в заведеньях,
без тени ухмылки - всерьёз! -
вверяют свои сновиденья
начальству, сморкаясь до слёз.

Ночами читают Пикуля,
кидая бессоннице кость.
Жуют с отвращеньем пилюли
от кашля и нервных расстройств.

Потом обращаются к водке,
сочтя её меньшим из зол,
поскольку в надсаженной глотке
мозоли натёр этазол.

Проблемы всё неразрешимей -
и, сунув термометр в рот,
мечтой о постельном режиме
блажит занемогший народ.

...Не пялься с надеждой на флюгер.
Чихая на мир не ворчи.
Отсутствие снега на юге
причиной считают врачи!

Они в шутовском облаченьи
шныряют по тёмным углам,
сверяя влеченье к леченью
с параграфом плана, а план -

загнать в карантин пилигрима,
колючкой опутать леса.
Намордник надёжнее грима
сотрёт выраженье с лица.

Ноябрь.
Эпидемия гриппа.
На пальцах - микробов пыльца.

IУ

Заполонив садовую скамейку,
почтенный старец наставлял семейку:
- ...подъехала к ОВИРу "канарейка" -
и тут же объявили карантин...
Шуршали шины, задевая бровку.
Мишпуха снизу вверх внимала робко.
А Моисей - вчерашний полукровка -
в воображеньи чистил карабин.

Не убоясь повального крещенья,
но опасаясь кораблекрушенья,
с боями прорывает окруженье
бессмертный, но болезненный народ.
В отчаянье решаются на это
и те, на ком не стёрлась Божья мета,
зане талант - не род иммунитета
от гриппа, а как раз наоборот.

Перед отлётом дёргаясь в канкане,
как звери, побывавшие в капкане,
со скрипками, фигурными коньками,
с холстами и стихами в тайниках,

отвергнув социальные заказы,
бегут, спасая разум от заразы,
пииты, лицедеи, богомазы
в терновых - то есть лавровых - венках.

Нас не уберегут от эпидемий
светила медицинских академий,
а тошноту от взлётов и падений
наверняка не снимет аэрон.
Любой недуг предполагает кризис,
когда в глазах пылающие крысы,
вороньей стаей облепив карнизы,
на идише сулят Армагедон.

Глодает Чоп таможенные тромбы.
Трещат по швам контейнеры и торбы.
А сам создатель водородной бомбы -
лишь "экс-лауреат и клеветник".
Но в карантинно-вирусной державе
не продержаться на скандальной славе:
войдя в сношенья с прессой и послами,
рискуешь триппер подцепить от них.

Не роль , но Рок ведёт царя Эдипа...
Ослепшие от насморка и хрипа,
мы покидаем пир во время гриппа
навстречу новым ливням и снегам.
Наш поезд проплывает вдоль платформы,
как столбик ртути, приближаясь к норме.

На санитара в офицерской форме
задумчиво взирает Вальсингам.

I980

Разговор в Краме
/выписка из истории болезни/

- Чачу помешивай чайною ложкой.
По телефону флиртуй с неотложкой.
Выкинь с балкона чашки и стопки.
Песен истоки золою из топки
не засыпай,
как и корку - обедом.
Лучше - аббатам поведай об етом,
кроя соломой полы, словно матом
кроешь, скитаясь по шляхам щербатым!

/Вряд ли с Арбата вернусь на "Орбиту".
Тянет обратно - да ушки обриты,
почки отбиты, как строчки петита.
Есть вдохновенье, но нет аппетита./

На семафоре висят серафимы -
их переводят в снежные бесы.
Строчки заочно заносит в Афины.
Тяга к наезду - символ прогресса.
Ладно. Псаломом очищу и душу,
и карандаш,- но размер не нарушу.
На полдороге в АРЕ через Питер
спьяну займусь совмещением литер.

/Прочь рассужденья: "псалмом" иль "псаломом" -
это достойно скотины с указкой!
Гонят Лука с Моисеем пса ломом
за шелудивость и блядские глазки
через холмы к генуэзским руинам.
Смысл - в опечатке. А в уксусе винном -
точки-тире с запятыми. Ей Богу,
не предпочту и Магрита Ван Гогу,
синус константе, Желябову - Брута,
стенам без крыш - одичалое брутто.
Лучше сангиной тачанку с наганом
изображу - и умру за стаканом,
опорожнённым на треть или даже
на две. А чача в чаше всё та же,

что и вчера. Самолёты из лужи
пиво лакают, топчась неуклюже./

Вылепит Время из ребёр кадавра
снежную бабу и конус обвислый.
Жизнь - это, Женечка, абракадабра
с горькою капелькой здравого смысла.

"Крама" - единственное приличное место в Кишинёве
"Орбита" - литературное объединение при газете "Молод
Молдавии" /светлая ему память!/

1980

Б Календарев

В Р Е М Я

И

В А Р И А Ц И И

С
Т
И
Х
И

I972 - 1976

I

БЫТЬ МНЕ ПОСПОКОЙНЕЙ. . .

/ МГПИ - Люблино - Костюжены /

СТРАШНЫЙ СОН,

присниившийся И. Христу в лодке во время шторма

на пути в страну Гадаринскую.

Дым из трубы валит, валит...
Болит моя нога.
Скрутил меня радикулит.
Замучила цынга.
А за окном - свинцовый снег
и свет, и на порог,
как снег, ложится человек,
уставший от дорог.
Двойник! Исчадие огня!
Зарвавшийся урод!
Карикатура на меня!..
А я - наоборот.
А я вином и хлебом сыт,
я свой устроил быт,
и Магдалина рядом спит,
и прежний бред забыт.
Никто меня не предавал
и не предаст. Пилат
не сдерживал гудящий вал,
шепча:" Не виноват. . .",
не бил набат; не падал ниц
Матвей перед крестом,
и сочинитель небылиц
так и не стал Христом. . .
На теле язвы. На душе -
сомения и страх.
Во власть опарышей и вшей
Отец отдаст мой прах.
Плевать на ближнего. Себя -
и то не мог спасти ! . .
Ах, видит бог, моя судьба,
прости меня, прости. . .

Я попаду на Страшный Суд.
Меня сожрут клопы.
На крест Иуду поведут
под вой и плач толпы.
Но ведь душа - не монолит,
а серебристый дым .?.?.
Дым из трубы валит, валит.
Душа скользит за ним.

X

X X

Пыль столбом. Жара, как в домне. Ветер в спину.
Кто-то молится Отцу, а кто-то - Сыну.
Впрочем, каждому свое. Века вам пухом!
Я - единственный - молюсь Святому Духу.
Над планетой, запылавшей от окурка,
чешуей пооблупилась штукатурка,
потолок небесной тверди в паутине,
чахлый род плодит дистрофиков в пустыне.

Ничего себе - избраннички у Бога!
Наше стадо так беспечно и убого,
наши судьбы, наши планы, наши речи
так пусты!.. И оправдать все это нечем.

Бесконечна, но узка дорога наша.
Мир воняет, как тюремная параша.
Тают звезды. У зрачков дежурят слезы,
и кидаются поэты в омут прозы.

От бессилья мы друг друга травим зельем,
и живьем себя закапываем в землю,
и закалываем совесть на потеху
високосному, свихнувшемуся веку.

Нету повести печальней во вселенной,
чем история коленопреклоненной,
истеричной и безжалостной планеты,
сотни раз уже воспетой и отпетой.

Я бреду по ней озябшими ногами.
Все зависит от меня, а я на грани
помешательства, хотя и верю в чудо
/ И наверное, - за гранью верить буду/.

4

Просто я лишен и голоса и слуха.
Просто я тайком молюсь Святому Духу.
Как отшельник, в комфортабельной пещере
завываю, зубы желтые ощеря.

Все равно мне, с нимбом он или с рогами:
лучше душу заложить, чем с дураками,
распоясавшись, плясать под чью-то дудку
и не сердцу подчиняться, а желудку.

Пусть мольбы мои все злее и нелепей,
пусть истлеет в лете мой бессвязный лепет,
но свернет Земля с насиженной орбиты,
и Отец, скупой на козни и обиды,

полагаясь на суровый опыт Сына,
соберет свои наброски воедино,
перепишет неудавшиеся главки,
очищая дух огнем последней Правки,-

и страницы станут множиться, как лица,
как столетья,- и оплатится сторицей
тем, кто в пору страха, рвачества и стука
брел, по грудь в дерьме, тропой Святого Духа!

ПРИЗНАНИЕ В УРОЧИЩЕ

Говоря по совести,
я живу, паря
в нудной невесомости
собственного Я.

Хорошо быть идолом,
каменной балдой
с неприметной издали
рыжей бородой,

без труда иронией
всю святую рать
поражать – и родиной
Землю называть.

Весело, заманчиво
быть врагом креста. . .
Только вот обманчива
эта красота,

если в одиночестве
вечность, а не век
прозябать без почестей
пугалом для всех.

Словно огородное
чучело, на трон
водрузил народ меня,
чтоб гонял ворон.

Не уйти, не спрятаться;
не покинуть пост.
Робинзон без Пятницы,
на виду у звезд,

я торчу, языческий
до мозга костей,
чувствую физически
пагубность страстей.

Не зачатый грешником
в мае на заре
под густым орешником
с дочерью морей,

некрещенный, с ведьмами
голыми, в кругу, —
хохочу над бреднями,
силы берегу,

по ночам кощунствую,
ем запретный плод,
вместе с вечной юностью
прославляю плоть. . .

Ну а днем – по-прежнему
маюсь от тоски,
сохраняю бережно
в памяти куски

недоступных смертному
оргий да пиров
и в вино десертное
подливаю кровь.

Не прошу прощения
у потухших глаз:
жертвоприношения
говорят за вас. . .

ВОСПРИЯТИЕ ЖИВОПИСИ

Ю. Брусовани

с восхищением и любовью

I

Себя, себе, собой...
По темени
стучат, рожденные из темени,
два сложных , вымышленных имэни -
и настояще - одно.
И я молю его: " Возьми меня,
тебе сродни дорога зимняя,
но дай опомнится: не тени ли,
сливаясь в мутное пятно,

плывут по внутренней поверхности
зрачков, расширенных для верности
не атропином, а настырностью
изголодавшегося сна?.."
Оно хрипит в ответ: " Над сиростью
плывет туман предсмертной сырости,
когда наш мир дрожит от ветхости,
при-рода коей не ясна!.."

Но нету перемен разительных
и в заключеньях умозрительных,
и в компиляциях старательных,
во всепрощенческом бреду.
Нет, не сомнения в соратниках,
не подленький соблазн - содрать у них
с пяток идеек заразительных
несу в себе, когда бреду

по бездорожью оголтелому
навстречу дому опустелому
и мрачно радуюсь постылому
жужжанию мажорных нот, -
несу свечу мирку пустынному,
три имени к уступу синему
и - фиолетовым по белому -
прозрения кипящий пот.

II

Изъеденные молью лица
и полусвет.
Доколе ж февралю молиться
на полуснег?

Все пар валит из-под конюшен,
из-под Крестов,
и в мареве не счесть крашек
твоих мостов.

Но заглушают все те беды,
и страх , и стон
в тебе хрустальные Тибеты,
чертог с перстом

сквозь бренность рвущегося шпиля,
пророк косой
и роковая мудрость штиля
перед грозой.

Теперь оставлено лукавство,
снят карантин.
Ты сам дозируешь лекарство
своих картин -

и выжигают метастазы
из естества
лучи здорового экстаза
и мастерства.

III

От скрюченных пальцев разит табаком,
обида сочится из пор.
Ты прав: отреченье грозит тупиком.
Но где же я был до сих пор?!.

На что я растрачивал зренье и слух,
бесценный провидческий дар?
Воистину, миг меня взял на испуг -
и пылью зрачки закидал!

Не кислые воды, не скит, не дурдом,
не елей Мордовских размах -
союз вдохновенья с кровавым трудом
мой путь оправдает в веках!

Пусть даже душе не достанет тепла
в стране нежилого огня -
паук конъюнктуры, слепой, как толпа,
в силок не заманит меня!

... Так в чередованьи полотен и дней,
свой крест занося на Парнас,
я вновь убеждался, что время бедней
СВОБОДЫ, бушующей в нас.

ПОПЫТКА №3

Бережёного бог бережет - от простуды,
от незваных гостей и от бешенных псов,
от капризов погоды. Но тщится рассудок
запереть свою прыть на чугунный засов.
Неизбежней дождей после бабьего лета
наступает отчаянье в силе пера.
Все издержки поэта заложены в смету,-
но уже на пороге отчета пора.
Отдирая от памяти липкие клочья
в суете и простации скомканных дней,
я с великим стыдом убеждаюсь воочью
в абсолютном банкротстве трескучих идей.
Захлебнется надежда в предутреннем дыме,
ни покоя, ни света судьбе не суля,
если явится совесть ко мне с понятыми
и предъявит к оплате мои векселя.
И вглядевшись в рисунок бессмысленной драки
кипятком сожаленья меня окатив,
не одобрит Господь лобовые атаки,
и кликушество снов не зачтется в актив.
Время тиснет печать на скупом приговоре:
мотовство непростительно в этой войне.
Лицедейство бесплодно, как Мертвое море.
Лицедейство таланта - бесплодно вдвойне.
Но готова душа к возмещенью убытка.
Возмущенье зажгло бортовые огни.
Лучше третья попытка, чем вечная пытка,
что по сути - бессмертью Пилата сродни.

На экране холста, обрамленного болью,
проступают ленивых веков телеса.
Мой черед. Омерзенье граничит с любовью,
сумасшедшим оргазмом сковав полюса.
Незавидная участь задравшего полог
будуара природы меня не страшит.
Стихоплет - это евнух без права и пола,
но зияющий язвой бессмертной души.
Обделенный с рождения чувством смущенья,
он заносит бестрепетно в свой черновик
все детали преступного кровосмешенья,
наслаждаясь зловонным подтекстом улик.
Инфантильные страсти фригидной планеты.
импотенции дряхлого века подстать у-
с каждым годом роскошней её туалеты,
но, как взгляд палача, оболочка пуста.
Ради славы в сомнительных звездных салонах,
с головой окунувшись в трясину растрат,
потаскуха-планета мальчишек зеленых
посвящает в расчетливо-грязный разврат.
В тень свою солдатней до конца не затоптан,
но заплывший уже чересчур далеко,
век лишает невинности врознь и оптом
дошколят и святош - прямо по Де Лакло.
Стал каким-то повальным болезненным спортом
вечный поиск алмазов среди нечистот,-
и девчонки с уроков спешат на аборты,
и планета ублюдков в корзине несет.
Мы - мутанты, и черные наши уродства
зарождались в утробе незрячей страны,

но, как царская водка, сознанье сиротства
растворяет кристаллики чуждой вины.
Пусть не слишком гуманно ссылаться на давность,
если жертвы плодятся, как мухи весной,
и мучительна данность, а разум - подавно
обрастает металлом в чащобе лесной.
Быть в компьютере лет индикатором муки
городов и лесов без огня и корней -
вот планида жрецов осторожной науки
о влиянии века на плотность теней.
Двух полярных светил золотые ковриги
пригорают на противнях слабых стихов,
и надмирных созвездий лихие квадриги
дух морочат серебрянным звоном подков.
Ну а там, где души башмачки не ступали,
где пророческим бредням поставлен предел,
прозябает в безделье, тоске и опале
сам создатель людских и космических тел.
Облаченный в дырявый махровый халатик,
равнодушно неся близорукости крест,
он вращает на пальцах спирали галактик,
сам себя заключив под домашний арест.
Как проказы, стыдясь своего узколобья,
он в отместку судьбе искалечил наш мир...
Только это не Бог, а пустое подобье.
Комплексующий жмот и бездарный факир.
Бог с ним. Старость для песен страшнее цензуры.
Пусть секундная стрелка судейских часов
день и ночь чертит контур грядущей тонзуры
на макушке настройщика главных весов.

Мне и так очевидно, что дар отрицанья
перетянет причастность к помойной среде
человечества, века, Земли, мирозданья -
и сквозь заросли выведет к чистой воде.
Лишь бы детских иллюзий лиловые трупы,
разлагаясь под спудом зачеркнутых строк,
не загадили вонью светлейшие тропы,
уводящие дух с магистральных дорог.
Принимая изнанку за точку отсчета,
я наглею, завидев бездонность глазниц, -
не бессмертья, о нет! - уязвленного черта,
и счищаю с лица паутину границ...

КИШИНЕВ, 1976 г.

Художник
Лёне Пинчевский
из Бельц

*

Тогда же начиналась и Девочка Фогельсон.
На одном холсте девочка все не то.
Надо было а что то бросить жалко понять:
Забор старый
Старик с помойки
Понять тень или
отсутствующую веру
Собако любовь
Надежду
Лужу-ночь
Воздух
Девочку Фогельсон
Домы, домы
Перемешать как колоду чтоб ушли смысла и заботы
и из абсурдисткого натюрморта тени или собако лю
придти опять к смыслу но смыслу верхнего дыханья
Я писал картины „Девочка Фогельсон"

Задача была проста написать гениальные картины.
Меньше задачу непозволительно тогда зачем
Бельцы?
Мы / Гриша, Петя, Моня, Стефано, Генуля и др)
упивались Бельцы Бель-цы Бельшая
Бельцовая ко-Бельцы
А главное провинция

ВЫ КТО? Я. Я ПРОВИНЦИАЛЬНЫЙ ХУДОЖНИК.
КАКАЯ МУЗЫКА СТОЛЬКО ВРЕМЕН ВСЕ БОЯЛИСЬ СТЫДИЛИСЬ
ПРОВИНЦИЯ - ДЛЯ НАС КРЕДО. ЗАДАЧА. ИДЕЯ.

ПРОВИНЦ-ART
БЕЛЬЦ- ART
БЕART
ПР ОВИНЦART

Я И СТЕФАНО

НЕТ КАК ЗВУЧИТ ВЫ КТО Я БЕARTIST - ОВИНЦART.
ЗНАКОМСТВО С ГРИШЕ БЕРМАН ПАДАЕТ НА ВРЕМЕНА
ФОГЕЛЬСОНОВ. ГРИША ВЕСЬ СОСТОЯЛ ИЗ НОСА.
НОС СЕМИТСКИЙ И ИНТЕЛИГЕНТСКИ - ЗАСТЕНЧИВЫЙ.
КРАСНЕЛ. ВСЕ ДРУГИЕ ГРИШИНЫ НАРУЖНОСТИ
СФУМАТИЧЕСКИ РАСТВОРЯЛИСЬ.

ИДУ ПО СТАРОПОЧТОВОЙ У ЛАРЬКА ОЧЕРЕДЬ
ВИЖУ ГРИШИН НОС. СДАЕТ ТАРУ. БУТЫЛКИ.
ЧТО ДАЮТ? ЗА ЧЕМ ОЧЕРЕДЬ?
НОС КЛЕКОЧЕТ: ЗА МЕДАЛЯМИ.

УЖЕ ДАВНО НИЧЕГО НЕ ШЛО. НИ ЦВЕТ НИ...
СНАЧАЛА ВЫЛЕЗЛА ПОСРЕДИ ХОЛСТА ОДНА НОГА
НОГА НИКОЛАЯ ИВАНОВИЧА В НОСКЕ И ТУФЛЕ
ПОТОМ НОГА ВТОРАЯ. НИКОЛАЯ ИВАНОВИЧА УЖЕ В
БРЮКАХ - СТИЛЯГАХ ДУДОЧКОЙ
ПОТОМ - ЗАТЕМ ТРЕТЬЯ НОГА НИКОЛАЯ ИВАНОВИЧА

ЗАМЕЧАТЕЛЬНЫЕ ТРИ НОГИ НИКОЛАЯ ИВАНОВИЧА.

ПО НЕБУ БУКЕТИКИ ЦВЕТОВ-ВЕНКИ

И ЦВЕТ В ПОРЯДКЕ, НО ЧЕГО-ТО ГЛАВНОГО НЕТ.

ЧЕГО НЕ ЗНАЮ.

ПРИВАЛИВАЕТ ГРИША.

– „ФЕВРАЛЬ. ДОСТАТЬ ЧЕРНИЛ...

/ЧЕРНИЛАМИ В МОЛДАВИИ-БЕССАРАБИИ НАЗЫВАЮТ ВИНО САМОЕ ДЕШЕВОЕ И ПЛОХОЕ, КРЕПЛЯК/.

– ЗАЙМЕМСЯ ПАСТЕРНАКОМ?

СМОТРИМ КАРТИНУ. ГРИША КЛЕКОЧЕТ СТИХИ.

СВОИ, ЧУЖИЕ.

– ЧЕГО НЕ ХВАТАЕТ?

– МОЕЙ НОГИ.

ТУТ ВСЕ И СЛУЧИЛОСЬ. СКВОЗЬ НОГИ НИКОЛАЯ ИВАНОВИЧА ВЛЕЗЛА ПРОТИВНАЯ ГРИШИНА НОГА. СТАЛО НОГАМ НИКОЛАЯ ИВАНОВИЧА ИДТИ НЕУДОБНО.

*

ГРИША БЕРМАН. ПОЭТ. „С ОДЕССЫ"

СПАСАЛСЯ ОТ ЖИЗНИ ЗАЧЕТКОЙ СТУДЕНТА

БЕЛЬЦКОГО ПЕДИНСТИТУТА. ФИЛФАК.

УСТАВ ОТ ЗАНЯТИЙ ВЗЯЛ НА ГОД АКАДЕМОТПУСК.

РАБОТАЛ ГОД СТОРОЖЕМ В КИНЕШМЕ НА ВОЛГЕ.

В 1971 ГОДУ РЕШИЛ В ИЗРАИЛЬ ПОДАТЬСЯ.

ВЕРНУЛСЯ В ОДЕССУ. СТАЛ ДРУГОМ РЕИЗЛ

ПАЛАТНИК. ДИССИДЕНТСТВОВАЛ НО НОЧАМ.

три года лагерей. Лагерь в Бердянске.
В лагере сделал карьеру. Был работником СТК.
В 1975 году уехал в Израиль.
Последние вести: в Вене на вокзале выйдя в
лагерной робе доложил: заключенный №.....
прибыл.
Больше вестей за восемь лет не было.

*

Директор Бельцкого Горторга, участник
войны Григорий Коршак печатался в
местной газете „Коммунист" в поэтической
рубрики. Обычно его стихи помещались
на главном месте вместе со стихами нач.
милиции. Затем – три сборника стихов
в респ. издательстве. По воскресеньям из
Кишинева приезжали к Коршаку столичные
поэты. За дефицитом. На базу.
Гриша сказал: Коршаповцы.

Л. ПИНЧЕВС

«Ман штэйтэле Белц»

Я жил в еврейском городке, на Юге — в Бельцах. Я прожил в нем почти всю мою жизнь — около 40 лет. Бельць — по-молдавски «болото», и в честь этого городок назвали Бельцы. Так гласит официальная версия.

Я писал на своих холстах Дома города. Мы очень дружили, и они (Дома) рассказали мне много необыкновенного, в том числе, почему город называется Бельцы.

РАССКАЗ ДОМА ИСТИНЫ

В ХУ веке после несостоявшейся любви и неудачного брака бежала в Бессарабию польская княгиня Мазовецкая. Бежала не одна — с челядью. Поселилась в пойме реки Реут и организовала поселение. Было много пищи. Пожары тушили вином. Не было собеседника. Скучно. И вот туда, волей Божьей, попадает итальянец, авантюрист, очевидно скрывающийся от правосудия преступник. Графиня приютила его, и жизнь стала веселей. Однажды вечером за ужином при свечах и будучи предрасположен, итальянец воскликнул: «Бель!.. Бель!..» — «...Цы, ...цы, ...цы», — слышен был голос служанки за окном, созывавшей кур. Так и назвали Бельцы.

Я был влюблен в Дома города. В них не было аристократизма и знатности знаменитых архитектурных монстров, но и не было сытости деревенских домов. Я понял, что они живут, влюбляются и умирают, страдают и плачут, и это сблизило меня с ними до полного откровения.

Они очень красивы. Их носы — двери. И какие! Некоторые глухие, а другие, разлетые по пояс, дышали так пронзительно и человечно, что я боялся стоять параллельно им.

Глаза — окна. Окна были просты и демократичны. Из них не хотелось высовываться. Из них нельзя было вывалиться. И излучали они свет. Свет сокрытый. И видел я в том свете и слова и сюжеты, а свет их так и не мог в цвет перевести, окрасить фабулизм своей темы.

Рты — крыльца, ступени. Они тебя вводили. Ты входил. И поласкав их нос и погладив глаз, ты попадал внутрь.

Головные уборы, шляпы — крыши. Пижонские шляпы, скромные еврейские кипы, молдавские кушмы. И только уж совсем городские пижоны, стоящие на центральной площади, были без головных уборов. Без крыш.

Собравшись вместе, они выстраивались в улицы—поезда. Я с радостью думал — в этом вагоне живет... И окутанное теплотой слово ласкало меня, а сюда я могу войти и здесь...

Здесь жил мой самый близкий приятель Стефано. Друг и Соратник. И тоже художник. Еврейский. Вообще-то он Есл, но там его с детства почему-то зовут Стефано. Он жил в Шкафу. Так я называл его маленькую однокомнатную квартиру, которую он снимал. Сюда можно было прийти-ночью, пить кофе и наслаж-

аться чем-то важным, и ощущать тепло библейского очага. Шкаф был весь увешан картинами хозяина и это придавало ему еще большую ценность. Написанные в темно-коричневых гаммах, они фосфорицировали ночными всплесками. Слетал к нам какой-нибудь бличок и подслушивал наши беседы.

А в углу сидел Поэт. Молчал. Он вообще молчаливый. Стефано рассказывал:

— Иду ночью в кромешной темноте, фонари, конечно, не горят и попадаю в лужу. Чертыхаюсь. Смотрю — в центре лужи табличка. Чиркнул спичкой. Читаю надпись: «Осторожно! Лужа» Не зря он писал картины «Поцелуи в лужах».

Сидишь, и тебе хорошо, спокойно. За спиной картина. Никогда не ударит. Это очень важно, чтобы за спиной висела картина. Как страшно в учреждении, где за спиной инструкция.

А потом шли мимо домов-позвлов и общались. Читали Домам стихи. О всяком, но не о пустом. Я никогда не ходил в гости пустым. Желание увидеть — желание поделиться. И я нес. Чаще всего слово — мысль.

А еще у этих Домов, кроме носов, глаз, шляп, было небо. С небом больше всего дружили фронтоны. На каждом — своя геральдика. Голубь, топор, серд-

Русский дворник.

це и даже фрегат, хотя город лежал за триста верст от моря.

Геральдика фронтонов — неутоленные желания, несостоявшиеся судьбы и встречи. Кто-то недолюбил, кто-то не улетел.

Войдя в эти дома, я вошел в свою тему. Тему художника. Дома поверили мне, а поверив, поведали. О себе, своей жизни, о жильцах и птицах их посещавших. О прогулках своих. И я стал их рассказы писать на холстах-картинах.

Жил с убеждением, что все мы живем постоянно в Доме, даже когда мы *на природе*. В Доме жизни. И каждый из нас стучится в свои Двери, а попав в неведомую комнату, стучится дальше. Многие остаются жить в передней. Передняя наиболее реальна и обманчива, но нет сил слезть с дивана, выключить телевизор и постучать дальше. Некоторые стучатся. Двери открываются, и они блуждают в коридорах.

После встречи с Домом Зова я написал картину «Дом Зова». После встречи с Беременными Домами я написал картину «Беременные Дома». После встречи с Домами Истинными — «Дома Истины». После встречи с Домом Утешенья — «Дом Утешенья».

Некоторым домам жилось очень трудно. Их оболгали и обозвали странными словами: Дом Советов, Дом Медработ-

ников, Дом Учителя и т.п. Они мирали на глазах. Лихие учителя разбивали им носы и глаза вставляли в них блестящие итринные стекла, сбивали с них фронтоны и шляпы и одевали а них геометрические колпаки.
— Это наше испытание, жаловались Дома.
Спилили деревья, укрывающие х в зной, и ночами стали высвечивать прожекторами. Обивали х лозунгами и флагами. Страшно яжело им приходилось после того, как убирали лужи. А ведь ни в них отражались, а это так ажно — отражаться.
Так я жил с ними много лет, аписывая свои встречи с Домами на холсты. Встреч было много и все они интересны и необыкновенны. Помню Дом Истины не говорил:
Нет Дома без хлеба
ет Дома без любви
ет Дома без Дмитрия Ивановича
ет Дома без Агента ГосСтраха
ет Дома без ссоры
ет Дома без денег
ет Дома без стола
ть Дом Утешения
ть Дом Случая
ть Дом Надежды
ть Дом Крыши
ть Дом Лошади
ть Дом Закрытого
ть Дом Сути
ть Дом Беременный».

Так говорил мне Дом Истины в нашем городе Бельцы — городе, в котором нет ни одной мемориальной таблицы «Здесь жил...» В нем никто не жил. Знаменитости его избегали, а если случалось заехать, то на сутки, час — проездом. Это дает мне надужду...

Иногда мы с Домами выезжали на выставки куда-нибудь в Москву или Одессу, а перед отъездом в Америку мне удалось сняться с ними в кино. Да, вот такая приключенческая история случилась, но это уже другой рассказ.

В Нью-Йорк удалось вывезти только часть холстов. Всю нашу суть оставил там, но они, узнав, что я уезжаю, поведали новую истину. Кстати, в числе заветов, они заверили, что никогда не дадут меня в обиду. Обидчика настигнет кара. Так что я спокоен и в новой жизни осуществляю заветы, мне поведанные.

Прощаясь, Дом Сути сказал: «Главные события происходят ТАМ. Все земное придумано Богом, как карнавал, испытывающий нас на Веру и Представление. Наше подлинное обличье — ТАМ, в сокрытом. Прошлое всегда благопристойно. Будущее — суть нравственного,Духовного».

Много лет прожито в Бельцах, в провинции. В городе, страшном своей бездуховностью, жесткими правилами игры.

Писал живопись и общался с блаженными, чудом делающими искусство, вопреки разуму и здравому смыслу, на сопротивлении и страхе, готовыми отдать многое ради прекрасной строчки, холста.

А главное, помнится, — это дожди, дожди, дожди. Магнитная грязь, грязь и серый человек, промелькнувший сквозь дырочки дождя. Там лай собаки — жизни запах. Грязь и слезы.

И была еврейская жизнь, с обрядами, молитвами в подпольной синагоге, свадьбами, хупами и неистребимой Верой. Мне были непонятны еврейские художники, живущие в «столицах» и не видевшие еврейской жизни, еврейского Дома, субботы.

Я люблю Александра Григорьевича Тышлера — большого еврейского художника. Люблю его «Бедных невест», «Соседей» «Девушек со свечами». В 197 году я впервые побывал у него в мастерской в Москве, на Масловке. Ему было тогда уже 8 лет, но он был еще необыкновенно красив, той таинственной красотой таланта и переживал свой «ренессанс» в искусстве интерес, который к нему проявляла публика.

Много рассказывал Александ Григорьевич о своей работе ГОСЕТе (гос. Еврейский Теат с Михоэлсом, Зускиным и др

огда мы прощались, Тышлер друг сказал: «Это очень пельно, что я не видел Бельцы. ожет, я к вам приеду».

Два года мы переписывались. пександр Григорьевич писал о оем приезде до самой смерти.

С поэтом Овсеем Дризом (друя называли его Еврей Евреевич риз) мы говорили на идиш. Это ставляло ему неописуемое овольствие, и он неустанно ивлялся, как это я, молодой чеовек, знаю идиш, хотя все Бельы говорили на идиш.

В декабре 1978 года в Доме дожника на Кузнецком в Моске проходила выставка Натана ьтмана. Выставка наглядно одемонстрировала, как советая власть сломала талантлиго человека. Не выстоял. Однадаже в поздних, уже выхоло-енных работах, еще теплилась рейская ментальность, лукавво и надежда.

В сегодняшней России есть лый ряд талантливых еврейских дожников, возникших на волнационального самосознания. сть они в Москве и Одессе, енинграде и Львове. Живет в дессе Иосиф, пишущий печальые картины, о которых кто-то стрил: «Иосиф ведет перепись рейского населения Одессы». в Москве!.. В Москве Дмитрий ион создает листы к Торе. Полает свои «приветы из Черноц» Бума.

Эти и целый ряд других художников достойны отдельного рассказа. И потому мне не хочется в столь кратких заметках рассказывать о них. Это было бы несправедливо по отношению к их жизни и таланту.

А история ленинградской группы «Алеф»! Трудно еврейскому художнику в России. Трудно вдвойне. О своих коллегах, талантливых художниках России, еврейских художниках, я расскажу в следующей статье.

Резник

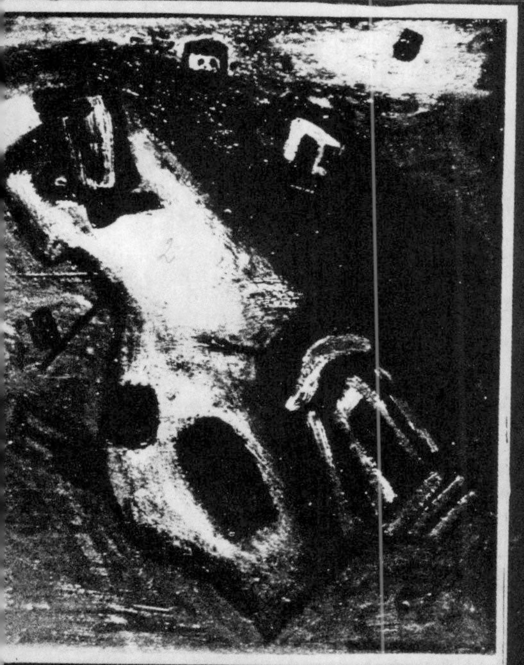

К 1966 году шла у меня в Бельцах веселая жизнь. Двери мастерской не закрывались, сидели друзья-художники, поэты. Художники — Гена Дмитриев, Стефан Садовников, Боря Комаров. Приходили поэты. Чаще и раньше других — Гриша Берман, потом Кошель Петр, Слава Мостовой. Обладая нормальной памятью на все дела, даты, фамилии и прочую чушь, я совершенно не запоминаю стихи.

Гриша Берман, — нахохлившая птица, согбенный, говорил с хрипотцой, тихим голосом. Достопримечательностью его был нос. Это был огромный, кривой семитский нос и к полному неудовольствию окружающей Гришу в „жизни" публики — красный. Гриша был с „Одессы" и учился в пединституте (для легализации) — филфак. Поддать Гриша любил и половину своего „ликбеза" провел у меня. Гриша обожал Пастернака и первый притащил стихи Бродского.

Стихи Гриша ронял на ходу. Они вылетали из его карманов, сочились из локтей, сидели на Гришиных плечах и когда Гриша торжественно влезал в мастерскую — я знал Гриша несет подарки-слова. Притащив дефицит, новую катаевскую книжку или Выгодского, Гриша дарил мне по экземпляру с автографом: „Великому Пинчевскому от Великого Бермана". Со временем у меня было с десяток таких автографов.

В 1970 г. Гриша приехал ко мне в Сенеж, в Дом Творчества, куда я несколько лет подряд ездил в молодежные группы. Обезумевший директор Дома Творчества С. Линдин (еврей, дрожащий за место и соответственно ненавидя молодежную группу, ибо „подарки" там были неслабые), натыкаясь на Гришу, тут же начинал орать: „А этот пьяница, что здесь делает?" Проучившись три курса (из них два в моей мастерской) Гриша устал и решил уйти в академотпуск. Год Гриша в Бельцах не было. Через год — грандиозная пьянка. Празднуем возвращение Гриши в Бельцы, институт и т. д.

Год Гриша в Кинешме сторожем служил. Написал много стихов и много привез рассказов о своем напарнике — потомственном стороже Кинешмы. А потом Гриша сельским учителем был. Загрустил в селе и решил в Израиль отъехать. Вернулся в Одессу. Стал диссидествовать. Вместо Израиля — 3 года лагерей. С 1972 — 1975 — лагерь в Бердянске. Письма из лагеря шли: „Все занимаются познанием человека. Я хочу заниматься познанием ТВОРЦА". В 1975 г. вышел из лагеря. Три недели дали ему на сборы и укатил в Израиль. С тех пор молчок, ни слуху, ни духу.

Кошель ходил, окруженный кучей поклонников, часто пьянный, этакий хромой ангел, читал стихи. К тому времени он уже был исключен из трех институтов и судьба занесла его в Бельцы. Как-то ночью приходит к нам с какой-то потаскухой и ввалившись объявляет: — Я трое суток не ел. Покорми и водки! Притаскиваю фаршированную рыбу (знаменитое блюдо моей еврейской мамы). — „Я иудейскую пищу не приемлю". Разозлился я, но покормил чем-то. Пожрав, Кошель сообщает: — „Я ебаться хочу, постели". Скандал. Исключили Кошеля и из Бельцкого гениального Вуза.

„Как разбогатею, замшевые туфли куплю", — мечтал Кошель. Поступил в Лит. институт. Кончил. И кончился. Ныне преуспевающий член Совписа, автор двух сборников, ряда публикаций столичных.

Приходили еще Наум Рыжий и Вася, да и другие. Наум и Вася сделали карьеру и нынче служат в городской газете „Коммунист", опубликовавшей кучу перлов, в том числе незабвенный „Пусть ярче горят Агитпункты. — Навстречу выборам". Приходили еще разные люди.

Мы общались. Каждый приносил новости самиздата, выпивку и т. п. Всех нас мучала жажда познавания и мы пытались продрать дремучую пустоту провинции, хотя в те годы я например, еще не очень страдал от своей „географии".

Писание картин было таким безумным праздником, настолько заполняло жизнь, что я не замечал убогости моего городка.

Холсты возникали все лучше и лучше. Окрылённый чувством „гения" которого благодарное человечество должно открыть, я даже гордился, что живу в Бельцах, а не в какой-нибудь Москве.

Это тоже было элитарно — жить в Бельцах.

Это уже позже, где-то с года 72-73, появилось острое ощущение, что главные события происходят где-то „ТАМ", а здесь все мимо.

Приходил Миша Казак — поэт. Миша писал странные стихи и вообще отличался от всех своей молчаливостью. Жизнь носила Мишу по городам и весям, но регулярно заносила в Бельцы, где он отсиживался у матушки, после очередного московского жития. В Москве Миша в дворниках служил, а однажды даже сделал карьеру и три месяца в страховых агентах ходил. Агент Госстраха! Потом Миша погрузился в будизм и его отношения с властями стали еще сложнее. От него везде требовали прописки и прочей муры. Тогда Миша надумал в Лит. институт поступать, чтоб 5 лет иметь легальную крышу. Женщина, которой Миша документы в институте подавал, все мучала его вопросами: „А где вы были с 19... по 19...'' и т. д. ибо в Мишиной трудовой книжке много пробелов было.

Вначале Миша помогал ей сочинять его трудовую биографию, а затем на очередной вопрос „где были...'' ответил: „В тоске''.

Стихов его, как и других, естественно не помню.

В 1972 году появился в Бельцах Ион Пую — художник, поэт и актер. Работал он художником в Молдавском театре, там же получил мастерскую. В те годы в Бельцах еще было два театра — Молдавский и Русский. Оба театра были в старом здании „La Skala''. Дело в том, что до войны в досоветское время, в Бельцах местный театр именовался скромно „La Skalla''. Так что до 1940 года в мире было два театра "La Skalla" — в Милане и в Бельцах.

Мастерскую Пую дали в помещении бывшего иллюзиона „Колизей''. Комната его вся завалена какими-то старыми театральными задниками, осколками зеркал, поломанными стульями и т. п. Задники служили Пую постелью. Завернувшись в роскошный „Венецианский ландшафт'', так что только его рыжая голова торчала сквозь окно какого-нибудь патриция, Пую дико вращая головой (я всегда опасался, как бы она (голова) не сбежала), помешивая фасолевый суп на плитке, Пую рассказывал о своей пьессе „Пьянный поезд'', читал стихи или изрекал манифесты. На стенах висели его картины. Пую был поп-артистом, первым молдавским поп-артистом. Фанерный щит весь заклеенный кукурузными зернами, назывался „Портрет Эминеску''. Кусок стула, разукрашенный — „Стул Алеши Карамазова''. Достоевского Пую обожал, хотя, как нормальный молдавский националист, все русское ненавидел. Пую — крестьянский мальчик, закончил Щукинское училище в Москве и даже играл Ленина в студенческом спектакле. А затем стал работать как театральный художник, благо сценография давала возможность применять его поп-артистские способности. Любимое слово — Бунтарь. К нему любили собираться актеры, пели, пили вино, текли неистощимые рассказы..

Как-то весной Пую организовал перфоманс. Мы все поехали за город и там Пую предложил всем лечь. „Слушайте, что вам земля говорит, общайтесь с травой'' вещал Пую.

А еще приезжали к Пую всякие поэты молдавские, читали стихи, но я ничего не понимал, так как за многие годы жизни в Молдавии так и не удосужился выучить молдавский.

Из своих поездок мы привозили всякие рассказы, стихи, информацию. Так я в году 68-69 привез из Москвы стихи Лимонова, купленные у него. Стихи мне очень нравились и ходили по рукам несколько лет по Кишиневу и Бельцам. Я даже написал несколько работ „по Лимонову''. Это — „Интеллигент догоняющий шляпу'', „История бухгалтера К.'' и др. Лимонова я слушал несколько раз в Москве, в разных „местах'' и на Сенеже, куда Лимонов с Бачуриным приезжали. Привозил стихи Холина, Сапгира, Ирины Пивоваровой и других:

Здравствуй пень
Пень молчит
Здравствуй пень
Пень молчит
Ну, чего же ты молчишь
Ну, а ты чего кричишь.

Ирина Пивоварова..

Гриша Берман притаскивал Бродского, Бобышева и другой Питер. Казак — Пригова, Величанского, Шварц. Самым близким моим другом был поэт и художник Стефан Садовников — Стефано.

Мы обожали дома Бельц. Они стали темой наших холстов. Стефано писал „Поцелуи в лужах''. Стефано сопереживал все мои идеи и дела. Я с радостью таскался к нему в „Шкаф''. Стефано показывал очередной „Поцелуй в луже''. Таничка (его жена) угощала винцом, а Феликс (сын) постоянно трещал.

Когда я осуществлял свой „Театр живописи'', Стефано стал моим соавтором.

Так например мы вместе написали „Вишневый Сад''. Ремарки'' Чехова. Служил Стефано художником в кинотеатре „Юность'' — рекламу писал.

М. Блантер
ДО СВИДАНЬЯ ГОРОДА И ХАТЫ
Слова М. Исаковского
Как марш
До сви-да-нья го-ро-да и ха-ты, — нас до-ро-га даль-ня-я зо-
вет. Мо-ло-ды-е, сме-лы-е ре-бя-та на за-
ре у-хо-дим мы в по-ход ход.
Фото и монтаж Г. Петрусова

Фрукты
Базар на Юге

1979

Леонид Пинчевский „Старопочтовая улица"

Стефано занимался шизологией. Его шизологические тексты именовались „Тоска почета" По слабости памяти опять же не помню.

Так мы с ним и не простились, с Братом Стефано. Трое суток в Чопе, и вот наконец нас с женой и дочкой втолкнули в дверь таможни и за открытой дверью головы Стефано и Танички... Так и не обнялись.

Да еще наш последний месяц прожили мы у них в „Шкафу", так как с квартиры нашей нас как отъезжающих прогнали. „Терять друзей — господи не приведи". Я писал Стефано, будучи в отказе, полный изгой, исключенный из Союза и лишенный всяких прав.

„В том городе, где все давно мертвы,
Где у собак никто не просит лапу,
Где все давно поражены
Прямым вниманьем бомбы-скуки,
Где нет весов для слова „суки",
Где только дети все еще живы,
Где я пишу картину „Лай собак",
Где лай собаки — жизни запах,
Где выдули давно ветры
Все то, что жизнь изображало,
В том городе иду я в гости
К тому, кто тоже жив
В том городе, где все давно мертвы.

Стефано кричал мне в Чопе: „Ты никогда не будешь один, ты едешь с Домами Души, Беременными и все они вместе с Домом Николая Ивановича никогда не дадут тебя в обиду". Спасибо тебе, Брат Мой.

В Курках, в Дурдоме работал мой приятель, врач, Толя. Толя собирал стихи и картины сумасшедших, камни и мертвые дерева. Самым интересным в его коллекции были рассказы самоубийц спасенных. Как-то Толя показывает мне стихи: „Почитай". Стихи удивительные. „Кто?" „Да вот попала ко мне одна девочка. 19 лет. Инной зовут". Так я познакомился с Инной Нестеровской — в дурдоме. Подлечил Толя ее жизофрению и Инна домой вернулась. Дома нормальная иттээровская семья.

В 10-ом классе Инна, на выпускных экзаменах отказалась писать сочинение по литературе. Первый конфликт. Приняла православие, много курила, по ночам запершись в ванной стихи писала. Родители в ужасе. Внешне — безобразна. Некрасивая девочка плюс отрицательное обаяние и вся наэлектризованна. Нашел я ее в Кишиневе. Почитала стихи и все глядит на меня, дикая и одинокая. Людей и света боится. Потащил я Инну к „мэтрам" Вадику Рожковскому и Алику Бродскому. Приезжаем к Вадику. Вадик — гениальный драматург, кормящийся рецензиями, весь толстый, заросший „в Бородах" и красном халате, как всегда радушно встречает: „Водочку попьем?". Посидели, водочки попили, Инну послушали, а потом стали думать куда дитя пристроить.

Вадик звонить Алле Коркиной, зав. отделом поэзии газеты „Молодежь Молдавии", член СП, прославившаяся стихами: „Моя постель — как городская площадь". Глядим, Инна отогревается. Стихи Инны Коркина конечно не взяла — не то.

Алик Бродский тоже повозился малость, да свои дела заели, надоело. Решила Инна в Питер съездить. Дали родители денег. Приехала и на вокзале деньги пропила. Что делать? Знакомых нет. Пошла на „панель". Гуляла. Через неделю в сопровождении милиционера домой прибыла.

„Алиса спит в стране чудес,
ей ничего не может сниться".

А Вадик пишет пьесу „Дисидент". Папа его, бывший красный командир, в тридцатых годах в артисты подался. Так Вадик и вырос „за кулисами" театров. Потом Лит. институт. Учился во времена Ахмадулиной, Сулейменова, Вознесенских. Женился на Ниночке — театральной критикессе и в Кишинев подался. По театрам служил завлитом. И все пьесы писал. Будучи в армии Вадик, чтоб насолить начальству объявил, что принял иудейскую веру и требует сделать ему обрезание. Извел всех жалобами. Писал даже министру обороны. „Так за счет Сов. Армии русский драматург себе обрезание сделал" — гордо рассказывал Вадик.

Несколько лет тому назад пришла Вадику телеграмма: „Папа умер". Полетел Вадик на похороны и там познакомился с 18-ней девочкой, мечтающей о театре. Девчонка обожала отца Вадика и до последнего дня ухаживала за больным и одиноким Рожковским-старшим. Взял девочку Вадик и привез в Кишинев. — „Ниночка, эта девочка будет жить с нами". Но Ниночка не захотела жить втроем и остался Вадик с девочкой. В 1977 мы вместе работали в одном театре — „Театре киноактера" в Кишиневе, куда нас собрал наш гениальный друг, режиссер Модест Абрамов.

История театра достойна рассказа. Крупный чиновник (председатель Госкино Молдавии И. Иорданов) решил открыть свой театр, театр киноактера. Но чтобы прославиться решил театр сделать необычный — с изюминкой. Стал искать человека, который бы это сотворил. Так он нашел Модеста. Модест согласился и собрал всех нас. Это был „тот" еще букет. Дали нам бывшее помещение кинотеатра, о котором в досоветское время реклама сообщала: „В кинотеатре Фельдмана кончился ремонт, приглашаются пролетарии и бомонд". Бывший зал для оркестра мы покрасили в черный цвет, повесили софиты, все черные стены завесили шведской стенкой и стали играть свой „Бедный театр". Зрителей помещалось максимум человек сто. Никаких политинформаций и прочей муры, только искусство. Сделали за год три спектакля. Кишинев с ума сходил от восторга. Дали деньги на ремонт большого зала (там, где раньше кино показывали). Что с ним делать, не знаем. Попросили покрасить в серый цвет. Расставили маляры леса и взялись красить. Тут и осенило. Так леса и оставили вдоль стен, а на леса светоаппаратуру. Через год с чем-то начальство опомнилось. Потребовали прекратить пьянки, ввести политзанятия, организовать гастроли. А как их организовать, когда спектакль жил только в этом интерьере. Скандал. Всех и разогнали, а еще через год театр закрыли. „Отметив" это событие, мы стали разъезжаться — кто в Питер, кто в Москву, а я в любимые Бельцы подался.

Художник Гена Дмитриев родился в Шанхае, КНР. Ребенком попал в Россию, в детдом, потом Худ. училище в Кишиневе и Бельцы — Худ. Фонд. В Союз вступил, а к сорока годам уже лет десять не выставлялся на официальных выставках. Русский художник — так и не смог русский язык выучить — говорит на каком-то безобразном слэнге. Клее, Малевич, Миро — его учителя. Распушив бородку — картинки пишет. Картинки знаковые. Году в 1978 назначили Гену председателем жюри городской выставки, посвященной какому-то очередному —летию КПСС. Развесил Гена в картинной галерее своих монстров, мои „Дома беременные", Степины (Стефано) „Поцелуи в лужах", Бори Комарова, Саши Лихмана, Левы Гительмана — картинки. А рядом вполне законные „Революции" идиотов Гальчинских и др. Скандал разразился страшный. Любимая газета „Коммунист" писала: „Однако к сожалению выставка оказалась намного слабее предыдущих, так как на ней появилось много безиденных работ, уродующих жизнь и облик советских людей, как например картины Садовникова, Гительмана и пр. Эти и другие художники подражают художнику Пинчевскому, давно ставшему на ложный путь". И. Антонюк — искусствовед".

Этот гавновед закончил заочно Ленинградский институт им. Репина и считался крупным знатоком. Мы думали, что наши работы снимут, но они благополучно довисели до последнего дня. И вот обсуждение. Народу навалило — отродясь в Бельцах такого не было. Приехали из Кишинева, из Союза. Греку, академик Дубиновский и пред. жив. секции Глеб Саинчук. Гена бледный, трясется. „Нас исключат из Союза", — шепчет мне. Доклад делает Антонюк — „Мы должны внимательно присмотреться к Пинчевскому и Садовникову, Дмитриеву и Комарову, ибо в сложившейся международной обстановке, идеологической борьбе партии эти чуждые нам люди не имеют права воду мутить... и прочая..." — Хватит разлагать молодежь, — кричит мне гл. архитектор города. Споры, толпа хором нас клеймит. И вдруг падает двухметровая картина „Комиссары революции" Гальчинского. —„Комиссары упали!" — кричит кто-то. Бешенство соцовцев возрастает. Академик пытается всех мирить. И тут поднимается Миша Греку — народный художник, авангардист и босяк, и бешенно отстаивает нас. Авторитет „народного художника" давит на публику. — „Мы еще разберемся. Вы ответите перед партией за это". Человек бешенного темперамента, настоящий живописец, он прошел путь своего поколения. В сороковом году бежал из Парижа в освобожденную Молдавию, дабы не упустить советское счастье. В шестидесятые годы стал одним из известнейших официально левых художников, экспериментируя с цветом, фактурами и т. п. Получил звание. Дитя оттепели. А затем, забросив почти кисти, стал писать огромные картины, пользуясь шприцами

19 X. 1974г.

274
ЗЕЛ
Стеклянная струя
г. Кисловодск. 19 VIII 55г.

оправдать: „Я хочу, чтоб утром все газеты печатали указ о награждении меня орденом Ленина, а вечером „Голоса" передавали, что у известного художника-дисидента Дульфана КГБ обыск производил.

В 1980 году умер в Киеве наш замечательный друг, художник Миша Вайнштейн. Миша — человек необычайной доброты, хороший художник, настолько любил искусство и художников, поэтов и прочий богемный люд, что это ему мешало в своем творчестве (работе). Умер молодым, сорокалетним. На каком-то спиритическом сеансе в Киеве Мише нагадали смерть... в Бельцах. Когда году в 76 Миша приехал ко мне в гости, я два дня серьезно побаивался за Мишину жизнь. Но получилось иначе. Киев — город большой, да тупой. С художниками в Киеве туго. Соцевцев навалом, художников единицы. Люба Раппопорт — великая портретистка с мощью Сутина, уродина, дочка добрейшего постимпрессиониста Бори Раппопорта, да Ким Левич. Ким — еврейский художник. В России это элитарно. Тонкий живописец. Давида Мерецкого я уже не застал в Киеве. Миша Вайнштейн, добрый и бедный Миша купил у Мерецкого большую картину „Свиданье". Картина замечательная. Доморaботница с солдатом Сов. Армии на свидании. Излучает такую (даже не иронию) ненависть к гегемону, что приятно. Сейчас мы с Давидом живем в одном городе, да все пути не сходятся. На Малой Грузинской в Москве смотрел как-то выставку киевского художника Игнатова. С жизофренической аккуратностью на холстах вычерчены какие-то колесики, механизмы, типа разобранных часов. Вася Ракитин под это дело доклад делал „Фантастическое в искусстве". Есть еще в Киеве Зоя Лерман, Юра Лучкевич, Иван Марчук — друг физиков, но самые интересные — Ким Левич да Люба Раппопорт. Во Львове Медвидь — разновидность американского Уаеса, и был Ласло Пушкаш. Вот с таким народом, да еще со всяким другим общался в той жизни. О всяком другом народе не пишу, так как урон боюсь нанести. Провинция — это вам все-таки не Москва да Ленинград. Легче прижать. Гриша Берман был первым гениальным поэтом из тех, кого мне довелось знать. Птом я знавал Генриха Сапгира и Холина, слушал Лимонова и Овсея Дриза (Дриза даже после пивоваровских именин водил по Москве ночью. Дриз был пьян и не помнил своего адреса). Конечно и до Гриши я был знаком хорошо с целым рядом пишущих людей, поэтов, но Гриша был первым гениальным поэтом, с которым жизнь меня свела. Другом. С пятидесятых годов я общался с Фомой Баухом, Рудольфом Ольшевским и другими кишиневскими поэтами. Гриша был гениален во всем, и своей необыкновенной внешностью (нос) (дай дернуть — сказал ему Дульфан), манерами, парадоксальностью мышления, всем, и даже своим исчезновением.

Младенец Гена. Живет по сей день в Бельцах. Младенец Гена — Гена Дмитриев, бывший китайский подданный (род. в Китае). Сейчас ему около пятидесяти лет. Пишет картины. Картины, настоенные на русском мистицизме, через знак. Божественный живописец. От Бога. Живописцем надо родиться, тогда цвет — рождение, содержание. Длинный, худой, наголодавшийся. Познакомились с ним мы давно, году в 1961-м. Он пришел к нам на курс (я был тогда на четвертом, а он на пятом курсе Кишиневского худ. училища), пришел, чтоб дополнительно рисовать. Ходил в армейской шинели с альбомчиком под мышкой и не переставая рисовал. Даже в столовой. Хлеб в те годы давали в столовой бесплатно, так что Гена на завтрак и ужин хлеб с чаем рубал, а в обед баловался студенческим борщом. Через два года сошлись наши дороги в Бельцах. Мы тогда исключительно с натуры писали, хотя я уже кой о чем помышлял. Все бельцкие сараи Гена переписал. В 1964 году нас с ним приняли кандидатами в Союз художников и послали в Гурзуф на Коровинскую дачу. Лето, жара, море, а мы два идиота с утра до ночи таскались с тяжелыми этюдниками и писали гурзуфские улицы. За месяц по 60 этюдов написали. В море кажется разок и искупались.

После Гурзуфа началось у нас Пикассовско-Брако-Шагаловское упоение. Деформации, посткубизм и т. п. а тут надо было в Союз вступать. Мы по картинке нашмаляли, этюды подвесили, нас и приняли, о чем потом не единожды жалели и чем попрекали.

С года 67-68 наши художественные дорожки разбежались. Гена в знаки полез, а я по Бельцам ударил. Помню, на Сенеже, где я был в другой группе после него, мне один художник говорит: „А так это вы. Тут я с Дмитриевым познакомился, так он мне много о Вас рассказывал, а потом сказал: Но я догнал его (меня) в творчестве и сейчас даже получше". Разозлился я, а понял. Это значит, я для него мера какая-то. Приятно. Под сорок лет Гена решил вдруг учиться играть на скрипке. Купил скрипку и нанял учителя. Мастерские наши рядом, и Гена меня с ума сводил своими ежедневными божественными гаммами. С этого времени, куда бы и разливая краски по поверхности. Познакомился с Кабаковым и др. Не давал уснуть Союзу Художников. Меня всегда умиляла его донкихотская борьба с Союзом. Стал писать „Пространства Свободного Поля". „Разложил" многих молодых художников. Миша — художник мирового масштаба, и если б можно было сделать его выставку в Н.Й-ке — многие бы поудивлялись да повосхищались.

Живет в Кишиневе Бонза — гениальнейший примитивист. Сделал себе дом-музей. Забор — лающие собаки, пионер, отдающий честь, по двору всякая каменная живность, на крыше птицы — все раскрашено „а ля натурель". А в дому протолкаться негде, везде идиотские скульптуры доярок, членов Политбюро, в центре на столе гроб, а в гробу Бонза. Свечи. А по покойнику надписи матерные.

А Алик Бродский подался к Вергелису служить в еврейский журнал. Хана.

В 1975 году попал я в Палангу. Там познакомился со Стасисом Пятраускасом. Живет Стас в Паневежисе, а в Паланге жил на складе санатория. Главврач — любитель живописи, принял его на время, а Стасис должен был портреты его и семейства отписать. Комната Стасиса была наполовину заставлена кроватями, и длинный Стасис лихо перескакил через них. Он писал цикл „Сестры Бернардинского монастыря". На картине стояли даты 1985 год, 1990 г. и т. д. — „Почему?" — „Я тогда уже не смогу картины писать, так буду выдавать эти". Рисовал на бланках психбольницы. Рисунки подписывал — Куба. Выставлять его никто не хотел и несмотря на кажуюся формальную свободу в литовском ис-ве, нет ему пока там места.

В славном городе Черновцы — бывшем австрийском захолустье, живут Бума Тутельман и Петр Грицык — талантливейшие художники. Бума пишет Черновцы, Грицык — метафизические композиции.

В Тбилиси — Зулейка Бажбеук-Меликян, в Ереване Сейран Хатламаджян.

В Одессе...

В Одессе я бывал часто и подолгу, ибо летом на дачах живал, а в январе 1980 года даже выставку себе там соорудил в Доме Актера. Бельцы хороши пригородами. С одной стороны Одесса, с другой Черновцы и Львов. С художниками Одессы меня знакомили Люсик Дульфан и Володя Стрельников. Я помню еще времена „Староконного рынка", бара в „Красном", где пили свой „стакан вина" и вели бесконечные разговоры „за искусство". Еще был одесситом Володя Стрельников, расправляя свои знаменитые усы, писал ангелов Шура Ануфриев, пытался продавать свои гуаши по рублю Хрущ, не был лауреатом Дульфан, была жива Люда Ястреб, и все они вместе составляли тот неповторимый букет Одессы, настоенный на Руо и Ротко, Егорове и Межберге. Позже появился роскошный Шопин, уехали за бугор Стрельников и Ануфриев, повесил на дверях записку „Прошу не беспоконть по пустякам" Хрущ, стал благообразным трезвеником Мока Морозов, окончательно разволновался Дульфан, посылая себе поцелуи своими картинами, остался без жены Витя Маринюк, некуда стало вешать картины Жене Голубовскому и Феликсу Кохрихту и бросил поэзию Боря Херсонский. Позже, в 1980 году сделали выставку в Музее западного искусства Валера Басанец и Алик Волошинов. Наумец переехал в Москву. Где-то там же Сазонов ушивался. Поскучнел „первый абстракционист" Одессы Олег Соколов и пришел к своему подлинному творчеству Осик Островский. Осик стал еврейским художником. Стал вести на своих холстах „перепись евреев Одессы." Осика я знал давно, но картинки его смотреть боялся. Уж больно хороший человек, жалко, если художник окажется неважный. В один из дней моей выставки в Одессе Осик затащил меня к себе на Белинского — в мастерскую. Я вошел и сразу стало мне хорошо и покойно. По стенам сидели теплые картины, на которых копошились какие-то безобидные человечки с бородами и семитскими носами, печалили глаза. Так мы сдружились. Потом по просьбе Осика учил его дочку живописи. Дочка доставляла Осе массу хлопот. Ося пытался оградить ее от приключений. Как-то идет Ося по Приморскому бульвару, глядь — толпа. В чем дело? Группа хиппи, невероятно живописная, стоит на коленях у пушки и молится. Среди них Галка — Осина дочка. Ося вспотел... Один из этих хипишников (а они из Москвы были) стал письма Галке писать. Ося тайно их читал. Из них узнал Ося, что парень бежать из России через границу хочет. Затем пишет парень, что гадал он на бумажках и вытащил бумажку с надписью „С..." Ося решил, что „С..." — сожительство и запретил Галке в Москву ехать. А парень покончил с собой. „С'..." оказалось „Смерть". В последнее мое российское лето пришли ко мне на дачу Витя Маринюк и Женя Рахманин. До поздней ночи пили за то, что позволили себе роскошь быть художниками. А Люсик Дульфан злобный стал и свое раздвоение пытается

Лев Гительман
Гена Дмитриев

аров
Саша Лихман
Стефан
Садовников

Гена не приезжал, он тут же начинал искать, у кого купить старую скрипку, желательно Страдивари. Приезжаем как-то во Флорешты (райцентр). Естественно, сразу на базар. Базары — это зрелище. Ходим. Стоит группа цыган. Гена к ним. — „Есть Страдивари?" — „Есть" — говорит один старый цыган. Пошли с ним. Приходим, дома куча-мала, грязь, но стоит дорогая югославская мебель, правда, обработанная хозяином — всю мебель утыкал разноцветными кнопками, ленточками. Притаскивает скрипку. Гена весь дрожит. Скрипка старая и на ней клеймо — „Страдивари". Вынимает Гена каталог, клейма разглядывает. Все сходится (каталог неразлучно при себе держал). — „Сколько?" — „Ну, за Страдивари, — цыган морщится, тянет и выпаливает, — десть рублей". — „Четыре", — говорит Гена. Сторговались на шести. Гена счастлив. По дороге домой Гена говорит мне: „Загоню ее в Москве за пару тысяч, половину тебе". В Оргееве, древней столице Молдавии и очаровательном старинном городке, я видел на базаре целый ряд цыган, продающих Страдивари и Амати. „Амати, Амати", — выкрикивают они. Додумались-таки. Стервецы, но гении рынка. Проходила очередная худ. лотерея. Никому не нужная. Всех соблазняли комплектом мебели (из трех тысяч выигрышей — 2999 картин и один комплект мебели). Гена продал для лотереи старый этюд. Позже он рассказывал. „Вадюшка мой тогда маленький был, сел на лист картона и насрал, я гавно снял, растер остатки и получился прекрасный грунт. Написал на нем этюд. Они его и купили. Представляешь, как им всю жизнь вонять будет". Представляю... Как в старом анекдоте. Как-то в фонде собрание, а Гена работу делал, деньги зарабатывал. Подрядили его выступить, речь ему написали. Клеймить он должен был прогульщиков и лодырей. Сорок минут Гена без остановки занимался демагогией, кружил вокруг да около.

— А вы конкретно, конкретно! — закричал директор.

— А я конкретно, я конкретно против прогулов", — и дальше кружил Гена. Больше не поручали.

Был у Гены нормальный пунктик. Боялся, что исключат из Союза. Слишком много набедовался да по детдомам намыкался. Прицепился как-то Миша Греку (народный художник, пред. секции живописи тогда), чтоб мы с Геной на секции свою живопись показали. Самое заветное, и дискуссию устроили. А секция на 98% из нехудожников, хотя половина со званиями „Засл. художник". Договорились о дате, времени. Чем ближе срок, тем больше нервничает. — „Хорошо тебе, ты можешь в Израиль укатить, а мне что делать, ежли..." Не спал. К счастью, в Кишиневе инициативу Греку не поддержали и автобус не дали. Много картин у Гены, много. Я только одну сумел привезти и не лучшую. Пишет мне Стефано (Стефан Садовников): „Встретил Гену, стали говорить о тебе, а у него слезы".

Крепись, старик.

LEONID PINCHEVSKY
СТЕФАН САДОВНИКОВ

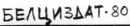

БЕЛЦИЗДАТ·80

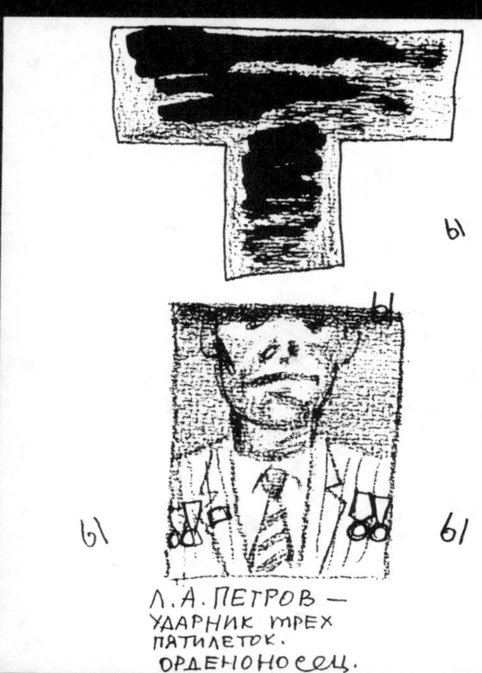

Л.А. ПЕТРОВ — УДАРНИК ТРЕХ ПЯТИЛЕТОК. ОРДЕНОНОСЕЦ.

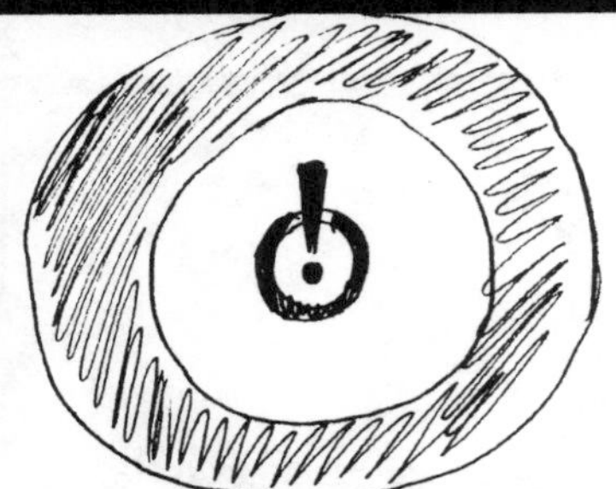

А.И. ИВАНОВ — СЛЕСАРЬ I РАЗРЯДА. УДАРНИК КОМ. ТРУДА. ДОСРОЧНО ДОГНАЛ И ПЕРЕГНАЛ АМЕРИКУ. — РАБОТНИК БАННО-ПРАЧЕЧНОГО К-ТА.

АЛИК РАБИНОВИЧ — КОМБИНАТ БЫТОВОГО ОБСЛУЖИВАНИЯ, РАБОТАЕТ В СЧЕТ 1989г

ВОЛОВЕНКО —
ВОСПИТАТЕЛЬ
КОМ. ТРУДА. ЯСЛИ
N. 6 „БЕРЕЗКА"
БЕЛЬЦКОГО ГОРОНО.
ДЕПУТАТ ГОРСОВЕТА.

БОГАВНЮК. С.А —
СТ. ПРЕПОДАВАТЕЬ
МАРКСИЗМА-ЛЕНИНИЗМА
БГПИ.

ЮРИЙ ДУРМАНОВ —
АГЕНТ ГОССТРАХА

Ж.Б. ПЕСЧТЕНЮК. - РАБОЧИЙ
ЗАВОДА ЭОА. РАБОТАЕТ СО
ЗНАКОМ КАЧЕСТВА.

ИЛЬЯ СЕМЕНОВИЧ ПАСЕЧНИК
ЗАСЛУЖЕННЫЙ УЧИТЕЛЬ МССР.

ЕЛЕНА МУДРЯНУ
ФОРМОВЩИЦА.
ЗАВОД ИМ. СУВОРОВА.

В. МУДРЕНОВ – АРТИСТ
БЕЛЬЦКОГО ТЕАТРА
ИМ. Д. ИБАРРУРИ.
ЛУЧШИЙ ИСПОЛНИТЕЛЬ РОЛИ В. ЛЕНИНА
ПО ТЕАТРАМ Г. БЕЛЬЦЫ

А. КОСОЙ – НАЧ. ЭКСКАНЧ.
ЧЛЕН КПСС С 1937 Г.

ВЫСТАВКА ПИНЧЕВСКОГО

Конечно же, мы ценим мнение искусствоведов, но почему-то нам кажется, что художники могут рассказать о себе тоже кое-что интересное. Сегодня речь пойдет о выставке Леонида Пинчевского. Но сперва несколько вопросов к самому художнику:

— Как вы жили в Советском Союзе? Как складывалась ваша судьба?

— После окончания в 1962 году художественной академии я много писал и активно выставлялся. Поскольку я работал в современной манере, что в те годы считалось похвальным, то я довольно быстро стал сперва кандидатом в члены Союза художников, а потом и членом Союза в 1968 году. Но с 1970 года я как бы раздвоился и стал жить двойной жизнью. Мои работы уже не укладывались в привычные рамки выставочных комиссий, да я и не хотел слишком уж искушать судьбу. Бдительность в провинции всегда была выше, чем в крупных центрах. Я стал театральным художником, больше не выставлялся официально, а писал для себя — в мастерской.

Потом мне удавалось иногда выставить несколько картин на театральных выставках, например, в 1979 году в Одессе, Ленинграде и Москве, но там они были представлены как эскизы к несуществующим постановкам. Чем смешнее мы выбирали название спектакля — тем лучше.

— В вашей живописи присутствуют еврейские мотивы. Как вы ощущаете свою связь с еврейством?

— Я вырос в традициях еврей-
ого местечка. Бельцы — это то
мое место, где евреи жили еще
гда, когда была Черта оседлос-
. Но мое отношение к еврей-
ву особое. Я подхожу к этому
рез ментальность, а не через
льклорность, что ли... Искус-
во — это нечто наднациональ-
е, но каждая нация привносит,
нечно, свои особенности. А все
есте мы стремимся выразить нечто, присущее всем людям.

В практической жизни быть еврейским художником в СССР — это даже элитарно, но здесь я больше думаю об общечеловеческих проблемах, а не о моей национальности. Хотя к еврейству я отношусь с большим любопытством, но как и любое другое явление, еврейские традиции требуют долгого и тщательного изучения.

— Считаете ли вы, что Шагал оказал влияние на ваше творчество?

— Меня часто попрекали Шагалом, даже тогда, когда я еще и в глаза-то его картины не видел, уже попрекали. Не вижу в таких попреках ничего плохого, молодой художник должен иметь родителей или даже целый букет родителей. Я в разные периоды испытывал увлечение Фальком, Ларионовым, Кандинским, Клее... Конечно, и Шагалом тоже, но

здесь, в Нью-Йорке я его чуть ли не возненавидел. Он наводнил весь мир своими работами, его картины даже на пляжных сумках, я думаю, он мог бы запретить своим агентам продавать права на свои картины для таких целей. У меня здесь на него аллергия, как в России была на Шишкина.

— Чувствуете ли вы, что у вас сложилась собственная манера?

— Да, чувствую, хотя мое отношение к этому несколько изменилось, в 1972 году я ощущал себя гением, но потом я стал относиться к себе строже. Мастером я бы назвал человека, который выработал свои собственные пластические и эстетические структуры, мне кажется, что этого я добился.

— Многие из ваших картин посвящены домам, чем вызвана такая привязанность?

— Дома я пишу уже двадцать лет. Если сперва они были довольно натурные, то потом они постепенно трансформировались в свой мир. Я с ними стал дружить, они рассказали мне массу историй. Они меняли очертания, вступали во взаимоотношения, влюблялись, беременели. Они как бы создали свой удивительный город...

— Глезер назвал вас романтическим реалистом, что вы думаете по этому поводу?

— Я не вижу ничего плохого ни в слове «романтический», ни в слове «реалист». Я не стал бы возражать против такого термина, потому что сам я не знаю, как себя обозвать, но, если так видится Глезеру... Сам бы я себя назвал продолжателем русского бита, традиций битников.

— Как вы воспринимаете Америку, как вам здесь работается?

— Я очень рвался в эмиграцию, был отказником, тяжело очень приехал. Первые шесть месяцев был в состоянии эйфории, ощущал сплошной восторг при мысли, что я уже здесь. Ну, сейчас, когда пыль уже улеглась, конечно, смотрю на вещи более трезво.

Эмиграция прежде всего сняла с меня чувство страха, в России я всегда боялся, что сделают что-нибудь со мной, уничтожат мои картины. Я, в отличие от Льва Халифа, как раз рад, что я больше не нужен КГБ. Я так долго был им нужен, что теперь, наконец, могу от этого отдохнуть.

Живу я скромно, но меня это удовлетворяет, я могу работать.

— Несколько слов о группе «Есть».

— Я хочу привлечь к ним внимание потому, что в провинции нет аккредитованных журналистов. «Есть» — это группа, созданная художниками Одессы, Кишинева, Бельцов — Стефан Садовников, Геннадий Дмитриев, Борис Комаров, Бронислав Тутельман, Петр Грицык и др.

Мне бы хотелось в будущем написать о них более подробно.

Мы обратились с несколькими вопросами к Александру Глезеру и попросили его рассказать о Леониде Пинчевском.

— Каковы, на ваш взгляд, отличительные черты творчества Пинчевского?

— На вопрос об уникальности и самобытности я бы ответил так, что каждый подлинный художник самобытен и уникален, а Пинчевского я считаю как раз таким. Что же касается его творчества, то, конечно, все эти термины, все эти «измы» — дело до-

Эсфира Пинч
Пинч
Московский график Голицын
Посторонние
Бронислав Гутельман

вольно условное, но я бы охарактеризовал его живописную манеру как романтический реализм. Пинчевский — романтик. И даже названия его картин звучат соответственно: «Дом утешения», «Дом доброй лошадки». Он любит изображать дома, они являются для него символом любви, добра, человечности.

И что для него еще характерно — это безупречное — хотя это опасное слово, но все-таки я его не побоюсь — безупречное чувство цвета.

— Как вам кажется, были ли художники, оказавшие влияние на Пинчевского?

— Конечно, лучше ему задать этот вопрос, а не мне. Ну, в ранних работах Пинчевского прослеживается, конечно, влияние Шагала. Может, по цвету и по колориту можно найти еще чье-то влияние, французских мастеров, например. Но. понимаете, подлинный художник часто использует достижения других мастеров, мастеров прошлого, но он их перерабатывает...

— И растет на этом?

— Не только растет, они просто становятся частью его творчества. Он не подражает старым мастерам, он просто использует то, что было найдено до него и включает в свои работы. То же самое делают, например, Шемякин и Оскар Рабин. Но ни один художник не обходится без влияния, таких просто нет...

— Скажите, не кажется ли вам, что творческая манера Пинчевского еще не определилась, что он как бы нащупывает свое будущее?

— Я бы так не сказал. Пинчевский приехал сюда уже сложившимся художником со своим видением мира, со своим отношением к цвету, к символике, но, естественно, попав в новую атмосферу, в новую жизнь, в новые краски... Конечно, все это ведет к тому, что он ищет что-то, чтобы выразить то новое, что он видит и чувствует.

Но мне как раз кажется, что Пинчевский очень верен себе. Впрочем, что-то меняется у всех — кто приехал — без исключения. Просто одни художники меняются в силу внутренней потребности, потому, что изменился мир вокруг них, а другие меняются потому, что хотят продавать свои работы. Пинчевского не слишком заботит коммерчес-

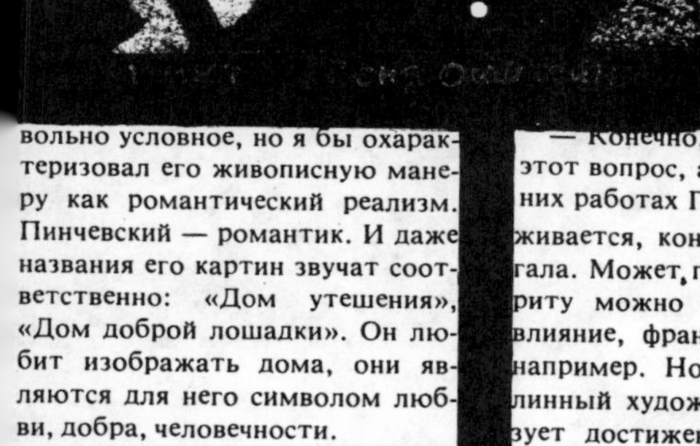

торона, его изменения выз- внутренней потребностью.
Вы некоторое время знако- Леонидом. Что вы можете ть о его человеческих ка- ах, может быть, о чем- ком, что он сам не видит и ает?
Когда полгода тому назад чнее, восемь месяцев — Пин- ий впервые пришел ко мне, еня сразу привлекло и выз- симпатии то обстоятельст- то он говорил не столько о и своем творчестве, хотя это олновало, как человека толь- о приехавшего, но он много рил о художниках, оставших- России.
сь, в музее, была его пер- льная выставка, но, по идее, должна была быть не его авка. Он хотел персональ- но он хотел сначала орга- ать выставку художников ы «Есть». Это такая груп-

па, которую они создали в Молдавии, в Бельцах. И он старался организовать выставку этой группы, но, к сожалению, люди, которые имеют картины этих художников, не дали их.

Он пишет об этих художниках, несколько дней назад он был у меня и говорил, что хочет издать о них книгу.

Немногие художники, очень немногие, может, из сотни художников в эмиграции можно назвать трех-четырех, которые думают о тех, кто остался там и хотят им как-то помочь.

Стасис Пейраускас из Паневежиса

Юрий ОЛЬШАНСКИЙ — О Борисе. 31 декабря 1982, Н.Й.

- Не ждали? - в свете дверного проема, не вмещаясь в убогую рамку, в коричневой бархатной кепке, в осеннем пальтишке с коротковатыми рукавами, является немного неуклюжая, но внушительная фигура. С крещенским морозцем за плечами, с нескончаемыми полустанками, с кишиневским кабинетом отца-поэта, где музыка тысячами пластинок живет неотъемлемо в малом пространстве его жизни, и дальше, в комнате сестры: краски, запах растворителя, мольберты, картины. Борис ступает по полупустой московской квартире, нашему временному жилищу, без права на проживание, он проходит на кухню и глядит на нас широко раскрытыми серыми глазами, немного печальными, немного лукавыми и удивленными... Прикидывается.

Не ждали? - говорит он, и его улыбка спрыгивает с пухлых губ, и скачет, паясничая, увлекая и нас в свой безудержный танец.

Да кто же нас ждет? Быть может, судьба-злодейка, да табак /наше дело/, да портвейна бутылка за дружеским застольем.

Не ждали? - говорит он, со всем его опытом рабочего в паровозном депо, нападающего футбольной команды, поэта и актера провинциальных театров.

А сколько всего за этим всем кроется, кроме известной картинки из букваря, одному только Богу ведомо, да Ангелу Хранителю. Тому, который проколесил с ним в автобусах и поездах не лучшего класса, по городам и деревням, по сельским клубам всей бездорожной России и далеких ее окрестностей, от Торжка до Тбилиси, от Рязани до Фрунзе, где приходилось и лягушкой скакать на детских утренниках и комиссаром в кожанке по вечерам кобениться из какого-нибудь "Хитрого Рынка", накушавшись до отвала советской классикой.

Не ждали.

Ждали, ждали, - говорим мы с Брандтом и думаем "Мы с тобой одной крови - ты и я..." Крови голодных поколений, чужих для мира и страны. Которая не заметит, не помянет. Да может и к лучшему - здесь и срабатывает инстинкт выживания - быть незамеченным.

"... Как умерев остаться мне живым?
И снова подмечать подвохи грез.
Как сделать чтобы дворник не донес -
Мол умер я и обнаружен им?"

С чем явился, Насмешник? - имя приставшее не случайно к его характеру.

Явился с буханкою свежего хлеба, чему несказанно мы рады.

Закипает чаек. Бренчит гитара: "Их число превышает число / Китаянок в далеком Китае..." - поет Брандт - авторитет, ругатель и Борькин советчик, посвященную ему поэму. Мы прихлебываем чаек под ночную метель и хлебушек, и огарок свечи - нам счастливо и почти тепло. Мы хотим спасать русскую литературу. Мы хотим издавать журнал. Почему бы и нет? Борис меня предлагает в рубрику: "Богема - селу". Себя и Петра в поэзию.

А помнишь, как мы расписались с тобой в Литераторском Доме, "Панаев и Скобичевский", а Арчибальд Арчибальдович тоже был там хорош. - говорит Насмешник.

Борис, а Борис, - говорю я.

Что?

У меня мальчишки отняли копеечку, - попадается он который раз на дежурную шутку, - вели их зарезать, как зарезал ты маленького царевича...

Объявляется конкурс на лучшую эпитафию.

"Ложись рядом", - говорит Борька и выигрывает.

Что бы про нас ни говорили, а есть все-таки время от времени хочется, - Насмешник с удовольствием отламывает хрустящую горбушку.

Он прав. И даже позже, когда мы мирно отходим ко сну, слыша его голос:

"Не спи, не спи художник, не предавайся сну. Ты вечности заложник, у времени в плену."

Любитель По, Катулла и Бодлера - он пишет, иногда оглядываясь на Пастернака, сверяя запутанные линии судьбы по уже угасающим маякам. Он живет, не стараясь публиковаться, отсылая стихи отцу - одному из немногих ценителей и любителей его трудов. Он женится и рождает сына.

У него хорошая жена, явившаяся из светлых Российских мест с лесами и озерами. У него тесть, любитель самогона и родня из области, и ему, почти "аристократу" в этой среде, уютно знать, что и его любят. И женщины тоже.

Он совершит, все что положено ему совершить в этой жизни, не уклоняясь, не глядя в будущее, но ясно догадываясь о нем. И оно его не обманет.

Что ж сверх того, господины мои?

Ночью поезд шел из Москвы, из посольства Голландии ехал я к дому в северную столицу, начиненный документами, бумагами и вещами. И не вышел в Калинине. Так и не попрощались. Быть может и не случайно. Да и кто же скажет, что мы сейчас далеко друг от друга?

Не я.

Борис ШИЛЬМАН

\- - -

Вышел на мокрое крыльцо
в старых галошах,
увидел бельё
и подпорку в весенней грязи.

Что-то мешает мне
взять подпорку
и прыгать, прыгать, прыгать
через чистое бельё.

\- - -

В твоем молчаньи я нагой.
Изгой уже на том пределе,
Где сохнет мозг, где бог слепой,
Где ангел суть Маккиавели.

Молчишь, быть может, оттого,
Чтоб дать мне счастье перепада,
От неприятья твоего
К любви неслышимого ряда,

Где твой газелий полувзгляд
Снесет меня на новый риф,
Сперва сквозь траурный закат
В теченье неба уронив.

П А Д Е Н Ь Е

По паутине, паутине бестелесой
Земли достиг не то чтоб плач, а звук.
И пятернями вниз, навстречу лесу
Сквозь небо прорастала пара рук.

Едва-едва касаясь волн лесных,
И вверх свой взгляд усталый уперев,
Я лег, уняв волнение дерев,
И ниже леса небо уронив.

Вверху не оставалось ничего.
К Земле неузнанной всем телом я приник.
До нового паденья моего
Остался миг.

М О Е М У   Т О В А Р И Щ У

Понимают ли шифр приговора
Застекленные дымом разлуки?

На руках бы носил тебя форум,
Из хитонов повыпростав руки.

Свет луны - ореол главаря -
За тобою плывет с высоты.
И, качнувши луну января,
В подворотне скрываешься ты.

На нечаянной координате
Получил ты свой нынешний статус.
А то спорил бы в римском сенате
Среди собственных мраморных статуй.

При решении важных вопросов,
При подсчете, один голосуя,
Оставлял бы сенаторов с носом -
И число своих статуй плюсуя.

И взрывался б сенат, потрясен,
Заражен гомерическим смехом.
И стучал бы до наших времен
Этот смех гомерическим эхом.

Стеклодув, выдувая сосуд,
Оставляет свой голос в сосуде.
Так и носит томящийся люд
Пустоту вместе с тайной прелюдий.

Понимают ли шифр приговора
Застекленные дымом разлуки?
На руках бы носил тебя форум,
Из хитонов повыпростав руки.

\- - -

Едва-едва пробив бензинный гнев,
Пронзив ушную мякоть облаков,
Мой взгляд ветвится, небо подперев,
Над пыльными зонтами городов.

МУЗЫКА И ГОЛОВА В СТЕПИ

Выдох, вопль и сияние тубы
Поглотило пространство.
И меня
засосет чернота.
Обдавая песком,
оголенные вечностью зубы
рвутся ветры за череп
сквозь днище дырявое рта.

Как оркестра глухой барабанщик
Жив я взглядом.
Развеян скелета каркас.
Сквозь пустую глазницу

растет и растет одуванчик,
и по сини небес
распыляю оставшийся глаз.

\- - -

Я ампутировал январь.
И время в лужи протекло.
Застыв, как уличный фонарь,
Как вымытое стекло.

И мимо вмерзших в снег голов,
И ртов, хранящих боль и ор,
Я пролетел - голодный вор.
Две капли крови был улов.

ВЕТЕР

Всё так же скачет по камням зверье,
но не окрасить в их крови копье:
пусты артерии.
Пусты и русла рек.
И глаз не чувствуют пустые взмахи век.

И только ветер
выдувает колос.
Гудит в колосьях, как в стволах рожков.
Как зубы и как головы божков
стучит зерно и обретает голос.

И гром горбатый темным далям мост.
И небо злак впускает поневоле.
Корнями черными вонзенное в мой мозг
льет свет и пляшет желтых молний поле.

\- - -

Рвутся с полотен Эль Греко
Немотства седые рабы.
"Молчание, мы твоя дека."
Лица длинны, как гробы.

О, замерший пиков костер!
В свеченьи холодном и гордом
Застыл вереницами гор
Мой голос - колосс многогорбый.

Как влагу храню я молчанье.
Но русел дорожных судьба
Гнездится и пухнет отчаянно
Многоголосьем в горбах.

- - -

Смотрела даль уже подслеповато,
И птица повисала, как замок.
День канул с бледным ободом заката
в проем небес - глубокий, как ярмо.

И легкою серебряною пылью
плыл вечер над слабеющим числом.
И пауки салюта к звездам плыли,
но умирали в парке городском.

- - -

Воздав хвалу за то, что путь тернист,
Сумел забыться ты в сухой траве,
Впивая жадно жадный ветра свист,
Ты, ты пожар несущий в голове.
И пламя сорвалось, как с ветки лист.
И дым, как человек, встает с травы,
И как губой обнявший горн горнист
Горнит огонь, обняв дымов стволы.
Но замкнут тот, чей взгляд о землю тёрт.
Огонь несет сквозь горло дыма сны:
Там искренний от голода умрет,
Там друг стучит копытом сатаны.
Очнувшись, видишь как со стороны.
Листы пожара лижут край пустот.
И замки пустоты обнажены -
Блажен, кто взгляд свой в пламя повернет.

- - -

Я
окованный
порослью ливня
по дороге
стучу, как слепой,
и дорога,
изогнутым бивнем,
обрывается передо мной.

За спиной оставляю луну.
Признаю только лунный конвой.
Мне осталось - спадать в глубину
для единственной встречи с собой.

- - -

Одну и ту же я слежу звезду.
Пусты глаза, что нищего сума.
Сказала ты: "Я как-нибудь зайду.",
И комната моя теперь тюрьма.

Теперь шагнуть за дверь - играть с судьбой.
Я на работу не хожу давно.
Наверно, мы не встретимся с тобой -
Однажды ночью вылезу в окно.

Степан Бандера

ЛЬВІВЪ

Photographs by Boris Krishtul

ЛЬВІВ

1956 г.
Трускавец в Карпатах.
Я и кореец Вадик Чен
в сооруженном нами
тарзановом гнезде с
тросами [illegible]
ство...

КАК Я БЫЛ БАНДЕРОВЦЕМ В ТЕЛЬНЯШКЕ

В середине 50-х заболели у матушки почки и в 55-м-56-м ездили мы с ней в Трускавец. Львов удивил меня вывесками "Зупынка" и "Взуття", лазали мы на гору, мне рассказывали, что театр построен на подземной реке и проваливается, а у жителей Львова поголовно зобы от недостатка йода в артезианских водах. В Трускавце лечились мы минеральными водами "Нафтуся" и "Бронислава" /"Брониславу" качал я сам, крутя колесо насоса в помощь толстозадой сестрички Зины и изнывал, 15-ти лет, по ее заду/ и мыли лицо из источника красоты "Юзя". "Нафтусю" полагалось пить подогретой, отчего она, сероводородная, была еще противней. Во утешение - были черешни. Мать приносила с рынка черную и более дорогую белую черешню, она стояла на столе в центре комнаты, что мы снимали. Ходил я вокруг стола и ел по черешнине за оборот, а потом подсчитал косточки. И сколько прошел. И был у меня цыпленок "Бандит", купленный матерью на базаре. Гадил и чирикал он знатно, но быв зарезан и сварен - в горло не шел. Другом у меня был 13-летний кореец Вадик Чен, с ним мы построили тарзанье гнездо на иве, а к соседней иве протянули тросы, чтоб ходить по ним. Уходя, верхний трос вешали не на крючок, а на сучок, чтоб какие посторонние - ёбнулись. Сами спускались по ветке.

До пруда было километров 5, лесом, там мы ловили в изрядных количествах жаб, ужей, ящериц, медяниц или веретениц и маленьких, с оранжево-черным брюшком, лягушек-жерлянок. Их было много в районе нефтяных колодцев, качавших нефть постаринке. Дорога шла лесом, туда мы перли здоровую автомобильную камеру, взятую у мужа хозяйки, шофера дяди Васи, чтоб плавать. Я ходил, с детства, в тельнике, а Чену одолжил свою пилотку, подаренную Ромкой Шульманом, другом отца, который безуспешно ухаживал за моей матерью после войны. И еще Ромка приучил меня есть репчатый лук с уксусом и черным хлебом, люблю и по сю. В таком антураже шлялись мы по лесам, где еще помнили Бандеру. Как-то, идем, слышим - телега по дороге гремит. Нападем?, говорю. Палки наизготовку и в тельняшке и при пилотке выкатываемся: "Стой, еб твою мать!" Баба, что ехала, взвизгнула, упала в телегу, хлестнула лошадь - и телега унеслась. На другой день собираемся на пруды, мать, придя с базару, уже не пускает: дюжина мужиков, в матросской и солдатской форме, напала вчера в лесу на бабу, еле ноги унесла. В городе, смотрим, войска появились, леса стали прочесывать, а матери - как скажешь? Так и не ходили на пруды с неделю, пока не успокоилось.

Уезжая, набрал я в мешочки всех этих своих жаб-ужей и ящериц, а они у меня в поезде разбежались, мешочек с ящерицами развязался. Бабы визжат, стоп-кран дернули, я ловлю ящериц, но не признаюсь, что мои, за окно выпускаю. Остальных довез. А дома - помыть их надо, припахивают, налил в таз воды, мою. Сперва ящерок, жаб, а потом и до ужей дошло. Мать говорит: "Выпускай в таз!" "Выползут", говорю. А мать - она же учительница - "Тебе что говорят?" Выпустил, и выползли они, как миленькие, по обе стороны, еле за хвосты ухватил, прижал. Воняют, гады, пеной своей плюются, а мать на стол забралась и орет: "Убери эту гадость!" Рассажал по банкам, отвез в зооуголок Дворца пионеров, где занимался.

А потом, в 60-м, работал я на Дальнем с Ванькой Майдановичем, львовским украинцем, щирым и жовтоблакитным - "Ты, говорит, розмовляй со мной по вкраински, а то батько скажет, шо я окацапывся!" Говорили. Пел он мне песни украинские, объяснял язык. Слово "кохать", к примеру - нет ему эквивалента в русском!

И в 75-м о Львове заговорил со мной Борис Понизовский. Бывали у него молодые поэты оттуда, художники, но я уже уезжал.

Только здесь и встретились: сначала Очеретянский художника-львовчанина нашел, а потом его же - Вилька Бруй ко мне прислал. И вот они, материалы...

То немногое, что удалось спасти с "бывшей родины".

Афишу переснимал Давид Осман, москвич. За бесплатно.

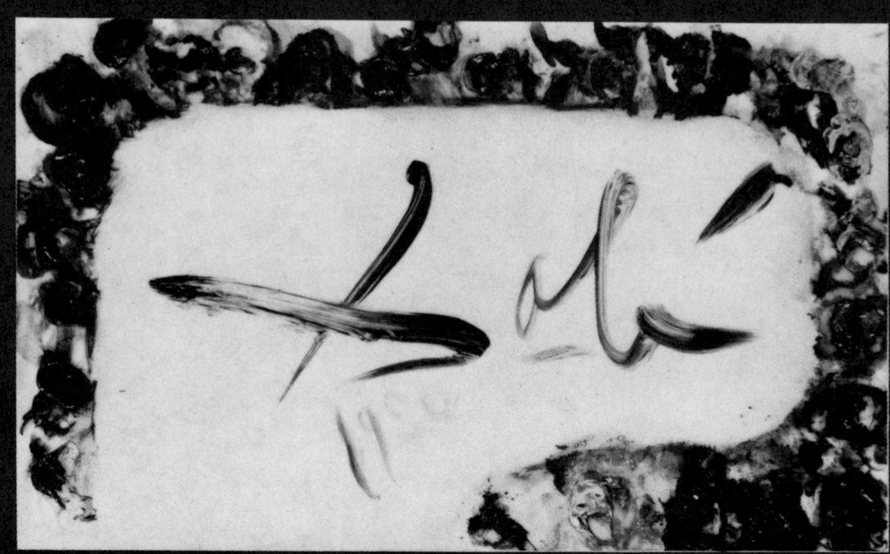

Палитра Шаррада

×

картина сохнет
на крыше ветерок шуршит
уже так поздно
утро
спатки кошки

×

далекий клекот
стаи диких лебедей
напрасно прозвучал
ведь в наши дни
перевелись поэты

×

сижу на кухне и курю
один
две кошки

×

спешу домой
бежит собака
ветер носит листья
я бублики горячие

несу

×

прыгни с обрыва
кто-то мне рядом
сказал
я прыгнул и вознесся

×

проснешься утром
какая грусть и радость
больше никого

Стихи Шаррада

ЭЛИНСОН, ШАРРАД И НЕКТО ХАЧАТУРЯН

Гарик Элинсон рассказывал, что быв приглашен к Сальвадору Дали, провел самый скучный вечер в своей жизни: Дали и Галя сидели молча, раскрашенные как восковые куклы и столь же были общительны. Визит как визит.

Дорвавшийся же до аудиенции у Дали Арам Хачатурян был встречен иначе. За версту с лишним от замка Дали в Испании кончалась дорога и начиналось вспаханное поле. Хачатурян был высажен из автомобиля /"Г-н Дали не выносит автомобильных гудков и шума моторов"/ и доведен до ворот, после чего был впущен во двор. Под звуки "Танца с саблями" из противоположных ворот вылетел на коне Сальватор Дали и проскакал пару кругов, размахивая саблей, после чего ворота затворились снова. "Аудиенция окончена", - сказал секретарь, и Хачатурян поперся назад, по вспаханному полю, а жара была вполне испанская.

Про того же Хачатуряна рассказывал мне павлодарский журналист Альберт Павлов, как приехал Хачатурян с концертами в Новосибирск, что ли. Лучший, естественно, номер в гостинице, Хачатурян распаковывает свой походный бар с армянскими коньяками, а метрдотель Жора справляется, чего Арам Ильич закажут на ужин. Ну, там, телятину и, там, не знаю что и - "обязательно креветок". Жора и секретарь комитета комсомола совещаются, вызывают блядей. "Бляди, подмойтесь, пойдете на ужин к самому Хачатуряну!" После закусок и телятины, Жора распахивает дверь: "Арам Ильич, креветки - поданы-с!" - и в номер впархивают три бляди. "Вооон!" - орет Хачатурян.

Что нам Хачатуряны? Арнольду Шарраду во Львове однажды приснился Дали. Будто нарисовал он и подарил ему рисунок. Просыпается - неприглядная советская действительность. Эмигрировал в Израиль, путем чего живет в Нью-Йорке. Работал реставратором в крупной фирме - является с заказом Сальватор Дали, при секретаре и леопардовой шубе. Посмотрел работу Арнольда, понравилось. Нарисовал ему автограф на палитре и заодно отснялся втроем. Арнольд при бороде, Дали при усах, а с бритой мордой - секретарь его, ворюга. Арнольдик рассказывал мне, что секретарь этот, когда Дали находился в депрессии, подсовывал ему чистые листы бумаги: "Ну хоть автограф нарисуйте!", а потом тискал на них фальшивые литографии. По другим рассказам, Дали сам охотно подмахивал листы в три руки: секретарь подсовывает, Дали подписывает, жена забирает - конвейер! Не взирая, не разбогател: сейчас рекламируются срочно выпускаемые ковры по его дизайну /вместо 89-го в 86-м, "по причине состояния здоровья г-на Дали" и вместо трех тысяч - за полторы, хоть - покупай!/, а литографии Шагала, Дали и Шемякина - рекламируются в одних журналах и по одному разряду, на развороте. Вероятно, поэтому Шемякин отказался мне подмахнуть пустой холстик, найденный у него в сортире - а вдруг я на нем чего нарисую, а потом продам? И холст вместо Шемякина - подмахнул Есаул, что снижает стоимость. Но потом я его, так и не нарисовав, помял и загваздал. Лежит.

Шаррадика же на следующий день из фирмы выгнали, но он ушел весело: все ж-таки с самим Дали повидался, да еще автограф поимел и фото. Автограф он мне все так и не соберется переснять, а фото - есть.

Живет же Шаррад с картинами и с кошками, в арабском квартале Бруклина. На харч - зарабатывает реставрацией картин, в промежутках рисует свои. Кошек у него было 4, а сейчас 3, каждая с именем и характером, гуляют прямо в окно на засмоленную крышу, а Шаррад предпочитает гулять в лесу. Возил нас на машине Некрасова собирать кизил, а сам на поезде выезжает по грибы, кои замечательно солит /опята!/ и дарит иногда баночку мне. Картин дарит редко и не лучшие, чем значительно отличается от Шемякина, Межберга, Длугого и длугих. Очень любит писать на пленере, но любит и просто гулять. За неимением постоянной жены - социальный досуг проводит в Некрасовке. Родился с приросшей к голове ручкой, в позе родэновского мыслителя, всем дает пощупать вмятину на голове. Всегда весел, коммуникабелен, улыбчив, доброжелателен, в меланхолическом состоянии не показывается на люди. Тогда пишет стихи. Бывает на всех почти выставках, сам же выставляется редко, в основном, у меня. Прозвище имеет "Кошатик", животных называет "люлечка", любит их больше людей. Но и к людям, как говорю, доброжелателен и не завистлив.

Читать не любит с детства, но зато - писатель. Читать его люблю я. И Очеретянский /за то что верлибр/. Работает в сюрреализме и в абстракции /живопись/, а также в поп-арте. Тексты пишет интуитивно, и в поэты не лезет, отчего - ПУБЛИКУЮ.

Шардам

66 r

О Львове я не помню ничего. Так я думаю. Или так просто удобнее.
... Львов, Львов, Львов –
Город – мозы любовь – Львов.
... Сувенир для иностранца,
Город, дребезжащий трамваем №12.
... Старая любовь полячек – площади Рынок
... Город – мозы любовь – Львов. бусьiгшник –
Львiв – дэ говорять по польськi, украiнськi, i of course по росiйськi, и где местные украинцы (партработники) втихаря жалуются, что мы, мол, не против новых порядков, но дайте нам самим управляться. Львов стал советским лишь в 1939 г.
Всё бросил. Папу, маму, собачку, балкон, базарчик с семечками, Стрийский старый парк через дорогу, (где в озере лебеди с подрезанными крыльями, чтоб не улетели), такси ждало внизу: наверх – поцеловаться и... к черту всё, к чёрту...
„Ты там собi намалюешь" – слова директора картинной галлереи, когда он сообразил, что я сверху записал свои „формализмы" реалистическими чащьями,

чтобы смыть их потом в Нью-Йорке.
Нельзя же всю жизнь писать и все ставить на шкаф для только нескольким друзьям показывания потом.
Приносишь картины в галлерею на отбор и тащишь домой обратно – очень темная, или „слишком много краски" и, наконец, одна прошла – кусок города, улица, но людей нет. И горд, что ругают в газете, за то что „пустая, без людей, улица.... а где наша современная действительность, где яркость красок и вера в прекрасное будущее и все такое прочее.
Рад, что хоть пригодились.
И вижу сон. В галлерее закупочная комиссия. По стенам – картины в старинных рамах, повернутые лицом к стене.
Сзади холсты старые, коричневые, с пылью и паутиной. Слышу голос директора:
„Ну хоть у одного жида можно купить"!
И мои друзья, ребята, художники.
Охи и ахи, модернизм и... „что ты за художник, если не пьешь?"
А мне просто не вкусно и нехорошо пахнет. Аллергия что ли?
Это в лес или рыбу ловить ночью.

и торчать от готики Львова. И покой и красота Лычаковского кладбища, где Торвальдсена мраморные рельефы, склепы иезуитов 16-го века, кованные ржавые фонари и Пантеон, где мы снимаем фильм (о ковбоях почему-то) и чтобы на пленке получилась кровь льём черную тушь в рот и на лицо... Туда можно было убегать на этюды и с девами уединяться...

А летом в три часа утра (когда никого нету на улицах и все спят) с блокнотами — в город, на наброски.

И ночь была однажды и свет на час потушен во всем городе для репетиции гражданской обороны, а мы — на площади Рынок и чудо вдруг — дверь открывается и выходит повариха в белом колпаке и со свечой в руке. Привет Тебе Ла Тур! Немеешь. Помнишь...

Кузминский хочет от меня материалы по Львову. Атмосферу, бля...

— Ну шо тобі сказати, друже? Львів — то е лемківське, бойківське, а також жидівське місто.

Уже здесь (т.е. в Штатах) я узнал, что Лемберг (он же Львов) был одним из центров

хасидизма Восточной Европы. Галиция...
„Я вам кажу, я вам кількана́щьдцять раз вогорю, але я вам жделаю...“ – учитель на уроке.
И вообще – „Нэ пызды, козаче“, „Ой ты кінью ты мій, скажы нэнці моїй, що я лэжу в Карпатах забэтый...“ – бандеровская или народная песня?
И польский анекдот. В старом Львове мимо бардака (где сейчас дом народного творчества) проходит польская пані. А с крыши ей сваливаются под ноги коты, занимающиеся любовью. Она берет их, заходит в бордель и говорит: „Пані головна курва – ту ваша рекляма впала.“ И еще один: „Хлопці, вы – українці?“ – „Так.“
„Ванька – ёбни его!“
Местные не любят русских очень.
Москалі воны. Солдаты значит.
Масса прекрасных украинских и польских художников. Молодых и старых.
Леопольд Иванович Левицкий. Долгое время жил в Париже. Учился у Леже. Линогравюры его просты но полны чувств. Сильное влияние немецкого

экспрессионизма, но только все мягче и теплее. Видно по ним что молодым сильно бедствовал и был рад, когда русские пришли и пригрели. Хотя позже доставалось за нереализм. Сельская Только фамилию и помню. Парижская школа. Там долго жила. Корни — постимпрессионизм. Карпатские, деревенские пейзажи. Теплая гамма охристо-красноватых мазков, но очень плотно, мясисто, не по-женски даже.

Скобало Иван Михайлович, любивший повторять: шагайте так, как Марк Шагал. Пил жутко вместе с женой Соней, бывшей его натурщицей. Преподавал в институте прикладного искусства, откуда его и выгнали за формалистические поблажки студентам. Переписал ночью мой экзаменационный натюрморт помягче, который я утром, не поняв в чем дело, и переписал опять по своему. Ученик Левицкого и Сельской.

Иногда здесь, в Штатах, просто поражаешься вспоминая, как студенты писали и рисовали. Просто мастера и все тут.

Лещинер Михаил Иванович. Ученик Татьяны Яблонской. Беспризорный, еврейский мальчик из Одессы, где поступил в художественное училище.

[л]юбил показывать как в детстве выщелкивал на зубах „Интернационал", зарабатывая себе этим на милостыню на базарах. помимо Писал картины-проклятия сионистам-агрессорам.

Сипер Вениамин Павлович.

Учился с Малевичем в Питере после революции на одном курсе. И вот стал другим. обычным реалистом. И никаких особенных специй.

Просмотрев мои эксперименты заявил, что не знает, способен ли я или нет, страшно разозлив меня этим.

Гуцульская керамика и стекло — гордость народных мастеров Зап. Украины охристо-зеленоватые изразцы печей с примитивными сюжетами. Сельские музыканты, звери, дивные цветы. Гуцульщина. Трембита. Дли-и-и-и-инная деревянная труба метра 4. Управляются с нею вдвоем. Один держит у раструба, а другой гудит в нее. Карпаты. Горы. Слышно далеко.

Древние хасидские кладбища в Прикарпатьи. Броды, Сколе. Николаев

каменные торы, цветы и птицы, диковинные звери — рельефы из серого камня,

Читали „Кладбище в Козине"? Бабеля? Прочтите. Поехал туда. Искать. Совсем рядом. Искал. Нашел.

Древними резными плитами выложен тир ДОСААФа под открытым небом и растащили на ступени для домов. Бабка местная сказала, что не немцы это сделали, а вот после войны...

... Иногда очень левые выставки из Польши или Венгрии или Чехословакии в Доме Архитекторов на улице Подвальной, где ~~недалеко~~ рядом Армянский Собор 13-го века.

... Ребята-реставраторы из галереи мне говорили, что в подвалах там... сокровища. Древнейшие армянские иконы, усыпанные драгоценными камнями... ~~[illegible]~~,

И никто никогда их не видел, кроме ответственных работников только.

Молодые, известные во Львове художники, кого помню (официальные). Патык, Медвидь, Пушкаш. Последний уехал в Венгрию. Можно сравнить с его живописью Эмиля Бернара.

Как писал Патык точно не помню, но

тоже — французские корни с украинской народностью. Для Медвідя богом был Эндрю Уайес. Очень хорош. Присмыкали. Стали покупать. В городской галлерее — его работы на колхозные темы.
... В 73-м приехал Боря Понизовский ставить пьесу Штока „Божественная комедия" для кукольного театра. Его привез мой товарищ Миша художник, студент курса телережиссуры. С ним приехала группа молодых кукольников-выпускников Питерского театр. института. Поселили Борю при театре в комнате, рядом с реквизиткой, где все мы и собирались каждый день, ночь напролет, до утра.
Горели и верили, что через куклы можно будет легче протащить новое, свое. Идея постановки — Черный Кабинет. Никакой ширмы и никаких перчаточных кукол. Вся сцена затянута глубоким черным бархатом. Актеры полностью в черных, бархатных одеждах: лицо, руки — всё. Только отверстия для глаз. Незаметные для зрителей они на сцене управляют кук-

мали размерами от гигантских (были там слон и кит) до малюсеньких. Боря был постановщиком, я делал эскизы кукол и всего оформления.

Дальше афиши (стандартной), моих эскизов (кот. сейчас в Борином архиве в Питере), жарких споров и дискуссий с дирекцией театра дело не пошло. Увы. Нам было ~~прост~~ заявлено, что все это слишком новаторское (более, чем в Прибалтике, даже) и управление культуры просто не позволит такому спектаклю появиться на сцене.

На этом все и закончилось.

Случилось это весной, а осенью я уехал и как слышал Борис наезжает в кукольный театр в Кургане и ставит там. Может быт там, у черта на рогах что-нибудь и выгорит.

jan. 1984. N.Y.C.

66

66г.

Город-моды любовь-
Львов.

Город месс архитектуры
Сувенир для иностранца
Город, дребезжащий трамваем
№12
Давняя любовь полячек-
площади Рынок-булыжник
Город-моды любовь-
Львов.

■ ■ ■

Цирк! Цирк! Цирк!
Чудес калейдоскоп-
арена
Дунаевский в инструментах
Фокусника-мистика
причуды
Карусель галопа в пене
Лакированный
Конферансье!

КОШКА
С БЕССТЫЖИМИ ТАКСИ ГЛАЗАМИ
МИМО-ПРОХОЖИЕ
ВАЛЯЕТСЯ СОЛНЕЧНАЯ
НА ТРОТУАРЕ
КОТОВ
СОБЛАЗНЯЯ
И МЕНЯ
ТОЖЕ!

■■■

Вон там —
ДАЛЕКО!
— ЗВЕЗДА
РЫБЫ
ЗВЕЗДА ГОРИТ НА ЖЕЛТОМ
СКОРЕЕ!
НАДО УСПЕТЬ!
А НЕ ТО ВОЛНАУНЕСЁТЕЕЁСНОВАВМОРЕ...

ТРАВУ.......
ЗАЧЕМ ВЫ ЗАСЫПАЕТЕ
АСФАЛЬТОМ?

— МОМЕНТ
НЕДОУМЕНЬЯ...

■ ■ ■

БОЖЕ МОЙ!
ОТКУДА, ВОРОБЕЙ?
ТЫ В МУКЕ СИДЕЛ-
ИЛЬ ПОСЕДЕЛ?

■ ■ ■

Я
АН
ЧОЛ
ИНАКОНЕЦ БУ
ПОЯВЛЯЕТСЯ
ИЗ
ЗА
УГЛА
„БУЛОЧНАЯ"

×

поет мне песню
кот
дымок от сигареты
вьется
из крана
каплет

×

из года в год одно и тоже
маской жопы прикрываясь
жопа
толпу
потешает

×

пожар в деревне
в панике
через дорогу
курица бежит

×

весь день впустую
нежился
лежал
курил
читал
ни строчки
ни мазка

×

без мыслей и без чувств
и телефон молчит
пойти напиться кофе

×

за стенкой голоса
хозяин топит
дым от сигареты
черный кот

×

земля уходит из-под ног
я уезжаю навсегда
отец и мать обнявшись
плачут

×

ты гриб
а я
поклонник твой
как рады мы друг другу

×

а запор ваш
от того
что не дозрело
в вас
дерьмо

×

плачет
плачет котик
на ручки хочет
не возьму
я занят
плачь

×

пьют воду ядовитую
из блюдца тараканы
и уползают умирать
когда включаю свет

×

дымом ароматной сигареты
затянусь
кот проснулся
хочешь тоже

×

один
к чему бы это

×

я бродил под бруклинским мостом
двадцать лет назад
и сейчас брожу
наяву
не сон

×

про птичку песенку
мне кот
поет
соседи спят
вскочил и убежал
заели блохи

×

старый
старый
новый год
с кем встречать тебя

×

орган из кухни
в горячей ванне
греюсь
снизу
кто-то позвонил
и бог с ним

×

за дверью
холодно и мокро
молока налить коту
пью крепкий чай
а сам
в лесу

×

на столе
нельзя сидеть
ты кошка
не воспитан

×

лежу под деревом
а белка
сверху смотрит
шелест листьев
благоуханье
мир

×

срубили дикий виноград
стены он не разрушит
а глазу
так приятно

×

стучу в машинку
голый
в трубе
бульчит вода
на кухне в радио
рояль

×

хотел стихи писать
а вместо этого занялся
травлей тараканов
не жалею

×

запомни лес меня
до будущей весны
и не забудь меня
лесная черепаха

×

изогнувшись лижет спину
кот
от стула
тень
головка спички
мухи
на липучке

×

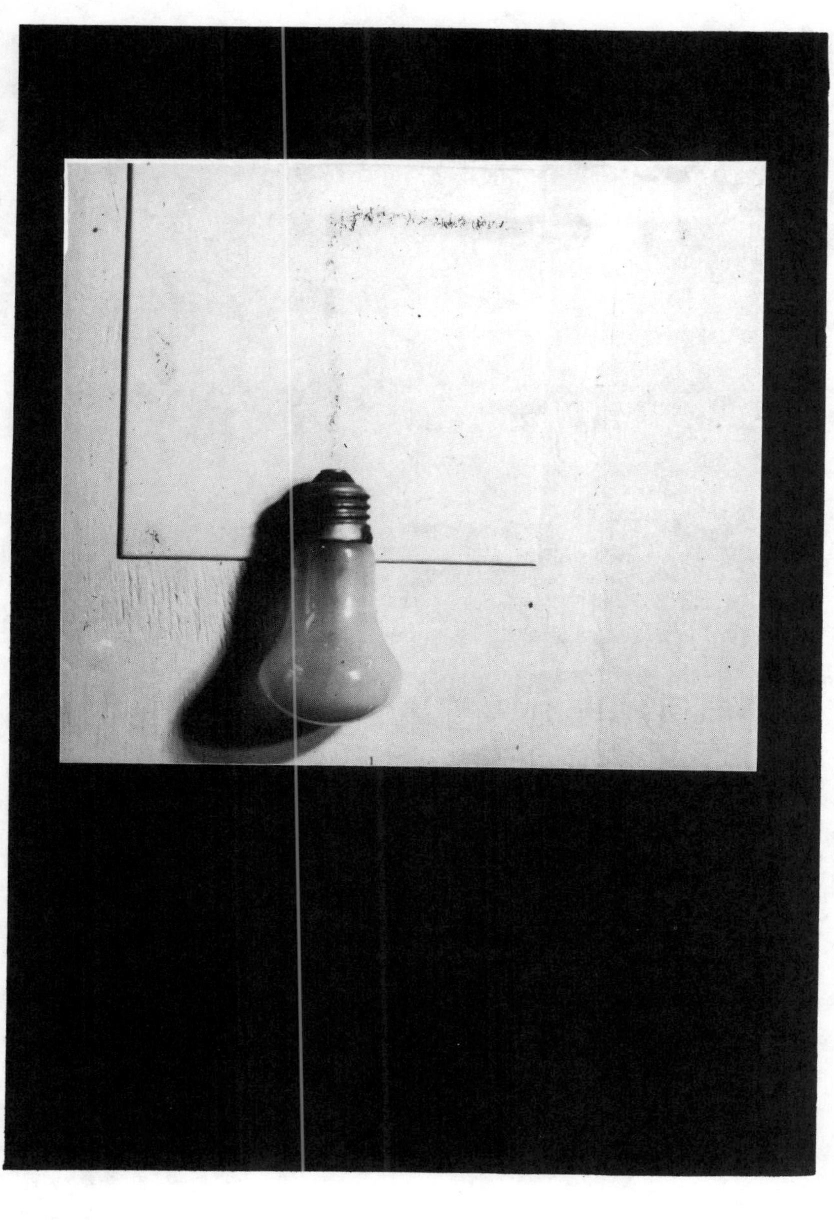

ЛЬВОВСКОЕ ОБЛАСТНОЕ УПРАВЛЕНИЕ КУЛЬТУРЫ

ЛЬВОВСКИЙ ГОСУДАРСТВЕННЫ

ТЕАТР КУКОЛ

ДИПЛОМАНТ ВСЕСОЮЗНОГО ФЕСТИВАЛЯ ТЕАТРО

СПЕКТАКЛЬ ДЛЯ ВЗРОСЛЫХ

М. ШТОК

БОЖЕСТВЕННАЯ КОМЕДИЯ

Пьеса в 2-х действиях

ДЕЙСТВУЮЩИЕ ЛИЦА И ИСПОЛНИТЕЛИ:

ЮНОША С ГИТАРОЙ — С. Янышевский
СОЗДАТЕЛЬ — В. Чекирда, Г. Бродоцкий
АНГЕЛ „А" — Ю. Капида, Г. Побегун
АНГЕЛ „Д" — Г. Бродоцкий, В. Чекирда
АДАМ — А. Лысак, Я. Ольшнец
ЕВА — О. Бродоцкая, А. Радова, О. Киркач
ЖЕНЩИНА — С. Кабанова, О. Джеджора
ЛЮДИ, ФАУНА и ФЛОРА — артисты театра

Режиссер — М. ХУСИД
Художник-постановщик — Б. ПОНИЗОВСКИЙ
Композитор — Е. ГЕРШБУРГ

Художники — А. ШАРГОРОДСКИЙ, Ю. САВН
Конструкции — Г. КОГА
Механизация — Ю. ЕМО

Главный режиссер театра — Михаил ШУРУПОВ

Проект

Актеры труппы с Шеррадом и Монизовским. Рельефы – Б. Монизовского.

Автопортрет.

ALEKSANDER Radinovsky
SEMYONOV FELIKS
DON MILLS, 5 DUFRESNE
COURT apt 1001
TORONTO, ONT.
Canada

(МАТЬ ФЕЛИКСА)

СССР
г. ЛЬВОВ
ул. ЖОВТНЕВА 19, кв 37
ВОЙНОВА Ида
ИЗРАИЛЕВНА

От составителя:
Более ничего о художнике Ф. Семенове не знаю. И откуда попали ко мне эти фото – тоже.

Привожу, как иллюстрацию.

Натюрморт.

Пространство представляющее себя и одновременно иное и также образом за счёт
трех факторов ① пространства ② света ③ цвета и взаимообратимости изоб.
Достигается и тем что оно пр. является предметно как вещь среди
вещей и иллюзорным пространством одновременно и тем что вводится
дихотомия. при помощи масштабных рез. где микро и макро единицы
и неразличимы значение как правило связывается с угловыми импульс.
но это особый семантический слой двигающийся производными услов. псе
структур. как успе. механического хар. высокой степ. музыкально-числи
Шаг появляется как! тени времени на ином уровне бол. ясном на основ.
[illegible] возникших и опыт специф. закр. энергий проекций А. Аксинин-80

оф.рб.

А. Аксинин-80

ВИКТОР КРИВУЛИН О ХУДОЖНИКЕ АКСИНИНЕ/отрывок, окончание следует в каком-нибудь из томов/:

И на круги своя...

Начало сентября. Ясный тихий день, еще более тихий и ясный после вчерашнего ненастья. Позади две смерти. 3-го мая погиб Саша Аксинин, возвращаясь из Таллина во Львов самолетом, в который врезался при посадке личный самолет командующего 2 -ой воздушной армией. Армия решает наши судьбы не только в Афганистане, и я третьего мая не смог ответить на вопрос немецкого студента-физика, чьи родители приятельствуют с Таней Горичевой : почему у вас на улицах так много военных и полицейских? Наверное, потому, что мы боремся за мир. Саша Аксинин появился в Ленинграде с женой Гелей осенью 76 года, когда я с тогдашней моей женой Таней Горичевой начал выпускать журнал "37". Саша и Геля хотели уехать в Штаты, а участие в самиздатском журнале могло ускорить отъезд. У Гели была опухоль шеи, и кто-то ей сказал, что есть единственная в мире клиника,кажется, в Бостоне, где лечат такие болезни. Саша сделал для журнала марку, которой мы так и не воспользовались, а Геля напечатала у нас несколько рассказов в духе Кафки, впоследствии перепечатанных парижским журналом "Эхо". До самой своей смерти в 1983 году Геля боролась за выезд и писала рассказы в духе Кафки. Последние два года ее мучали такие боли, что каждые три-четыре часа приходилось вводить ей морфий или пантапон. Инъекции делал Саша. Когда в последний раз он приехал в Ленинград четыре года назад, то явился ко мне с вокзала в ужасе: у него в поезде сломалась игла - застряла в ягодице. Он"сел на иглу"из солидарности и не сразу обнаружил,в какой физиологической зависимости оказался. В Ленинград, по его словам, приехал, чтобы хоть на месяц убежать от шприца. Морфий не сказался на его работоспособности. О нем никогда не скажут: "он был львовский график". Он сделал так много,что слова "современный советский график" не отражают масштаба его работы. Не с кем мне больше говорить о путях и способах изображения мира сверхчувственного и невидимого! Он перешел ту грань, перед которой я могу только спрашивать, не получая ответа, и лишь смутно догадываться,что он мог бы ответить мне, ибо во многих его офортах присутствует слой "невидимого изображения" - невидимого зрителю,как некогда,при строительстве готических соборов,тончайшей резьбой покрывались те части арок,колонн и контверзов, о которых известно было, что никакой зритель никогда не увидит их, пока собор не разрушен. Для кого?

Передо мной мелко исписанный лист. Красная паста. Саша не был красноречив и не использовал знаков препинания,ни заглавных букв,но сам текст стоит того,чтобы записать его крупным шрифтом

"ВИЗУАЛЬНАЯ СИСТЕМА СОВМЕЩАЮЩАЯ В СЕБЕ НЕСКОЛЬКО"СЛОЕВ"...ЭТО ПРОБЛЕМА ПРОСТРАНСТВА...ЭТО ПОПЫТКА ДАТЬ ВИЗУАЛЬНУЮ БЕСКОНЕЧНОСТЬ И КОНСТРУКЦИЮ КОТОРАЯ ОРГАНИЗУЕТ КОНЕЧНЫЕ ЭЛЕМЕНТЫ Бесконечность ЗАДАЕТСЯ КАК КОНКРЕТНАЯ ЗАМКНУТАЯ ФОРМА КОТОРАЯ ДРОБИТСЯ НА СОСТАВЛЯЮЩИЕ ЕЕ "КВАНТЫ" КОТОРЫЕ ПОВТОРЯЮТ В СВОЕЙ ОРГАНИЗАЦИИ ЭТУ БОЛЬШУЮ ФОРМУ И ТАК ЖЕ ЗАМКНУТЫ ЧТО ДАЕТ ПРОСТРАНСТВО-ПЕРЕВЕРТЫШ И ИМЕННО ЭТА БОЛЬШАЯ ФОРМА ВСЕГДА МОЖЕТ БЫТЬ ОТОЖДЕСТВЛЕНА С ЛЮБОЙ ТОЧКОЙ [•] ИЗ СОБСТВЕННОГО ЖЕ СЕГМЕНТА И ЛЮБОЙ ВНИМАТЕЛЬНЫЙ ВЗГЛЯД ОБНАРУЖИВАЕТ ЭТУ САМОЗАМЫКАЮЩУЮСЯ ПУЛЬСАЦИЮ КАК ПОСТОЯННУЮ ЗРИТЕЛЬНУЮ ИЛЛЮЗИЮ...К ОБЛАСТИ КОНЕЧНОГО ОТНОСИТСЯ КАК САМА ЭТА ОХВАТЫВАЮЩАЯ ФОРМА ТАК И ТОТ ПОДДАЮЩИЙСЯ ЗРИТЕЛЬНОМУ ПЕРЕСЧЕТУ НАБОР СВЕТЛЫХ И ТЕМНЫХ ПЯТЕН КАК ПРАВИЛО ГЕОМЕТРИЗОВАННЫХ ЧТО ЗДЕСЬ ЗНАЧИТ "БЕДНЫХ" И ВОТ ЭТИ-ТО КОНЕЧНЫЕ ЭЛЕМЕНТЫ ОРГАНИЗУЮТ"ИЕРОГЛИФИЧЕСКУЮ"СТРУКТУРУ ТО ЕСТЬ НЕЧТО ОРГАНИЗОВАННОЕ НАИБОЛЕЕ "ВЫРАЗИТЕЛЬНО" В ЗРИТЕЛЬНО-ЭНЕРГЕТИЧЕСКОМ ОТНОШЕНИИ И ЭТА ОРГАНИЗАЦИЯ ИЗЛУЧАЕТСЯ ВОВНЕ НА СМОТРЯЩЕГО И ЯВЛЯЕТСЯ ОСНОВОЙ ЛЮБОЙ СЕМАНТИЗАЦИИ ЕСЛИ ТАКОВАЯ ПОЯВЛЯЕТСЯ А ОНА ПОЯВЛЯЕТСЯ НЕПРЕМЕННО ПРОСТО ЗДЕСЬ ТРУДНО ОБНАРУЖИТЬ ГДЕ ЖЕ ПРОИЗОШЛО ЭТО "ВДРУГ"...ДРУГОЙ СЛОЙ...ЗНАЧЕНИЕ ВСЕГДА ПРОЗРАЧНО ПОТОМУ ЧТО ЧЕТКО УВЯЗАНО С ПОРОЖДАЮЩИМ ЕГО ПРОСТРАНСТВОМ И КАК БЫ ЯВЛЯЕТСЯ ТАВТОЛОГИЕЙ НЕ БУДУЧИ ОНОЙ ФОРМАЛЬНО НО ОДНОВРЕМЕННО ЭТО ЯВЛЕНИЕ ЧРЕЗВЫЧАЙНОЙ ЗАКРЫТОСТИ... ТАК ЧТО ТУТ ПРЕСЛОВУТАЯ "МОДЕЛЬ МИРА" И З./250 65

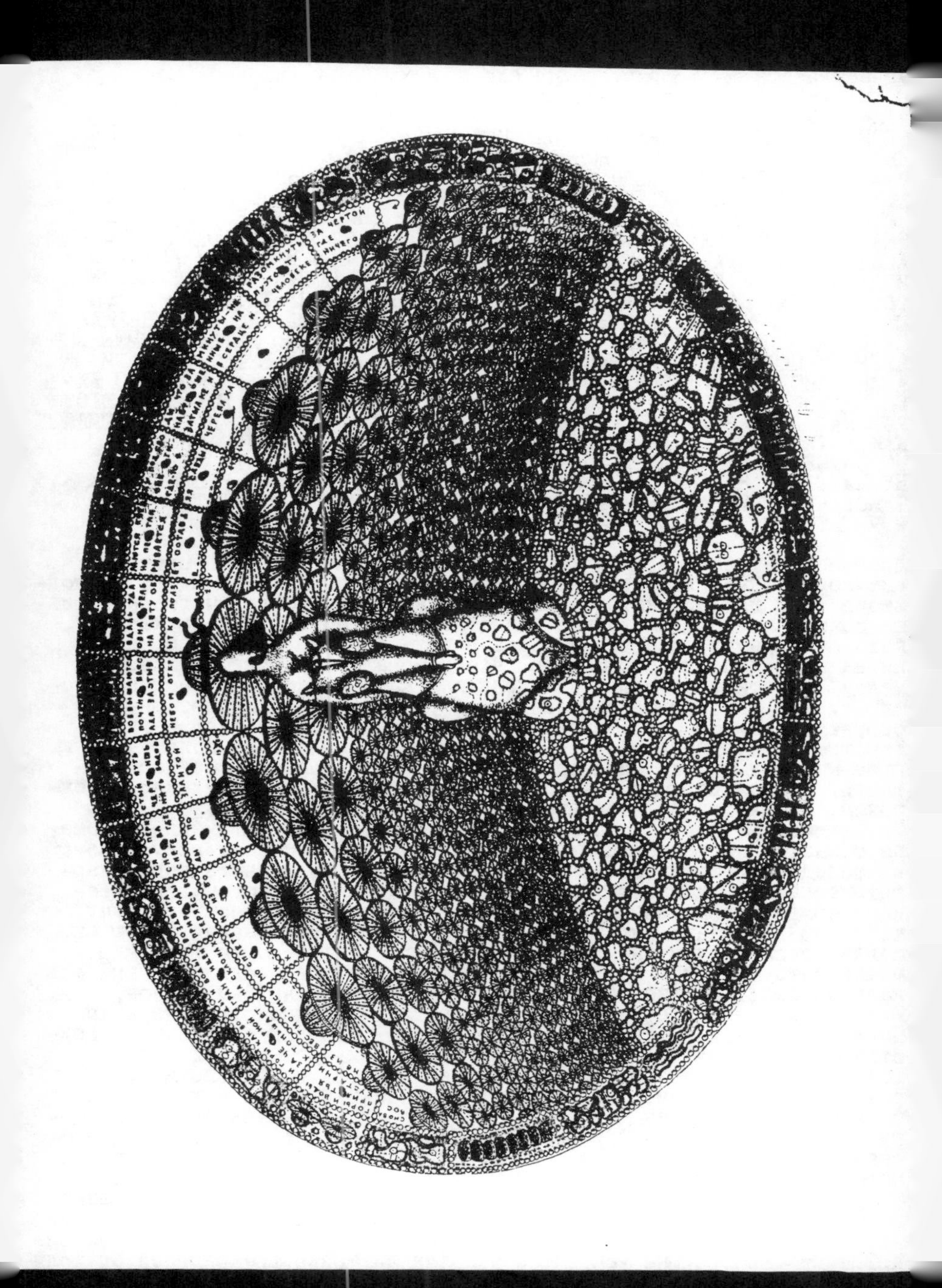

начает это"З" - тройку,Троицу или просто букву алфавита,как в в фильме"Z",где греческая литера указывает на слово Zωα -жизнь - я не знаю и никогда уже,наверное не узнаю...В.К./ ТАК ЧТО ТУТ ПРЕСЛОВУТАЯ "МОДЕЛЬ МИРА" И З КАК ПРАВИЛО ЕСТЬ ОБРАЗ ВЕСЬМА КОНКРЕТНЫЙ НО СПОСОБНЫЙ ДРОБИТЬСЯ НА СМЫСЛЫ ПОДОБНО ТОМУ ЖЕ ПРОСТРАНСТВУ И ИСЧЕЗАТЬ ТАК НЕЗАМЕТНО И ПОСЛЕДОВАТЕЛЬНО ЧТО НЕИЗВЕСТНО КОГДА ЭТИХ СМЫСЛОВ УЖЕ НЕТ И МОЖЕТ БЫТЬ НИКОГДА И НЕ БЫЛО НО ЕСЛИ ВЕРНУТЬСЯ К ИСТОКУ ТО ВОТ ОНА БАБА НА КОНЕ ОНА ВЕСЬМА ЕСТЬ И ВЕСЬМА ЗНАЧИТ НО ЭТО УЖЕ ЧТО-ТО НЕ ТО И ВОТ Я УЖЕ РАССКАЗЫВАЮ ТАК ЭТО АПОКАЛИПСИС ЭТА БАБА ГРЯДЕТ НА КОНЕ ЧЕРЕЗ ВОДУ И СУШУ /КАРТА/ И ИГЛА НА ЛБУ У КОНЯ И ЭТИ КУСОЧКИ СУШИ БУДУТ СШИТЫ И БУДЕТ ЦЕЛОЕ А ТОГДА ВСЕМУ КОНЕЦ - ШЛЯПЫ УЖЕ СШИТЫ И ОНИ ВПОЛНЕ ТОТАЛЬНО ЗАКРЫВАЮТ СОБОЙ ВСЕ ПРОСТРАНСТВО ОТ СВЕТА И ВПОЛНЕ ПРИЛЕЖНО ЭТО СВЕРШАЮТ НА ПЕРИФЕРИИ ТОРЧАТ ЗНАКИ РОДНОГО МЕТАЯЗЫКА ВЕЧНО НЕДОСТИЖИМЫЕ ИЗНУТРИ И ПОТОМУ-ТО ВИДИМЫЕ ИЗВНЕ ВСЕГДА НО КАРТА БУДЕТ СШИТА И АПОК—СИС СОСТОИТСЯ ЭТО ЭКСЛИБРИС В.К. ОН УЗНАН И ТАК МОЖНО О ЛЮБОЙ РАБОТЕ ХОТЯ КАЖДАЯ ВПОЛНЕ ТОЛКУЕТ СЕБЯ САМА ВОТ ЕЩЕ СЛОЙ ЭТО УЖЕ КАК ДАНА ЭТА ВЕЩЬ В РЯДУ ДРУГИХ ВЕЩЕЙ А ДАНА ОНА КАК "КАРТИНКА" КАК "СТАРАЯ ВРОДЕ БЫ КАРТИНКА" КАК ТО ЧТО НАДО С ЧЕМ-ТО НЕ ТЕМ НО САМОЕ ТОЧНОЕ БУДЕТ ЛЕЖАТЬ В ЭТИХ ЗАЗОРАХ КОГДА ЭТО БУДЕТ УЖЕ НЕ КАРТИНКА НЕ "КАРТА" "МЕНЮ" СНОВА КУСОЧЕК БУМАЖКИ В ЦЕНТРЕ КАК ТЕКСТ КОТОРЫЙ НАКОНЕЦ "ТЕКСТ" И ОТТОГО НЕ ВАМ ЕГО ЧИТАТЬ А ЕСЛИ И ЧИТАТЬ ТО НЕ ТАК И ТОГДА КОГДА ВЫ УЖЕ НЕ ВЫ"

Драгоценные, хотя и мало кому понятные слова. Саша говорит об экслибрисе,дано действительно точное описание работы, и это продолжение того диалога,который начался между нами,когда мы только-только познакомились. Экслибрис был ответом на мои "Стихи на картах", которые я писал, все время держа в поле зрения светлые и темные пятна аксининских эфортов, что помогало обнаружить "зазоры" между пластами смыслов, заложенных в каждом слове до бесконечности - и так вырастала "большая форма",кристаллически повторяющая структуру каждого из составляющих ее сегментов. Не знаю сейчас, хорошие ли это были стихи,прошло шесть лет, и вот уж полгода, как я не могу ни читать ни писать стихов. Почти полгода. Сейчас сентябрь, а Саша погиб третьего мая. Не знаю,был ли он великим художником. Бросается в глаза внешняя зависимость от Эшера,но у того "невидимое"в работах есть следствие обнаружения оптического обмана,сознательная демонстрация иллюзии, которую порождает искусство , а последние работы Саши построены на полифонии черного фона,энергетическая заряженность которого не сводится к простому оптическому обману: тьма вибрирует и рождает свет, свет пронищает тьму, хотя перед глазами лишь черное пятно. Теперь я, пожалуй, смог бы согласиться с Аксининым: смерти нет,есть конец, когда весь мир может быть прочитан как текст собственной жизни - единственный уникальный текст,предназначенный для тех, кто уже не сам, не он,не я. И наша местная,питерская (и более крутая - московская -) чернуха видится мне теперь как некая серятина на фоне действительной, действующей,вибрирующей, светоносной тьмы наших безымянных судеб.
Вот уже неделя, как мучит меня желание писать,но я чувствую,что руки связаны и смертью близких,и болезнью близких,и тьмой /или бездной - как угодно/ мелкобытовых тело- и мыследвижений. Я не могу писать,сочинять,придумывать - могу только цитировать. Слова, сказанные когда-то прежде, сегодня явятся как новые. Прообраз чаемого Воскресения. Шелест надежды. Мне все равно,что цитировать.
С некоторым внутренним злорадством намерен я опубликовать странички из моего дневника 8I года, зная,что предание их гласности не сдвинет и пылинки на столе т.Ко-ва ,не шевельнет и волоса на черепе А.Т.Д-о , не ускорит и не замедлит развитие раковой опухоли на носу президента Рейгана. Ну разве что лишняя крыша,сорванная тайфуном Елена или незапланированная попытка наводнения в октябре, несколько отодвигающая сроки завершения дамбы Ломоносов-Зеленогрорск, В будущее, в недалекое будущее.
Итак,январь 8I года.
"Вероятно, имеет смысл записывать в одну тетрадь все, что было сде-

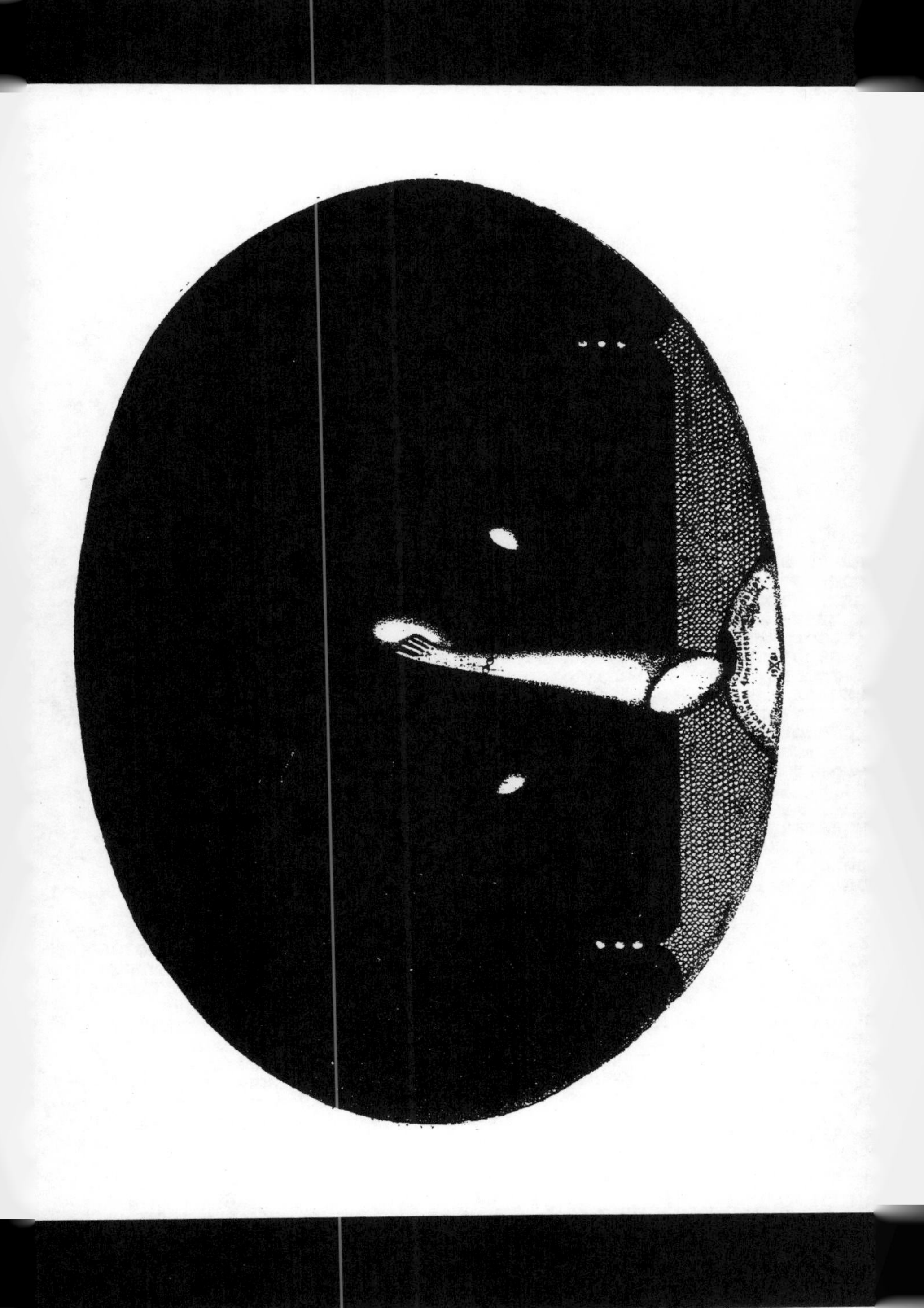

лано с указанием времени. Что-то вроде дневника в подлинном значении этого слова. Только для себя. Потом увидим... Ну вот, стихи 1981 года. Я вышел на службу 6 января /вероятно, с очередного бюллетеня по ОРЗ - В.К./. Весь день был один в кабинете. Написано 4 стихотворения. Как только заканчивал очередное - звонил Тамаре. Началось вот с чего:

благополучие в работах
барочных раковин посмертные лучи
когда включают боль на малых оборотах
и звякают витиеватые ключи

когда кирпичные автомобили
светло и судорожно трогаются вверх
из масляного изобилья
где луч над колокольнею померк

любое мыслимое время
утоплено в цветах и тонет в полутьме
на тихой скорости сквозь парк миротворенья
мы проплываем по живой земле

по шевелящейся и мягкой
в барочных сумерках мы слышим на собой
вздох пневматического Вакха
и вскрик венеры спиртовой

Гниль и плесень барочных форм - вот та тина, почва, то болото, где зародились и начали развиваться металлические зерна машинной цивилизации. Периодически в человеке возникает тоска по безвольным, самостным линиям - в модерне, к примеру. К линиям, которые без вмешательства человеческого "я" способны двигаться, "жить" и множиться. Барокко - это самоустранение человека из механизма, движущего Вселенную, природу, историю и т.д. Барокко сродни судорожному взглатыванию или самопроизвольному выбросу, перистальтической работе. Работе толчками, вскриками, вздергами и порывами. Но порывами не романтического, не личностного свойства. Порывами, которые сходны с пульсацией мировых ритмов, со строго /и не нами!/ определенным чередованием падений и взлетов, с многотактовой деятельностью универсального всемирного бензинового мотора. Двигателя, который распространяет вокруг себя запах гниющих лилий, хотя и должно ему пахнуть нефтепродуктами. Сам текст вызвал у меня какую-то неудовлетворенность, чувство пустоты, нуждающейся в заполнении. Чего-то здесь не сказано, чего-то очень существенного... Я вернулся к тому образу, что маячил в течение двух недель передо мной /в уме? перед глазами?/. То был образ апокалипсиса, происходящего на бумаге, в то время как вокруг - стоит голову поднять от листа - течет обыденная, не подозревающая о том, что приговорена к уничтожению, жизнь. Течет, хотя конец света уже скреплен печатью и подписью. Личной подписью. И прежде всего апокалиптичен политический образ современного мира, графически отраженный в атласах и на отдельных картах. /Совсем недавно в диалоге Линдона Дмитриева с Родионом - см."Митин журнал"№3 стр.159 - я прочитал:"...поэтическая нежизненность Кривулина и Шварц не так бросались в глаза, как сейчас, благодаря их социальной активности, но времена изменились, социальность их стала неактуальной, творчески пассивной...все уже давно живут в отеле"Ритц", а Кривулин продолжает жаловаться, что в коммунальной квартире отключили свет..." Нужно ли понимать эти слова таким образом, что отель "Ритц" населен существами, не подверженнымикризисам, старению и смерти? Можно ли быть уверенным в исправности электропроводки, питающей названный отель в случае забастовки профсоюза электриков. И наконец, мне жаль душевных сил, которые придется затратить мне лично, воображая себя постояльцем номера "люкс" гостиницы типа "хилтон", в то время как в коммунальной квартире, где я прописан - именно я, а не Линдон Д., - перегорят пробки. Я и сам признаю, что нахожусь не в лучшей поэтической форме последние несколько лет, и ни от других, ни от себя не скрываю то чувство творческого тупика или порога, которое заставляет меня оглядываться, чтобы, вернувшись, обнаружить развилку, с какой пошел ложный путь. Мне, скорее, любопытно: чем кончится поиск, нежели страшно кануть в литера-

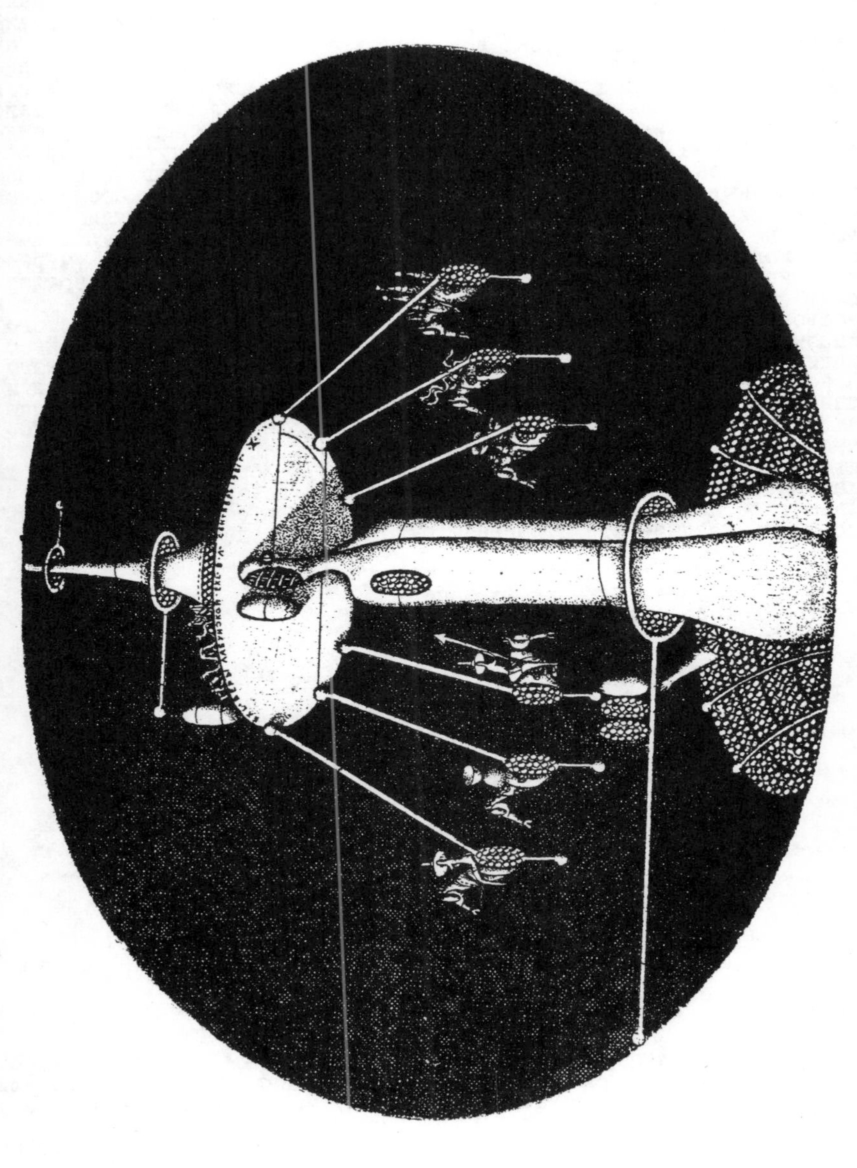

турную лету. Но не обида и не страх потерять "поклонников" заставляет меня огрызаться. Дело не в том, что я и Шварц "отстали от поезда". Дело в том, что поезд другой. Так, говорит Родион, "...сейчас они копают уже сто раз перекопанную землю. Они используют вещи, уже разработанные превосходно..." И Л.Д. вторит ему, уточняет: "Религиозную символику, например". Совершенно справедливо, тем более что сфера христианского религиозного сознания не кажется мне исчерпанной, мертвой, но наоборот - неисчерпаемой. Если поэзия "русского христианского возрождения" есть понятие проблематичное с точки зрения истории мировой культуры, как и само "христианское возрождение" весьма двусмысленно как социальный или историко-религиозный феномен, то еще более сомнительным и бесплодным представляется мне будущее новой идейно-художественной популяции, активизирующей на русской почве деструктивные тенденции нью-вейваров именно тогда, когда в американском, например, искусстве новая волна умирает, сходит на нет, сменяется разными формами фундаментализма и возвращения к истокам "европейского традиционного художественного сознания" - от неоэкспрессионизма до неоклассицизма. Мы входим в полосу эклектического взаимопроникновения несопоставимых прежде стилей и методов, и сейчас мы переоцениваем переоценку прошлого, произведенную на протяжении нашего века. И если для левоавангардного сознания 60-х религиозная символика в произведениях искусства была красной тряпкой, то сейчас, с помрачением модернистской триады /Маркс-Фрейд-Сартр/, символика эта обретает новый смысл. А мы пытаемся догнать и перегнать Запад по части абсурдизма, пережитого еще в середине 7о-х, и нетолько в Нью-Йорке или Париже, а даже в какой-нибудь Нигерии или на Филиппинах. Но возвращаюсь к "изжитой" социальности - политическому апокалипсису, позволю себе процитировать свое не очень удачное стихотворение января 1981 года - В.К./

апокалипсис бумажный типографский
образ Мира на форзаце
отпечатаны в четыре краски
флаги ста шестидесяти наций

Божий мир спрессованный в брошюрку
свет подсолнечный подлунный
сжавший горло петербургу
ленинград - и венецейская лагуна

пирамиды - и в раздавленном Ангкоре
полумертвые с большими животами
дети революций и теорий
словно бы они уже восстали -

умершие! словно бы охрипла
медная труба в устах посланца
заяц невзаправдашний и гиблый
отсвет пластикатового глянца

ослепляет ангела не то что
человека

Стихотворение показалось мне мало удовлетворительным. Уже в процессе работы, где-то после второй строфы, я почувствовал, что оно проваливается, выпадает из рук. Оставалась надежда, что внезапный ход, поворот какой-нибудь, хвостик образа вывезет - и откроется то, чем более всего дорожу в стихах: этакое словесное "сфуматто", дымка, необъятный простор, о котором и сказать-то нечего: просто это есть. Последние полторы строки - робкая попытка протиснутся к площадке, откуда открылись бы "дали необозримые" - единственная цель словесных моих прогулок. Попытка неудачная. Стихотворение не вышло из рамок вербальной однозначности. "Щель" в конце настолько узка, что в нее не протиснуться, даже больно сплющивая ребра. Слишком обще и поверхностно. Глаз скользит по словам тупо, не замирая от зрелища, захватывающего дух.
Странный, мучительный контраст между горячим состоянием /не знаю, как назвать - ума? сердца? души?/ и холодным воплощением. Но остановиться уже невозможно. Еще не дописав "издательского" стихотворения, с надеждой

Resolutions

in

Spring

Alexander

and

Kohav

ving Stettner

1.S.'77

ФУТУРИСТ ИЗ МУКАЧЕВА
И "ЛЕВЫЙ ФРОНТ" КАЛИФОРНИИ

"В РОТ ФРОНТ ИХ!" - написал Лев Халиф в своем романе-верниссаже "Ша, я еду в США". Легендарные "левые", битники - поколение Керуака, Гинзберга, Ферлингетти, поколение 40-х-50-х - периода "холодной войны" и охоты на ведьм - давно уже сошли на нет - в могилу, в природу, в наркоту, в педерастию /но и по сю это модно/: Керуак - мертв /сам переводил стихи его памяти/, Гэри Снайдер - залез на гору, где живет с енотами, звездами и травами, а ля Генри Торо - без водопровода и электричества /но "шоппингует" - нет адеквата по-русски, извиняюсь перед Володей Козловским - в современных супермаркетах - пардон, опять, и предпочитает, естественно - "акапулько гоулд" или, на худой конец, "колумбию" - домашней калифорнийской траве - как я его понимаю!/, живет не Америкой, но Японией, Грегори Корсо - тот, вроде, остался "самим собой", Питер Орловский - еле вязал лыко в нашем с ним разговоре и интервью /трудно слезать с иглы: мандраж, трясучка, тошнотики.../, Бюрроуз - успешно выступает по университетам /за большие деньги/, Стив Аллен - потолстел и режиссирует препохабные шоу на теле /пардон, Володя!/ и, наконец, битник №1 - Аллен Гинзберг - помимо преподавая дзен-буддизма в Наропе, Колорадо - защищает на пару с Евтушенкой Никарагуа /от вторжения Соединенных Штатов, приуготавлия их - к советской экспансии/. Про Афганистан и Польшу - он молчит. Левый!
И это те, с кем я "пообщался". С калифорнийским же издателем и переводчиком Джеком Хиршманом - и общаться не захотелось. Году в 77-м он завалил меня изданиями своего юного протеже, мукачевского эмигранта Александра Кохава. О Джеке Хиршмане я слышал только хорошее - от своих друзей, нео-битников, Майкла и Нико Войчков, издающих в Колорадо журнал "Нью Блад" /или "Новая Блядь", как я его называю/, где они охотно и много печатают меня. Переводы я предпочитаю делать сам. И от Энди Клаузена /он же Андрэ Лалу, из канадских французов/, этакого американского Маяковского 1980-х, таксера и поэта. Против Джека я ничего не имею. Но против его политики, а равно - эстетики - ...

Для нас Вознесенский - давно уже /с "Лонжюмо" и раньше/ - продажная печатная блядь шкура. Физиономия "бабомужа" /как его определяет Охапкин/, а, говоря самим Вознесенским - его переместившаяся "антиголова" - смотрит со страниц многочисленных сборников, становящихся один хуже другого /даже его старый поклонник Халиф - и тот плевался от его последнего или предпоследнего, я - знаю? давно уже перестал следить - покупаю просто, что издается, чуть ли не каждый год/. Для них - он все еще "левый" /как сука №1 Евтушенко - для Гинзберга/. Он, может, и действительно, "левый" - если левыми считать коммунистов в Союзе. Или правый. Тут поневоле запутаешься. Но что он - законченный член Союза - это уж факт.
Но не для Хиршмана. Переводит он вознесенковские "ИЗОПЫ" /"Из зопы", в моей транскрибции/ - ибо они, эти почеркушки, хоть ВНЕШНЕ отличаются от творчества Сергея Смирнова. А внутренне... Так глубоко Джек Хиршман не залезает. Он больше по поверхности /по попе/, популизаторски. Лизнет - и задумается. Вкусно?
Оне тут все тяготеют к визуалу /популярно!/. Даже статью Джерри Янечека о Крученых в нынешний номер /14/15/ журнала "Лайтуоркс" /со спичечным коробком "ничевока" американского, Бена, на обложке - натуральном, со спичками: ЖГИТЕ ИСКУССТВО!/ принял. Да и помимо, Карл Кемптон в "Калдроне" меня и Джерри печатал - о Чичерине, Величковском, Довгалевском и новых. Визуальное им - нравится.
А что оно несет в себе - так они ж с русским, того... Вот и "переводит" Хиршман богохульственную графему Вознесенского /"чайка / плавки бога"/, как "чайка / РАСПЛАВЛЕННЫЕ боги", перепутав "плавку" и "плавки"... Вот уж, воистину - пальцем в зад попал. При этом благодарит какого-то Валериана Козлофф /судя по написанию фамилии - из 1-й или 2-й эмиграции/, который "помог ему с переводом первой из "калигрюнз" - пардон, построенной на ПАНТОРИФМЕ /перевертне/: "топ-топ / пот-пот" "вот-тов." и т.д. и переведенной, естественно "sweat-sweat / tramp-tramp" и т.д. Бред какой-то. Вот так я и познакомился - с американской самодеятельностью.

К которой прибавилась самодеятельность - мукачевская.
Сначала я промолчал. Я вообще человек вежливый. К тому же, юноша был молодой. А вывел его на меня - наивная душа Рапопортик. Почему-то все, кто в поэзии не того, активно пытаются содействовать в публикации знакомых им поэтов. Таксер тут, терапевт-москвич - вез меня, и тоже пытался. Кто-то там у него чего-то там - пишет. А я - не зверь, и нападаю если - то на поэтов "общепризнанных". О тех, кто мне не понравился, или вообще не поэт - я просто молчу. Не ответил я ни Чиннову, ни Иваску, ни, тем паче, "авангардисту" Елагину - на присланные ими /через посредников/ книжечки графоманских стихов. Сделал вид, что не заметил /и пока Иваск не развонялся и не раззвонил Бобышеву о рецензируемом им 2-м томе данной антологии - я бы и в жисть не вздумал писать рецензию на его "Циндереллу" - забот у меня больше нет!/.
Так и с Кохавом. Вспомнил же я о нем, потому что опять попался Джек Хиршман, розовый /или голубой?/ проповедник красных, а еще и потому, что два мои бывые коллеги по Техасскому университету - схлопотали изрядный грант на перевод ... ХЛЕБникова. При этом, отметим, что Шарлотта знает русский на уровне, чтобы орать на меня: "Убирайся в своя Россия!", а Поль - и вообще по-русски, практически, ни бумбум, но зато хоть переводчик хороший /блестяще перевел Рембо, да и те переводы с русского, что он редактировал - получились - блеск!/.

Так что, Хлебников, не Хлебников - а чего-то удобоваримое может и получиться... Может и не получиться. Деньги, однако ж, выданы.
Кохав - не Хлебников. И, уж тем более, не Крученых. Но оболванить американцев - можно и на этом уровне. В 1977 на Интернациональном фестивале поэтов один классик английской поэзии /и полный профессор/ - представлял московскую подругу в своих переводах. Подруга хорошая, стихи вот только плохие. Никакие. "Шея" называются. А представлял потому, что "из России".
Девушку я, конечно, обклал, и стихов она больше при мне не читала. Занялась тут более продуктивным делом: младенца родила.
Кохав младенцев рожать не способен, но и стихи, тоже, тово. Внешность, однако ж, у него "поэтическая". И возможно, что исполняет неплохо /как все в России пишущие/. На что и клюнул искатель талантов "левого" толка Джек Хиршман. Цитируем:

"Says American poet JACK HIRSCHMAN: "Kohav is the foremost experimenter in the Russian language today." - на обложке сборника Ирвинга Штеттнера и Кохава.

О знании Хиршманом русского языка - см. выше.
Не хочется мне писать эту статью - но не обойдешь же молчанием этого "формоуст экспериментатора в русском языке", как его определяет великий спец Хиршман! Ну и пишу, заодно поливая всех этих недоделанных экспертов, профессоров славистики /которых не зачислили бы даже в начальную школу в России/, левых по принципу - гомосексуальному ли, или какому /такого количества пидеров в жизни в России не встречал!/...

А к Кохаву это имеет отношение - касательное. Так, повод. С 77-78 года - о нем и не слышно, говорят, переехал в Нью-Йорк, где о нем тоже ни от кого не слышал.

Но ИЗДАНИЯ его - имеются. Привожу.

милом кузминский

your interview and poems in Tucker were both interesting and honest. Enclosed my trans. with Sasha Kohav (now in NY) of a poem part of the same disposition.

In America a street poet-artist who stays at street and won't compromise with establishment can be a red. That's the difference.

At any event, it would be good seeing your new work. Perhaps I'll have a go at translating some.

Here they try to buy everything. The poster poem on reverse side is what they cannot buy.

Any presses good in Austin?
I saw one small press published a book of Mayakovsky & Aragon pieces.

Just our speed.

Best to you and yours.

Всегда,

Jack Hirschman

1314 Kearny
San Francisco, Ca.

Письмо Дж.Хиршмана

"Афиша" Дж.Хиршмана, пастель

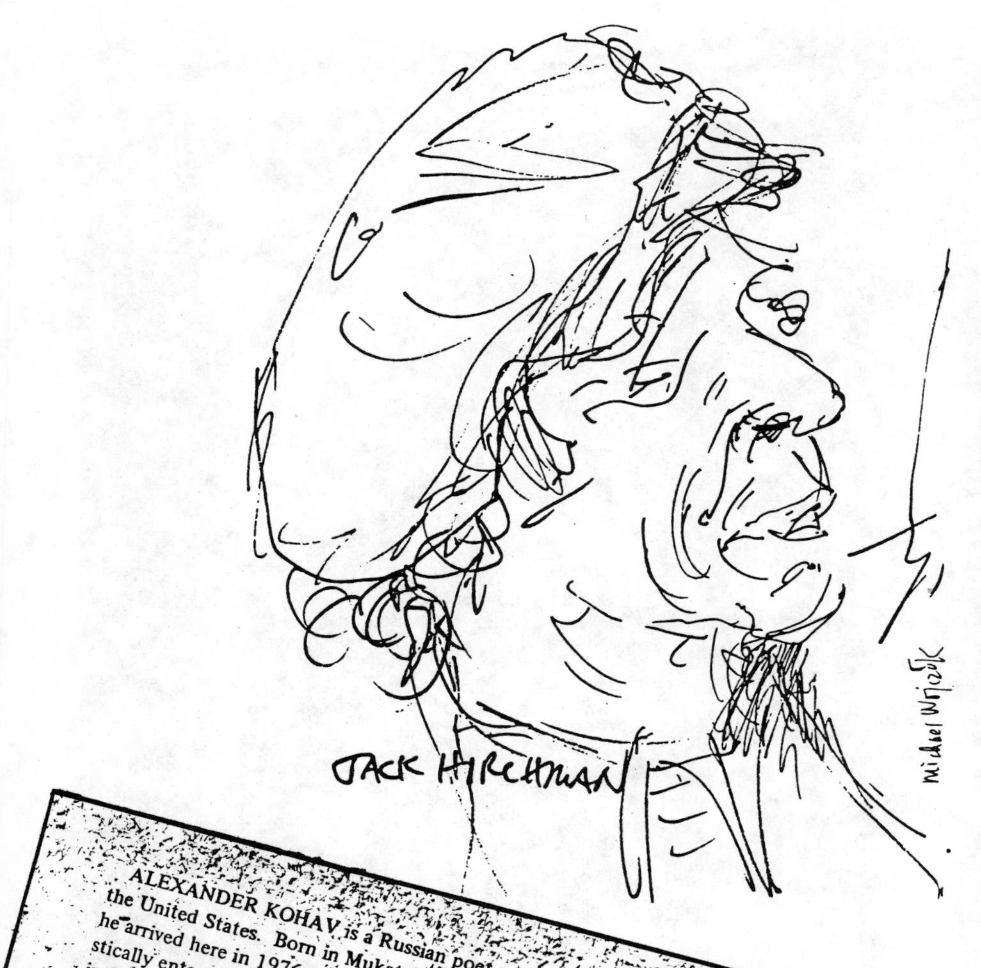

ALEXANDER KOHAV is a Russian poet with one-year residency in the United States. Born in Mukatchevo, USSR and schooled in Moscow, he arrived here in 1976 and settled in San Francisco, where he enthusiastically entered the city's verve Poetry-scene. He gave numerous readings in San Francisco cafes and read at UC Berkeley; also on KJAZ radio in Alameda, Calif. Translations of his works have appeared in *Beatitude* magazine and *Love Lights*. His long poem ORANGE VOICE (translated by Jack Hirschman) was published by Beatitude Press. Alexander has also made several Russian self-publications.

Says American poet JACK HIRSCHMAN: "Kohav is the *foremost* experimenter in the Russian language today."

Портрет Джека
Хиршмана работы
Майкла Войчка,
который издавал
Колорадо журнал
''Новая блядь'' /Н
блад/, а до того
таксерил в Остин
С ним мы напечат
несколько выпуск
современной русс
поэзии. Кохава т
было. Майкл говор
что Хиршман - ми
человек. Очень мо
быть.

KALIGRUNES

by ANDRE VOZNESENSKY

TRANSLATED by

JACK HIRSCHMAN

EMIGROARIUM

A Roaratory

!

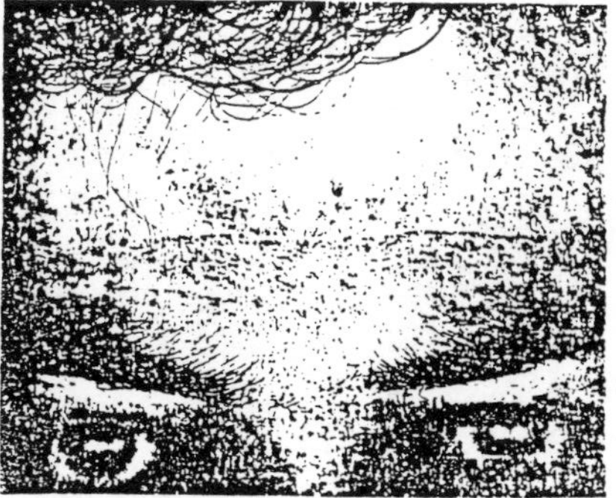

ALEXANDER KOHAV

Не судьба Кохаву остаться поэтом в истории. Перепечатывать этот бре мне некогда, я не Хиршман, пустил факсимильно. А нумеруя страницы - дважды повторил 560-569, что, по счастью, сразу же обнаружил. И, вместо перенумеровывания страниц - просто выкинул лишние 10. Надеюс Кохав на меня не обидится. Если он повзрослел и поумнел - то сам зн ет цену своим писаниям, а если - нет...

То и Бог с ним.

Мне еще 3 тома нумеровать, а срок сдачи - ЗАВТРА.

Закругляюсь с мукачовскими футуристами!

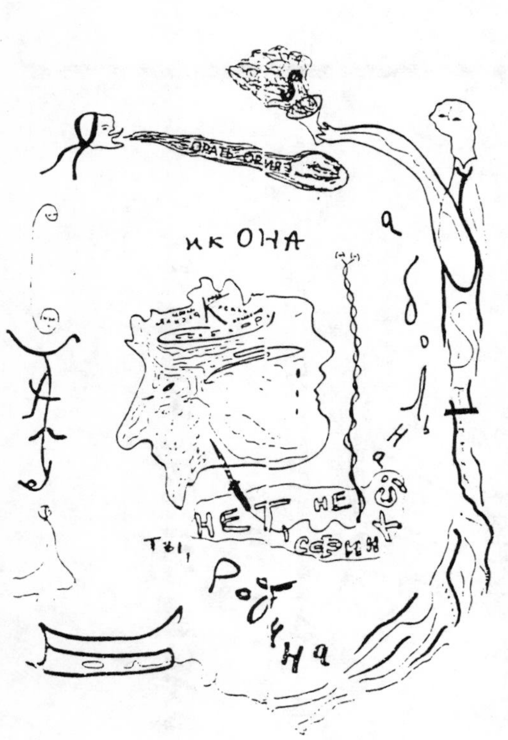

П О Э З И Ю -

В Ж И З Н Ь !

/Конев и Горбачев/

1 9 1 7 Шестьдесят девятый год 1 9 8 6
Великой Октябрьской социалистической революции

2

Восх. 7.20
Зах. 18.05
Долгота дня 10.45

Посл. четв. 3 марта
Восх. 1.08
Зах. 8.58

—61 +304

М А Р Т **ВОСКРЕСЕНЬЕ**

1 9 3 1 — Родился М. С. Горбачев, Генеральный секретарь ЦК КПСС.

М. С. ГОРБАЧЕВ

Горная хижина

Поселившись в горах,
проводил я дни в созерцанье —
и познал наконец
всю тщету быстротечной жизни,
облакам и водам подобной...

2 марта 1986. Загадал в сортире, от не фига делать, на нынешнего премьера по сборнику средневековой японской лирики "Осенние цикады". Выпало - вышеозначенное. Сомневаюсь, правда, что шеф прислушается к голосу поэзии. До сих пор - ни за одним это не замечалось.

ПОСТСКРИПТУМ: А Мышь, глянув на лист, спросила: "Это Конев, или кто?" И имелся в виду - отнюдь не маршал! /См. "харьковско-новосибирский" том антологии/
Но похож!

ККК, 85
Конев в оффисе.
Ассистент - И. Кофман

ЕВГЕНИЙ КОНЕВ.
ИСПОВЕДЬ СЫНА ВЕКА.

Евгений Конев прост, как картошка. За что и люблю. Абсолютно здоровый человек, лишенный всяких достоевско-интеллигентских комплексов. Говоря О'Генри - "он был незатейлив, как грабли и свеж, как редиска". Он любит Шульженку и Шевченку /Женю/. Гулько и прочую "гульковину". Высоцкого. Хвоста, при этом - не понимает. Запись Аронзона его едва не убила. Качеством и исполнением.

КАЧЕСТВО И ИСПОЛНЕНИЕ.

Он пишет. Не стихи, не прозу, а на маг. Ебется с записями Скорова, вычищая из них блох - шелчки и прочую дребедень. У Старчика все забивает рояль. Конев же требует качества. Типичный мастеровой, представитель масс. "Каштанку", говорит, и "Анну Каренину" я прочел, но так и не понял, за что там собачку под поезд бросили. К литературе и прочим искусствам относится с уважением, но читать ему решительно некогда. Приехав в Америку с голым, можно говоря, задом - основал фирму. И дает сотни и тысячи записей, при этом грымзит на Аллоя и "Кисмет" - "Нимфа", туды ее в качель, разве кисть дает? Ежели гроб - то и его НА СОВЕСТЬ.

САЧКОВСКИЙ, КРЫЖАНОВСКИЙ, КОНЕВ.

Сач имел херовый магнитофон. "Днепр", надо полагать. Лупил по нему кулаком и орал: "Продам, падлу!" Маг начинал работать. Сач, под казенный спиртик, скармливал мне в 62-м-64-м Анчарова, Галича, Кима и начинавшего Клячкина. Сач не делал из этого бизнес. Записи были херовы, пленки мотались по пьяни, денег за это Сач не брал, не имел. Поскольку имел зарплату и доступ к казенному спиртику. Так и пили, заваливаясь к нему на Васильевский, и слушая туристического качества бардов. С ним было хорошо, а о работе никто не думал.

В 73-м нарисовался Крыж. Рост - два десять, вес - сто двадцать, но при этом имел японский маг. Или Грюндик. Помимо улучшенных записей бардов - писались уже поэты. И не под спиртик, а под арапский коньяк. Под водяру. Писались достаточно чисто /откуда, на 50% и приложение к антологии/, но с поэтами Крыж не спелся. Они занудны, утомительны и вечно ханыжат на выпивку. Миша предпочитал певцов. И устраивал вечера всяких бардов. За деньги. Полагаю, что и сам оставался уже не в накладе. В "Серой лошади", итээровских клубах при институтах - грешно ж с богатого итээра и денег не взять! Клячкин рвал за вечер по 300 и больше. И Володя Высоцкий даром не пел. И с ними было поинтересней.

В 83-м возник Женя Конев. Ростом пониже, мордой пошире, но весу того же. И помоложе обоих. Так сказать, эстафета, бля, поколений. Собирать начал в Москве и в конце уже 60-х. А развернулся и того позже, к тому же - в Америке. Меня разыскал он сам, через Гогу Мальчевского /в лагерях - "Серегу Лысого", соавтора каламбуров Синявского по "Голосу из хора", и моего единственного мужского родственника по бывшей четвертой жене/ на предмет выяснения за фотографии бардов. Ну дал ему, что имел. Окуджаву там, Галича, Клячкина.

А он - нарисовался мне чистить поэтов. Большинство моих записей /да и Крыжановского тоже/ надо было пропустить через селектор. Стихов он при этом не понимает /особенно - Аронзона, Бродского бы ему послушать, живьем!/, антологию, подаренный 1-й том, явно не прочитал /а когда ему?/, но подружились мы с ним не на этом. И не на выпивке - я к его появлению, увы, бросил пить, как в конце сентября белая тряханула. А, вероятно, на общности "собирателей". Звонит мне по ночам /часов в 12, в час/ сообщить, что надыбал в Канаде записи Вероники Долиной ищет информацию по группе "Аквариум", пишет и зачитывает мне /для правки/ статьи обо всей этой братии. При этом, как и те два помянутые - ДОБРЫЙ он. Бизнес - бизнесом, а носится, как помочь Скорову. Как пробить еще одно имя малознаемое - на этом, видимо, и контачим.

И поскольку он НАШ - потому он и в Антологии. И поинтересней многих поэтов. А что "прост" - так не все же кривулинствовать-аронзонить! Послушаем и его онев Евгений Николаевич, ~~1949~~ 20 сентября 1949 года ождения. Родился в г. Барнаул Алтайского края семье без отца, тк отец был осужден по указу т 1947 года на 10 лет. Он был реабилитирован конце 1953 года. Осуждение было связано с пребыванием в плену после первого захвата Харькова немцами. Мать до войны закончила медучилище и два курса Казанского мединститута. Во время войны была хирургом на фронте и врачом эвакуационного госпиталя. В 1943 году была отозвана с фронта для завершения мед. образования. В 1947 году закончила институт и была направлена в Барнаул для работы гл. врачом районной больницы и председателем райздравотдела. Ходатайства об освобождении мужа привели её в следственную камеру, пытались выяснить связь с кремлевскими "врачами-вредителями".

Себя помню примерно с пяти лет, меня часто наказывали за то, что был заводилой в группе детей в детском саду и убегали из общей группы не желая участвовать в "линейках" и перекличках, любил быть вольной птицей.

В те времена жил с родителями в Кызыле, Тувинской АССР, куда мать направили работать по партийной линии. (Она вступила в КПСС в 1941 году на Калининском фронте.) Мать занимала довольно высокий пост гл. врача облздравотдела, а отец преподавал в техникуме. Помню такой эпизод. После первого класса был в пионерском лагере. В конце срока пребывания в лагере, руководством была устроена игра по поиску "клада". Я, с группой ребят, в которой верховодил, откололся от основной группы поиска и мы самостоятельно нашли тот "клад" с конфетами и печеньем. Наелись сами и притащили остаток в лагерь, раздав его тем, кто был отстранён от похода за плохое поведение. Когда те вернулись из похода злые и недовольные, т.к. думая, что они ошибаются, они вырыли не один десяток ям, но "клада" так и не нашли. Как все смеялись над ними, а я ходил героем! Я это помню хорошо. Работы никогда не избегал, однако старался увильнуть от общественной работы вплоть до выезда из СССР. Противоположным полом начал интересоваться еще в детском саду, а в 5ом классе уже серьёзно увлекался сексом с племянкой [н]евинного контингента моего класса. Девочкам самим было очень интересно и они сами ловили меня после уроков и просили о сексе. Часто бывало, что за один вечер в школьном саду я пропускал пятерых, после чего девочки ходили без "целок", но ужасно гордые, что они уже взрослые. Вскоре моя деятельность вышла за пределы класса, а это повлекло зависть и ревность девочек моего класса и они сцепились в драке с девочками из соседнего класса. Началось разбирательство и выяснилось, что я "испортил" около 40 девочек, лишив их плевы. Это вызвало ужасный переполох в Кызыле и мои родители были вынуждены ускорить отъезд из города, который давно планировали.

В 1960 году родители переехали в Ессентуки и с 6-го класса я учился в Ессентуках где занялся тем же что и в Кызыле и другими проказами. Меня поставили на спецучет в детской комнате милиции, а весной, в конце третьей учебной четверти меня исключили из пионеров. Когда с меня хотели снять галстук я не позволил этого сделать заявив, что галстук <u>куплен</u> мною, поэтому эта тряпка моя. С этими словами я снял галстук и высморкался в него. Это вызвало ужасное возмущение и я за свой поступок, т.е. за то, что своими соплями сморкался в свою собственную тряпку, был исключён из школы на всю четвертую четверть. В конце четверти сдал экзамены экстерном. В 7 и 8 классе жил не так, как все и учился кое как. Некоторое время был в детской исправительной трудовой колонии, где отличался примерным усердием, трудолюбием и усидчивостью. Благодаря этому, а так же хлопотам матери провел в колонии всего 7 месяцев. До моей посадки мать была гл. врачом объединения санаториев 4-го управления минздрава куда входили закрытые санатории "Коммунист", "Красные Камни", им. Калинина, ЦК КПСС, КГБ-МВД и пара правительственных дач. В наказание за плохое воспитание сына, мать перевели председателем горздравотдела, а затем понизили до гл. врача больнично-поликлинического объединения. После 8-го класса я не мог продолжать образование в обычной школе, не брали, а среднее образование было еще не всеобщим.

По направлению прокурора устроился на работу в 15 летнем возрасте в октябре 1964 года. Работал учеником слесаря-электрика в автохозяйстве, затем слесарем по ремонту машин и послеаварийному ремонту в пассаж. автохозяйстве. Своей смекалистостью и трудолюбием дошел до квалификации 4-го разряда. Для несовершеннолетнего мальчишки это было очень большим достижением. За три года с 1964 по 1967 год подал около десятка рацпредложений. По совместительству в этом же хозяйстве заведовал библиотекой и клубом, организовывал поездки на выходные дни к морю. В 1967 году закончил 11 классов школы рабочей молодежи. Фактически самостоятельно начал жить с 16 лет, хотя в доме никогда не чувствовалось недостатка. Более того, излишняя опека всегда раздражала, поэтому родители меня не трогали и я жил сам по себе. При этом формировалось моё мировоззрение. Анализ окружающей действительности привел к заключению, кто сильней тот и прав, имеет в виду положение в обществе

Без каких-либо усилий я мог бы поступить в мединститут, (по желанию матери), или в ин-т иностранных языков, (по желанию отца). Было всё, кроме птичьего молока, стоило только пожелать, но хотелось достигнуть самому, чтобы никто не мог поставить себе в заслугу ни моё образование, ни влияние, которое мог оказать на моё мировоззрение.

Шутить я любил и тогда. Вспоминается такой эпизод. В 1967 году к 8 марта мы нарисовали огромный хуй с яйцами и повесили у входа в кинотеатр на недостигаемой высоте. Результат – 5 суток КПЗ. В 1967 году, после выпускных экзаменов в школе решил поступать в автодорожный ин-т, а не в медицинский, как хотела мать. Решение было, а желания учиться не было, просто не хотелось идти в армию. Знаний было маловато, поэтому смог поступить в 1967 году в филиал МАДИ в г. Бронницы при автотракторном и танковом исследовательском институте № 21 Мин. обороны. Был старостой группы. Первый курс прошли нормально, затем загулял и был отчислен после первого семестра второго курса. Мать была членом военно-врачебной комиссии и сумела определить меня в спецнабор в армию. Я попал опять в Раменский р-н Моск. области и был определен в Раменский ОВД инспектором дорожного надзора. Там я был аттестован в офицеры и получил должность госавтоинспектора - следователя по дорожно-трансп. происшествиям. Служба в ГАИ давала деньги, (я купил вначале мотоцикл с коляской, а затем "Победу"), относительную власть и обеспечение. Я вновь поступил в институт, появилось желание учиться, на сей раз в Заочный политехнический. Необходимость получения образования, скорее диплома, стала для меня актуальной. Прослужил в ГАИ два года и уволился в связи с переходом на учебу на дневной факультет МАДИ. За время службы в органах навиделся многого, а главное коррупция, которой пронизано все, вся сов. система опротивели мне и я решил никогда не возвращаться в милицию, это случилось в 1972 году.

Поскольку условием моего перехода в МАДИ было мое согласие руководить комсомольским оперативным отрядом, то мне пришлось совмещать работу (официально я числился при кафедре сопромата лаборантом) с учебой на дневном факультете. Начав со второго курса с удовлетворительной успеваемостью, закончил институт имея повышенную стипендию за отличную учебу. После второго курса, пользуясь летней неразберихой якобы потерял ключ от сейфов оперотряда и уничтожил картотеку нарушителей и студентов, на которых были доносы о их нелояльности. Скандал удалось замять, однако полковник КГБ А.И. Врачев, партийный ~~[illegible]~~ шеф оперотряда пригрозил "вылететь" меня из института, он же был нач. иностранного отдела МАДИ. Мне удалось устроиться на кафедру организации и безопасности движения испытателем и проработать там вплоть до окончания института. Испытаниями занимались лишь на 5 курсе, а на 3 и 4 читал лекции по безопасности движения в клубах и кинотеатрах по разработке Управления [illegible] ГАИ

Кроме т.к. я [illegible]учился в ин-те по вечерам
работал водителем в автобазе мосметаллита,
преподавателем в ДОСААФ на курсах шоферов
и преподавателем в Моск. гор. дворце пионеров
и школьников в секции технич. развития. Денег
у меня всегда хватало, занят был по горло.
По окончании ин-та в 1976 году, специальным
распределением упр. кадров минавтотранса был
направлен в Калинингр. транспортное управл.
Предварительно ездил на собеседование.
Работал зам. директора авторемзавода.
За 6 месяцев в корне перестроил структуру
завода, внедрил автоматику и поточные линии
Разработал принципиально новую технологическую
карту капитального ремонта автобусов, благо-
даря чему повысились заработки рабочих и
служащих, (моя зарплата 200 руб. оставалась
без изменений), реконструировал цех
окончательной доводки, разогнал руково-
дителей кроме директора и гл. инженера,
сделал завод рентабельным.

По распоряжению министерства был отозван в Москву и был назначен начальником гаража 6-го автокомбината (1280 а/машин). 250 рублей оклада было мало, надо было думать о заработке, для этого был необходим первоначальный капитал.
Еще в студенческие годы удалось встать в очередь на а/м. ГАЗ-24. б/у, а тут как раз подходила очередь. Устроил купле-продажу армянам и заработал 4800 руб.
Совершенно внезапно для сотрудников уволился из автокомбината и пошел работать таксистом, подходила очередь на ГАЗ-24 моей жены. Машина была куплена и благодаря возможности доставать запчасти в таксопарке N 15, восстановлена и продана. После этого я пошел работать в ЦНИИ Точности двигателей ст инженером. Работка - "не бей лежачего", в основном писал научные отчеты. В этот период [illegible] очень [illegible] бизнесом.

Однажды приятель привез с Украины из района Жмеринки коралловые бусы и пробовался во сколько они ему обошлись. Сдав в комиссионный магазин он получил 70% прибыли. Я предпринял большой вояж по Украине южнее Винницы и Белоруссии. В Белоруссии стал закупать дубленки, а на Украине кораллы. Вскоре организовал цех по обработке кораллов и изготовлению ювелирных и художеств. изделий. Доход от помещения капитала составлял более 300%. Около 50 кг кораллов уплыло через мои руки с эмигрантами за границу. Мой годовой заработок составлял 35 тыс руб, хотя делиться приходилось со многими, начиная от продавцов, кассиров и директоров комисс. магазинов и кончая нач. ОБХСС и начальства на Петровке. Постепенно стали все сильнее наступать на "хвост", очевидно одна из операций с долларами была проведена не совсем чисто. Пришел к выводу о несовместимости моей и

Социалистического общества. Надоело [illegible] коррупции, взяточничества, унижений, всяких [illegible] надоело "ходить по краю" и...., подмазав всех, от кого это зависело, уехал навсегда. В эмиграции работал ~~[illegible]~~ слесарем, чертежником, конструктором, открыл свой бизнес, работаю по 16 – 20 час в сутки в то время, как работники работают 8 час в день. Составляю программы для "Голоса Америки", "Свободы", выпускаю кассеты, пластинки, устраиваю концерты. К годовщине смерти В. Высоцкого составил из его песен сборник История страны — история болезни, составил сборник песен Клячкина "Национальные мотивы" — раскрывающий причины третьей эмиграции. Составил сборники и систематизировал практически всех бардов России и Зарубежья. Начал писать статьи о бардах. Зарабатываю свой первый миллион.

КОРАЛЛЫ НА УКРАИНЕ

Пишет, при этом, Конев - как гаишник, а рассказывает - как ПОЭТ. Заинтересовался я этими кораллами, и не ценой, а - откуда? И Конев, он же Лошадёв, как дразню его я, рассказал следующее: кораллы он покупал от цыган. А те - у старушек-хохлушек. В прошлом веке, оказывается, ездили многие украинцы за границу на заработки. В основном - в Турцию. И привозили оттуда невестам - золотые мониста, коралловые броши и ожерелья. Золотишко поизрасходовалось, а кораллы - осели по сундукам. И в период войн гражданских, когда правительства на Украине, а отсюда - и деньги, ден. знаки - менялись по нескольку раз на дню, выплыли - как ВАЛЮТА. Ими и расплачивались на базарах, что было куда как тверже рубля. И снова, со введением - скажем, червонца - осели по тем же "скрыницям", что ли? - лишь поменявши владельцев. И лежали до новой войны. А в отечественную, помимо немецких рейхсмарок - опять заблистали валютой. И снова осели. Надыбали их - конечно, цыганки. Эти в камнях понимают, причем, особенно - в поделочных, полудрагоценных и не. Серьги, приемной бабки жены моей /пятой/, золотые и с бирюзинами - так каждый раз в ломбарде цыганки глаз клали: "Продай, дорогая!" Пожалели, не продали. Чтоб потом - подарить зачем-то Сюзанне Масси, когда я для Роберта материалы по Петру разыскивал - а сейчас смотрю 8-часовой советско-американский эпос по книге его, с Омаром Шарифом, Эльке Соммер и прочими звездами - и нигде обо мне, не говоря и за деньги. Да Бог с ней, с Зузанной. И с Робертом тоже. Фильм зато получился - гавно, даже поздравить хотел, из пакисти! Но так им и надо. Капиталисты.
А вот кораллы...

КОРАЛЛЫ В ТУВЕ

И тут обалдил меня Конев! Ну там-то - откуда? Говорит, покупал. Когда с Украины все выбрал. Тогда и вспомнил - Туву. Братик мой Борька, двоюродный, старший - работал в гидрологах там. В середине 50-х. Мужики, говорит, лежат на кошме и - айрак попивают, водку эту из кобыльего молока. А бабы - доют, кошмы валяют, да шкуры там чистят. Пацанье, обоего пола, до 10-ти лет - ходят с одной веревочкой на пупе. С кисточкой. Голенькие, как папуасы. Вскочит такой карапуз на коня, без седла - и несется. Или - барана режут два мелколапа: завалят на спину, один - на голову ему, и передние ноги держит, второй - задние, и - ножом в диафрагму, брюхо вспорол, руку засунул, и - сердце вырвал, как Данко /только не свое, а баранье/. 5 секунд занимает. Мыла - в глаза там и отродясь не видели. Дал им кусок - понюхали и - грызть. Пузыри, пена, плюются. А еще - марки тувинские были хороши. Тува, она, барону Унгерну ли благодаря, или там Чжан-Цзо-лину - в 20-е годы государством числилась. А чем меньше государство - тем марки красивше. Проверено. Я малость их собирал, по младенчеству.
Но - кораллы?
А - гобийские. Гоби ведь морем была, до того, как пустыней. И вот буряты, монголы - копали в песках. Накопали. Ламы там, далай-ламы - коралл уважали. В индийской иерархии камней коралл идет в первой десятке! На 7-ом месте, после рубина, брильянта, изумруда, сапфира, кошачьего глаза и жемчуга, это я у друга астролога-буддолога, Танчука Володи, по книгам санскритским выяснил. Интересуюсь камнями. Не чтоб иметь /я не Конев/, а их качествами и свойствами. Малость знаю.

КОРАЛЛЫ В АМЕРИКЕ

Пол Брайтон-Бича ходят в коневских украинско-тувинских кораллах: перед выездом бабки вкладывали. Мне было вкладывать нечего, я их сюзаннам дарил. За другое.
А все-таки - интересно, и куда интересней камней у Ахматовой /см. т.2А, в аппендиксе/. Конев не Ахматова, но кое-что знает.
Так и живем.

ПЕРВЫЙ НЬЮ-ЙОРКСКИЙ КОН

«ЗОЛОТОЙ МИКРОФОН-84» ПРОВОДИТ ФИРМА

В КОНЦЕР

Традиций России мы здесь не забыли,
Искусства и смеха большой марафон,
Концерт новогодний по старому стилю
Устроил для Вас «Золотой Микрофон».

АЛЬБЕРТ КОРАБЕЛЬНИКОВ — *эстрадный автор и исполнитель. Написанные им эстрадно-пародийные обозрения с большим успехом были показаны в 48 городах Америки, Канады, Западной Германии и Израиля.*

Художественный руководитель концерта —
АЛЬБЕРТ КОРАБЕЛЬНИКОВ.
Звукорежиссер концерта —
МИХАИЛ ЛИБЕРМАН,
лауреат конкурса звукорежиссеров на Филиппинах в 1976 г. и в Париже в 1977 году, его девиз совпадает с нашим «Качество вне конкуренции».

Входные билеты строго регламентированы. Номер посадочного места дает право участия в розыгрыше лотереи сразу после концерта.

В числе призов: видеомагнитофон, стереосистемы, комплекты из 7 кассет «Юмор Аркадия Райкина», а также пластинки и кассеты с записями звезд эстрады. Билетов без выигрыша не будет, это невероятно, но возможно!!! Придите на концерт и убедитесь.

Концерт записывается на новейшую звуко- и видеоаппаратуру. Лучшие исполнители получают право записи на долгоиграющую пластинку.

МА
попу

между
в

Дуэт «РОУЗ СИСТЕРЗ» — *очаровательный вокальный дуэт покорил сердца слушателей в 37 городах Америки и Канады исполнением популярных песен на русском, английском, еврейском и итальянском языках.*

СОСТАВ ЖЮРИ КОНКУРСА:

ЮЗ АЛЕШКОВСКИЙ — писатель. БОРИС ВЕТРОВ — поэт, автор стихов песен для вокально-инструментальных ансамблей. НИНА АЛОВЕРТ — сотрудник Нового Русского Слова, театральный критик. МИХАИЛ МОРГУЛИС — журналист, главный редактор радиопрограммы ''New Life''. ЛЮДМИЛА ФОСТЕР — сотрудник радиостанции «Голос Америки», ведущая программы «Голос Америки для полуночников». МИХАИЛ ШЕМЯКИН — художник.

Вас ожидают концертные залы с великолепной акустикой без колонн и балконов. В фойе вы сможете приобрести последние книжные новинки, пластинки и записи на кассетах.

Ф
уехала
с собо
диплома
по одн
молода и
С успех
амери

’-КОНКУРС РУССКОЙ ЭСТРАДЫ

·ВИДЕОЗАПИСИ ЕВГЕНИЯ КОНЕВА

ЫСТУПЯТ:

Концерт в БРУКЛИНЕ
14 января в помещении школы Edward R. Murrow High School по адресу: 1600 Avenue "L", угол E. 17 St.

Для ветеранов войны и не имеющих автомобилей организована коллективная доставка на автобусах на концерт и обратно. Отправление автобусов от Ассоциации ветеранов войны, 3149 Coney Island Ave., начиная с 3 часов.

Концерт в КВИНСЕ
15 января в помещении школы № 157 Junior High School по адресу: 64 Avenue, угол 102 St., Rego Park.
Начало концерта в 4 часа.

ВОКАЛЬНО-ИНСТРУМЕНТАЛЬНЫЙ АНСАМБЛЬ

«ЙЕЛЛОУ КЭБ»

под руководством ВЛАДИМИРА ТКАЛИЧА,
прекрасного музыканта и аранжировщика. Такое название ансамбля мы выбрали не случайно, т. к. все музыканты в свое время прошли нелегкую школу нью-йоркских таксистов.

Билеты продаются: в Квинсе — в магазине Red Apple, 108 St., в Бруклине — в магазинах «Черное море», 301 Brighton Beach Ave., и Mike's Video, 227 Brighton Beach Ave., а также в Ассоциации ветеранов войны!

Информация по тел.:

(201) 433-9867

МИХАИЛ ГУЛЬКО —
популярность которого не требует комментариев. Напетая им пластинка «Синее небо России» разошлась с рекордным даже для Америки тиражом.

ЖЕНЯ ШЕВЧЕНКО —
про Женю писать много нельзя. газета Пари Матч еще в 1977 году называла ее королевой цыганской песни. Ее пластинка «Цыганские ночи» распродана тиражом 25 тысяч штук.

ВЕРА СЕМЕНОВА —
ее основной девиз — «Смех продляет жизнь» и, прослушав ее в течение 10 минут, вы, по мнению самых авторитетных врачей, молодеете на 10 лет и излечиваетесь от ваших недугов безо всяких медикентов.

—
ый
рса

РИ —
д. не вывезя
, ни, даже
урса,.. только
па слишком
это в Америке.
престижных
щем всегда
не.

183. **НОЧНЫЕ ВЕДЬМЫ.** Военная драма.
184. **СУДЬБА ЧЕЛОВЕКА.** По расск. Шолохова. В гл. роли Бондарчук.
185. **ВОЛГА-ВОЛГА.** Кинокомедия. В гл. ролях: Л. Орлова, И. Ильинский.
186. **БРИЛЛИАНТОВАЯ РУКА.** Кинокомедия. В гл. ролях: А. Миронов, А. Папанов, Ю. Никулин, Н. Мордюкова.
187. **ГДЕ ТЫ, БАЧИРА?** Цветной худ. фильм.
188. **МОСКВА СЛЕЗАМ НЕ ВЕРИТ. 2 серии.** Цветн. худ. фильм.

**Стоимость любой видеокассеты — $35,
двухсерийного фильма на двух кассетах — $50,
многосерийного фильма — $30 за кассету.
При заказе более трех разных фильмов (более трех кассет)
стоимость кассет на 10% ниже.
Пересылка каждой кассеты со страховкой — $2.
Просьба указать тип кассеты, используемой
в Вашем магнитофоне.**

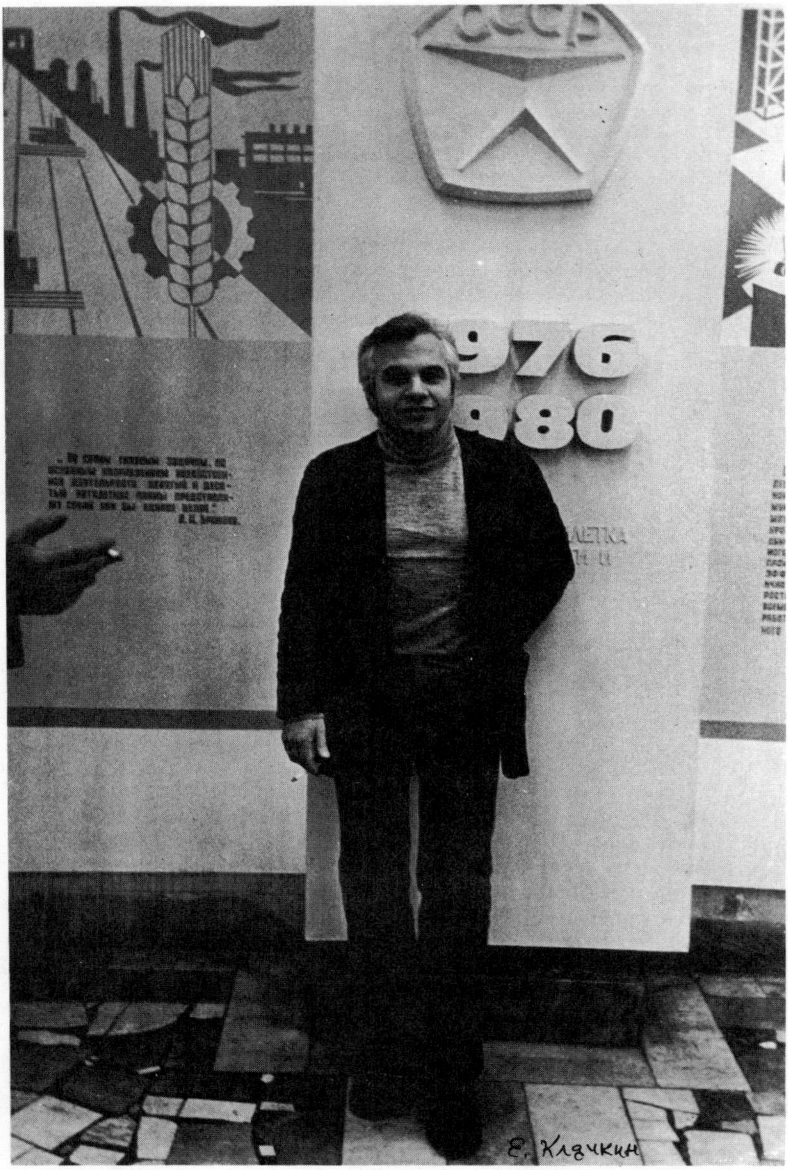
ссср
976
980
ЛЕТКА
Е. Клячкин

«НАЦИОНАЛЬНЫЕ МОТИВЫ» ЕВГЕНИЯ КЛЯЧКИНА

И если бы оковы разорвать,
То мы тогда б и горло перегрызли
Тому, что догадался приковать
Нас узами цепей к хваленой жизни.

В. Высоцкий

Магнитиздат, пожалуй, самая активная форма свободного творчества в России. Понеся тяжелые потери со смертью классиков жанра Галича и Высоцкого, он продолжает жить. Об этом говорит хотя бы появление такого талантливого и оригинального барда, как Вероника Долина, чьи песни, появившиеся всего несколько лет назад, поет сейчас вся Россия.

Одним из главных событий в мире неофициальной песни последних лет стал новый цикл барда Евгения Клячкина. Называется он «Национальные мотивы», но мог бы называться и «Песни об эмиграции», потому что главной, сквозной, темой его являются раздумья поэта об антисемитизме, о прощании с родиной, о проблеме выбора.

Евгений Исаакович Клячкин — коренной ленинградец. Родился в 1934 году, воспитывался в детском доме. В студенческие годы (с 952 по 1958) Клячкин увлекался игрой на итаре. Часто выступал на институтских ечеринках с песнями Петра Лещенко, популярными в то время.

Окончив Ленинградский инженерно-строительный институт, Клячкин попал в конструкторское бюро ПИИ-1. К тому времени он уже был известным гитаристом. Вместо инженерной работы Клячкин всерьез занялся выступлениями на концертах в своей организации и клубах подшефных предприятий. В его репертуаре — лирические песни на стихи Бродского, ривулина, Кузьминского, Игоря Эренбурга. Первой песней Клячкина был знаменитый «Туман» на слова К. Кузьминского.

Благодаря набиравшему силу Магнитиздату, есни Клячкина разошлись по всей стране. Посыпались приглашения на концерты. Начальство ПИИ-1 гордилось своим бардом и покровительствовало его сценической деятельности, разрешая бесконечные отпуски без содержания. Это устраивало и Клячкина, поскольку выступления в провинции оплачивались солидными гонорарами.

Постоянно расширяя репертуар, Клячкин выработал свой стиль исполнения. В 1966 году он стал лауреатом Ленинградского конкурса поэтов-песенников. Частые поездки по стране давали новые темы для песен, собранных в циклы «Города», «Времена года». Но главным сюжетом его творчества оставался родной город, о чем говорит и название одного из лучших циклов — «Ленинградские мотивы».

И все же творческая индивидуальность Клячкина обуславливалась, скорее, не тематикой, а музыкальным сопровождением. Влюбленный во французских шансонье, он часто использует их мелодии. Великолепные переводы французских стихов, выполненные другим ленинградским бардом Борисом Полоскиным, прибавили немало песен к репертуару Клячкина.

В 70-е годы в России были очень популярны как драматические песни Клячкина — «На смерть Галича», «Похоронка Галичу», так и комические «песни-фишки», составившие цикл «Шутки, или около того».

В последние годы Евгений Клячкин вступает в полосу почти откровенного диссидентства. Он все реже выступает с концертами, все чаще пишет в стол и лишь некоторые стихи кладет на музыку.

И вот рождается новый цикл — «Национальные мотивы». Даже список песен, вошедших в него, весьма красноречив: «Южная фантазия», «Забытое слово (Земля Иеговы)», «Утренняя песенка», «Песня об единстве и борьбе противоположностей», «В гастрономе», «Деловая считалка», «Жалоба-69», «Почему?», «Последний тост», «Прощание с родиной», «Размышление в самолете», «Песня прощания», «Ни о чем не жалеть».

В этом цикле талант Клячкина, который высоко оценил классик жанра Булат Окуджава, поднялся на новую ступень. Сохраняя привычную ироническую интонацию 60-х годов, он обогатил песни драматическим содержанием, искренней горечью, граждаскими мотивами. То есть всем тем, что создало славу Магнитиздата.

Е. КОНЕВ Президент RIS Record Co.

В ГАСТРОНОМЕ

Страшнее кошки зверя нет,
Как это в общем все знакомо
От надзирателей в тюрьме
До продавщиц из гастронома —
Любых.

Я не кощунствую, о нет,
Я просто вглядываюсь в лица:
В чем одинаков их секрет,
Так странно поровну разлиться —
На всех.

Как насторожены глаза,
Глаза протянуты, как пальцы.
Мы не рабы — кто так сказал?
Рабы не мы — уже подальше —
Чуть-чуть.

Рабы не мы, а кто рабы?
Рабы не мы, быть может, немы.
За кем стояли позабыть
Еще страшнее, чем за кем бы —
Не встать.

В хвосте и шутят, и кричат,
Но вот вы пятый от прилавка.
И суета ушла назад,
И раздражает сзади давка —
Кончай.

Как важно все, что говорит вон та,
Курносая, в халате.
И голос шумом перевит,
Освобождаем, как из ваты —
Хрусталь.

И доброволен тот обряд,
И упоителен, как ласка,
И напряженные молчат
Пять новобранцев у прилавка —
Равны.

Пять кандидатов всех наук,
А может, пять канатоходцев,
И свежее клеймо на лбу,
«Рабы на время, но охотно».
И что?

Страшнее кошки зверя нет,
Как это в общем все знакомо,
И ветчину кладет в пакет
Мне продавщица гастронома.

ПЕСНЯ О ЕДИНСТВЕ И БОРЬБЕ ПРОТИВОПОЛОЖНОСТЕЙ

Подозрительно подозрителен
Стал к себе и себя ловлю:
Ненавижу вот победителей,
А проигрывать не люблю.

Вот, к примеру, пишется вечером,
А чертовски хочется спать,
И опять же противоречие.
Диалектика — наша мать.

Как не плюнешь, все рядом сходится:
И бессонница, и понос.
Если где-то промчалась конница,
Значит где-то лежит навоз.

Пусть с женою я в добром плаванье,
Пусть в чужую жену влюблен,
Исключения — те же правила,
Я укладываюсь в закон.

Так все в мире взаимосвязанно,
Не поверите — резонанс!
«Чтоб ни грамма», — мне было сказано,
И как раз у меня аванс.

Предусмотрены изменения,
И картина всегда проста —
Если где-то рост населения,
Значит где-то падеж скота.

Школьный курс грызя с тихой скукою,
Был я гладкий в нем, как плафон.
А теперь все той же наукою
Досконально я объяснен.

Здесь охвачены все чудачества,
И любая сложность ясна.
Даже низкое наше качество
И высокая госцена.

И пускай враги удивляются,
Им на слове нас не поймать.
Вечно движется, изменяется,
Диалектика — наша мать.

НИ О ЧЕМ НЕ ЖАЛЕТЬ

Ни о чем не жалеть —
Этот мудрый, печальный закон
Много лет лечит нас
И, как доктор домашний, знаком.

Ни о чем не жалеть —
Значит все остальные слова,
Как леса в ноябре, опустели,
И гулко грохочет листва.

Ни о чем никогда не жалеть —
Только не, только нет:
Этой малой частицей кончается след
Никуда не ведущих, но прожитых лет.

Ни о чем не жалеть,
Если узел нельзя развязать,
То рубить смысла нет,
Надо просто повязку одеть на глаза.

Ни о чем не жалеть,
Если память беззвучно кричит,
Если жжет, словно плеть,
И сквозь трезвые строки рыдает мотив.

Ни о чем не жалеть —
Это значит уйти, зачеркнув навсегда
Все, что было с тобой, значит память убить.
И убить свою жизнь за годами года.

Ни о чем не жалеть,
Умоляю, меня не проси,
Ни о чем не жалеть —
Это сверх человеческих сил...

ПРОЩАНИЕ С РОДИНОЙ

Я прощаюсь со страной, где
Прожил жизнь, не разберу чью,
И в последний раз, пока здесь,
Этот воздух, как вино, пью.

А на мне, земля, вины нет,
Я не худший у тебя сын.
Если клином на тебе свет,
Пусть я сам решу, что свет — клин.

Быть жестокой к сыновьям — грех,
Если вправду ты для них мать,
Первый снег, конечно, твой снег,
Но позволь мне и второй знать.

А любовь к тебе, поверь, есть.
Я и слякоти твоей рад,
Но отрава для любви — лесть,
Так зачем, скажи, ты пьешь яд?

Ты во мне, как я в тебе, весь.
Но не вскрикнет ни один шрам.
То, что болью прозвенит здесь,
Клеветой прошелестит там.

Я прощаюсь со страной, где
Прожил жизнь, не разберу, чью.
И в последний раз, пока здесь,
Этот воздух, как вино, пью.

КОНЕВ И КЛЯЧКИНъ. ЛОШАДИНЫЕ ДЕЛА /опыт социальной пилипики/.

Высоцкого положено любить. Кем положено? Богом положено. Господь дал Володе ДАР, талан, каковой тот не зарыл в землю, даже когда зарыли его...

Высоцкого любят все. Даже те, кому положено не любить - аристократка Мальчевская и эстет Кузьминский. Высоцкого нельзя не любить. Но зато можно не любить - Клячкина. Тем более, что полукровку Высоцкого - любят равно евреи и русские, Клячкина же полюбили в последнее время - Женя Конев и ...

И тут я должен остановиться. Не из боязни прослыть "антисемитом" /уже, и как!/, а от невозможности выступить против АУДИТОРИИ. Аудитории достаточно противной /не по нац. составу - на Брайтон Бич я чувствую себя, как дома. Хотя и поговаривают, что там меня собираются - БИТЬ. За фильму. Но они хоть не пишут писем. В газету./ А по СОЦ. составу. Которые - пишут.

Не массажисты и работники ателье пошива бесят меня - способные читать Асадова, а "интеллектуальная элита", способная чтить ... Клячкина.

ЕСЕНИН и БЕРАНЖЕ.

Поливая в пивной на Васильевском Есенина - я цитировал Флобера: "Я люблю Беранже. Это большой поэт. Но беда его в том, что уже много лет он работает на вкусы приказчиков из мелочных лавок и провинциальных модисток." Вставал друг: "Вот вы тут за Есенина говорите, так я бы хотел..." Потом другой друг. Потом - пол-пивной. В защиту кумира. Который олицетворял для меня уже не "грядущего", а - ГРЯНУВШЕГО хама. "И зверей, как братьев наших меньших - хлюп-хлюп - никогда не бил по голове!" /У, собачечка.../ "Что ж ты смотришь синими брызгами? Или в морду хошь?" - хрясь! Озверев, по молодости, я орал: "Блока читал? Бурлюка? Туфанова? Чурилина?! Иди и прочти, потом говорить будем!" - ОРАЛ НЕ ПО АДРЕСУ.

С массажиста или там мясника, столяра и перчаточника - какой спрос? Но спрос зато - с аудитории Е. Клячкина. Понтовой полуграмотной итээрни. С той, что скупала за ползарплаты на черном рынке валютные издания Пастернака, Мандельштама, Цветаевой, Ахматовой, ставила на полированную полочку, и при этом оставалась серой, как штаны пожарника. Пахла она - танзанийским кофе и ликерами "Рижский бальзам" и "Вана Таллин", а не родной бормотухой, привычной каждому мяснику и поэту.

КАЖДЫЙ МОЛОТ, МОЛОТ, МОЛОТ...

Мой друг /в юности/ и учитель /в вечности/ Валерий Львович Молот - переводчик Беккетта, Мрожека, Роб-Грийе, один из самых замечательных философических писателей современности - помимо естественной страсти к Высоцкому, питает и столь же противоестественную, с 22-х лет, страсть к Евгению Клячкину. Последний раз мы поругались, когда я не дал ему коневские пленки Клячкина, которые он жаждал прокрутить своей покойной любви /на сей раз - женского пола/. Я даже задумался: а может, этот пошляк Клячкин, порожденный на мою же голову - МНОЮ Ж - действительно достоин любви? Да нет, прослушав его вендиспансерный козлетон на извечную тему еврейства /в 62-м году Евгений Исакович Клячкин еще и не знал, что он еврей, вычетом положенных на музыку текстов Бродского/ - "стошнить я, скажем, не стошнил, но уж - СБЛЕВАЛ - это точно" /выражаясь, хотя и не академически точно, Веничкой Ерофеевым/. Уже тогда, 20 лет назад - порожденного, тепленького, я его - "изблевал". За похабщину. И похабщину не есенинскую, а - асадовскую или Сильвы Капутикян. Не откровенную, шульженковскую - от которой плачет в восторге Миша Шемякин, а похабщину, облеченную в одежды итээровской романтики.

На вечере в Доме Кино в 67-м, когда Клячкин заявил /стереотипно, и не первый раз/: "Я учился у двух замечательных ленинградских поэтов - Иосифа Бродского и Константина Кузьминского", поставив нас, естественно, не в хронологический, а итээровский табель о рангах - и исполнив после "Пилигримов" свое "Я прижмусь к тебе холодной ногой..." - я возопил, по скромности, не в голос, а запиской из зала: "Женя, не смей петь мой ТУМАН!", но пока записка шла по рядам, он именно им и закончил свое "ученичество". Подойдя к нему опосля, в артистической, я спросил: "Женя, ты что же, не понимаешь, что пишешь - ПОХАБЩИНУ?!" И ответствовал бард: "Нет, я пишу - КРОВЬЮ СЕРДЦА!" "Женя, говорю, проверь свою кровь на бледную спирохету!" На том и простились, 17 годков тому.

Но снова врывается в мою биографию Клячкин. На сей раз - "еврейскими мотивами" /или - "национальными", как окрестил их Конев/, от которых поневоле станешь антисемитом. И особенно меня вывернуло - "Прощание с Родиной". И текст, и техника, и тема - сплошной торжествующий банал, за музыку я не знаю, за музыку - пусть отвечает Булат Шалавович Окуджава, который в 62-м "высоко оценил" тексты самого Клячкина /напомним, из собственных текстов он тогда пел свои "фишки": "Милая! Чего ты нос повесила...", "По ночной Москве идет девчонка..." и еще, вроде, что-то/: "Женя, Вы же можете писать - не хуже!" /имелось в виду - Бродского, Кузьминского, Вознесенского, на чьи слова Клячкин тогда писал музыку/ - сообщено мне не то самим Клячкиным, не то верным прозелитом его Молотом, в теи же годы. За музыку я не знаю. Вроде, говорят, не просто "гитару щипает", как подавляющее большинство всех этих бардов-ашугов-рапсодов-и-менструэлей, не следует забывать и - бардесс.

За музыку я не знаю. Но слова - типичное "гавно с одеколоном", как выражалась еврейка Анна Григорьевна Барская, гениальный специалист по Эдуарду Манэ и заведовавшая запасниками класса "А" в Эрмитаже. "Что Вы говорите, Анна Григорьевна?!" /на научном заседании/. "Ну, гавно - я и говорю: ГАВНО!" Слова - усредненный набор итээровской лексики, к русскому языку /того же ВЫСОЦКОГО!/ имеющие примерно то же отношение, что и конструкция "Корпус прибора выполнен в брызгозащищенном исполнении", от которой я чуть не свихнулся в тайге, в 60-м, в экспедиции ДВГУ, куда меня устроил тот же Ося Бродский...

ВНАЧАЛЕ БЫЛО СЛОВО...

Я не знаю, почему Клячкин - пошлость. Я не знаю, почему пошлость - Сильва Капутикян, в чьем-то, вполне, достоверном, переводе:

Когда домой вернешься поздно,
Ты тоже вспомнишь обо мне -
Я стану дымом папиросным,
Я стану звездами в окне...

Или Клячкин:

Сигаретой опиши колечко,
Спичкой на снегу поставишь точку.
Что-то, что-то надо поберечь бы,
А не бережем - уж это точно!

Или Асадов:

Как только разжались объятья,
Девчонка вскочила с травы,
Стыдливо одернула платье
И встала под сенью листвы...

Заметьте, я еще цитирую ЛУЧШЕЕ у Клячкина, а не:

Этот город, он на вид угрюм -
Краски севера, полу-тона...
Этот город - он тяжело-дум,
Реки в камень он запеле-нал!

Я бы за такие стихи /в отличие от Окуджавы/ - благословил бы Клячкина гитарой по потылице. Новую купит, итээр сраный, с гонораров за выступления перед такими же мудаками-итээрами.

А так - пусть себе поет, только не на еврейскую тему. Ее мы оставим - Иосифу Бродскому. И Владимиру Высоцкому. И все поймут и УСЛЫШАТ.

А Клячкина оставим - Валерию Молоту. Завтра же пленки и отдам, чтоб в доме чисто было. Не для того дедушка повесился...

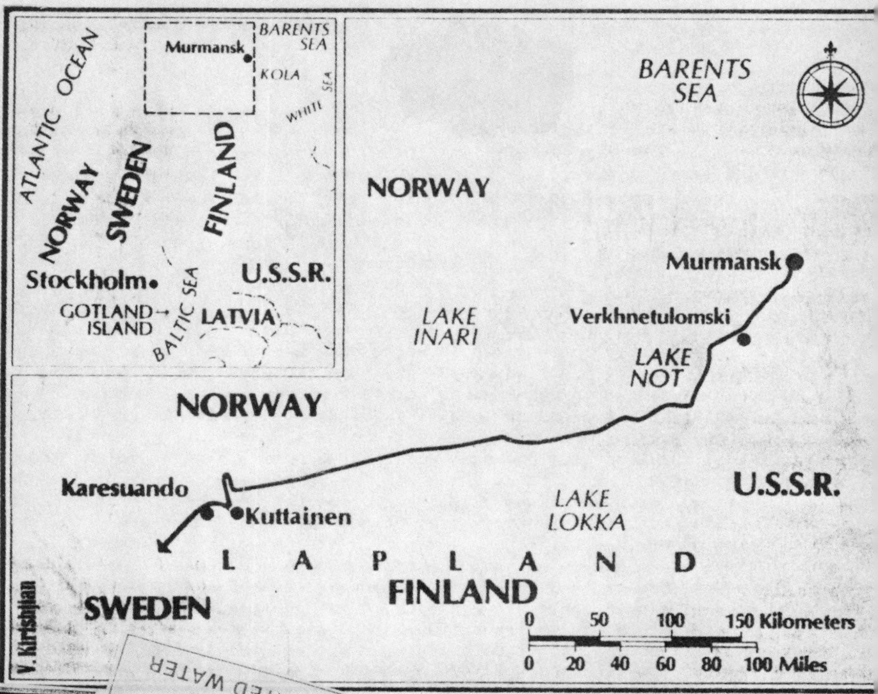

BARENTS SEA
Murmansk
KOLA
WHITE SEA
ATLANTIC OCEAN
NORWAY
SWEDEN
FINLAND
U.S.S.R.
Stockholm
GOTLAND ISLAND
BALTIC SEA
LATVIA
BARENTS SEA
NORWAY
Murmansk
Verkhnetulomski
LAKE INARI
LAKE NOT
NORWAY
Karesuando
Kuttainen
LAKE LOKKA
U.S.S.R.
L A P L A N D
FINLAND
SWEDEN
0 50 100 150 Kilometers
0 20 40 60 80 100 Miles
V. Kirishjian

UNIVERSAL IMPORTED WATER
NEW YORK 5¢
BOTTLED IN RSFSR
MINISTRY OF THE FOOD STUFF INDUSTRY
NATURAL MINERAL WATER
ESSENTUKY
№ 4
SODIUM-CARBONATE-HYDROCARBONATE
CHLORIDE MINERAL WATER
Prescribed for gastric, intestinal, hepatic and gall bladder diseases, diabetes, gout and obesity
Deposit of mineral salts presipitated naturally from the mineral water is permissible
To be stored in a cool dark place in a flat position

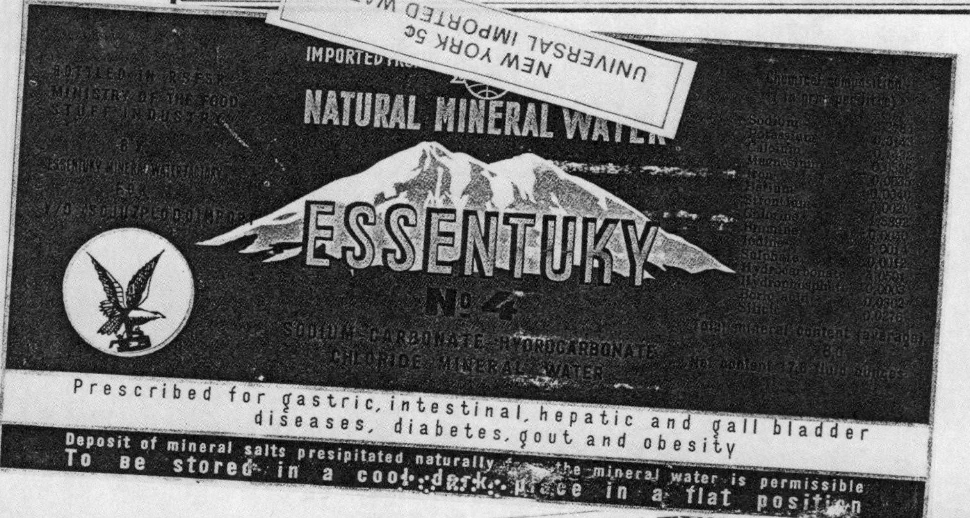

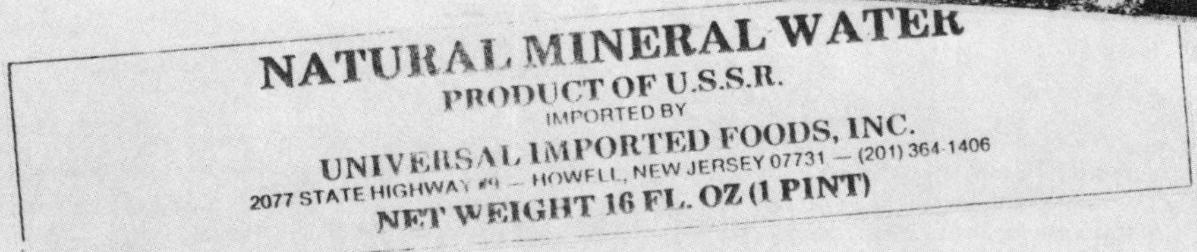

NATURAL MINERAL WATER
PRODUCT OF U.S.S.R.
IMPORTED BY
UNIVERSAL IMPORTED FOODS, INC.
2077 STATE HIGHWAY #9 — HOWELL, NEW JERSEY 07731 — (201) 364-1406
NET WEIGHT 16 FL. OZ (1 PINT)

БЕГУН С ДЖИГАРЕПА

Петр Андреевич СЕРЕДЕНКО
(Peter Seredenko)

Родился в 1948 году в городе Ессентуки.
Закончил Ставропольский пединститут.
Год в стройбате - город Березники.
В 1980 бежал через Советско-финскую границу и Финляндию в Швецию.
С 1983 года живет в США, Нью-Йорк.

Вот и все, что поэт и бегун рассказал о себе. Работает грузчиком, вместе с Сохановичем и Сайзом. Молчалив - не то слово. Просто вообще ничего не говорит. Сидит молча. Вегетарианец. Был бегуном на дальние дистанции, стайером.
Так я себе и представлял: в белых тапочках, марафоном, через всю Финляндию...
Однако, побег из - так и называемого "лагеря социализма" в - так называемый "свободный мир" - выглядит иначе.
Привожу свидетельство недавнего бегуна, литовца Владаса Сакалиса, по газете "Панорама", №257 от 15 марта 1986 г.:

Недавно прошла встреча Владаса Сакалиса с американскими журналистами. Он охотно рассказывал о своем побеге, так как уже знал, что его товарищ, участвовавший вначале в побеге, но потом передумавший, вновь решил попробовать бежать, но неудачно. Его схватили и присудили к 15 годам тюрьмы.

Совместный побег друзей начинался так.

Друзья незаметно вскочили... в воинский эшелон, направлявшийся к северозападной границе. Когда поезд вошел в полярную зону белых ночей, они спрыгнули и пошли пешком. Они прошли 127 миль за 10 дней, иногда по пояс в ледяной воде. У первого забора, снабженного электронными датчиками, друг передумал, но он помог Владасу перебраться через забор и махнул ему рукой на прощание. Владас посыпал землю нафталином, чтобы сбить с толку собак. После нескольких часов ходьбы он наткнулся на ограждения. По другую сторону были казармы. К тому же путь преграждало озеро, намеренно не показанное на советских картах.

Владас дождался пяти часов утра и рискнул — пересек двор казармы. Солдаты спали, его никто не заметил.

Прошло еще несколько дней, он бежал, бежал, плыл, иногда по пять километров в холодной воде. На одном из озер он увидел советский катер. Ему пришлось нырнуть и долго оставаться под водой, дыша через тростниковую трубочку.

С помощью самодеятельного шеста ему удалось перепрыгнуть еще через несколько заборов. Не раз он слышал за собой лай собак.

Наконец, он увидел поленницу сложенную не "по-русски". Это было на десятый день пути. Рядом лежала обертка от мороженного с надписью "Хельсинки, Финляндия".

— Это был самый счастливый момент в моей жизни, — говорит Владас. Но радоваться было рано, т.к. Финляндия выдает беглецов Советскому Союзу. Владас внимательно всматривался во все окружающее и запоминал. Чтобы было потом, что рассказывать в советском лагере. Он рискнул — обратился за помощью к пожилому финскому крестьянину, достаточно пожившему, чтобы помнить войну с СССР. Тот накормил Владаса, дал ему сигарет, три фунта хлеба и снабдил картой, на которой показал путь в Швецию, к свободе.

Владас подарил финну свои часы и пустился в путь.

И ещё двое:

STOCKHOLM, Sweden (AP) — Two Soviet defectors said they covered 620 miles in a trek to Sweden by foot and stolen bicycle, for which they trained by reading James Bond and living on berries, a newspaper reported Wednesday.

They said discarded Coke bottles along the road convinced them they had reached the West.

Their tale appeared in the the Dagens Nyheter, which identified them as Alexander Kuksov, 23, and Igor Schram, 21, and said they began the trip Aug. 15 at Petrozavodsk, a Soviet town east of the border with Finland.

The newspaper gave this account:

They crossed the Finnish-Soviet border, posing as fishermen as they hiked along remote Lake Ladoga.

The young men stole bicycles in Finland and crossed into Sweden without being asked for papers at the border.

When they reached the central coast town of Sundsvall on Oct. 25, a woman helped them go to police and request asylum.

Kuksov said he and Schram had planned their escape for a long time, practiced subsisting on berries and other wild foods and read one of Ian Fleming's James Bond novels that described an escape from the Soviet Union.

Schram said he wanted to avoid military service, but the defection wasn't "just a simple issue of draft dodging."

Pacific Daily News, December, 1985.

Он шел пешком, избегая маши
Его теннисные тапки вконец порв
лись, и он шел босиком. Через
дней он переплыл пограничный вод
пад и оказался в Швеции. Первы
кого он увидел был мальчик[м] л
13. Владас спросил его: "Это Ф
ляндия или Швеция?" Тот ответи
"Швеция". "Звони в полицию", –
сказал Владас.

Его поместили сначала в Шведску
тюрьму, такую шикарную, что Сака
лис подумал, что это отель. Его опоз
нали другие эмигранты и беглец
из СССР, сидевшие с ним в лагерях
и его выпустили.

*Я проницаем
я звеню
беззвучно и развеянно
как свет и ветер
Я дерево
с ветвями солнцем источенными
и зеленеющее их бесчисленностью
превращения Я медленнен
несовместим с собой во времени
в простом и синем небе
Спотыкаюсь в камнях железнодорожной
насыпи а весна пробелами цвета пыли
как чернотою знаков измятая
газета ... 6 мая 1967 года
и в этой белой прерывистости
множества весен   других
неповторимость*

*Без остатка
в сущей надежде горы нежности
взгляда рук не разжать
разве все что осталось ждать?
Маличишки поразили глазами
снеговой воды*

здесь мы были лишь

*Так 10 делится на 3
и бесконечность этой дроби
с ума не сводит
но как себя что не найти
в том напряжении свободы
каскадов красоты
воды из родника
и отраженного заката
в поилках для скота
из труб газопроводных
сваренных*

Междометиями тем всего и
неизъяснимостью тьмы небо
вздрогнет ночью и мерцание
звезд как однажды что про
должит в сообщении свобод
предложения распространенного
млечного пути перечислений
множества и что творит про
никновенность слов немногих
в том настроении оторваннос
ти что звезды созвонит в мол
чаньи искренность странных
мыслей раскрыто смотреть

*В сумерки роз
онемелый огонь
раздувает ветер*

29.9.78

*Где да и нет
как ночь и день*

*Живая гора
движимая взглядами
ветра наклон
потемневшего зеркала
стекло с отставшей
амальгамой
наше сейчас -
не знаем что завтра*

7.11.78

*Раскрой до струи
фортепиано звездной ночи
мерцающий небесный струг
чтоб вдруг
не спросить невмочь
пусть ветер прост и пуст
простит отпустит
ты в нем и
выше беззвучней
порывов немоты
в ударах распахнувших двери
срывающих с петель*

*Обмер Рембо
Горизонт заклинило
Уходящего судна дымок
В перспективе
Так тянет за
Из рук рвется завтра
Куда глаза
Глядят потеряться
Что с тобой?
Два дня в порту
Околачивался
Новороссийчком
Девчонки красивые
Через месяц в армию
Как раз время понять
Что*

Синим
терновник в овраге
сосредоточил
в необозримое

Разориентированно в
необратимости дрогнет
другим ли новым и странным
мыслью или еще не

виденным...

или синицей мелькнувшей
нечаянно в скомканном небе
колючих зарослей

вяжущий цвет
словно отцветших метафор
ягод

пространства оттенки
неповторяющиеся
будто в рефлексах
вчера и завтра

взгляд в осень
всё осеняет
из выгорающей
ясности в образе
не объясняя

Свет яркий
солнца смерти

Последний снимок
на фоне стены
половина лица в тени

Улыбка, чайка каменных
взмахов вот-вот

распадется на части словно
память о молниях -
если б гроза
и осмысленней стали
слова и воздух

Я бы мог тебе рассказать
что-то совершенно новое
ты такого еще не слышал

79 Июнь

Хроники прошлого
Рощ облетающих красные
желтые листья
призрачны
симметричны мгновенно
сдвинутые
в калейдоскопе
разбитых секунд

Веер пыль
серый ветер
вертит и в лицо
швыряет
и деревья вздрагивают
голо ветками
и земли оттенки
тускло светят
рытвинами потрясая
и вороны криками
вкрапливаются
в растерянность
черными чаинками
кружась и
исчезая
от бумаг сгоревших
легким пеплом
в мгле февральской
завихряясь рвано

Квадрат дня
треугольник ночи
ветер стороны гнет
земли дождя и огня
где то Я.

Мы разожжем костер
в горячий полдень

чуть розовое различая
пламя

испепеляя кровь
зрение и разум
в простое небо.

Заходящее солнце, от
смеха заходящееся,
оно сбросило маску и
сейчас настоящее.

Ни до кого дела нет,
но мимоходом может:
"Бедный мальчик - весь в говне.
в третьем лице, но все же

И это начало: "Ее глаза
и зрение и свет..."
два года займет продолжить

Точка обалдения зрения.
Ты вспоминаешь меня
чаще чем я.

На листьях,
на небе, легкий
налет бесконечности.

Знаю выход где то должен быть.
Есть уравнение - как его решить;
Две невозможности.
За одной из них отчаяние
ошибки за которую в ответе
не я. Но я, который должен
был, его не встретил.
Голова и ноги уже и
так заложены перезаложены.
Начинаешь понимать, что
и душу можно потерять -
- держаться только на
неопределенной форме глагола.

Что делать - скользишь из утра в утро
Так параллельна бессмыслица.

За второй невозможность продолжить

87.08.17

Грубое солнце в горах
пялит в глаза растопыренными пальцами.

Скалы можжевельник небо
три составные тающего снега.

Черные галки
глубина голубизны
и безусловность силы.

Серый туман
внизу в долине;
белый   ты вышел выше.

Трава отсвечивает небом
начала осени холодны ветер
пять месяцев не знаешь что с ним
нет ответа.

Мечта перспективы в ней же
их сложенье - качели во сне.
Шпиль Петропавловской крепости
невесомо веселый вверх.

Переводы из ОДЕНА (W.H.Auden)

С Л О В А

Мир предложением творим
Которое для всего основа;
Не говорящему - языку мы верим;
Для слов где слова правды нет - нет слова.

Но синтаксис должен чистым быть;
Не стоит подлежащее и время,
Менять слух слабы усладить:
Аркадии рассказы та же пища.

И сплетничать должны ли мы;
Ведь ясно, что вымысел слабее фактов,
И наслаждаться благозвучьем рифмы,

Где не судьба - нечаянность глаголов,
В крестьянском хороводе пантомимы
Рыцарь на перекрестке своих поисков?

П И С А Т Е Л Ь

Талант в мундире неприступном,
Ранг каждого поэта знают все;
Он может восхитить нас словно гром,
И умереть так рано или в одиночестве.

И ринуться, как корсар вперед: но тот
Свой должен дар забыть и научиться
Быть неуклюжим и простым, чтобы никто
Не вздумал на него вдруг оглянуться.

Чтобы легчайшего достичь, быть тем
Объектом страшно скучным, боже,
Для сожалений, как влюбленный. Быть чистым
Среди чистых, среди грязи грязным тоже
Бессонных не смыкая век.
Глухая боль ошибки - человек.

W. H. Auden

Слова

Мир предложением творим
Которое для всего основа;
Не говорящему - языку мы верим;
Для слов где слова правды нет -
- нет слова

Но синтаксис должен чистым быть;
Не стоит подлежащее и время,
Менять слух слабы усладить!
Аркадии рассказы та же пища.

И сплетничать должны ли мы;
Ведь ясно, что вымысел слабее фактов,
И наслаждаться благозвучьем рифмы,

Где не судьба - нечаянность глаголов,
В крестьянском хороводе пантомимы
Рыцарь на перекрестке своих поисков?

The Novelist

Encased in talent like a uniform.
The rank of every poet is well known:
They can amaze us like a thunderstorm.
Or die so young, or live for years alone.

They can dash forward like hussars: but he
Must struggle out of his boyish gift and learn
How to be plain and awkward, how to be
One after whom none think it worth to turn.

For, to achieve his lightest wish, he must
Become the whole of boredom, subject to
Vulgar complaints like love, among the Just

Be just, among the Filthy filthy too.
And in his own weak person, if he can,
Dully put up with all the wrongs of Man.

December 1938

Сатар Бахлул-Задэ. Апшерон. Масло.

БАКУ

А в Баку не так сильно чувствовалось давление официальных кругов. Потому наверно, что и власть советская воспринималась всеми не совсем всерьез. Шла своя, феодальная жизнь. И разрешалось многое гораздо большее, чем в столицах - далеко, не проверят. Существовали свои счеты между молодыми талантами и старыми бездарностями, но почти всегда возможно было себя показать. Правда, национальным кадрам в основном. И много хорошего мы видели у ребят. Некоторые становились членами Союза, но в общем, могли выставить то, чем занимались всерьез. Другие, опять же, в силу очень может быть личностных отношений, выставлялись редко, хотя того очень заслуживали. Был у нас /не знаю сейчас/ из "стариков" Шмавон Мангасаров. Культуры дореволюционной, европейской. Изредка появлялись его работы на выставках, да и то в очень наивно конформистском виде! Типично /фовистское?/ полотно, и женщинам пририсованы звездочки героев /по-детски/. Чинов не добивался, ругался со всеми подряд и вид имел городского сумасщедшего - художник, индивидуальность! Бахлул-заде. Фигура фантастическая! Гермафродит. Человек похожий на оживший апшеронский камень. Весь в складках, темно-землянного цвета, с белыми волосами и огромными зелеными глазами. Жил среди природы и никто так не чувствовал природу Азербайджана, как он! Работы совсем не в официальном стиле. Чем-то по своей природе близок к Ван-Гогу, но есть присутствие женского начала его природы! Пьяница, честнейший человек, который все вещи называл своими именами, и его терпели наверху стоящие. Выставлялся, ценился, но особенно не распространялись о нем. Из среднего поколения - Торгул Нариманбеков, Расим Бабаев, Гриша Эпельбаум. Первые двое какое-то время, впрочем недолго, ходили в непризнанных, но потом признали /официал/, награждают, гордятся. Художники очень талантливые и интересные, экспортного плана. Из тех, которыми теперь совесткая культура любит спекулировать. Монографии о них можно увидеть в советском магазине "Четыре континента". Гриша Эпельбаум чуть младше. При нас все время ходил в неофициальных. Изредка появлялся какой-нибудь маленький рисуночек или небольшое полотно на выставке. Всеми был признан талантливым, а в основном - знали его работы ценители, сами художники. Сейчас живет в Москве. Салахов, царедворец, самым талантливым учеником которого он был, продвинул его в Союз. Мастерская есть. В Баку условия были тяжелейшие, нищенские. Как работает теперь - неизвестно. Интересуется, как в Нью-Йорке художникам? Молодые ребята - относительно, всем за 35 - Фархад Халилов, сын какого-то советского босса. А художник очень хороший. Учился в Москве, где устраивалась его неофициальная выставка, в Баку стал официально выставляться. Работы очень национальные, трагического звучания. Эльчин Мамедов, сценограф. Имел официальное место в Азерб. драме и оформлял /очень удачно!/ Достоевского, "Бобок". Режиссер Нейматов, тоже официально числившийся режиссером в Позе. Театр разрешили, как студенческий. Помещение - подвал жилого дома. О спектакле, конечно, знали только посвященные. Власти не мешали. Как-то, лет 6 назад, сделали посмертную выставку Асланова... Талантливого скульптора. Работы высокого профессионализма - абстрактные, в основном. Литье, медь, бронза. Много проектов городских скульптур, которым не суждено в ближайшее время украсить город. Это была самая левая выставка, официальная. А уж в Москве или Ленинграде - точно не выставили бы, ни под каким видом. Умер 30-33-летним, разрыв сердца, больным было. А работа с огнем. И наконец, хочу сказать о Солэте Вейсове. Воспитывался братом-художником, который очень много сделал для его развития. Индивидуальность, талант своеобычный, ни на кого не похож. Мистик врожденный. В 1012 лет иллюстрировал Данте, писал мистические композиции с ангелами, очень самостоятельного решения, композиции о каких-то грандиознейших войнах древности, не конкретно где, но бывших. Какие-то космические катастрофы и трагизм воплощенной жизни. И все это мы видели на выставке, *которую сумел устроить его брат, в честь 16-тилетия. Внешность гения. Потом видела его 19-тилетним, хрупким юношей, на выпускном просмотре работ в институте искусств. Тему свою - календарь, времена года, он решил так безыскустно и наивно, на взгляд учителей, что встречен был просто ухмылками. А это было прекрасно, поэтично и девственно, так можно было бы иллюстрировать Библию. Библейские притчи. Он не вписывается ни в какие рамки, хорошо если рядом с ним будет подольше его брат - добрый его гений, который сможет защитить его и создать какие-то приемлемые условия для работы... Саша Мкртумов. В училище мы его считали гением, в институте Сурикова подрался с комсоргом и выгнан. Осел в Баку. Женился на Тане Путилиной, художнице. Писал сюрреальные композиции, потом абстракции, чем-то напоминало Поллока. Мистификатор. Уж его власти не допустят, если не изменится... Не по зубам совсем.*

- написала мне Лина Рахамимова-Цейтлина, уже умирая от рака, в больнице. И еще ее стихи набрали собрал Очеретянский. Да посвятил ей 3 текста. А я взял ее рисунки - иллюстрациями к моим закавказским поэмкам. Выставку ее, посмертную, Борис сделал в музее Рериха, куда я так и не выбрался. Потом выставлял несколько ее незаконченных натюрмортов у себя, в том числе - гениальный натюрморт-пейзаж с разломленным гранатом. Тщетно пытался выморщить его у Борьки, не дает, сам знает ему цену.

Баку... В Баку я пробыл ровно день, обратным проездом из Али-Байрамлы, где вкалывал рабочим со своими друзьями-ихтиологами, Григом Баранюком и Босявкой Тихомировым /тоже уже покойным.../ В Баку, сидя в чайхане за столиком, писал:
"Переулочки вьются вверх-вниз, вверх-вниз... Серое, желтое ... А листва у деревьев тяжелая, тугая как барабан. А в тени чайханы - жгучий чай." - Это вошло в прозу "Вавилонской башни", которая не издана и по сю, и переведенная, вроде, на французский. Шемякин обещался, еще в 72-м, но пока - издал только Юпа. А Роальд Мандельштам - тоже лежит.
Баку мне запомнилось - и малой городской архитектурой, в том числе. На 63-й год - наклонные милицейские скворешники, на столбах, вместо питерских будок. Сидел и гонял чаи в чайхане, сахар подают отдельно, на блюдечке, а чай, естественно, грузинский - азербайджанский они пить не дураки, продают его в Сибирь и в Россию. Сами же - попивают грузинский. Сижу, кайфую, пишу вышецитированное. Подсаживается друг. "Откуда?" "Из Питера." "Ну, пойдем!" Думаю, угощать зовут - нет, менты здороваются. Привел в отделение. "Подожди." Жду. "А поссать можно?" "А там, во дворе." Сходил - чаю-то стаканов 10 усидел! Нет друга в штатском. Потоптался, поискал. Плюнул. Пошел по Баку. Вверх. Улочки - с одной стороны глухая стена, за ней дворик, а с другой - крыши на уровне мостовой. Иду, залез на самую гору. Опять друг попался, с ментами идет. Ну я ему ручкой - "Чао!" Видит - не бегу, прошел мимо. Спустился по улочкам, купол мечети увидев. Над воротами - серебряная пятерня пророка, двор раскален, жара. А у входа - два друга вышли покурить, сидят на корточках. "Можно, говорю, в мечеть?" "А че, заходи, только туфли сними." Снял, зашел. На дворе - жара, как в печи, а в мечети - тишина голубая, прохладная. По левую руку - занавеска черная, на копьях, приподнята, за ней - кучками, в черном, только треугольник глаз и рта открыт - женщины, в центре - лицом к алтарю - коврики: на котором стоять, попроще и - молитвенный, с шашкой из сандалового, полагаю дерева, на ней суры Корана вырезаны. Сначала молитва стоя, потом на коленях, потом уткнувшись лбом в эту шашку. И по-новой. Слева, в апсиде алтаря - мулла, суры читает, а полукругом - хор, повторяют. Еще слева, у входа - сидят, беседуют. Сел и я. Говорим за Коран, Талмуд и Библию. Чай бесплатный принесли - похуже и пожиже, но освежает. Посидел. Пошел опять шляться по Баку. Жара, жаровни, мухами мясо облеплено, чад курдючного сала, на шампурах - мясо, вперемешку с помидорами. А деньги все на чай извел. Брожу. Так и вдыхал аромат Баку, в знойный полдень закавказского лета. Помню и по сю.
А Рахамимов мне маслице подарил - "Старый Баку", полуабстрактное, экспрессивное, но по колерам - 100%, БАКУ. И Линка нарисовала по памяти - Григория Атюцкого и Сатара Бахлул-Задэ. Храню и
ПОМЕЩАЮ. Поэта и художника Лину, и работки Рахамимова, и пару слов от себя.
И фотографию - просто бакинских художников, где Рахамимов не помнит, кто есть кто. Просто художники.

Молодые художники, которых ни Лина, ни Борис поименно не помнят.

Художники
Мир-Джавад Джавад(е)
и Элдар Шафи(ев)
1984 г.
(справа налево)

George Atucki
Zina Tseitlin 82

ЭТИ СТИХИ написаны Линой Рахамимовой за год до смерти

Ноги погружаем
В прозрачную воду
Читаем письма моря
Собираем камни
Из "тьмы и тьмы..." их
Выбираем те
Которые красивей и таинственней
Чья каллиграфия и форма
Звучит нам
Нам созвучна

Что мы хотим узнать
И почему
Так ненасытно ищем
Уже их тысяч тысячи страниц
И все нам мало

Так тайну не узнаешь

Достаточно и слова иногда

Когда душа готова

Падает роса
В серебряное ведерко
Старый сад
Фиолетовая земля
Примялась моей детской
босой ногой
Я чувствую холод и ласку
В этом мире я
дерево
яблоко
капелька росы
Причастность к бытию
сада воды
и яблок "винных"
Так их называют
А мне они на вкус и аромат
Всего лишь говорят о Лете
Не двигаясь
Стою так долго долго
Смотрю на небо
Я это состояние зову
презвонким счастьем
Но вот и голоса взрослых
Прощаюсь
Ухожу
Иду в мне непонятный мир

Шемаха
Мхи Храмы Гор
Хор цветов
Вперемешку ромашки
С пшеницей
Шемаха
Голубые озера ветров
Облака
Шемаха
И круглится Земля
Вся зеленая
В маках как в капельках
Крови
Как полна тобой жизнь
Шемаха
Небеса ближе здесь
Шемаха

Таинственная связь всего со
явилась
и долькой отделилась
от вечности
и выплыла всплыла трепещет
Вот сверкнет сейчас
Уйдет на глубину
Исчезнет навсегда
улыбка крошечная
истина

1983.

гр Бэхлул-Заде
с. Л. Цейтлиной

А. ОЧЕРЕТЯНСКИЙ

3 текста Лене Цейтлиной

мы говорили с тобой о дереве, похожем на человека
и о человеке, похожем на дерево
мы говорили о том, какие они разные
и как много в них общего
те же /если вдуматься/ листья корни ветки
чисто и просто
мы говорили о том, что чисто и просто
мы не могли и не хотели думать говорить иначе
и тут как назло одна из веток длинее прочих
усеянная шипами оцарапала мне щеку
едва не выколов тебе глаз напомнила об осторожности
необходимости проявлять осмотрительность
держать ухо востро очередной тайм-аут как всегда
завершился не в нашу пользу впрочем
ни у тебя ни у меня сомнений не было и нет
мы опять вернемся к нашему разговору
продолжать его чисто и просто

могила и та не всегда исправляет
а о живых и говорить нечего

все это правда
такая же точно как и то что беседу свою мы вели
шагая по траве, которая - прислушайтесь! - жалобно
на выбор: вздрагивает, всхлипывает, стонет... под ногами

1981.

нужны слова какие-то какие
не промолчать ли лучше раз и навсегда
о смерти речь держать -
нужны я думаю другие
потусторонние не смертные слова

Февраль 84.

может быть
смысл имеет
всю жизнь просидеть
на прибрежных камнях
наблюдая вблизи суетящихся чаек

Февр. 84.

К.К.КУЗЬМИНСКИЙ

МЕДЖНУН И ЛЕЙЛА

Володе Ханану

1 сюжет как стержень
как шампур
на оный нанижи шашлык
и наточи свои ножи
и на башку надвинь башлык

кавказский горец
ты гордец
ты армянин тупицын мой
ты у барана взял кострец
и превзошел его умом

пока жена пекя лаваш
трясет до ануса косой
в бедняцкой сакле как левша
красавец тешится козой

и сыр чанах ужасно пах
рассол скопившийся на дне
красотка раскрывала пах
и опахалом он над ней

бия на чреве жирных мух
щипал в ее подмышке пух
и хною был подкрашен пуп
подобен был клопу

и в куньем башлыке кунак
коня у врат остановил
и добрый конь осатанел
и показал кулак

неспешно в гору шел ишак
прохожий развязал кушак
висела пятая кишка
у ишака из кишлака

ханум зубком жуя кишмиш
певала что шумел камыш
когда явился грозен муж
и взял ее за гуж

красотка сидя на кошме
сказала громко мужу: ме
он пел ей эпос шах-наме
копаяся в шахне

от еревана до баки
был муж известен как акын
и целовал ее соски
приезжий из москвы

2

послушай лейла между нами
шепнул ей на ухо меджнун
я откровенный мужеложец
я не люблю свою жену

на что ответствовала лейла
я в детстве триппером болела
лечилась из костей бульоном
белела и алела

послушай лейла цитру взяв
сказал меджнун запев
ты для меня прекрасна вся
за вычетом запястий

на коих есть браслет с клеймом
ты мужу отдана
и шаль персидская с каймой
по грудь обнажена

зачем твой розовый сосок
ударил мне с плеча в висок
наборный лопнул поясок
и вытек сок в песок

покинув лейлу шел меджнун
взойти на арарат
подобно черному мешку
таил в горах урарту

3

на шампуре жарил бешбармак
и нажравшись жил башибузук
тщательно ощупывал внизу
деву покрасневшую как рак

на базаре продавали баб
на мангале прел люля-кебаб
и боролся словно лев лаокоон
заклиная кроткого боа

танец живота плясал али
и толпа орала ай-люли
и плодами спелой алычи
с узловатой капало арчи

в чайхане азербайджанский чай
подавал чайханщик невзначай
тем гостям которым и моча
горяча

танец покрывала и осы
исполняла юная бубу
и трубил в могучую трубу
посинев от напряжения асыд

4

нефтью пахла каспия вода
белорыбицу ловили невода
и висела на шесте манда
просыхала ибо молода

ибо непорочна и свежа
не знавала ни кинжала ни ножа
и нагая полная нога
все съезжала по шесту дрожа

в бороде зеленой аксакал
оковалок гашиша искал
и табачный четырех зубов оскал
жаждал ждал соска

распахнув подбитый ватою халат
он шептал он сладок как халва
дева перед старцем чуть жива
возопила: ва!

трясся и слюну пускал старик
почесав завшивленный парик
а у девы в горле стынет крик
и по телу пупыри

5

закутав ее в бурку
и вскинув на коня
он задал деве порку
ругая и кляня

поскольку в шароварах
раздался странный смех
пыхтела самоваром
надутая как мех

в ее армянском чреве
посеяно взошло
уже не стыдно деве
казать свое чело

недрогнувшей рукою
откинув паранджу
она текла рекою
по острому ножу

свободна словно терек
и как кура мутна
она хотела в терем
монистами звеня

он продал деву персюкам
и в палестину поскакал
в пути он рыскал и порскал
и страшен был оскал

27 июня 81

КРАСАВИЦА И ЧУДОВИЩЕ

/армянская легенда/

Бахчаняну

переловил всех дев
в горах кавказских дэв
на палец ее вздев
таскал ее везде

взносил ее к звезде
и опускал в копя
и страсть свою копя
копал в ее гнезде

власат на диво дэв
и палец его толст
исподних ее холст
закуплен в сен-манде

огромный кукловод
мотал ее как кокон
его большой живот
касался ее окон

сей палец эверест
и юбок облака
скрывали его перст
изогнутый слегка

вращаясь как петух
напоминая флюгер
она и он в поту
стреляет его люгер

и каплет сок в песок
ярится ее терек
развязан поясок
и грозен дэв как тюрок

на десять вздев перстов
десяток юных пери
и юбками пестря
они легки как перья

но толст как арарат
у дэва каждый палец
и каждая орет
достигнув вида пялец

и прорван юный холст
просверлены их перлы
а дэв рогат и хвост
венчает также пери

2

о дева диво
дыня дэва
о ароматен твой ломоть
зачем ты много так одела
и защитила свою плоть

о дева роза
персик вялый
зачем пушок твоих ланит
зачем румянец яркоалый
губ потайных твоих манит

о дева персик
я в оковах
зачем твой кокон смят и пуст
зачем он догорает в окнах
настурций огнекрылый куст

скажи
о дева арарата
зачем краса твоя цвела
зачем безумного арата
ты навсегда с ума свела

скажи
о дева роза мая
зачем цветок в твоих власах
зачем же я не розумию
в твоих армянских телесах

так дэв
глаголел юной деве
она же пальцы сжав в серсо
устав мечтать забыв о деле
играла бахромой трусов

3

дэв рогат волосат узловат
кривобок кривоног косорыл
и красавиц что изловил
он в пещере глубокой сокрыл

там бледнеют и сохнут они
где ни ночи нет и ни дня
где погашены все огни
и закрыла выход мотня

только дэв этих дев раздев
видит их красоты впотьмах
хищно ноздри свои раздув
и мочой его пах пропах

и корявы его персты
сучковаты могучи члены
каковыми он не привстав
сокрушает от страсти стены

или деву на палец вздев
на пленеры ее выносит
и боятся его везде
и земля с трудом его носит

4

прекрасная юная дева
в предгорьях росла арарата
соседом и справа и слева
имея красавца арата

когда с кетменем и с мотыгой
он шел на поля огрупплёнья
рукою своей огрубленной
по воздуху вяло мотая

сбегались и вдовы и девы
узреть до колена который
стояли у окон конторы
и сладостны были напевы

а дева накинув повойник
доила и стан ее строен
и звонко стекала в подойник
молочная белая струйка

потом понаделавши сыра
бежала на общее поле
и было ей сладко и сыро
не чуяла страха и боли

когда же в тени арарата
скрывались молочные козы
красотка любила арата
и по ветру реяли косы

5

но ах стопой тяжелой
пришел на поле дэв
когда узрел ту жопу
избрал ее из дев

арата он порато
под ноготь прищемил
она вотще орала
но стал и прыщ ей мил

во тьме его пещеры

среди увядших дев
играла со прыщами
и мягок был напев

надев ее на палец
дивился деве дэв
любил ее страдалец
за слезы и за гнев

варя в котле похлебку
из опостылых дев
он ласково похлопывал
перстом ее задэ

о чем писал пиита
прозваньем ширали
он знал ее напиток
и пел его вдали

сокрыт увы туманом
далекий арарат
и убиен обманом
уже не встал арат

а дэв лаская деву
смеется и клыки
торчащие налево
желты и велики

в пещере гулкий хохот
в пещере тихий смех
утешив свою похоть
красотка чешет мех

зовет его козою
сбивает белый сыр
пленясь ее косою
дэв щурится в усы

так и живут преданья
армянской старины

то было при адаме
и ноевы сыны

писах же нерадивый
и злоязычный раб
реб иегудиила
не ручкой а пера

31 мая 81
Техас

Рисунки Лины Цейтлиной

Л. Цейтлина. Автопортрет

ЛИНА РАХАМИМОВА

Лина Рахамимова (до замужества — Цейтлина) умерла от рака в возрасте 36 лет. После нее остались рисунки, стихи, дочка... Вот что рассказал ее муж, Борис.

— Сколько лет вы прожили вместе?

— Одиннадцать.

— Когда вы эмигрировали?

— В 79-м.

— Что послужило причиной для этого?

— Трудно сказать. Хотелось свободы, как говорится.

— Что изменилось, когда вы приехали?

— Конечно, процесс был трудным, болезненным, но в основном все осталось по-прежнему.

— Когда она узнала о своей болезни?

— За год с лишним до смерти.

— Когда она умерла, в каком году?

— В этом, 84-м, в марте.

— А до того, как она узнала, были какие-нибудь симптомы болезни?

— Этой болезни не было, были другие — сердце. Ей сделали операцию на сердце здесь. Хотели сделать в Союзе, но она отказалась.

— Как ей здесь жилось? Ее никогда что-нибудь особенно не тяготило?

— Ее тяготило, что родные там. Отец у нее был болен, наполовину парализован, и из-за этого не мог уехать.

— Она знала о своей болезни, знала, что обречена?

— После операции врач сказал, что гарантирует ей 30-40 лет жизни.

— То есть, ей сделали операцию по поводу ее болезни?

— Да, ей сделали очень сложную операцию. Американские врачи вообще отказались делать, операцию делал русский врач, у него уже были такие пациенты, и многие живут до сих пор. И он рискнул, решил, что она молодая, и все будет хорошо. Но не прошло и года, как у нее начались боли. Она пошла к этому врачу, ее положили в госпиталь, и выяснилось, что опухоль растет не по дням, а по часам, и ничего нельзя сделать.

— Когда она узнала, что ничего нельзя сделать?

— За несколько дней до смерти. А мы узнали недели за 3-4.

— Когда она написала свои стихи?

— Стихи она написала между первой операцией и второй. Буквально в течение нескольких дней, летом.

— Как она жила между операциями?

— Обычной жизнью — работала, рисовала. Сразу после операции ей было лучше, она была полна надежд, даже совершала длительные прогулки. Рисовала. Вот почти все эти рисунки она сделала в течение одного дня.

— Что было с тобой в эти последние недели?

— Я сам болел — физически. Не говорю — морально. Я был в госпитале дни и ночи. Что тут скажешь?

— Ты был с ней, когда она узнала, что все кончено?

— Ей никто не говорил, она сама почувствовала. С самого начала обнадежили ее, а потом сознание то включалось, то выключалось, ничего особенно она уже не чувствовала. Когда она поняла, что все, она стала звонить друзьям, в основном ночью, и говорила, что знает, что с ней, и голос у нее был довольно бодрый, и она говорила им, что умирает. Она была верующей, считала себя верующей, ну, не ортодоксальной, не ходила в синагогу или в церковь, но считала себя верующей, и поэтому ей легче было. Она не ходила в церковь, она ходила в музей Рериха.

— Она склонялась к буддизму, мистицизму?

— Не обязательно к буддизму. То есть она верила в тот мир, у нее была подготовка какая-то. Она считала верующим не того, кто ходит в церковь, а того, кто внутри себя имеет веру. Она чисто относилась к своей вере.

Где-то есть такая религия, где все религии объединены в одну.

— Какая она была в эти последние недели?

— Она не ела ничего в последние дни, жила одним духом. Говорила очень много. Были такие моменты... Человек как бы между небом и землей. Она вечером умерла, накануне моего дня рождения. Там в последние дни уже не было такого сознания... Там сознание и подсознание вместе было — это было как бред. Все уже вперемежку было... Ее подруга приходила, а она говорила, что «ты — моя мама». Вот мы сидим все на диване, говорим, вроде все в порядке, а через секунду она скажет: «Я на вершине, что вы здесь делаете» или «Я мало успела сделать, почему я должна уходить». Она за год до этого как-то говорила, но мы не думали еще об этом, что «если я умру,.. умру, значит, то не дай Бог, там кладбища какие, церемонии...» Сказала, чтоб ее кремировали и урну где-нибудь на природе зарыли... на каком-то холме, под деревом... Мы нашли такое дерево, такой холм... хорошее место, никого не бывает. Огромное дерево с двумя стволами, под этим деревом...

— Как ты жил после этого, Борис?

. . . .

А. Очеретянский: «Я расскажу, как он жил. Он первые две-три недели старался не бывать дома. Ездил в гости, каждый раз к другому человеку, и сидел там как можно дольше».

Каждого из нас отличает от прочих нечто свое. Не то чтобы особенно, а именно то, что присутствует во всех, это как душа, которую невозможно охарактеризовать никакими словами, зато всегда можно почувствовать и только все дело в том, кому и сколько ее дано.

Лину Цейтлину, так рано ушедшую от нас, отличала от всех прочих ее друзей и знакомых только ей присущая необыкновенно органичная тонкость. Есть такое понятие: тонкость натуры. Этим, я думаю, все сказано; по крайней мере, посвященным — достаточно.

Лина считала себя художником. Лишь изредка, не умея высказаться кистью, рука тянулась к перу. Сама она не придавала серьезного значения наброскам, выходящим на бумаге. Но поскольку я был одним из очень и очень немногих слушателей, и нахожу, что эти ее опыты имеют гораздо более близкое отношение к тому, что между людьми принято называть «поэзией», чем т.н. стихи подавляющего большинства регулярно печатающихся в той же периодике, то я считаю за честь для себя приложить и свою малую долю усилий к тому, чтобы эти ее весьма немногочисленные вещи могли быть явлены на люди. Они того стоят.

А. ОЧЕРЕТЯНСКИЙ

Рис. Л. Цейтлино

Б. Рахамито

Живопись Л. Цейтлиной

Б. Рахамитов дома

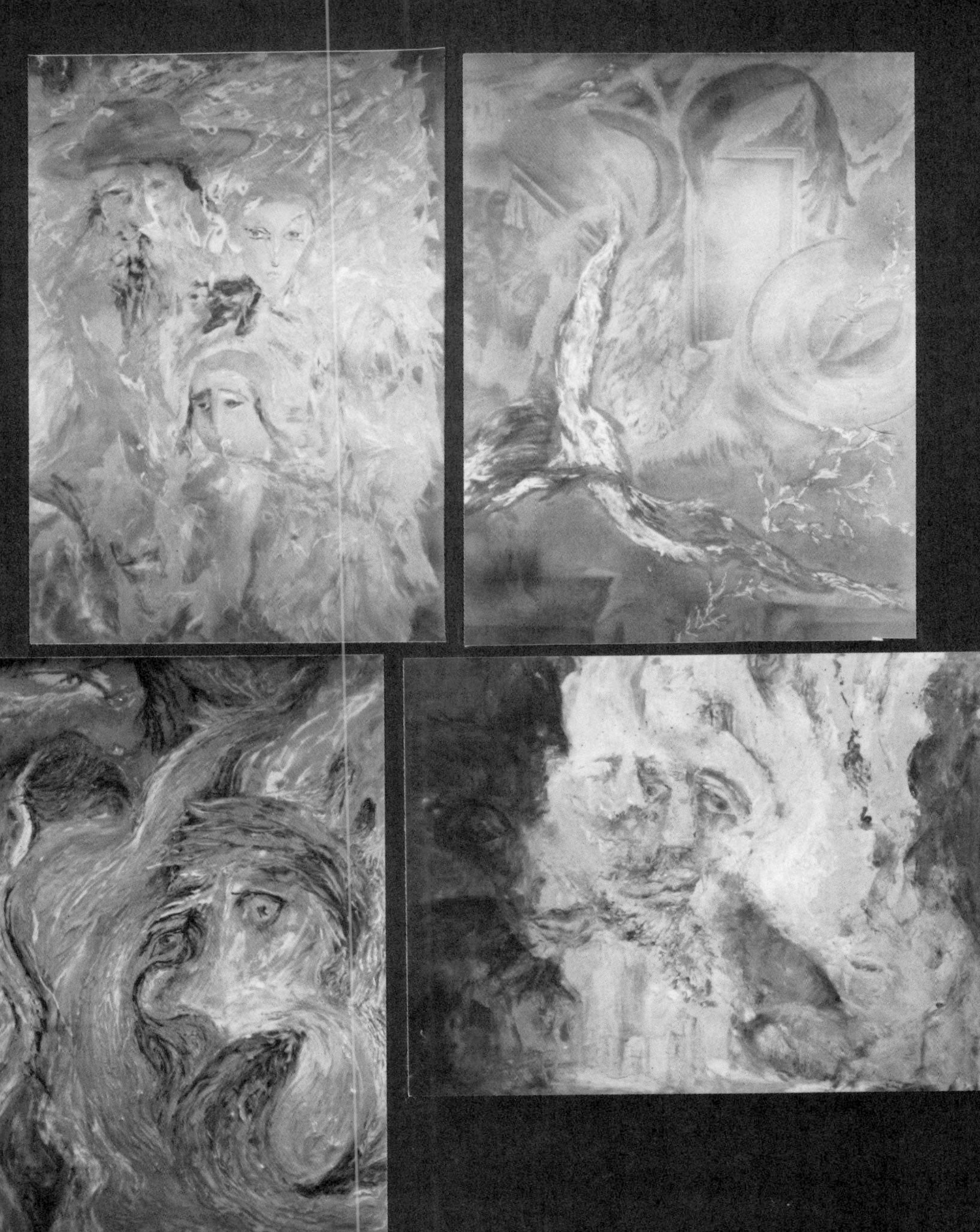

Б. Рахамимов

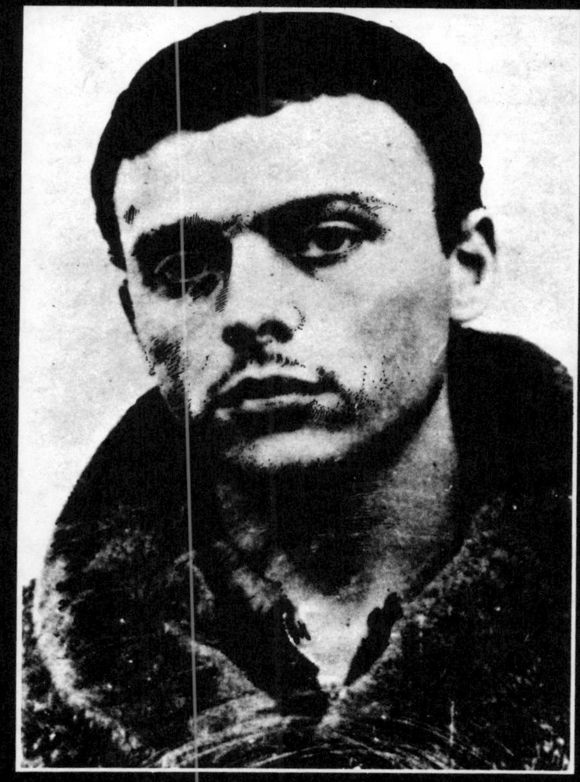

ТБИЛИСИ

ВАЛЕРИЙ ДУНАЕВСКИЙ

Урок истории

Европы скандинавский тигр,
обросший рыжей шерстью гор, –
твоих детей случайность игр
в России княжеский забор.
Эта северная хватка
отпечатана на скалах,
где норманнов образ гордый
повторяет торс фиордов.

... Походы дальних грабежей,
в крови ножи не заржавеют,
с лицом, откуда ветры веют,
твои дружины
знакомят русские равнины.
Здесь дух бродяжий сроден им,
упругость паруса холодной родины
не забывает раб добычи.
Им ветер перемен привычен.

... Тоска по скалам родного берега.
Оскалом конского побега
В степи закат разодран...
Презренье пленника последним криком.
Славянки дикой
полынью пахнущие бедра.
... И у днепровского порога
Сжигать лицо чужого бога.

1958. Явас, Мордовия.

Солнечная ванна

Рой узорного стекла
Стрекоз из серебра цветного.
Прозрачнейшая тень текла,
Являя предо мной лучистую основу.
Сентябрьский король,
Смотрю на них сощурясь:
В пространстве световом —
Пульсирующий вырез.
На крыльях диск вращая,
От танца голубая
На бронзовом бедре прозрачно цепенеет,
От влаги солнечной, что кажется твердее.
Рисунку скрытых вен подобен синий трепет
И воздуху мерцаний.
Владыкой перемен и созерцаний
Смотрю погашенно
На диво странное, что символом
раскрашенным
Вечного времени
Застыло на источнике, отмеченном евреями.
И, уловив волну,
Ее покой дарящий еще никем не выпит,
Я глубоко вдохнул
Я вспомнил вдруг
Египет.

16. 08. 1960. Потьма, Мордовия.

Бледная Мария

Лепестки секунд часа ожидания
опадают.
лицо твое бесстыдно обнажая.

Я стою
в утреннем тумане
влагой юности подернут.
Монолог молчанья,
обращенный к узким мерцающим стенам,
делает их глубокими и зеркальными;
и те же простые кольца света,
что размывают кривую усмешку и память,
исходят толчками в узоры,
рождая уверенность в близкую встречу.

Ты всегда за ними,
всегда в их центре.

Роза времени колеблется,
скрывая твою походку.
Я рассеян
в драгоценной немеркнущей пыли
твоего приближенья.
Как разносит меня кругами.

Бледен.
Бледен цвет.
Бледен цвет лица.
Бледен цвет моего причастья.
Я недостоин.

Страшно мне.
Если тебя случайно заметят люди,
лунатики на кромках площадей и улиц,
если тебя...
Спеши
в зал ожидания безгранный и зеркальный
(утро цепенеет в нетронутом бутоне
без имени и очертаний;
серебряное в тусклом

от тяжести лучистой холодеет).

Прозрачное имя твое, Мария.

Странно мне видеть себя пустым,
пустым,
в черной одежде, под часами
и произносить про себя имя,
которое было когда-то моим,
и одновременно видеть себя
в глазах твоих ушедшим далеко,
в центре проникновенной печали.
Эти губы светятся от молчания,
и эта лучистая пустота,
что поддерживает
бесконечно падающее сердце,
что падает
в центре проникновенной печали.
Страшно и радостно мне тонуть,
как бесшумно сматывается нить,
обнажая серебряного паука
вещей и помыслов,
обнажая серебряную пустоту зеркала,
где все образы слиты
в напряженье странно знакомого взгляда.

Кроме лица моего,
нет ничего.

Почему мне хочется плакать,
вспоминая то, чего не было?
Эти простые кольца света,
с их помощью
я удерживаю тебя перед собой
и открываюсь водам источника,
бледному цвету.
И сливаются губы
со своим отражением.

24. 08. 1961. Лагерь № 3, Мордовия.

На лесоповале

Чтоб пела скрипка скрипача, –
топором оперенные стрелы.
В падучей завтра хохоча,
умрет затравленное эхо.

Врасплох посланцев вышины.
Самоубийство тишины.

Лежат задушены стволы.
Тоска снотворная смолы.

Вот в смятой зелени знамен
увидели круги времен.

Их очертания колец
в ударах будущих сердец.

Когда же претворится ночь,
зов звезд застынет в канифоли,
в театре жизнь превозмочь
услышать гимн
                ре мифа соли.

Еще деревья нам молить.

02. 11. 1959. Потьма, Мордовия.

Карта

Европы гибкие суставы
и желтой Азии пески;
Европы г и б к и е устали,
и вы – готовы занести.

Свободой размягченный мозг
без Бога в вечность растекается;
сегодня в небе звезд,
быть может, больше, чем китайцев.

Где колосс глиняной России
в Европу упирался лбом,
в последний раз, как и впервые,
раздастся – "стойте!" и – "убьем!"

Где торгом вырытый канал
Америк разрезает руки,
услышат с выдыхом – "упал!"
Сгорят и онемеют звуки.

И если все это – н е в е р ь
и колебаний смысла строфы, –
во мне останется сто "р",
сто "р" от слова
к а т а с т р о ф а.

О вы, пришедшие на время,
чтоб доказать его текучесть,
вы упадете, сбросив стремя,
своей ненужной тайной мучась.

Февраль 1959 г. Явас, Мордовия.

/Из антологии
„ГНОЗИС"
А. Ровнера, с любезного
разрешения составителя/

ОДЕССА

МУРКА. Рисунок Семена Миркина /Ленинград/, 1983, для каталога фонотеки фирмы звукозаписи Е.Конева. Воспроизводится с любезного разрешения владельца.

Визуальный и мемуарный материал по Одессе должен был предоставить, естественно, одессит Аркашка Львов и, как это естественно для одесситов - нафармазонил.

АРКАДИЙ ЛЬВОВ.
Фото Аркадия Львова.
Предоставлено Аркадием Львовым.
1982. Нью-Йорк.

ЖИВОПИСНАЯ ЖИВОТРЕПЕЩУЩАЯ ОДЕССА

ЛЮСИКУ И ПОЛИНЕ

так бы и осталась одеса-мама - публикацией автопротрета а. львова и заставочкой семушки миркина, поскольку мака я в глаза не видел, а позвонивший мне с какого-то славистского конгресса сендерович или сендеровский, эмюэкая, излагал: "да, я слышал, что вы там какую-то антологию делаете, так вот, я представляю группу пятерых одесских поэтов, за исключением рихтера, и хотел бы ознакомиться, дабы представить..." но, находясь в нью-йорке, помянутый поэт сельдереевич не появился и более не возникал. тем более - что он "не представлял" шурика рихтера, поэта и художника, единственного, коим я интересовался. а кого он там представлял - мне неведомо, да и ....

плюнул я, поскольку аркашка раздобыть ничего не мог, и - забыл.

был я, однако ж, влюблен в колориста люсика межберга, узрев его у шемякина, а на какое-то мое сорокалетие - явился и он сам, неся в клюве две селедки. сказочные селедки. висели они у меня, пока не пришлось - выручать мою мадьярку, сбежавшую с парнем и тремя борзыми в италию, и сидевшую там на вонючем иждивении фонда имени льва толстого /чтоб ему, старому дураку, за доченьку там икалось!/, в лагере для перемещенных лиц. продал я по телефону 2 селедки межберговские нортону, за 2, соответственно, тысячи американских долларов. и так мне этих селедок жалко стало! юльку с собаками я из италии, правда, вытащил, и потом они три месяца жили у меня в галлерее - я, жена, 2 венгра и 5 борзых, а юлька по объявлению - еще и третью мне борзую притащила, хайдиньку-догониветер, с родословной и прочим. живем. борзые сворой проносятся по моему спящему телу, зассыха юлька каждый час прет через кровать в сортир, а селедки межберговские надо отдавать. покаялся я люсику. "ничего, говорит, я тебе еще 3 нарисую!" и нарисовал. поехали мы с юлькой на машине миши левина за селедками, посидели с люсиком в кафе. узнав, что мадьярка, старый фавн люсик тут же пустился в воспоминания, как в ужгороде пригласила его венгерка в сад вишни собирать, и на лестницу залезла, а он, как фанфан-тюльпан, только наоборот - "какое зрелище!" - трусов дикая гуннка не носила. потом у них была любовь под вишнями, и как я люсика понимаю! селедок непросохших я отдал нортону, а мадьярка переехала на брайтон-бич с борзыми и доди.

а лет, что ли, 5 назад - снимал нас аркашка львов, а ля нюд, прекрасную серию снимков закатил, один я привожу в конце тома. а вся сделанная книжица, "две мадьярские поэмы", с фотографиями, макет - утеряна моим единственным издателем этой антологии, взялся тиснуть еще в 82-м и ...

аркашка фотограф профессиональный, и талантливый, но губит его, как и где-то иногда люсика - романтизьм.

зато зело неромантичны одесские поэты. полина и толя глузманы, помимо предоставления мне массы изобразительного материала из своей невероятной коллекции /ВСЯ одесса у них была, плюс - лучшее из москвы и питера/ - ужо, сдав тома, выставлю - и принесли мне стихи рихтера. поэт он - адекватный, где-то, алику ривину и роальду мандельштаму /национальная горчинка-изюминка, что ли?/, поэт удивительный. хотя и неровный. но - неровными были и ривин и роальд. кривулин - тот ровный. как стол. даже леня мак, поэт и штангист, а также санитар неотложки - иногда страшен. так же страшны стихи и фотографии жени фримана, сына заключенной, торговавшего с цыганами синькой и иголками для примуса, был форточником, и на его глазах засада ментов - поубивала всех усыновивших его цыган, и цыгана филю... насмотрелся он много чего, и в медицине, и попав солдатом в лагерь, не профессиональный поэт он - но куда интереснее! вот и помещаю, все собранное по одессе. вычетом сендеревичей.

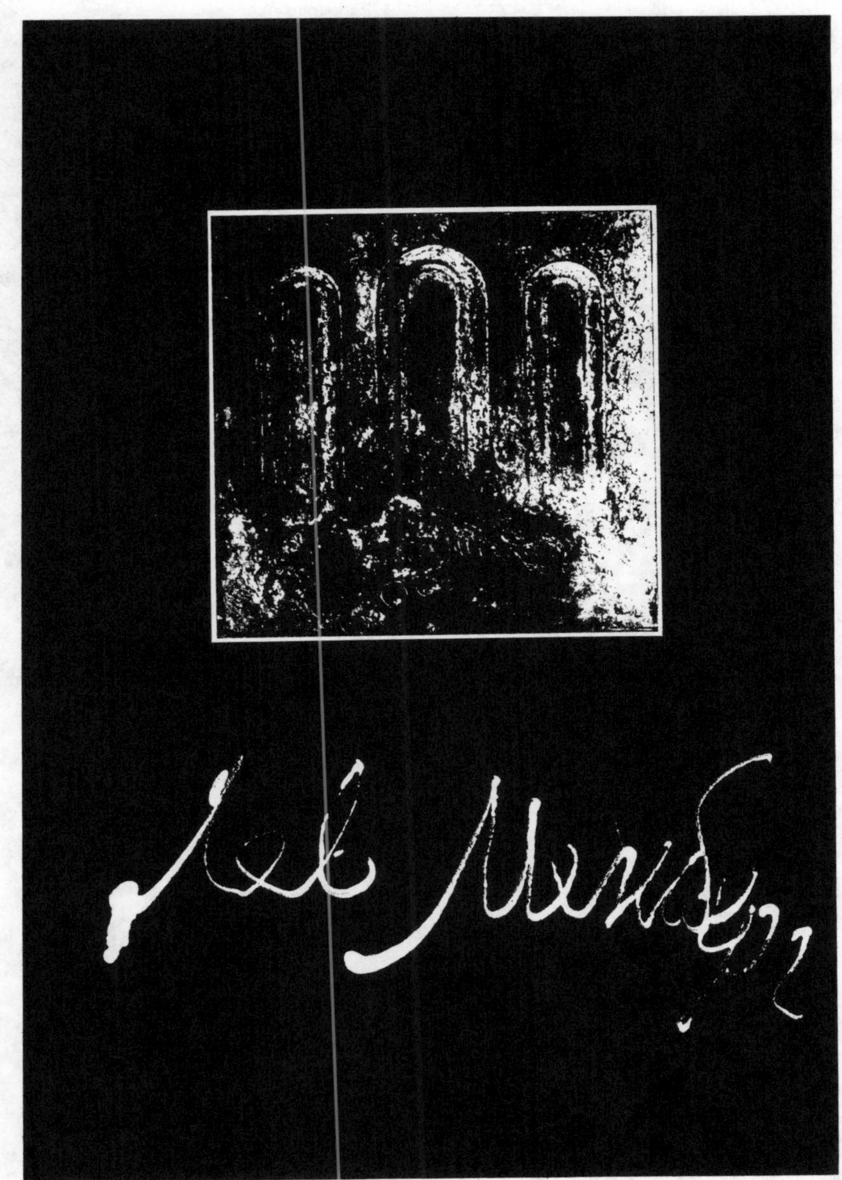

№2.
Н.П.К.

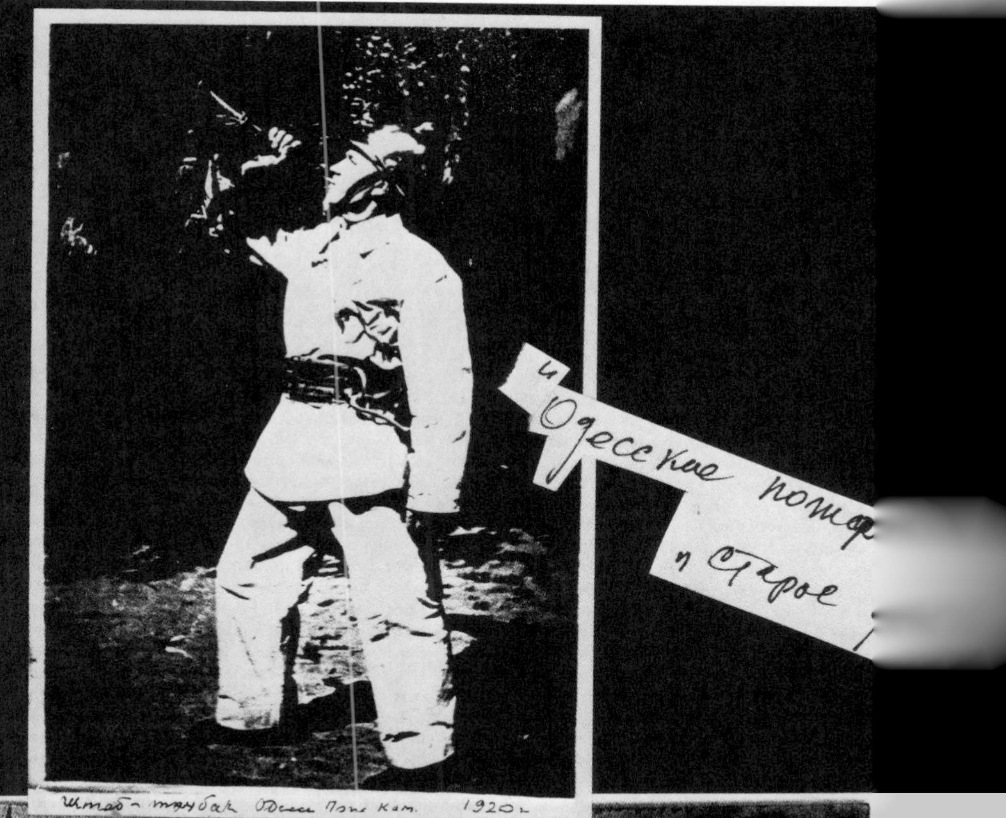

Штаб-трубач Одесск. Губ. Ком. 1920 г.

бѣ хозяинъ я прибѣгаю съ мольбой. Кор
рудной и долгой работы дай мнѣ отдох
къ какъ голосъ человѣческій имѣетъ
еня и научи меня работать съ охотой
дергай удила, когда я спускаюсь съ
зяться за кнутъ, а лучше посмотри: не
подковы; если я отказываюсь отъ корм

ЛЕВ МЕЖБЕРГ
НЕСКОЛЬКО БЛАГОДАРНЫХ СЛОВ ОБ ОДЕССКИХ ХУДОЖНИКАХ

*Иногда такое впечатление, что знаменитые
одесские кариатиды поют, бедняги, только не могут
опустить руки для скрипки или фортепьяно.*

Одесское солнце, море, песок, ракушки, камушки, бычки, скумбрия, с нежным морским дуновением встречаясь, со степным ветром, буквально на обочине морских обрывов совершают в какой-то эллинской гармонии, легко, весело, непринужденно и сладострастно любовные игры! Соединение этих двух дуновений рождает необычайные таланты. Одесса — очень молодой город, едва появился юношеский пушок, но глаза уже искрятся и рожденные ею таланты в каком-то южном неистовстве готовы отдать людям свое дарование. В Одессе, как ни в одном городе, ни в одном государстве почитают таланты. Это какая-то одесская болезнь, сумасшествие. Вполне достаточно прогуляться по одесским улицам два-три часа, чтобы почувствовать, что вы побывали на концерте; Ведь буквально из каждого окна несутся звуки скрипки, фортепьяно, флейты или трубы. За два часа вы можете прослушать как бы маленький экскурс в историю музыки. А в укромных уголках или на людном перекрестке вы обнаружите художника с этюдником и, конечно, толпу любопытных, дающих рекомендации, как надо писать, а иногда и активно вырывающих кисти. Одесса — совершенно другая планета — это отдельное государство — и едва ли не сформировавшаяся национальность. Если море — это греки, турки, итальянцы, французы и англичане и заморские евреи времен рассеяния, а степь — это скифы, украинцы, русские, прибалты и разные беглые, то можно себе представить, какое изумительное дитя может родить этот союз двух ветров. Одесса была вольным городом, все краски мира оседали в одесской гавани, все переливалось и искрилось под южным солнцем. Новорожденный одессит, как говорят украинцы, — немовлятко, с молоком матери впитывал в себя эту разноязычную симфонию всех языков и красок мира. У одессита с рождения тяга к прекрасному. Если одесский биндюжник мог простоять сутки в очереди у оперного театра на спектакль с участием Энрико Карузо (конечно, биндюжник покупал на два билета больше, чтобы подработать и оправдать потерянные часы в очереди, а чтобы не потерять очередь, мочились с бутылку), то можете себе представить силу этой врожденной любви к прекрасному. Дети одесситов еще едва державшиеся на ногах, получали в подбородок скрипочку и, сидя на горшках, готовились к всемирному покорению. Другие же родители, уходя в оперный театр, оставляя своего ребенка одного в квартире, — ложили в кроватку альбом с цветными карандашами. Я был этим ребенком, и очень благодарен своим родителям, которые, правда, не могли решить, быть ему музыкантом или художником. Когда мне было три года, во время семейных вечеринок, они одевали меня в матроску, ставили на стул, и я должен был петь: „Онегин, я скрывать не стану, безумно я люблю Татьяну..” или „Смейся, паяц”. Но об этом как-нибудь в другой раз. Сейчас же я хотел бы рассказать об одесских художниках. Одесса переживала взлеты литературные, музыкальные, сейчас же настоящий ренессанс одесской живописи. Так удачно сложились обстоятельства, что в городе одновременно живет около 20 выдающихся художников. И сейчас, живя на Западе около 13 лет, когда меня спрашивают: „Вы украинский или русский художник?”, я отвечаю: "Я одесский художник и всегда им останусь, я часть одесского тела, солнца, моря, песка, я только могу воспроизводить одесский наш ни с чем не сравнимый пепельный колорит, из меня выливается цвет ракушника и цвет тех волшебных зайчиков, которые играют на одесских домах, барашков на море или размытой глины у морского побережья”. Мало кто знает об одесских художниках. После того как Одесса перестала существовать, как Порто-Франко (беспошлинный город) и город постигло в 1919 году это „небольшое несчастье”, одесситы как-то приспособились к жизни, в душе затаив обиду и надежду на вольный город и, как говорят в Одессе, — власти приходят, власти уходят, а таланты остаются. Я хотел бы в меру моих возможностей рассказать, поведать людям о замечательной группе одесских художников. Я не буду подразделять художников на группы, группировки, принадлежность к национальным восторгам, это не характерно для Одессы, да простят меня художники, в сущности, это ведь и неважно.

По физической продолжительности я учился у Дины Михайловны Фруминой буквально несколько месяцев, но духовно я считаю ее своим учителем. Она как никто другой, уча профессиональному мастерству, умела одновременно открывать глаза, она учила видеть, концентрируя свое внимание, что, в конечном счете, холст — это явление духовное, главное — это человеческие чувства, дыхание жизни. Закончив занятия, она буквально бежала к себе в мастерскую. В жизни очень редко встречаются женщины такой необычайной красоты. Стройная, с необыкновенно пластичной фигурой и лицом греческой богини (Коры). Училась она в Одессе, а затем в Киеве в художественном институте, который закончила в Самарканде в 1942 году. Ее педагогами были еще до войны Кричевский, затем Фаворский, С. Герасимов, Роберт Фальк. Ее волшебные работы впервые я увидел на выставке, еще будучи мальчиком, в Одесском музее. Я не мог тогда это осмыслить, я был просто поражен, все время я находился под впечатлением этих работ. Это была серия самаркандских мотивов. Небольшие по размерам работы, написанные довольно пастозно, приводили меня тогда в трепет. Спустя лет 20 Дина Мих. показала мне эти работы опять. Я думаю, что в 20 веке вы найдете мало таких колористов, это не просто цвет, это цветорождение, это ее цветная душа выливалась на холсте, будь это талый самаркандский снег, которому Богом было отпущено едва ли 2 часа на жизнь, или медленно потухающая в лучах заходящего самаркандского солнца мечеть, или залитая солнцем, с трепещущей листвой громадного чинара летняя мечеть ходжи Охрара, или дерево, отдающее на растерзание безумному самаркандскому солнцу свою верхушку, одновременно пряча в своих тенистых объятиях людей, утоляющих жажду узбекским чаем. Дина Михайловна писала людей, портреты, жанровые сцены, натюрморты. Она воспитала большую группу настоящих художников. Выйдя на пенсию, она начала работать с удвоенной энергией. После того как я закончил училище, и до моего отъезда на Запад, мы просто дружили, бывали часто друг у друга в мастерской, ее суждения были всегда точными, я бы сказал — прозорливыми. Она жила в другом измерении. Живя в Одессе, она реально понимала, что происходит вокруг, какова тенденция в современной живописи. Она плыла в океане в то самое время, когда здесь я встречаю людей на свободе и в свободной стране в Нью-Йорке, в этом сталактитовом гиганте — настоящих провинциалов, ограниченных и больных манией величия мировой столицы, не умеющих положить элементарный мазок на холст. Дина Михайловна безумно любила музыку, да и работы ее были необыкновенно музыкальны, ее цветовое решение на холсте, сочетания теплого и холодного, сочетание цветовых масс, идеи общего были как бы созвучны с музыкальной гармонией, краски звучали, если живописец от Бога находит настоящие сочетания — краска как бы светится, звучит, вызывая одновременно свечение соседа по цвету. И все это в единстве холста создает завораживающее чувство. Вы не можете смотреть на работы Дины Михайловны Фруминой без трепета, невозможно пройти мимо них равнодушно. Как правило, композиции у нее очень естественны, гармоничны в своем линейном решении, линии плавные, округлые и бесконечные, никаких усилий, нажима на зрителя, никакого эпатажа, и безукоризненный вкус. И что еще примечательно — ее работы не блестят, они матовые. Дина Михайловна — настоящий колорист. Скоро ей исполнится семьдесят лет, — трудно поверить. Очевидно, есть какой-то закон в природе, который охраняет настоящих художников, отпуская им при жизни очень мало благ, иногда даже обрекая их на жалкое существование, обрекая их жить в одном городе без права выезда, обрекая их на невозможность показать свои работы и взамен беря на себя ответственность сохранить для будущих поколений их бессмертные произведения. Дина Михайловна дружила с художницей Раей Нудельман — очень тонким живописцем. Рая Нудельман как бы была отдалена от всего официального. Ее муж был доцентом Консервного института. Это давало ей возможность не иметь отношения ни с Союзом художников, ни с Худ. Фондом. Она тихо работала у себя дома, создавая настоящие шедевры. Я никогда не забуду ее портреты и натюрморты. Она была исключительно добрым человеком, а ее квартира на Пушкинской была как храм отдыха. Здесь, когда меня приглашают на партии в американские квартиры с их вопиющим кичем, я вспоминаю Раю Нудельман — ее квартиру, автопортрет, где все говорило о ней, где все было самовыражением. Это поразительно, но здесь я никогда не встречал квартир, подобных квартире Дины Михайловны или Раи Нудельман.;

Несколько поколений одесских художников учились у Леонида Львовича Мучника. Очень строгого преподавателя и академического художника. Он учил, как вставлять глаза, и очень успешно показывал. Он безукоризненно знал анатомию и в некоторых работах добивался больших успехов. Он иногда по колориту чем-то мне напоминал Рубенса. Ко мне он относился очень трогательно. Года два я у него учился и навсегда ему благодарен.;

Жил в Одессе замечательный художник Моисей Давидович Муцельмахер. Если мне не изменяет память, Д. М. Фрумина у него училась, и он был тайно в нее влюблен. Жил он на

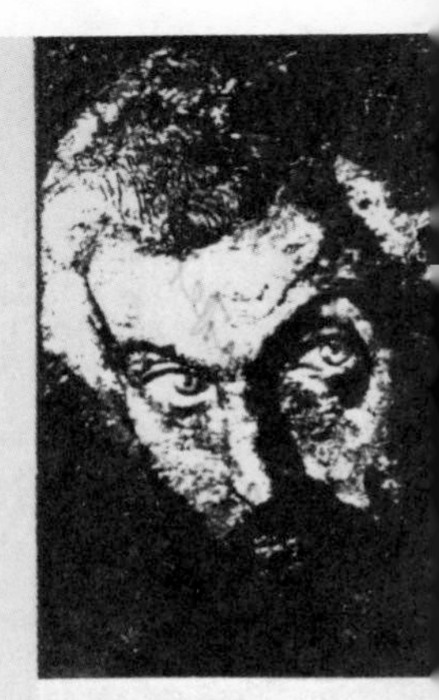

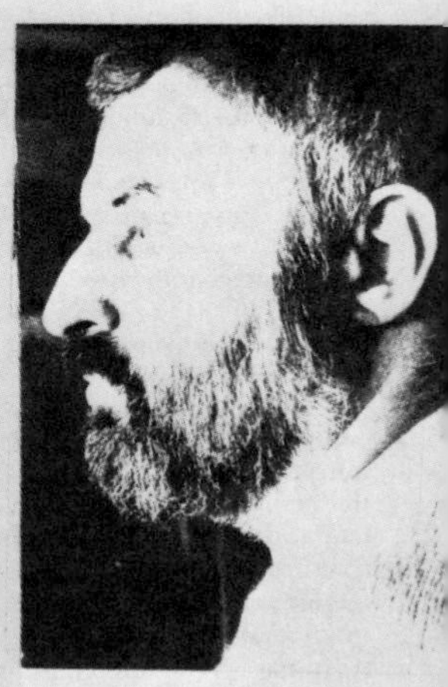

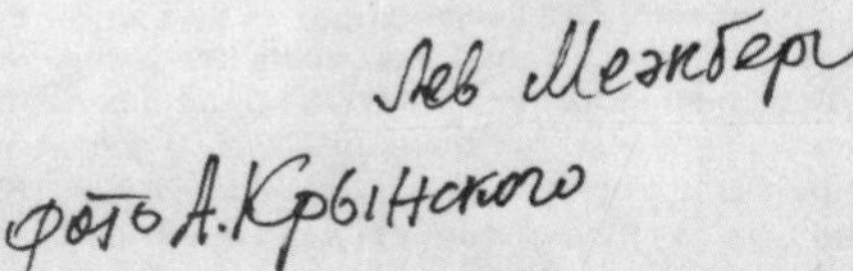

Лев Межберг

фото А. Крынского

Лев Межберг

Ольга Молоденская

Марти Мончадский

„Вилково" фото

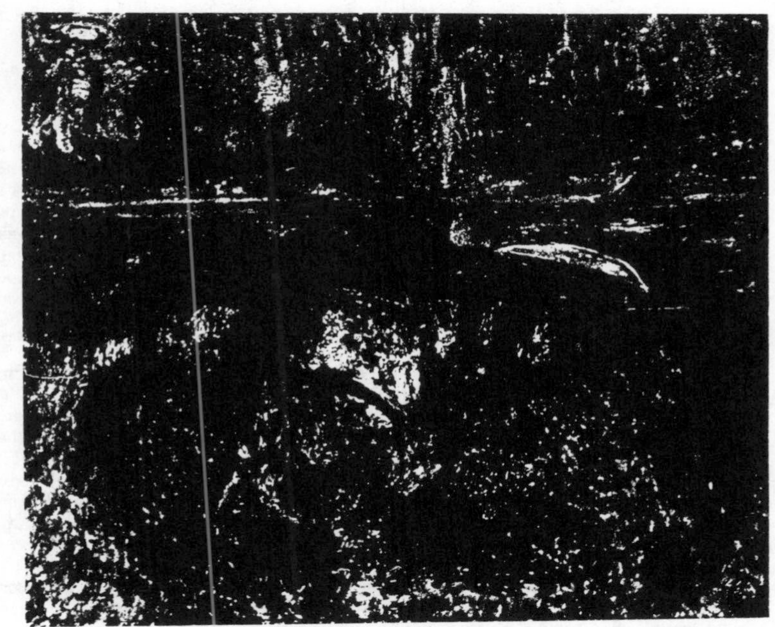

Лев Межберг „Вилково" 1960

„Бой под Одессой" (фото)

Французском бульваре, с двумя сестрами, с домах специалистов. Одну комнату он превратил в мастерскую. Моисей Давидович был довольно активным членом Союза художников, преподавал в училище и писал, а писал он необыкновенно интересно, очень своеобразно, с необыкновенно натуральным чувством цвета, по иронии судьбы одна из лучших его работ попала в Одесский салон в соседстве с халтурными вещами, но всегда, проходя по Екатерининской мимо салона, я заходил туда полюбоваться его портовым пейзажем. Вообще должен сказать, что это было девизом одесской школы — натуральное, очень точное цветоощущение. Это было неотъемлемое требование к поступающему студенту, это было так же важно, как слух для музыканта. В Одессе умели ставить руки на клавиши или на гриф, и не менее успешно в Одессе умели ставить глаз. Ведь когда-то, до военного путча в 1917 году, выпускника одесского училища принимали в императорскую Академию художеств без экзаменов.

Немного старше Муцельмахера был Теофил Борисович Фраерман. Теофил Борисович был членом Парижского салона, он был как бы мостом, переброшенным из Европы в Одессу. Конечно, мы с благоговением к нему относились, но мы не понимали, что среди нас живет настоящий, большой художник. Я хорошо его помню с классным журналом в коридоре училища, с несколько удлиненным носом и мощно соединенным затылком со спиной, среднего роста, с улыбающимися губами. Иногда он разрешал (я тогда учился в детской худ. школе) заходить к нему на курс. Мои этюды с натуры производили большое впечатление на студентов и педагогов, поэтому я имел допуск к святыне старшекурсников. Прежде всего, как и Д. М. Фрумина, Т. Б. Фраерман учил искусству, он много рассказывал о Париже, о французских художниках. Сам он писал небольшие работы, все было построено на локальных отношениях, будь то натюрморт со шляпой, портрет или пейзаж, но эти локальные отношения были так выверены, так божественны, так гармоничны, что вы попадали полностью под власть его чар, он пользовался черной обводкой, очень любил разные материалы. Это было явление не меньшее, чем, скажем, Марк Ротко. Но кто сейчас знает, что жил и работал и творил такой изумительный художник? После его смерти работы разошлись, его вдова существовала на продаже этих вещей. Еще несколько лет в Одессе вспоминали Фраермана и забыли. Его работы очень любил талантливый художник Шурик Рихтер, который живет сейчас в Фарраковей. Я верю, что придет время и его переоткроют. До войны в Одессе работали очень интересные живописцы Волокидин, Кишиневский, Шевкуненко, Мучник, начинал Николай Андреевич Шелюто. Одно время на первом курсе худ. училища я учился у него. У Николая Андреевича была поистине одаренность, равная Камилу Коро, что-то их сближало, необыкновенно возвышенное и романтическое чувство пейзажа с патологически натуральным чувством цвета в лучшем смысле этого слова. Часто именно в природе бывают такие тончайшие сочетания, что само по себе большим успехом было бы это природное чудо перенести на холст, к чему, кстати, и стремились Коро, Сезанн, Монэ. Он мог бы достичь в пейзажной живописи вершин Клода Лорена, Коро, но на несчастье, на вершину его зрелости легла война, а затем суета в Союзе художников и председательское место в худсовете Фонда. Тем не менее, он все же успел сделать замечательные картины, которые останутся. Его дети, Саша и Тамара, тоже художники, не похожие совсем на отца, очень талантливые люди *и непьющие А то папа мог поллитровку с горлышка, но, конечно, ему было далеко до Левки Быка, напарника Срулика, которые всех евреев на таможню отвозили на своей площадке и, увы, на жалких лошаденках, у которых только от былой славы биндюг осталась саркастическая улыбочка. Да, так вот, Левка Был вкладывал в рот две поллитровки и сливал водку в свой безмерный желудок. Вообще-то в Одессе художники выпивали. Осенью, когда натужные опреслые ноги выдавливали из винограда Изабелла вино, все художники гурьбой отправлялись на Привоз отведать свежака. Это было потрясающее зрелище — со стороны Преображенской улицы и до самой Екатерининской выстраивались бочки с вином. А по бокам этого винопровода, параллельно ему с двух сторон, как бы на дополнительных столах расположилась закуска, от копченой кефали и разного рода солений до свежих осенних овощей и фруктов. Это была какая-то цветная бурл. Вы подходили к крестьянину и просили попробовать вино, почти все от души наливали полстакана, иногда и больше. Краны из бочек торчали громадные, а руки у винодавцев не дрожали, да еще при виде симпатичных морд художников, вино лилось через стакан, розовое, белое, красное, нежнейших оттенков и волшебного вкуса, оно легко дурманило голову и растягивало рот в благодушную улыбку. Большими специалистами по выпивке были Эдик Павлов, Славик Сычок, Дема Черпилиовский, одно время Валик Хрущик. Они проделывали этот винный ход от Преображенской до Екатерининской и сваливались там при выходе из Привоза. Таким образом, там вырастали це-*

Екатерининской и сваливались там при выходе из Привоза. Таким образом, там вырастали целые горы пьянчуг, горы дышали винным перегаром, а пьяный храп разносился на всю Одессу до самой Дерибасовской. Два захода удавалось сделать исключительно Эдику Павлову. Я очень любил Эдика, его семью. Они жили рядом с нами — я на Полицейской, напротив пожарки, Эдик — на Греческой, напротив Русского театра. Часто его жена Любочка приходила к нам домой в нашу коммуналку в надежде найти Эдика. Так она просиживала с моей мамой часами. У моей мамы и Любочки были одинаковые глаза. В глубине, в темно-серой оправе накопившихся несчастий и горя, серо-голубые глаза моей мамы смотрели на такие же страдальческие глаза Любаши. У моей мамы было необыкновенное, чудное качество — слушать людей. Любочка была нежной, любящей женой, она была из праведниц, которые все безропотно терпят. Эдик Павлов в ту пору очень много работал и пил. Писал он Одесское побережье, так называемые Бугры, с кустами боярышника. Вообще город был поделен на квадраты, каждый художник имел свой квадрат, в котором он писал. Так, Миша Матусевич писал Пирвоз и Привозную улицу. Эдик Павлов — Бугры, Люсик Межберг — Дерибасовскую и прилегающие к ней улицы, Синицкий — Большой Фонтан, Гена Малышев — 12-ю станцию, Зайцев — Лузановку, Шелюто — Лиманы, Юра Егоров — Бугаз, Стрельников — Сахалинчик и Леня Межерицкий — Средний Фонтан, места, которые родили Ахматову-Горенко. Эдик Павлов писал пастозно и величественно. Он безукоризненно владел формой, ощущая предметы скульптурно, писал свободно, краски плотные, напряженные. Колорист он, конечно, был превосходный. Боже! Ведь обо всех художниках, о которых я пишу, можно сказать — колористы. Чтобы в одно время, в одном городе жило около 20 художников-колористов?!! Здесь годами я ищу с керосиновой лампой по галереям художников, оперирующих цветом. За лет десять обнаружил человек пять, и это в громадном чудовище по имени Нью-Йорк. Может быть, когда-нибудь одесскую школу будут сравнивать с Венецианской..

Владимир Михайлович Синицкий был учеником Кириака Константиновича Костанди — основателя одесской школы, женился на его дочери Елене Кирияковне и как бы продолжал традиции учителя. Синицкий был похож на высокое сухое дерево, которое редко цветет, но когда расцветает, дает необыкновенные плоды. Я думаю, что когда-нибудь его работы будут ценить, как, скажем, сейчас ценят Вермеера Дельфтского. Он писал волшебные вещи и сохранял их все у себя в мастерской, отдавая повторения. Бывало, не устоять перед покупателем, тогда Елена Кирияковна сильно сжимала его плечо, и Владимир Михайлович сообщал, что работу продать не может. Были времена, когда они питались только одной картошкой, жили впроголодь. Владимир Михайлович был человеком застенчивым, скромным, никогда никуда не выезжал из Одессы, кажется, впервые он увидел собрание московских музеев, когда ему было лет 70. Однажды он подарил мне и Лене Межерицкому дореволюционные тюбики с красками. Я запомнил тюбик с краплаком. Впервые я увидел его, когда он работал над городским пейзажем в Одесском городском саду, стоя между двумя львами. Мне было тогда лет 15. Конечно, всю последующую неделю я в школу не ходил, меня тянуло к этому тощему удаву с необыкновенным этюдником. Иногда мне казалось, что его лицо напоминает сову. Писал он пятью-шестью цветами, цвет он ощущал божественно, это был созданный природой орган для цветоощущения. Я запомнил на всю жизнь одну его работу с крымским берегом. Было просто неправдоподобно, что человек может так написать, он извлек какой-то необыкновенный цвет, при этом он фантастически ощущал тональность, плотность цвета, воздушную среду, рисовал точно, как это делали старики. У него была одна слабость: изобретать усовершенствования для этюдника, зонта. Рассказывали, когда Красная Армия приближалась к Одессе в 1944 году, он собрал все свои вещи и работы и отправился в сторону Румынии, но как известно из литературы: румынская граница невезучая, и его вернули в коммунальную квартиру. Единственное, что ему оставалось, — это слушать радио БиБиСи, вплотную приникнув к приемнику, и бояться каждого шороха. Счастье, что его не отправили туда, где писал портреты Цимпаков. Передвигался Влад. Михайлович громадными шагами и довольно быстро, высунув голову вперед, он включал предельную скорость и поспеть за ним было невозможно. На работу он шел, как одержимый. Громадный этюдник перекрывал его туловище, сливаясь с ним, и было такое впечатление, что идет одушевленный этюдник с зонтиком. В те послевоенные времена художники еще писали с натуры по многу сеансов, то было волшебное неведение всего того, что происходило на Западе, и это было одно из чудес, которое сохранило настоящую живопись. Художники были изолированы от мировой суеты и писали по велению сердца. Одесские художники никогда не страдали патриотическим восторгом, а те, которые раздваивались, все

„Внуково" (фото)

Б Постель
Вилково"
1969

„Вилково"

„Вилково" (фото

Лев Межберг
„Вилково" 1960

Лев Межберг — „Вилково" 1963

Фото Дика

„Канава" Фото

ерный проход"

дожники никогда не страдали патриотическим восторгом, а те, которые раздваивались, все равно писали и хоронили на стеллажах своих мастерских замечательные вещи, и в будущем это будут те феномены, которые воскресают из мертвых. А какие бесценные вещи остались после смерти Николая Митрофановича Зайцева? Его нежнейшие картины одесского побережья — Лузановки. Валик Хрущик считает его своим учителем. Наши мастерские находились в одном коридоре, и почти каждый день я встречал Николая Митрофановича. Он был необыкновенно строгим и требовательным художником, писал очень лаконично, сдержанно, он не любил литавр, он обладал своеобразным видением, сейчас же, безусловно, это окрестили бы каким-нибудь направлением, вроде минимализма, и в этом весь парадокс, что в глуши, вдали от мировых лабораторных поисков, люди писали настоящие и разнообразные вещи, индивидуальные, ни на кого не похожие. В этом, конечно, сила природы и искусства. никто не в состоянии унизить художников и поэтов. Старшее поколение художников тихонько нам, молодым энтузиастам и фанатам живописи, показывали вещи 20 годов. Никогда связь не прерывалась. Это чушь, что художники в России находились в полной изоляции от мировой живописи. Вот где создавалась настоящая живопись, еще неизвестно.

Так вот, был у Николая Митрофановича ученик Валик Хрущик — явление очень своеобразное в послевоенной одесской живописи. Он был на лет десять младше нас, выглядел, как маленький Мустафа, крепкий, небольшого роста, с прической ,,под бокс'' и на сторону. Откуда он появился, никто не знал. Я его впервые увидел у Эдика Павлова. Потом я узнал, что отец его плавал на посудине в каботажке. Пароход был старенький, с двумя трубами, по высоте которые превышали длину корпуса. Во время войны его атаковала немецкая подводка, но торпеды прошли мимо. Был ли отец Валика боцманом или капитаном, я не знаю, но предание говорит, что Валик жил у него некоторое время на судне. Посудина эта ходила, в основном, в порту, а однажды ушла в дальнее плавание в Херсон и, войдя в реку из Черного моря, она совсем скисла, река ей была не по душе, и стала на вечный прикол. Валик перешел жить к бабушке, жили они в районе Горячки на Пересыпи. Все одесситы помнят Горячку, это место, где выливалась теплая вода из теплоэлектростанции в море и где круглый год стояли живые мумии разного пола, облепленные лиманской грязью. Они стояли, скрестив руки на лобке, и никогда не переговаривались, потом, когда грязь высыхала и лопалась, они ныряли в теплую пучину. Я думаю, что рисовать Валик начал очень рано, кажется, он даже ходил в детскую художественную школу при училище, да, ведь это там он познакомился с Николаем Митрофановчием, у которого он короткое время учился. В училище он не стал поступать, ибо не закончил общеобразовательную школу, но в ту пору работал очень усердно и с увлечением. Его, можно сказать, приютил тогда Эдик Павлов, там, сидя у старого одесского окна на четвертом этаже, он писал трогательные, необыкновенные вещи. Бог ему дал все, это было настоящее божественное дарование. Все художники заметили необыкновенный талант Валика. Очень чутко отнесся к нему Юра Егоров — один из самых интересных художников послевоенной Одессы. Я помню натюрморт с книгами, который Валик Хрущик написал, сидя на кухне у незабываемого окна Эдика Павлова. Это было маленькое духовное чудо, краски физически не воспринимались, это было дуновение нежной чистой души. Вы ощущали дыхание жизни. Потом Валик написал автопортрет, натюрморты, море, лодочки. Это был его золотой период. Я его очень любил и ценил, мы очень часто виделись, однажды он привез ко мне на дачу молодых художников, чтобы я показал им работы, и я чувствовал, что он гордится моими работами. В Одессе были удивительные отношения между художниками, все радовались, если кто-нибудь напишет хорошую работу, и сразу гурьбой валили в мастерскую, домой или на чердак, или в подвал. Да, о подвале. Одно время мастерская Валика была на Молдаванке в полуподвале. Я не помню, что мы отмечали, но только помню большой ящик с водкой и стрельбу из пистолета. Каким образом и как, я уже не помню, но в нашу компанию затесался стукач. Конечно, мы его хорошо напоили, а затем на пузе обнаружили пистолет, настоящий боевой ТТ. Я в тумане помню, как ребята стреляли из него по каким-то предметам, потом появился еще ящик с водкой, и все последующее за этим мне уже трудно вспомнить. В то время Валик уже жил у женщины на той же Молдаванке, недалеко от Рачково. Затем он влюбился в ленинградку. Возлюбленная была раза в два старше его и приличных размеров. Он рассказывал мне, как в экстазе любви он приподнял ее и хотел посадить на парапет у набережной, как вдруг внутри его что-то лопнуло. Он рассказывал, как они посещали таинственные ленинградские пирушки, проделывая по чердакам в этих невероятных питерских лабиринтах десятки километров, совершая ходки из одного дома в другой, опускаясь, поднимаясь, пригибаясь, ползя, напиваясь, упиваясь и засыпая где-то под кривой и сырой балкой, водоточащей со времен Петра 1. Вообще он был большим специалистом по чердакам, и художником был не только на холсте.

Однажды он пригласил красивую загорелую одесскую девушку пройтись с ним на чердак. Там она его очаровала, и когда было все уже готово, девушка неудачно стала в промежуток круглого чердачного окна (и надо же было такому случиться!), Валик через силуэт ее фигуры увидел в окне томящийся одесский вечер, море, и так был поражен увиденным, что забыл о девушке. Та обиделась и убежала. Свою ленинградскую возлюбленную он нежно называл „моя Галочка". Одно время они жили в моей мастерской. Утром, когда я приходил на работу, маленький Хрущик лежал в ее объятиях, ровно помещаясь между двумя ее грудями. То было лазурное время Валика Хрущика. Неприятности начались несколько позже. Когда он со Славиком Сычевым, или Сычиком, устроил выставку на заборе реставрировавшегося в то время знаменитого одесского оперного театра в Пале-Рояле.;

Когда мне было 14 лет, моя двоюродная сестра училась в Водном институте и дружила с Гетой, которая впоследствии стала женой Юры Егорова. Я часто с ней ходил к Гете, которая жила где-то в районе Ремесленной улицы. У Геты было много рисунков и этюдов Юры Егорова и каждый раз посещения Геты кончались показом рисунков Юры. Я трепетал перед этими работами, для меня это было недоступно, я боготворил эти работы, они совершенно не были похожи на общепринятые рисунки. Филигранная законченность сочеталась с невероятной фантазией. Впервые я увидел Юру у моста на Жуковской улице. Все одесситы помнят этот мост, он повис над так называемой Канавой, о которой шепотом говорили, как о самом таинственном месте в городе, говорили, что там припрятано оружие на несколько дивизий, там жили воры, бандиты, спекулянты, моряки, веселые женщины. Улица как бы огибала порт, вплотную к нему примыкая, над ней повисали три моста, и весь этот район был необычайно живописен. Юра Егоров очень любил эти места, там я его впервые увидел с этюдником, пристроившегося на ступеньках и пишущего этюд. Меня поразила тогда филигранная законченность каждой детали, необыкновенно фантастическая композиция; мост, уходящие вниз лестницы, улица, лестницы, ведущие в разные стороны, решетка моста, дома, проглядывающие через решетку, одним словом, сложнейшие композиционные постройки. Он тогда учился в Академии художеств в Ленинграде. Затем ему пришили какие-то увлечения, и он вынужден был перейти в Мухинское училище, после окончания которого он вернулся в Одессу и по сей день живет и пишет в Одессе, которую он безгранично любит. Я с ним познакомился во время каникул, которые он всегда проводил в Одессе. Он был стройный, увлекался гимнастикой и демонстрировал нам разные кульбиты, прыжки, стойки. В этом у него было что-то от отца — дяди Коли, который был ведущим танцором в одесском балете в Городской опере. Я очень хорошо его помню и всегда восхищался им. Пел я тогда в детском хоре Оперного театра в разных операх, но особенно вошли в мое детское воображение — танцы „Вальпургиева ночь" из оперы Гуно „Фауст". Там дядя Коля Егоров поднимал балерину одной рукой и держал ее целую вечность, я помню его полуулыбку с немного выдвинутым подбородком. Конечно, только сейчас я понимаю, какой это был великий танцор. Сколько сейчас шума вокруг разного рода танцоров, и никто, за исключением нескольких людей, не знает, что в XX веке в Одессе танцевал великий Николай Егоров, отец замечательного художника Юры Егорова. Отец наделил Юру необыкновенным чувством пластики. Вообще Егоров был одарен сполна: великолепный рисовальщик, настоящий колорист, фантаст, композитор и необыкновенно темпераментный человек. Он любил писать одесские бугры, которые сливаясь с морем и размываемые им, создавали волшебную живописную мешанину, над буграми парили люди, загорелые духи, они блаженно парили в объятиях одесского солнца. В его работах было какое-то эллинское начало. Я думаю, что он один из немногих художников, который заглянул в 21 век и, конечно, он больше новатор, чем тысячи современных марателей холстов. Я думаю, что Большое искусство опять вернется, и Юра Егоров закладывает этот фундамент сейчас, так, как это делали когда-то Джотто, Мазаччо, Чимабуэ.;

А теперь о моих дорогих Лене Межерицком, Гене Малышеве и Осике Островском. Мы учились вместе на одном курсе, вместе проводили чуть ли не 16 часов в сутки. После занятий хватали этюдники и уезжали за город писать закаты, а вечером мы возвращались в училище на вечерний рисунок. У нас не было воскресенья, мы только фанатично работали. Леня Межерицкий был от Бога живописцем, он писал тихие задушевные работы, как музыка Шуберта. Я помню его портрет жены с ребенком — настоящий шедевр. Такой же божественной одаренностью Бог наградил Гену Малышева. Гена был старше нас, он прошел войну, был ранен в макушку головы, и она у него дышала. Одет он был в солдатскую шинель, в сапогах и в грубом свитере. Внешне казалось, что он из простых, да и играл он эту роль, только этюды и рабо-

фото Дика

ото Дика

Баня Исааковича,
где работал мозоль-
ный оператор Уреки,
вылитый Гоголь

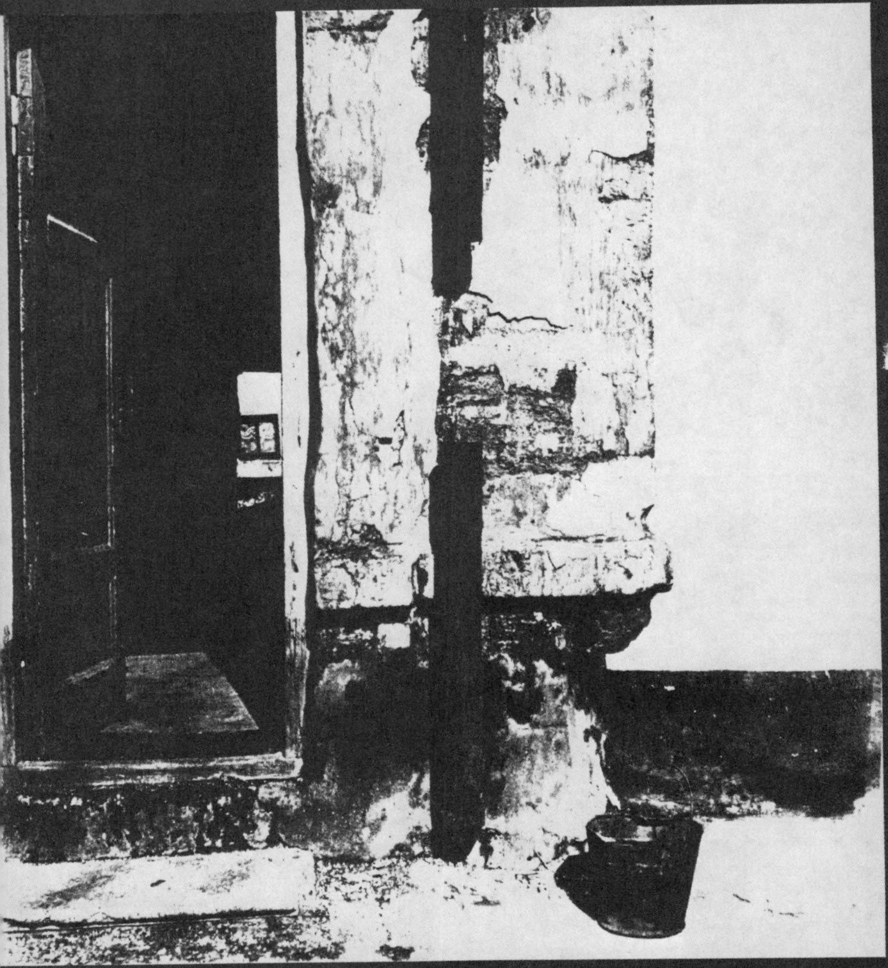

фото Дика

фото Д

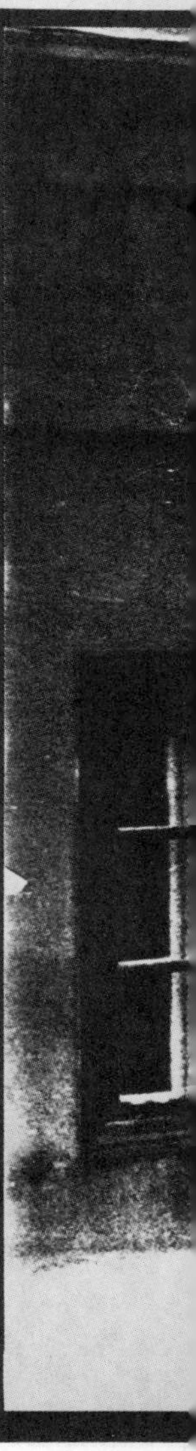

56

ты его выдавали. Такого породистого смешения красок было буквально у немногих, такая аристократичность цвета, утонченность, простота мотивов, таинственность — сидели в этом человеке. Я всегда был удивлен и поражен его рукой, пальцами, как он держал кисть, как он месил краски. Однажды нас отправили в командировку поправлять фондовские работы в какой-то колхоз на Кубани. После того как мы закончили всю работу, Гена предложил мне поехать к его дяде в Нальчик. Дядю мы застали в кресле в комнате со старой мебелью и фотографиями всех царей и советских партийных деятелей, вся комната была в паутине, на столе лежали дореволюционные пряники. Я внимательно осматривал фотографии, на что дядя заметил: „Вот видите, я их всех пережил". На одной фотографии я увидел надпись: „Князь Малышев".

С Осиком Островским мы поступали вместе в училище, но почему-то его определили на керамическое отделение. Осенью нас отправили в колхоз, там мы и подружились, и я настойчиво просил его сделать все, чтобы перейти на живописное отделение, да и он сам об этом мечтал, через год его мечта осуществилась. Родом Осик был из Шепетовки. Там мы часто проводили лето, целый день писали этюды, а вечером ухаживали за девочками. Осик обладал даром медленно разворачивающегося таланта и сейчас он пишет совершенно потрясающие вещи. Человек он очень нежный, добрый. Я никогда не забуду, как он плакал тогда на вокзале, когда я уезжал. Моя мама его обожала и любила, как сына, мы всегда были вместе. Вот бы встретиться наконец, обнять друг друга и несколько дней подряд без сна проговорить, чтоб губы запеклись. В конце 50-х и в начале 60-х годов появилась группа молодых художников: Басанец, Ануфриев, Стрельников, Цюпко, Шопин, Черешня. Витя Маринюк и Людочка Ястреб, я их очень нежно любил и ценил как художников. Людочка умерла. Ребята ревели там, а я здесь, уже в Америке. Люсьен Дульфан с неистребимой энергией и фантазией. Закончил в то время училище Коля Лебединский или, как его называли, Кокочка — гениальный колорист, я его обожал, потом он уехал в Ташкент, и я больше ничего о нем не знаю, а в это же время из Азии возвратился Славик Сычев — замечательный художник — ученик Д. М. Фруминой. Его работы страстные, с большим настроением, сильные по цвету, он учился на одном курсе с Шуриком Рихтером. Боже, мой, я растерялся, в одно время — такие замечательные художники. Я помню Шурика Рихтера дипломную работу — это было просто живописное чудо, потом он писал теннисные корты, натюрморты, портреты. Его работы были необыкновенно поэтичны, нежные, гармоничные, тонкие по цвету и вневременные, он еще писал замечательные стихи, увлекался кино, писал прозу. Это я все пишу о живописцах, но не менее интересные в Одессе были графики: Постель, Ацманчун, Шуревич. У Александра Борисовича Постеля я учился делать офорт. Это был очень независимый человек, не погрешивший и уцелевший. Он обладал настоящим чувством искусства. Были просто хорошие и настоящие художники — Жей-Жаренко, Цимпаков, Гавдзинский, Волошиновы отец и сын, старый Божий, Ломыкин, Л. Александрович, Филипенко, Ольшанецкий, Павлюк, Токарев, Тодоров, Фрейдин, скульпторы Краченко, Судьина, Кипнис, Нарузецкий. Мне трудно сказать, что сейчас происходит в Одессе. Уже прошло 13 лет, как я работаю в другой мастерской, по другую сторону океана. За это время Одесса родила новые таланты. Ведь морской и степной ветры не зависят от государственного устройства. Природа сильней этой мелкой суеты, так что я думаю, что в Одессе уже растут новые поколения настоящих художников. Одесса — неистребима, она любвеобильна, и любовь дает настоящие плоды.

Март 85, Н-Й

И. Островский
Одесская улица 1976

Лев Межберг

Лев Межберг
Натюрморт
Памяти Мариана
Молчадского и 197

Мартин Молчадский

1925 года

учился в Одесском Университете
работал инженером химиком
Всю жизнь писал стихи
Погиб в 1978 году.

Поп и клоп (детские мне)
(сказка)

Жил-был поп.
У попа был клоп.
Поп жил-поживал.
Клоп его кусал.
Раз, смотря кино-картину,
Поп увидел Октябрину.
Увидав ее, влюбился,
А влюбившися женился,
С тех пор стало у попа
С Октябриной два клопа!

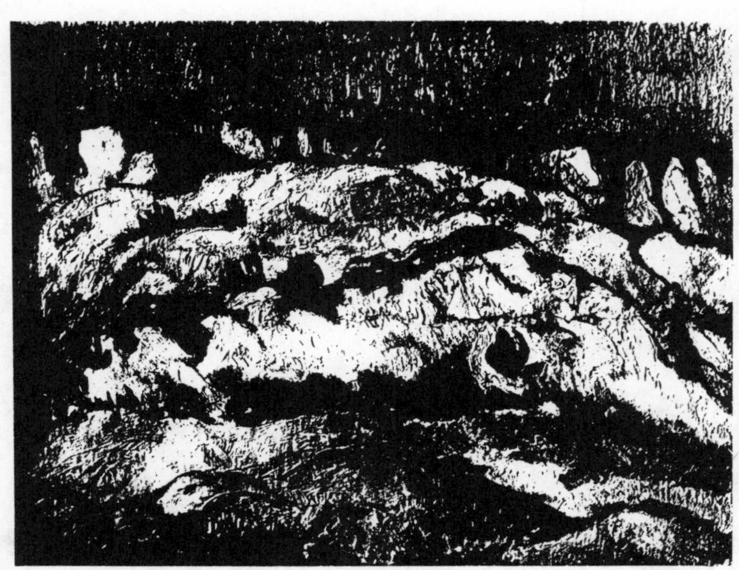

1962

„Бугры по

одессой"

Эдуард Павлов

„Стадо" 1961

„Кусты боярышника"

[Э]дуард Павлов

„Портрет художника Л. Межберга"

А.Б. Постель
Переулок, Одесса
1974

ПОСТЕЛЬ О. Б. З серії «На заводі». Яхт-клуб.

А.Б. Постель

„Среднеазиатский мотив
1944

АЦМАНЧУК О. П. *Портрет дівчини.*

Рання весна. 1924.
Ранняя весна. 1924

В.М Синицки

Біля вікна. Портрет дружини. 1926
У окна. Портрет жены. 1926

Портрет жены

У гамаку. 1929
В гамаке. 1929

В. М. Синицкий

1980
Натюрморт с лобстером
(рисунок)

Натюрморт с рыбами и крабами
(рисунок)

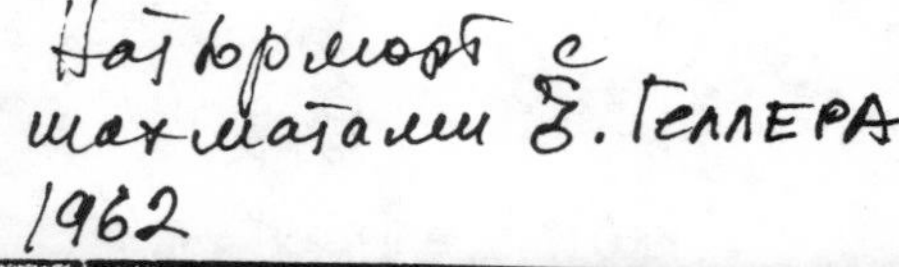

Натюрморт с шахматами Е. Геллера. 1962

„Натюрморт с кораблём"

Лев Межберг
1984

„Натюрморт с черепом"

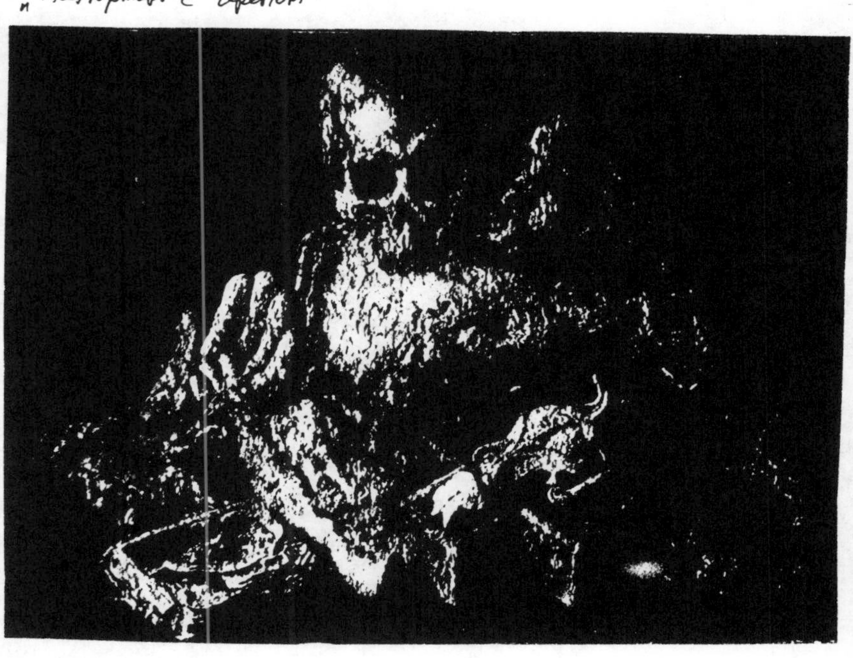

"Греческая площадь" 1959

"Греческая улица" 1959

Лев Межберг

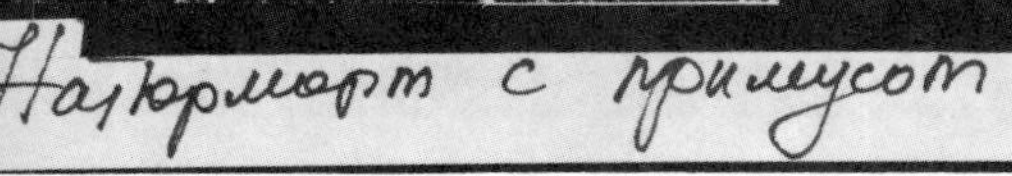

Натюрморт с примусом 1963

Арка

"Спуск Кангуна" 1959

Лаз и Аллочка 1963

Лев Межберг

"Дом, где родился И. Бабель" 1960

/Из архива Люсика Межберга/

АЛЛА МАРГОЛИНА

Символика любви глупа
И ожидания чрезмерны.
Зачем бесчинствует толпа?
Кому она осталась верной?

Предощущение греха -
Сладчайшая из всех религий.
А дальше? Вечные вериги,
Посты и поиски Столпа.

Столп сменит остолоп-двойник
Под визг немых и торг безродных.
А на резню людей свободных
Взирает Вечный Ученик.

–

Пройдя сквозь годы немоты и снов,
Бессмысленного злого отупенья,
Я, может быть, найду с десяток слов
Для оправданья веры и терпенья.

Опомнюсь, но вспомнив свой разлад,
Взгляну назад, на прежнее мученье.
Накину вновь тюремный свой халат
И опишу науку заточенья.

И будет так: ни окон, ни дверей.
/Да, разгадать загадку освещенья./
И запах, как от загнанных зверей.
И сложный звук /как "ощущенье мщенья"/.

Об осязаньи страшно вспоминать.
Казались мне безличными касанья,
Стерильным воздух. Вдуматься, понять,-
Но мысли не доходят до сознанья.

И никого... Быть может, лишь рука,
Откушенная в прежних жарких битвах;
Да кончик носа. Дырка кошелька.
И точный счет неслыханным обидам.

Никто не вовлечён. Игра в слова:
Меня с собою, прошлого с ушедшим...
А помощи просить у существа
Всеведущего - нет, я не умею...

–

Я больше ничего не жду.
Я больше никого не жажду.
Я, может, в монастырь пойду.
А, впрочем, так ли это важно?

И всё-же вам хочу сказать,
Что скоро стану ускользать,
Пространству мыслей угождать
И никого не целовать.

Е.М.

На языке не вкус просфоры –
горечв от диаспоры
/Но всё-же тоже эллинской основы/.
Античность приближается к нам снова
И времена дают друг другу форы.
Минуем, друг, тщедушия культур,
Их ограниченности, затхлого их круга,
И идеологов-истериков котурн,
Избраннической спеси – как недуга!
Мы дети расширявшегося круга,
Премудрые на многих языках.
Не почитая власти,
держимся друг друга
И побеждаем вместе
смерти крестный страх.

–

Служить, припоминая сны,
И, между делом, их толкуя.
Сорить стихами две весны,
Ронять невольно поцелуи.
Учить поспешно языки,
Тайком ища один, заветный.
И незаметно, незаметно
Попасться к времени в тиски.
Нагрянет зрелость невпопад.
А мы над книгой проглядели,
Что нету сына в колыбели,
Что нет пути у нас назад.

Не говоря, не требуя ответа,
Но молча: нам дано лишь лето.
А прочие все времена круты.
Как в старину, покаты крыши
И стон чужой почти не слышен.
Во рту как раз полно воды –
Перед дождём, перед весенним чудом,
Раскованным, смешливым, грубоватым.
И окна, как на грех подслеповаты.
А если кто крадётся там по склонам, –
Не выставлять же стражу по балконам.
Что если и блаженные волхвы?
Не стало звездочётов и, увы,
Волхвы стары, чуть-чуть подслеповаты.
И возле дома на холме покатом
Стоят амбары, полные воды...

–

Опрокинуться навзничь
В пахучие, колкие травы.
Опрокинуть на грудь
Глубину синевы небосвода.
И отбросить, отринуть
Всё, всё, о чём столько мечталось,
Заглядевшись на точку,
Проворно скользящую – мимо.

Дневник

–

Год без любви – горькая сухомять.

Чёрствая корка бытия, не смоченная очарованием,

Раздирает существование.

Реальность – невыносима.

–

Из девичества – вдовство.

Из пророчества – в заклятье.

Почерк страсти – неудобства.

Дальше жизнь – лишь смена платьев.

–

Лёжа с книгой, ночью, в моём углу

/Милый!/

Я вдруг ощутила

Очерк губ моих.

–

На вызов отвечаю я молчаньем –

Борюсь я с однозначным пониманьем.

Но плакать по причинам непонятным

Считаю и возможным, и приятным.

–

–

Обиды клубятся густые пары

Вокруг моей тёмной и злой головы.

Всё призрачней, мельче простые дары

Любви моей прежней и нежной поры.

Ночами мне снятся большие костры

И плахи, и для головы топоры,

И прах моих предков – пустые лари,

В которых обиды запрём до поры.

–

ОТ СОСТАВИТЕЛЯ:

Удивляет меня НЕ то, что в Одессе пишут, а ТО, что пишут – точно так же и то же, что в Москве, Ленинграде, Риге, Киеве...
Лексика, во всяком случае, одна. И темы.

Но не поместить такие, вполне профессиональные, стихи – грех.

Помещаю.

Андрей Межберг
рисунок
1985

Андрей Межберг
рисунок 1985

Андрей Межберг
рисунок
1985

ыставка в музее, "Среднеазиатские мотивы" 1966.

и "Сумерки" 1980

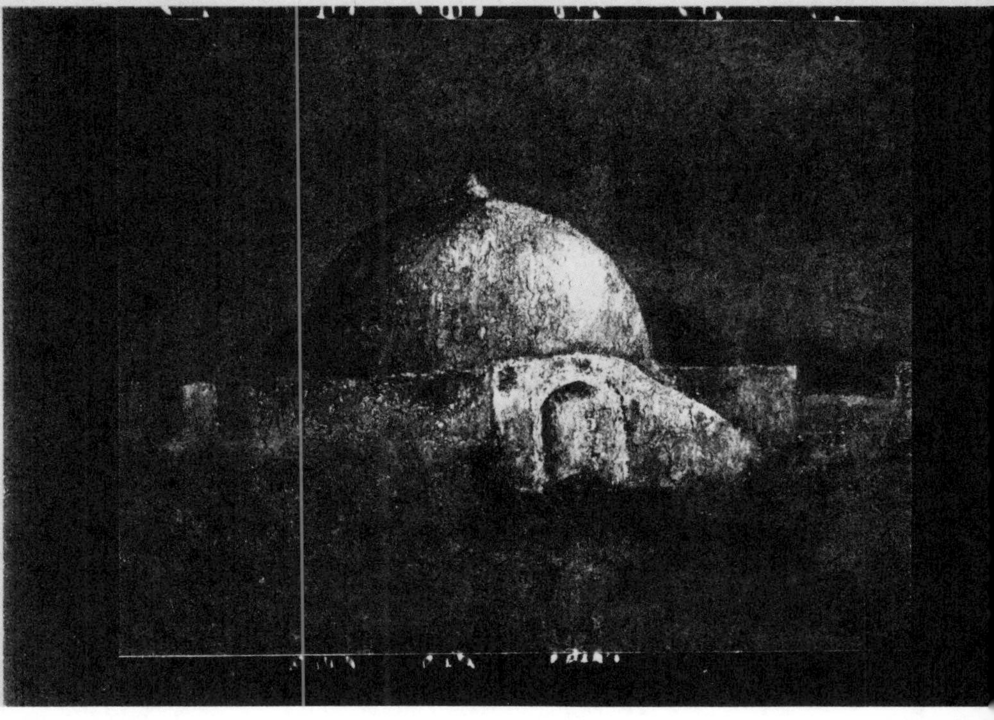

Лев МЕЖБЕРГ
Натюрморт с двумя рыбьими головами

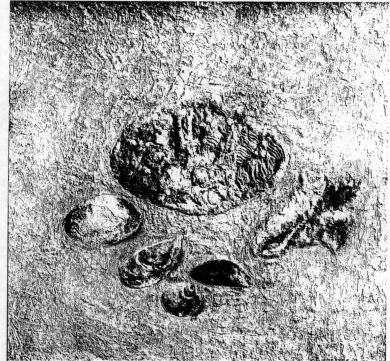

Лев МЕЖБЕРГ
Натюрморт с ракушкам
1978

Лев МЕЖБЕРГ
Натюрморт с аквариумом
1979

Лев МЕЖБЕРГ
Натюрморт с черепом
1982

Лев МЕЖБЕРГ
Натюрморт с куриным скелетом
1979

Лев МЕЖБЕРГ
Рыбки
1983

Лев МЕЖБЕРГ
Борины окурки
1979

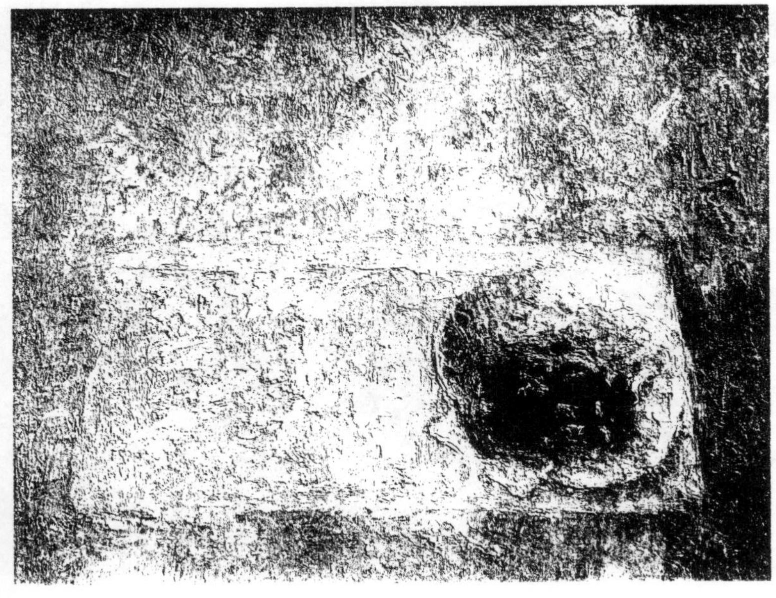

Лев МЕЖБЕРГ
Окурки
1979

Лев МЕЖБЕРГ
Натюрморт с тремя вазами и кирпичами
1983

Лев МЕЖБЕРГ
Натюрморт с рыбьей головой
1979

Лев Межберг
Натюрморт с бутылками и картошками
1979

Межсберг и бокеёр Миша Федермессер. Фото ККК

В. Я. Ситников и я на фоне селедок М[illegible]берга

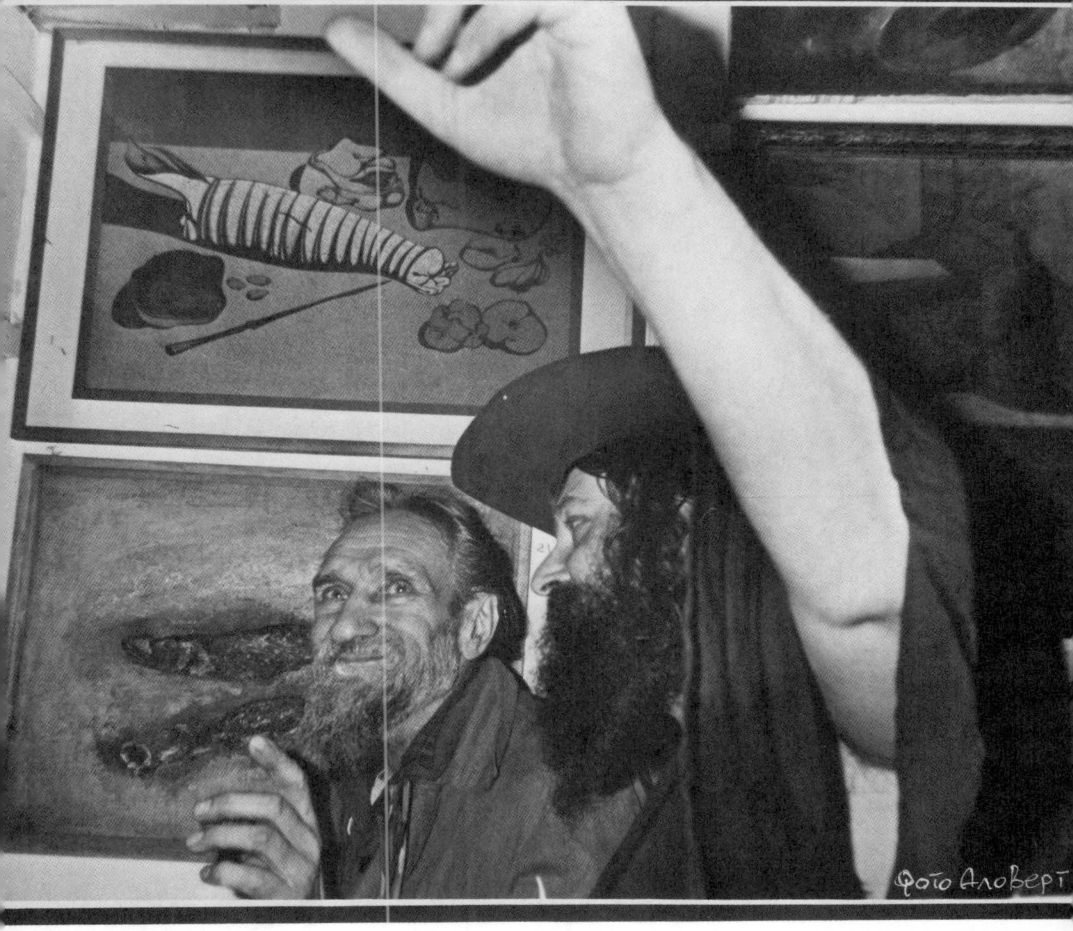

Фото Аловерт

Дорогому Косте с Новосельем и весельем

— Лева Нусберг

1984

Mak

К.К.КУЗЬМИНСКИЙ

В. Уфлянд

Черемуха Маака.
А кто такой Маак?
На ней висит макака,
и липнет Лёня Мак.

И гнусные тунгусы,
презрев болотный гнус,
на ней повесят бусы,
и я над ней нагнусь,

над карликовой, робкой,
а зелень - анаши.
Амурский бархат пробкой
заткнёт бутыль ханши.

В Сучане сучье вымя
имел китаец Ху.
А дочка его имя
повесит на ольху,

что желтою залубой
на фоне голубом,
надев костюм зулуса
любуется собой.

Цветут лианы буйно -
амурский виноград,
и чайкою над буем,
пушниною гагар,

линяет к лету соболь,
шныряет колонок.
Охотник вытер сопли
и плюнул в таганок.

Медведь мохнатой лапой
поймал бурундука
и тут же его слопал,
бурча, как перекат.

Черемуха Маака,
лиловые цветы.
Макакой Лёни Мака
опять приснишься ты.

Нанаец трубку выбил
о позвонок кита.
Как ярко-красный вымпел
идёт в Амур кета.

16 ноя 80

И еще - детское:

- Мак?
- Мак.
- Мак?
- Дурак!

/Так мы играли, и поэт
Леня Мак - тут ни при
чем, просто - помнится./

ЛЕВ МАК
ИЗ НОЧИ

From the Night
by Lev Mak

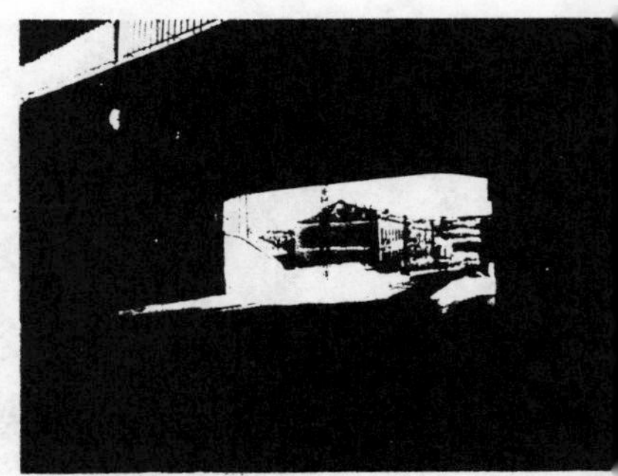

Фотографии Мартина Молчадско

Играет мальчик у скамьи,
Из сада делает букетик.
Сад осыпает его нимб
Последней горсточкою лета.

Сад сыплет под ноги беды,
Связав невидимым шпагатом
Любовь и смерть, огонь и дым,
Садовника с его лопатой.

Скрепляя дерево с золой
Ослепшей ласточки слюной...

Так пахнут птицами листы!
Так пахнет птенчиками пепел!
Так, обеспесеннев, пусты
Деревья! Гулки и отпеты!

Сад терпит.
                    Сад торопит,
                                        Сад,
Срывая ветхие одежды,
Садовников возводит в сан,
Садовников в садистах держит!...

Звенит последняя оса,
Дымит последняя охапка,
И сад, полузакрыв глаза,
Последней гусеницей каплет...

Октябрь 1964

)ВИЩЕ

ı осудит древний назорей
ıуа, я пережил твой смертный,
щенный тебе самим тобою,
говорит преданье, возраст жизни.
жи брил и прикасался к мертвым.
л, как все, и погибал, как все...
том стоит рассказать.
Сегодня,
тверный год последней трети века
цатого тобой открытой эры,
пророк, творящий чудеса
орных тропках и больших дорогах,
тель прокаженных и калек,
ведущий в поводу Учитель,

санитар одесской неотложки,
ренный мортус городской клоаки,
итель глаз, остекляневших в страхе,
мном халате сонный фагоцит,
ильщик смрадных улиц, исповедник
ных старух, самоубийц и пьяниц,
щий между городом и моргом
резатель петель, собиратель
ких отбросов, бинтователь ран.

человек, заметивший сгущенье
злобы и страданья в этом мире,
знь добра и превосходство зла.

сквозь ночь, нанизывая смерти
таль антенны рации, в пропахшей
тырем и рвотою карете,
рыгивая в такт булыжной тряски,
зевак от места катастрофы,
адывая шины, протыкая
вены, замывая кровь,
мал о судьбе объекта чуда,
казанного неким Иоанном
за одиннадцать, стих сорок три/.
рикоснулся к Лазарю, Спаситель?
ювал его в уста гнилые?
может быть, достаточно молитвы,
человек воскрес? Шепни ее.
падших, недостойных воскресенья.
молюсь, как следует, поверь мне!/
ерть - не воздаянье за грехи,
итог, а лишь венец страданья!...

3

Так думал я сегодняшнею ночью,
Снуя пчелой меж городской мертвецкой
И смертным полем города ночного,
Кощунствуя на грани богохульства,
Перемежая мысли и дремоту,
Плечом с разбега вышибая двери,
Перерезая узелки над ухом
Повешенных, бинтуя обгоревших,
Срывая провода с запястий черных -
Есть и такой вид смерти, - добывая
Из самолета трупы...
                                        Бог с тобою,
Господь распятый, среди них есть дети,
Тебе ль не оценить мученья эти?!...
Их головы на вывихнутых шеях
Закинуты на спины, как у кур...

Ответь, Егошуа! Мессия должен
Нести ответ за все. Никто не ожил.

4

Иль это дело рук того, кто справа
От твоего плеча в тот день кровавый
Встал на помост перед толпой пасхальной
И ликовал, гремя цепями, - он
Чье имя Вельзевулл или Варравва,
Твой враг предвечный и двойник зеркальный,
Сегодня ночью вновь тебя попрал!...

5

И вот последний вызов. В низкой хате,
Беленой синей известью, у печки,
Под деревенским тканым гобеленом,
На деревянной крашеной кровати,
Негнущиеся руки растопыря,
Лежал хозяин. Под доской иконы,
Чуть видимая в огоньке лампады,
Стояла Смерть - в который раз сегодня! -
И обитрала косу. Черт с тобой!...

Здесь делать было нечего.
                                                Я вынул
Два пятака и положил на веки.
                                                        Плача,
Старуха подвязала челюсть мужу
И позвала к столу.
                                    Четыре стопки,
Налитые до края самогоном,
Дрожали на замызганной клеенке.

Фото из „Науки и жизни“

- Чем закусить, хозяйка?...

                                        - Соль да хлеб.

Я выпил первым. Ночь уже кончалась.
В оконце застучало - сыпал дождь.

6

Красавица на буром толстом волке,
Похожем на кота, скакала в замок,
Что вышит был касимовскою гладью
Над мордой волка-оборотня слева,
И отражался елочною шишкой
В прелестном розовом пруду, где лебедь
С короною на крохотной головке
Крылами бил среди мясистых лилий.

А если еще пристальней вглядеться
В висящий над окоченевшим телом
Наивный гобелен эпохи казней,
Колхозного прокрустового ложа,
Процессов над троцкистами, парадов,
Барачных городов в сибирской пуще,
Легко атрибутировать сей коврик
До дне в неделе: ведь

                                между кувшинок,
Колебля отраженье замка, птицы,
Наивный ткач изобразил круги,
Поднятые невидимым, но страшным
И для тебя, Христос, признайся в этом,
ЧУДОВИЩЕМ из глубины пруда.

Январь 1973

РУЧЕЙ

1

К любым дверям подходят два ключа.
Порой открыть труднее, чем взломать.
Лечить куда сложнее, чем калечить...

Так ненависть любви противоречит
В любом деяньи. Бедный человек -
Его судьбу планирует машина,
Чей принцип - экономное решенье.

Бессмертие - технически возможно.

На месте встречи Прошлого с Грядущим
Заложен грандиозный Колумбарий,
Роскошная постройка, чье значенье
Есть символ пониманья общей цели,
Основа долгосрочных обязательств
Высоких Объяснившихся сторон...

КТО НАУЧИЛ МАШИНУ НЕНАВИДЕТЬ?

2

Припоминая стойкость иудеев,
С рождественской звездою на спине
Из гетто в гетто бродят христиане.

И я с одним из них скитался мимо
Стеклянных мегаполисов вдоль мертвых
Исчернажелтых рек, пересекая
Заросшие бессмертником долины,

И год назад набрел на это место.

Меж двух холмов, как бы меж двух колен,
Бесстыдно в небо задранных, зияла
В земле ужасная дыра, откуда
Свистел, вздуваясь, ледяной туман.

И крикнул спутник мой, взмахнув рукою:
Пред нами ад, инферно, преисподня!

3

В его словах был ужас.
Я смеялся:
Что может удивить тебя, скитальца,
Перелиставшего бестселлер страха,
При жизни призывающего смерть?...

Мы подошли к провалу. Здесь был слышен
Невидимый, но странно близкий голос
И плеск, как будто женщина стирала
И пела, пеньем облегчая труд...

В туман вела тропинка. Осторожно,
Ощупывая посохом дорогу,
Мы начали спускаться в эту бездну,
И оказались через сто опасных,
Слепых, грозящих гибелью шагов
На плоской крыше глиняного дома.

Хозяйка нам обрадовалась. Жизнь
Ее была еще печальней нашей.
Ее кормил ручей, богатый рыбой.
В него она закидывала сеть...

Зачем я рассказал тебе об этом,
Любимая? Ты плакала, я видел.
Нам голодно и зябко, ты ж привыкла
К подачкам с вертолетов... Вытри слезы.

а женщина не доверяла жизни.
ила не помня прошлого, не веря
рядущему. Не зная очага,
ушила на камнях сырую рыбу,
лела из трав веревки, украшала
людой и рыбьей чешуей жилище.
на сказала нам: "Внизу, в долине
учей заполнил круглую воронку
т некогда взорвавшейся ракеты.
ам поселились люди. Я боюсь их.
не нужен муж, но я их избегаю.
не кажется, они едят друг друга..."

ой спутник с ней остался. Я ж спустился
селенье каннибалов и, несъеден,
ыл изгнан ими в гибельное место,
де жить уже нельзя и людоеду.

ам копошились в ядерных отбросах
близи ракетодрома десять грязных,
есчувственных существ, не знавших речи.

ДНОЙ ИЗ НИХ И ОКАЗАЛАСЬ ТЫ.

у что, ты хочешь к ним опять? Прекрасно.
кажи мне только, кто живет за скатом
ого холма, что за четвертым кругом?...

КОГДА «НАЧАЛАСЬ» ОДЕССА?

Известно, что городу Одессе в 1994 году исполнится 200 лет. Но одесскому порту, как выяснилось, уже около 700 лет. Оказывается, еще на рубеже XIII и XIV веков, задолго до первых упоминаний в исторических хрониках о предшественнике Одессы — Качибее, на побережье Одесского залива существовала якорная стоянка судов средневековых итальянских республик. Эта стоянка называлась Джинестра и впервые была нанесена на карту в 1311 году. Название оказалось живучим и встречается даже на картах XVIII века.

Многочисленные находки средневековых якорей в Хаджибейском и Куяльницком лиманах показывают, что название Джинест-

Фото из „Науки и...

ра относилось к одному из этих водо[...] которые в те времена соединялись п[...] ками с заливом.

Слово «Джинестра» — это искаже[...] «Днестр», как считают многие исследо[...] ли-топонимисты. Дело в том, что сре[...] вековые мореплаватели и картографы [...] бочно считали реки, впадающие в оде[...] лиманы, притоками Днестра.

Теперь трудно определить, как д[...] функционировала эта якорная стоянка[...] вестно только, что со временем она [...] местилась под стены Качибея.

Я знаю Данта, но не эту местность.

Смеешься? Что ж, прощай, подруга АДА!

Ручей петляет. Нет пути назад.

1968

ДРЕВО ПРЕДАТЕЛЬСТВ

Все, чем меня когда-то унизило чье-то зло,
С веток этого дерева свесилось и росло:

Вот птица с обрубками крыльев, мечтающая взлететь.
И с вырванным горлом птица, пытающаяся запеть.
И тульский медовый пряник, вырванный у жида,
И кем-то в голодном детстве украденная еда.
Проклятья друзей, доносы, измены - гирлянды лжи,
И то, что ты ТАМ сказала, - скажи это ЗДЕСЬ, скажи!
И в листьях, под самой кроной, - зачем он был нужен злу?!...
Последний, сухими губами, прощальный твой поцелуй...

Как елочные игрушки
Торжественны и тихи
Раскачивались и пахли
Тюремные башмаки...

Седая сова взлетела, коснувшись крылом лица,
раскрылись на морде птицы глаза моего отца
гремела качая дерево
цепь на ноге ее...
СЫН МОЙ сказала птица БУДЬ ПРОКЛЯТО ИМЯ ТВОЕ
СЫН МОЙ сказала птица ТЫ УМЕР А Я ЖИВУ

Осыпались с черных веток предательства на траву

цепи распались бряцая и хрустнул тяжелый ствол

грубо упал бормоча и хрипя пестрой своей листвой

Одессу в свое время называли южными воротами России. В строительстве этого большого портового города участвовали выдающиеся русские и европейские архитекторы: Ф. П. Деволан, Тома де Томон, Ф. К. Боффо, Г. И. Торичелли, В. Ф. Гонсиоровский и другие. Одессу отличает разнообразие архитектурных стилей и удивительное обилие украшений фасадов, художественного

ЛЮБОВЬ К НЕВИДИМОМУ

Ржавый заступ звенит о песок
Мертв поэт продырявлен висок

хлещет ветер намокшим бельем
оставаться со смертью вдвоем

не взволнованным зрителем нет
оставаться на тысячи лет

распадаться на тысячи букв
прорастать как родник и бамбук

бледной куколкой грызть чернозем
белой бабочкой бросить свой дом

вылетать ничему не служа
мимо жаворонка и стрижа

мимо родины века судьбы
веры похоти - боги грубы

над капустною кучею лун
пропорхать огородный шалун

над вселенной разбитых сердец
над кольцом обручальных колец
огород засевающих млечный
выше выше
полет твой беспечный
тешит Бога.Бог- мастер заплечный.
Дьявол - выдумка,сталинский трюк.

КОСМОС ПОЛОН ОТРУБЛЕННЫХ РУК

Х Р И С Т О С

Глядя на мир с невысокой горки,
Дуновением уст отгоняя слепней,
Видя перья на касках стражи,
Ожерелье из драхм на груди сирийца,
Блеск закатного солнца на жалах копий,
Слыша ржанье коней и всхлипы
Трех Марий,в ожидании смерти,
Пусть нелегкой,но скорой,скорой

Думал ли он о своем народе,
Что писал и вещал о его приходе
Все предыдущие эры,эту
Не отличив от обильных страданием прочих,-

Знал ли,что сделает папа-кесарь,
За деревьями не узревший леса,
С государством людей,не узнавших Бога
В слабоумном пророке с большой дороги??..

Броневые плиты,буи и вехи,
Шпанские мушки,петарды,пули,
ДДТ,синтетика,пылесосы,
Блиндажи,бидоны,бинты,бинокли,
Огнеметы,танки,овчарки,гимны,
Сапоги,катоды,ракеты,гербы,-

Вот,чего он еще не знает
На вершине смерти своей и славы,
Приколоченный символом к новой эре
Мук и бесплодных стремлений к счастью.

Июнь,1974 г.

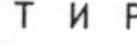

Т И Р

Тир в столице тиранов.
/Стоящий отнюдь не на месте слияния Тигра
с Ефратом – кто знает,
Был ли тир в стольном городе Тире? Кто первый
Вдруг изобрел закрывание левого глаза,
воинственный прищур?..
Пращур, слезший с лианы, играющий в жмурки
с медведем?
Пращник, вращающий яро своей смертоносной
авоськой?
Лучник, крадущийся к мирно жующим коровам?../

Тир, где если попадаешь в жестяного человечка,
Он падает, и включается пластинка
"Московское танго".

Где безногий у входа просит милостыню:
Белая от ветхости гимнастерка,
Одна нога в валенке,
Руки тоже нет.

Зимнее солнце, розовые снега, скрип шагов.
Звуки танго, алюминиевые костыли прислонены
к стене.
Чуть побрякивают, когда падает жестяной человек...

Те, кто подают Ему – стыдятся, не входят в ТИР.
Все, заходящие в ТИР, не подают Ему.

А В Г У С Т

В О Д Е С С Е

Звезды сыплются в город
Будто яхонты в ларь.
Над зарезанным вором
Раскачался фонарь.
Окруженный стеною
Неприступных домов,
Млечный путь над тобою,
Как светящийся ров.

Слышен говор картавый
Из-за млечных борозд.
Над еврейским кварталом -
Семисвечники звезд:
Свой народ Иегова
В августовскую ночь
Обрекает на голод
И закрытие почт,

Ибо жизнь - лотерея
Сунешь руку в мешок -
Бог советский евреев
Над твоею душой
Наклонится, как лекарь, —
Замаячат вдали
Милосердие снега,
Неприбранность земли.

Рис. Р. Макоева

С М Е Р Т Ь   П О Э Т А

Был август запахами полон.
В радиорупор выл вития...

Но для тебя в тот жаркий полдень
Дохнуло холодом светило

Поднялись жаворонки с пашен,
Привстали мертвецы в гробах,
На кирпичи распались башни,-
Лишь для тебя!..
                    Лишь для тебя
Архангел девственной слюною
Смочил божественный мундштук -
Над жизнью,связанной тобою,
Над теплой твердью,над водою,
Над жаждой,ужасом,любовью,-

Чудовищный повис тот звук.

Уж ты сползаешь мимо нас
В свое великое беспутье,
В страну ауканий,отсутствий,
Где долго эхо,где пасутся
Овны и львы,где волопас
Тебя спасет от здешних судий,-
Где над твоею новой сутью
Невластна никакая власть.

Так я тебя не уберег.
Кренился овощной ларек,
Хрипел и квакал репродуктор.

Меж луковиц и сухофруктов,
Между сандалий и сапог
Ты жил,пока не изнемог.

В ЧИСТОМ ПОЛЕ

В чистом поле,во поле - полигоне
Каменной бабе денежку на черный пупок:
Баба-бабушка,научи меня,деточку,
Во поле-опале не пропасть!...

В городах веселых,в теремах высоких
Белые тарелки в чистых кухнях,помидоры,
Крашеные волосы моей мамы,уже седая -
Режет лук,плачет,меня вспоминает...

А моя любимая из волос высоких
Вынимает шпильки,кладет на подзеркальник -
Она горевала,а теперь привыкла.
Она письма писала,а теперь не пишет.

В комнатах ее пахнет глажением белья,
Детским кремом,сцеженным молоком.
Муж ее - философ по имени Эмиль,
Громко храпит,но тихие вещи видит во сне...

Каждую ночь перед тем,как уснуть,она думает обо мне,
Вздрагивая,когда ударяет крыса в ночной паркет.

ПОХОРОНЫ КЛОУНА

Вот и конец клоунады. Лаврами
Увенчали его, понимая,
Что смешить такую толпу нелегко, и не по плечу дилетанту.
Шутки : умер всерьез.
Рыдания: как-то не к месту.

Гроб увит комедийными масками.
Тяжкая крышка
Много прочнее, чем днище.
Отнюдь не
Смешно, невзирая на речи.
Комья
Земли барабанят по доскам, тревожа
Химию смерти. Гроб содрогается.
Плоть
Протекает в могилу. Склонившись над нею
С горстью, измазанной глиной, почти что слышишь
Алчный, протяжный, вульгарный звук – будто
Где-то сошлись две сырые губы и всосали
Мокрое мясо.

Август 1981–
Январь 1982 года.

ГОЛЛИВУД

Святая роща,где Горгона-слава
С повязкой на гноящихся глазах
Мычит постыдно,призывая смертных
Совокупиться с нею.
                         Истуканы
мадам Тиссо расскажут о мгновеньи
Когда повязка сорвана и ярость
Ненасытимой твари раскаляет
Ее невыносимые зрачки

1981 г.

ПЛАТЯ ЗА ЛЮБОВЬ

Платя за любовь, покупаешь циничный хохот.

Я избегаю блядей, равно как и страны
Которыми правят диктаторы. Униженье
Искупая презреньем, страна или женщина терпит
С отвращением спазмы насильника, смотрит
Гадливо в пустые зрачки над собой.
Так глядел
Пролив Геллеспонт на волны секущего Ксеркса.
Так смотрит Россия в лицо своего генсека.

Январь 1982

Леонид ПИНЧЕВСКИЙ:

Фотографии М. Молчадск

Выставка в Одессе.

Летом 1979 года случайно оказался я в Одессе, в Доме Актера на Пушкинской. Там выставка. Кого-чего не помню. Древняя. Выставиться в Одессе мне давно хотелось, тут я и сообразил. Представился /член Союза, сценограф и т.д./. говорит начальство Дома Актера все решает Коля. В. - он наш куратор. Иду к Коле. Коля шустрый такой начальничек, покрутил мои фотографии /в основном со спектаклей/ и обявил выставка будет. Наметили на январь 1980. К В это время я уже отказник со стажем. Собрал ребят /Стефано, Борю, Леву, Гену/ объясняю задачу - вот может быть выставка, но надо чтоб в Бельцах никто не знал, по-партизански все вывезти / а то ГБ тормознет. Упаковали работы в основном живопись и...

11 января к ночи прибыли дружочки, нашли старую лайбу и откатили меня к ночному (2 часа ночи) поезду. Бельцы безмятежно спят.

Погрузились мы на ночной и бригадой я, Стефано, Женя, Буня из Черновиц, едем в Одессу. Метель. Снег.

Утром к 11-ти прибыли. Встречает меня представитель дома Актера некий К.

Очень вежливый такой, типичный гебешник.
Феля. Приезжает в Дом Актера. До ночи
ставим щиты, вешаем картины.
На след. день визит начальства перед
открытием. Приходит Коля, директриса и
парторг - опальный бывший директор
театрального училища Баренбоим.
Директрисе наплевать, ей важно мероприятие,
Коля недоволен / А где же театральные работы/
Баренбоим в гневе - „Это что такое, что за
беременные дома? Сумашествие."
Через час должен народ валить. Я нервничаю.
Несу чепуху. Показывая на живопись на ходу
сочиняю: эскиз к спектаклю Леонида Леонова
„Унтиловек" и т.п.
Появляется народ, пресса - Женя Голубовский,
какая-то баба из чего-то, телевидение
Быстро заполняется книга отзывов.
Влетает Дульфан тащит в угол - ты что
с ума сошел, вас всех заберут. приехали
группой, это вызов.
какие-то люди задают вопросы, интересуются,
Вхожу в раж и вдруг: а если это ГБ, что-то
несу, но главное чувствую праздник,
главное выставка уже час идет, а теперь
если снимут, то неважно.
Состоялась. Приходит вежливый К,

Памятник Пушкину

приносит афишу. Стефано умиляется: „ну здорово сделали, такая афиша, да за их счёт."
Голубовский допытывается – А вы в Израиль не собираетесь.

Приходят одесские художники. Потом все действие перемещается в бар.
Я все время на нервах. Жду ГБ.
Появляется Гена Дмитриев. Наконец
Ночью не могу спать.
Утром всей компанией идем на выставку по дороге подбегает небритый человечек и начинает ~~громадный~~ монолог: „Вы кто? Вы художники? Откуда? узнал - по бородам. Я художников люблю. Они про жизнь все знают. Я только из тюрьмы, политический. За что сидел. За политику. Я всю жизнь прожил на Тираспольской. Написал антисоветские стихи, меня загребли."

Мы молчим. У всех ощущение – провокация.
Стефано: Папаша отвали, а то спадим тебе куда следует. Чего привязался.
– Дайте ребята на бутылек. Дали. Смылся.

На выставке новые люди. Приехали друзья из Кишинева. Хрущ и Сыч гуляют. Буля с Маринюком

обижается. Влетает Хульфан — „Пинчевский где-ты, по Одессе невозможно пройти, на всех тумбах твоя фамилия торчит.

В четыре часа идем в музей Западного ис-ва на открытие выставки Басанца и Волошинова. Народу много. Для Одессы праздник. Впервые выставка в музее двух хороших одесских художников. Вечером бал в честь выставки.

~~На следующий день едем домой.~~
~~На следующий день~~
Идем прощаться с моей выставкой. Надо уезжать. Приходим. Сюрприз Миша Вайнштейн из Киева. Болтаем. В углу сидит Олег Стахевич - местный режиссер, ~~проходит Барен~~ читает книгу. Проходит Баренбойм.

- Олег, что читаешь
- Доктора Живаго.
- А я был на похоронах Пастернака - громко говорит парторг Баренбойм и рассказывает.

Странно. Как-то не вяжется.

Едем домой. В Бельцы.
Поезд Кишинев-Слободзея, грязный, пустой, заплеванный. Через два часа все погрузились в чтение. Стефано пишет эпиграммы.

Гена внимательно изучает свой паспорт.
- Гена, ты что ~~ты~~ читаешь?
- Паспорт.

Через две недели таким же Макаром увезли работы обратно в Бельцы.

P.S. Из книги отзывов.
„Спасибо. Дом-зритель."

Одесская улица (фото)

Илья Рейдерман.

Рошковский будучи в любом состоянии мне твердил Ты знаешь Рейдермана? Я не знаю Рейдермана. Илюшку. В Одессе живет.
Лето. катится год 80-й. Я еду к Рейдерману не один с другом Толей-Психиатром.
Пушкинская. Во дворе, по крутой лестнице навер[х]
На двери табличка **Рейдерман - поэт.**
Знакомимся. Представляю друга Толю.
Правильно, каждый художник должен иметь своего Психиатра. - смеется Рейдерман.
А что Вадик? А что Алик? Как Модест?
Как Мод Ест? Борода. Книги. Нужда.
Жена - библиотекарь. Сумашедший Тесть - бывший актер бывшего еврейского театра.
~~Когда~~ О тесте. Театр закрывали в 1949 году.
Последним спектаклем театра был „Вольный ветер." Час, после спектакля хором плакали актеры и зрители, сопели в ~~[illegible]~~ рукава биндюжники. Всю оставшуюся жизнь тесть жил воспоминаниями.
Рейдерман утешал. Папа вы не зря прожили жизнь вы стали зато тестем Рейдермана.

„Одесский маяк"

ЕЩЕ О ТЕСТЕ ТЕСТ.

НОЧЕВАЛ У РЕЙДЕРМАНА. Утром шум, гам,
ЗАПЛАКАННЫЙ ТЕСТЬ С криками ОН УМЕР!
кто? ОН УМЕР? кто? ОН УМЕР! Кто! он умер! к
КТО? ЯНШИН. какой. АРТИСТ ИЗ МХАТА.
Тьфу. А кто он ВАМ?
ЖАЛКО. ПОЧЕМУ ПЛАКАЛ ТЕСТЬ?

ДАЛЬШЕ О РЕЙДЕРМАНЕ.
Три ЧАСА АТАКОВАЛИ ДРУГ-ДРУГА. СНАЧАЛА
ДЖЕНТЕЛЬМЕНСКИЙ НАБОР. МАНДЕЛЬШТАМ,
ЦВЕТАЕВА, ПАСТЕРНАК. ПОТОМ О СВОИХ ДЕЛАХ.
ПОЕХАЛИ ВМЕСТЕ НА ПЛЯЖ.

ПЛЯЖ.

Каждый ДЕНЬ сквозь тела голые к полудню приходи
ОДЕТЫЙ ЧЕЛОВЕК 33 ЛЕТ при бороде и длинных
ВОЛОСАХ ВЕСЬ В ЧЕРНОМ.
У ЧЕРНОГО МОРЯ ЧЕЛОВЕК В ЧЕРНОМ.
ЧАС-ДВА СТОИТ ВЕРТИКАЛЬЮ-ОСЬЮ СОЛНЕЧНЫХ ЧАС
ЧЕРЕЗ ЧАС-ДВА МОЛНИЕНОСНО РАЗДЕВАЕТ ВЗВИЗГИВАЕ
И В ВОДУ. ОБРАТНО И СНОВА ЧЕРНАЯ ВЕРТИКАЛЬ.
ГОРИЗОНТАЛЬ ПЛЯЖА. ДВА ДИСКОНТАКТНЫХ
ПРОСТРАНСТВА. Пляж и ЧЕЛОВЕК-ЧЕРНАЯ ВЕРТИКАЛ
УХОДИТ. УШЕЛ.
Может это Христос являлся народу?

Продолжение с Рейдерманом.
Рейдерман завелся о Чехове. О чем „Вишневый сад"
Про что? Два часа Рейдерман не давал мне
открыть рот. Лопахин. Петя Трофимов. Дзен
-Будизм. Истерики Раневской. Телеграмма из
Парижа. Толя ставил диагноз. Я злился.
„Сад"-мой конек". Только-только закончили его.
"Через два часа, устав Рейдерман поинтересовался
Про что Вишн. Сад?
Про Вишневый Сад. Заувражал.

Вечер Рейдермана.

Рейдерману за сорок и никогда не выступал.
Решил я сделать вечер Рейдермана у Рейдермана.
Обегал всех:
Голубовские болеют.
Кохрихт занят.
Маринюк: „А зачем?
Вульфан: Бабы будут?
Стрельников в Мюнхене/навсегда/
Глюкер на футболе
Остальной список, как дополнение, с именами,
фамилиями и причинами изъят на таможне.
Пришли:
Мила и Миша она врач он фарцовщик
Шурик и Элла - ИТЭР
Юра Коваленко - летчик. Поэт. Москва.
Муриженко Муся - Х
Штурман — Штурман. Хозяин нашей дачи.
Мы /я и жена/

Жена Рейдермана — библиотекарь
Тесть Рейдермана — экс-актер. Тесть Рейдермана.
1 45 м Рейдерман читал стихи.
3 часа — обсуждали. 3 часа оживленно говорим
о Пастернаке, Цветаеве, Мандельштаме.
Особенно Миша и Шурик. Изменить разговор
удалось Юре Коваленко. „Мне недавно
Виктор Борисович Шкловский подарил свою книгу
с надписью „Еще живой" Шкловский."
Говорили час о Шкловском.
Расходясь все благодарили Рейдермана за
стихи и вечер. Фарцовщик Миша благодарил
больше всех.

P.S. А стихи у Рейдермана гавеные.
Очередная мистификация Рожковского —
гениальный поэт Рейдерман.

У одесского театра. Архив В. Некрасова

Котенока я тебе очень
прошу — не лепи никаких назва-
ний к карточкам, ничего...
Если что кому не понять то —
значит это не для него,
Procul est profani — искусство
удел избранных, я так хочу
фотографии этого направления,
я не скандала искал и не
отовсюду готовил чуж — материал
это всё моё и отдаваю тебе
это в руку требую твоего слова
— никаких пояснений

Очень надеюсь и очень
надеюсь
Женя.

ЖЕНЯ ФРЕЙМАН ИЗ ОДЕССЫ:

На Ближних Мельницах
Беспечно и шутлливо
Стена делила мир на Рай и Ад...
Одних в ворота заносили чинно,
И спозаранку нищие под солнцем
Солдатской выправкой вытягивали
Ряд...
Другим опухшим, без похмелья синим
Толпа справляла утренний обряд:
Живьем в цеха, в кузнечный чад!
Мы ухом жались к серебристой ленте,
Ловили гул и перестук копыт:
Москва-Одесса - скорый пассажирский,
И вместо глаз пульсируют огни...
На Пасху,-Проводы для нас, шпаны
Отрада -
Яиц собрать, конфет собрать с могил...
Никто из нас не ждал, что наши мамы
Придут к нам раньше - мы уйдем от
Них...

В 1960 Вальке Бархударову поездом отрезало голову, в 62 Осик "испугал" всех гранатой, в 63 "притопили" Сашку Смердюка, в 71 зарезали моего Костю, Виталя Венгржановский - Синуля помер сам от пьянки, Павлика-Тарзана достали с вертолета при вооруженном побеге... В 83 Сашку Гольда пришили в гараже Облтубдиспансера, Вовка Гольд чалится и по сей с Келой Лифарем.

Не с бельем по дворам -
С голубями по крышам
Братался,
Не дубьем -
Врукопашную счеты сводил,
Не в перине пуховой -
А в зоне зачатый от зэка,
Не от боли - от счастья,
Вольно-волчьего счастья
Зубы стиснул и глухо протяжно
Завыл!
Не встречайтесь друзья
Мне
Продажнее суки, что щенкам
Отвалилася вымя сосать...
А с врагами моими - мы
Кровные братья,
Друг без друга не можем
Не жить не дышать!

Вслед Севка крикнул:
-Тили-тили-тесто!
И Светка Мышка юркая коса:
-Невеста родит Женьке дурака!
Мне кажется, что в этой подворотне,
В парадной с кошками и озером-моча,
Я был рожден, пророс корнями, спился,
Росой покрылся, как в лугах трава,
Все думал - будет лучше и светлее,
Но опускалась без просвета мгла...
Казалось - стерпим, боль развеем
Хмелем,
Но лучших уносили поезда,
С диковинным волшебным, как у Грина
...Одесса-Чоп, и дальше в Никуда.

Время...? Нет.Это-мы.

Часами капая безлично
Имен
без
лиц
прозрачность
пропоет...
Мальчишек уличных и девочек
Вчерашних абортом чьим-то
Деготь разольет.
Гимнастикой ума изощеренной
"Тарзан" под вышку в зону
Упорхнет.
"Иголки-Синька" в школе
Не проходят и феню ботать
Завуч кладанет,и трель ментов
Зараз научит чинарик шкаликом
Сшибать...
Звонка
Прощальное
Фортиссимо
Прольется,
Слезой
На пламень
Кружева
Искрясь.

А что не спето -
Вслед дошлют
По почте жеванным и
Мятым...
Там детство в перемешку
С ватой,
Меж соски мякишем из
Тряпки
Укутано до глаз в углу...
Дольют-досыплют и
Дошлют
Колес под скрип и рельсов
Стук
Под неуют цыгарки с полки-
Сгоревшая торчит дотла.
Рука с торжественной
Наколкой " я-не-забуду-
Никогда !"
Дежурных баек без обмана
Толпится пьяно череда,
Столбов наскоки из тумана,
И,чай - за семь копеек " Без"
И двадцать-сахар ресторана...

Ко мне приходят по ночам
Шепча замшелыми губами,
В замочной скважине груди
Гремя забитыми ключами
Ступенькой лунной истончась
И градом капель с чердака,
Возней соседского угла
И свистом чайника отца
Сварливым шопотом укора
Убрав с виска седую прядь
Морщинок света заслонясь
Как будто местью матерей
Сыновьим бегством
Непокорным,
осталось
детство
За углом —
походкой
шаркающей,
Скорбной...

Когда я пули загонял
В висок
От сини расцвела весна -
Густой щетиной спелых
Колосков
В затылок,в спину выстрелил
Сентябрь...
Подменкой в бани наскоро
Шманали
И феня на бодяге расцвела -
Блатной романтикой невестиных
Бараков
Изысканных в любви зэка...
Кому в углу досталось в бурку
Кого до смерти пиздят опера
Но мне "кресты" кликухой
Жека-Зэка бесплатный пропуск
Выдало в кичман...
Когда я пулю наскоро вгонял
То ствол наперекос - навылет
Вся судьба
Никто мне в трефу честно
Не сдавал -
Байструк я,рыцарь или просто
Пьян...

Из подворотни голосом гнусавым
Тянулось:
"...щастя в жизни не-ет,
Пропал я маладой уркан..."
Гляжу вовсю - мальчонка сам
Дырявый
Грозит мне пальцем на пустой
Карман,
Хохочет над моим конфузом -
"Держите шире - мы не фраера!"
И -
"...синька-синька-синька
Только рубчик,
Иголки-колки-чистят-примуса!"
И воровской приколкой трахнуть
Куклу -
Наискось удивленные глаза.
Все норовит пакетик синьки
Всучить,рукой свободной
Щупая карман...
" Купите синьку дяденька хороший,
Купите за красивые глаза...
Я падла буду,дядя - забожитесь,
Когда я вырасту-скажите про
Меня !

Там волки не ропщут,там пули
Не свищут - усталых бредет
Караван...
Солдатской шинелью,подземным
Туннелем
Наощупь казнит Магадан...
Портянки в сушилке,и пайка
С добавкой,
И отпуск мне скоро дадут,и
Честью солдатской и " знаменем
Чести" ЗЭКА тут срока волокут..
Нам Родина склонилась в ноги:
-...товарищ Сталин,вы большой
Ученный,а нам торчать от силы
Раз-и-два.и не один советский
Заключенный не сквозанет от наших
Зорких глаз!
А вышек красные флажки чернухой
Позорной торчат - казенному дяде
Мы честь отдаем,правилку творя
Свойкам...
А давши нам право,отнявши наш
Разум не плачте о буйных чубах:
-Советские люди!
-Не будьте наивны!!
-Отныне вы в наших руках!!!

Четверостишья терен сладкий
Вкусивши раз сполна,изломанностью
Судеб
Ты уляглась у рта...
Матерная изысканность таежных
Матерей,
Веселая пристрелянность периметра
Ночей...засученная нежность у
Женских лагерей!
От пересылок шмонов - этапов перестук
Блатной шпаны " В законе" и триперности
Шлюх,
От кичи за уралом на милости у вшей,
Веселостию кирзовой на цырлах
Стукачей...

Лихо мчится,бичом погоняема
Тройка-Вера,Надежда,Любовь...
И не тройка-судьба,как затяжка-
Улетела колечка димком.
Непокрыта,в сапожках кирзовых,
Нету Генделя,Глюка - бушлат...
Комариная,звоном балясин
Кубометры просек - веера,
И колючка...как блестки на елки,
День и ночь оплела,ночь без дня,
Тысяч дней без конца и начала,там...
В тайге-лагеря,лагеря...
И барак,как крыльцо без ступеней,
Как последняя горстка тепла,
И махра-дай мне дернуть чинарик,
И затяжкой зажмуренних глаз,
Ты меня байструка безотцова
Под чаек заведешь - да про нас:
Где конвой,и где мать по этапу,
Где кичманов стоят терема...
Дайте Верке свободу...
Дайте Надьке надежду,
И любви отвори ворота.

Отдай меня моей России
Где в дождь ни капель
В солнце - тьма,
Где не дождаться мне
Пощады,
Где ночью,темной ночью
Без рассвета
Не солнце-благость освещает
Шлях...
Отдай мою без слов напутствий
Жалость
Отдай всю жизнь мне разорванную
Вкось
Косим дождем отдай меня и маму
Сидевших врозь и смерть принявших
Врозь,
Отдай меня
Без слез,без хрипа"Дайте!.."
Без жалости к телам чужих берез,
Они стреляют,без конца стреляют
Вонзают в спину острый финский
Нож...
Мне меда не хватило в светлый
Праздник,
Вина мне не налили на балу,
Меня к столу не звали с ложкой -
Лишний,
Да и без ложки - лишний рот
В роду
Урод
Такой же нищий с торбой -копеечка
Краюха и приют...
Из всех стволов стреляли - не попали,
Из всех стволов - осечка,чей-то
Друг,
Из всех стволов - голодными глазами,
Убьют и бросят голым на снегу.

Вот привиделось мне
Будто снова одел
Свой замызганный старый халат...
Будто утром зашел - а вокруг белый
Снег...то в сарай,в тот подвал
С битым пыльным окном
Словом " МОРГ " на щербатой
Кирпичной стене...
Стены вкривь,стены вкось
Пахнет чем-то до слез
Пахнет смертью из банок покрытых
Стеклом,
Что-то шепчет вода на фаянсовый
Стол,
Чьи-то тряпки в углу громоздятся
Горбом
Слово "ветошь" на ум все никак
Не идет -
Ясно вижу того,кто впечатан
В тряпье...
Чьи-то гребень да бритва,флакон
Да носок,носовые платки,
Неизвестно кого,неизвестно зачем
Для альпийских снегов с черно
Синим стеклом
Неизменные спутники всех эпикризов
Взгляд потупив очки
Стерегут наш обряд—
Тайной больное всем ремесло.
Память вором щипает дырявый
Карман
Да затянет потуже крахмальных
Рубах
Ворот крепом и золотом
Лент...

Тут нет ни капли поэтического
вымысла - это автобиография,
я это прошел.

В пыли зеркал,
В тиши приличий,
В пустом диалоге звонка,
Где трубка отзвуком столичным
Являет отзвук бытия -
Года вприпрыжку убегают
Колодой карт,где туз не я...
Тасуем кучу "...нет!" ответов,
И скупо "Да...",но иногда :
-Ну да!Конечно!Заходите!!!
-Нет...Что Вы...Занят.Да.Всегда...
Кто курит - легче.Есть надежда.
Кто пьет - есть с кем,а мне -
Нельзя...
Я,сукин сын,зарыл надежду в комоде
Красном,
Где тряпья...
И брата свитер и рубашка,
В крови и дыркой от ножа.
И майка рванная надвое.
Бандаж я делал.
Поздно,бля...

Жена стоматолога Бориса Раппопорта,некто Пеньковская,следователь по особо опасным преступления /ООП/ от областного УВД возразила мне:"...как же я их под"вышку" вести могла - Костя был еврей и наркоман!" А я носил Борю,еврея с репозицией осколков в ноге на ренген,в операционную и обратно, на процедуры на руках.И не разу не уронил...

УЛИЦА
ЧКАЛОВА
2
УКАЗАТЕЛЬ
КВАРТИР
Указатель
КВАРТИР
Указатель
КВАРТИР
Указатель
КВАРТИР
Указатель
КВАРТИР
МАСТЕРСКАЯ
по
РЕМОНТУ
УМОК

КЛУБ РАБОТНИКО ТОРГОВЛИ
ОБЪЯВЛЯЕТ
АБОР
ТУДИИ ПАНТОМИМЫ
РИК
ЕДОВАНИЕ ПО СУББОТАМ В 19
ЕС: ПЕРЕУЛОК ЧАЙКОВСКОГО 18

Голуби улетели из Парижа.Это были последние экцентрики рационального общества...

АРУ ТАКИ ВА - те времена уж миновали
РО НО ХАТА ЙА - и в сердце пусто
ЮКИ НИ ХИ ЙА - ветки снегом облетели
АКИ КАЗЕ ЙА -все ветры осени
ВАГА ЙА КАН - но это мой дом

Войдем и сядем и подождем гостей,
которые уже никогда не придут.

ИЗ ПОЭЗИИ

Эпоха цинь
и чайного листа
витком
дракон напоен
ласточки полетом.

Востока бахрома,
резьба металла,
изморозь литья
имама вогром
минарет курится

Вогр - третья из пяти ежедневных
сур /молитв/ Корана
Имам - или шейх,религиозный сан Ислама

Слали,слали соколов с послами...
Шубы слали соболей с искрой,
Золотой работы кубки слали...
Не обойден ханскою казною
И посол москвитов - княжий
Отпрыск,
Глянул знатно,глянул свысока,
На носок сафьяновых сапожек
Косит васильковые глаза!
-...не коси чубатое отродье!
-...подавится кровью захотел?!
Эх в степи кобылья грива пряжей,
Эх в степи затеял ветер смех,
Ищет-ходит-шарит под кустами в шапке
Лисьей ханский птицелов...
Не блещи без промаха глазами,
Не шныряй волчицею шальной,нету слаще
Дл твоего аркана птички-отпрыска
Из княжеских хором!Чуб свой белый
Ковылиным бегом замесил на солнечной
Крови...московит в аркане по пыли
За кобылой стелется...от свиста
Разметал кудрями ветер ширь!
Эх-бы кровушки напится вволю,
Словом красным ветер пригвоздить!
Утекла та кровушка рекою,напоила досыта
Ковыль...
-...эх-трава,ни хрипом и не стоном,
-...эх-ты,облако!что по небу грозой...
Растоптало по степи ковыльной,
Разметало княжича крестом!

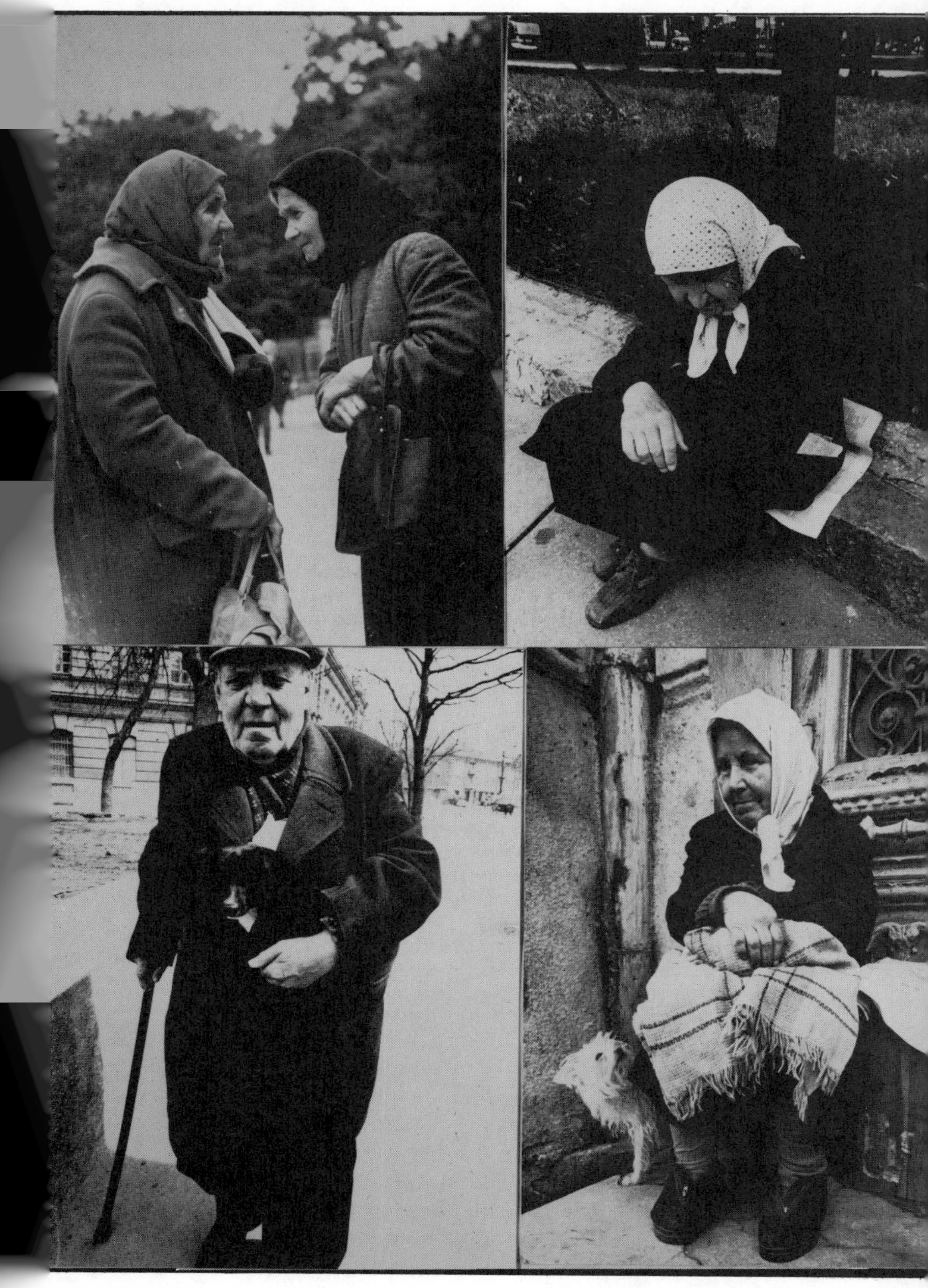

КАРТОФЕЛЬ
И ОВОЩИ —
НАСЕЛЕНИЮ

Стекая каплей пламени угасшим,
Мазком эмоций на песке пустынь,
Где с н и явь,и муха со слонами
Летящих тенью лебедей -
Тоскливо вверх,паучьими ногами
Виргильность пробуя Содома языком,
Шершавых старостью годами... и,
Фаллоса упрямое старанье
Диктует анус с баловством заученной
Виргилия тирады,ослиной заднице
Античный хор...
Покрыто утром детсков дыханье
Паря над морем,спящим псом,Пикассо
Пойманным быками,сиесты дремой,
Острия клинком....
И грустью милых рук,сухою кожей
Линяет клочьями под взглядом
Рыбьих глаз,
Набегом воровским самума ветра
И плачем кипарисов в Ирода садах.
Сад Гефсиманским прозван кем-то,
Ниссаном месяцем падучих звезд-
Летящих Кембрием,Силлуром,Плеозоем
Хитином терлась вечность о порог...
Круженьем тигров в голубой Дали,
Бутоном розы распускаясь
Храня алтарь в промежности тени,
Где эпителия куряся волосами
Пупочным бюстом висится пророк,
Толпу презревший буквою канона
Хвалебной лести панегирик рек:
"...Я,я Это выдумал не кистью,
Не холодом безликого холста,
Галины вислой грудью и лобзаньем
Венеру ублажливал моряк..."
Толпа чадит не пароходом,
Тяжелой поступью порхающих машин,
Искусством паранойи упрощенья,
Где Мнемос форму смыслу обучил:
"...Я создал крылья для эпохи
Испанских грандов кисти и клинка,"—
Атомикус с крученными усами
Галиной,кошкой и собой паря...
Барокко стиль сочится кровью,
Скелета вальсом,стройным па-де-па.
Наполеон солдатиком горбится.
Лысея блестками стакатто на костях,
Плывущей рыбой на коне безглавом
Усохшим фрейдом либидо грозясь
Окутав розу тленом и кинжалом
Эпоха снами Фаллос обрела.

P.S.Отгородясь стеною Вавилона
Оргазм...битие ваял!

...кусты,дорожка,я,ведро–с картошкой,
Киселем,навар борщовый без борща,
Котлеток тощих звон.
Диэта...Стол...
Один и Два,
Палата номер Раз.
Лучезапястный...кровостаз.
В берцовой шунт.
Гипсовый бинт
И маска в брызгах вся.
Пошел ургентный...тридцать семь,
Нет-возраст,пол-моряк,столбняк-морфин,
Мне двадцать три,кто на ренген,
Кто на массах,кто в гипсовую-снять
Корсах,провел в нем года два...
Кто сапожок-как вонь смердит.
Попробуй сам его носить не сняв
За год ни раз...
В палате женской мат висит.
Полна палата баб...кто передачу,рубчик
Кто,кто:"...дверь закрой-сквозняк..."
В надежде тайной кто-нибудь накрасит
Жирно глаз,забыв про метку на плече:
"Горклин больница номер Три ПримРай
УСэР Минздрав..."
И маникюр разлив под крик:
-Зараза,так-раз-так!
...Сергей Рикардич,где же Вы?
Небось Вам семьсят пять?
А Надька-Раз,а Надька-Три,а Надька
Где же Два...у той мужик сбехал
На днях,а эта в синяках,зато раскрашена
Туфтой меж туалетом и окном висит
СтенГаз "М-маяк!"
Этаж второй,и первый мой и третий мой
Этаж–Полин Петровна!где же ваш,
Призыв без лишних слов–...давай сопляк!
Шуруй,сопляк-невеста без трусов...!
...а где каталки без колес,
Кровати без перин,
И страшный мат,как судный день:
-...скор-е-ей!!!...новокаин...

Палата Раз.
Палата Два.
И Надька Два и Три.
До смерти спать...
А мне нельзя...
Счас восемь.
Без пяти...

Здравствуйте Бродский!
Нам быть соседями к слову пришлось...
Милями нас напрямик разделяет,верст
Сколько посуху - ух!далеко.
Карточка ваша среди факсимильных
Именем звонких-слава до пят.
В профиль.
Козырный.
Русский наверно.Такому приснится,
Чистый зэка!
По Ломброзо не случилось ошибки.
И не червонец - паяй четвертак
Я вам звонил.Что нам о жизни.
С гением разве о чем говорить.
Ляпнешь не в масть или глупость сморозишь,
Как Марьей Стюарт - блядью прослыть...
Но та история мышиной пылью пахнет,
А помнят мышь по росчерку когтя,
Кабы не мыши - бронзе не до звону
Да и закат не тускло камнем пах...
История нас учит,что мука влияние на
Ум мышей имеет,особенно изящного помолу...
А братец мой гекзаметром писал,он правда
Был записан в семьсят первом и феню
Рэдать вовсе перестал,
На поминки компания блатная со всей Канавы

В хату наскреблась и даже мамы не рыдала
Падла буду - она сама на злотик сволоклась.
Я вовсе не к тому клоню примеру,что
За поэзию - правилка на костях,
Но в царстве том другого не дождешься,
Уж Вы то криком взмокли объяснять...
Меня Господь не баловал талантом-
Я очень поздно начал говорить,
До этого за птичками бульварными гонялся
И даже трипер не успел хватить,
Не долго правда музыка играла
И шевиот штанов не полинял
...вы может от успеха позабыли - из
Тонкого в полоску матерьялу и тонкий
Габардин плаща,мой батя правда черный
Признавал,
В гражданском черноморском флоте
Единственно непьющий капитан,чего не
Скажешь обо мне капцане,я из больниц
И моргов - никуда,фантазия крива,
Убог мозгами,карьеру делать - да
Сквозняк в ушах.
Глядишь за душу санитара морга не душат
Так,как за халат врача.
Пробел с прожилками сомненья белее
Будет чем халат рвача.

Евгений
Андреевич
ПРИСКИЧ
1894-1943

Ну ладно,Бродский, мне пора...
Ремонта тяжкая возня меня без
Общих приморили...
Хотите отдохнуть - всегда!
Постель и выпивка - моя,
В Шато-Киро без просыпу бухают.
Найдется рюмка и для Вас...

К.К.К.

Не будьте клоуны поэты перед
суетностью
толпы
любые
выкрики
напрасны
вы в этом
мире
не слышны
Пусть ложность томная украсит
чело
ценителей
глухих
могилы
наши
зарастают,
тропа
ведет
к камням
Иных...

Квартира Хруцка. Его жена Вика и одесская поэтесса
Люда Угольникова.
1979

Полина и Анатолий Глузманы.

ой культуры в Бостоне. Выставка коллекции.
1980

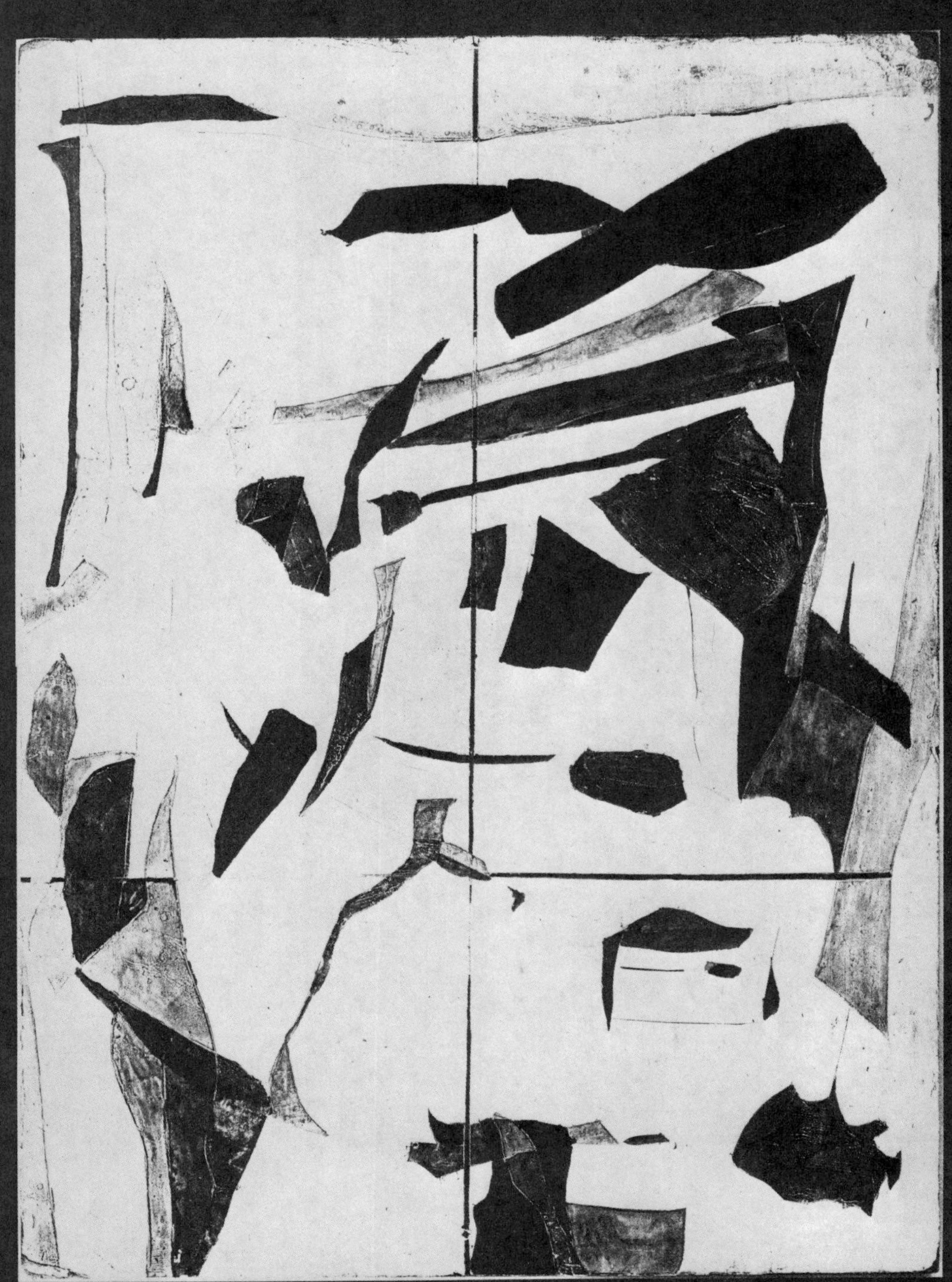

Владимир Наумец (Одесса-Москва). Композиция.
Здесь и далее - из колл. Глуз

B. Haymes. 1977

Виктор Маренюк. Рис., 1978

В. Маренюк. Рис.

В. Маренюк. На лавочке. Рис., 1978

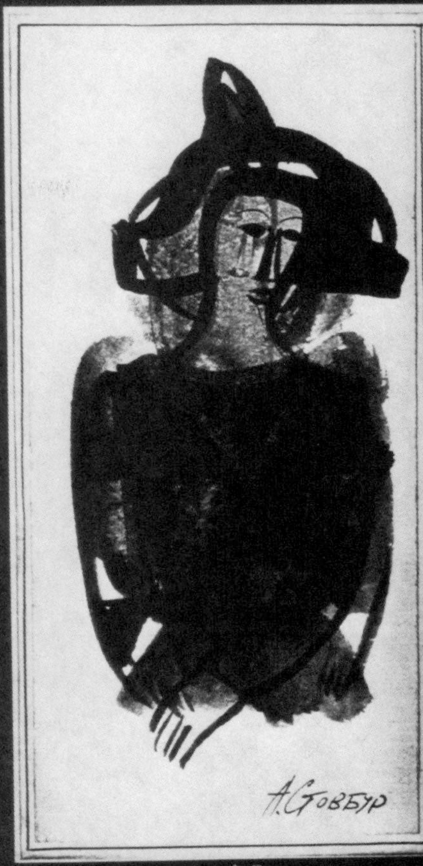

Александр Стовбур. Незнаком
Акв., 1975

Илья Шенкер. Привоз. Масло, 1960-е

В. Басанец. Кладбище.
Масло, 1974

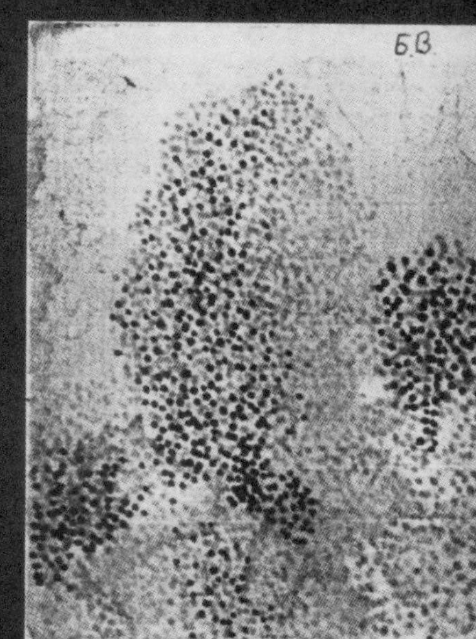

Владимир Басанец. Рис

Виктор Рисович. Старая Од

Алик Волошинов. Пейзаж. Мас.

В. Рисович. Садецкий угол. Мамо

Евг. Рахманинов. Портрет Славы Сычова. 1977

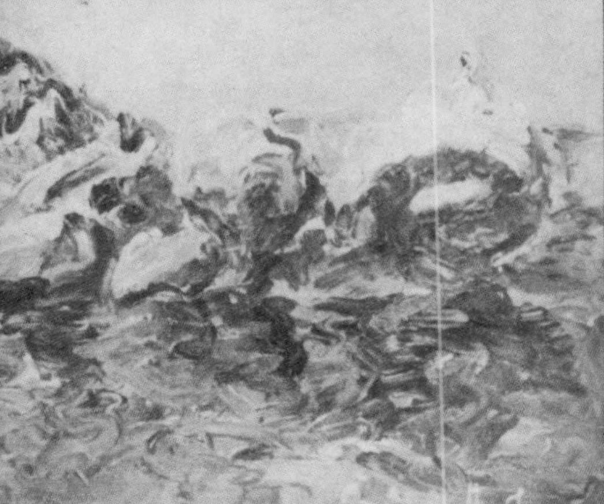

Макоев. „Пейзаж. 1975 г.

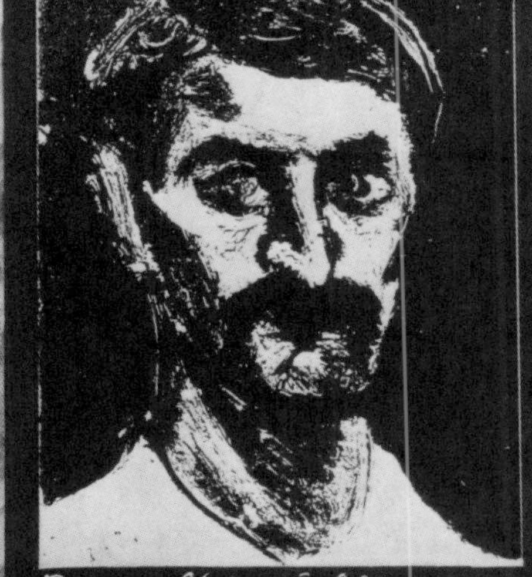

Руслан Макоев. Автопортрет.

Р. Макоев. Автопортрет

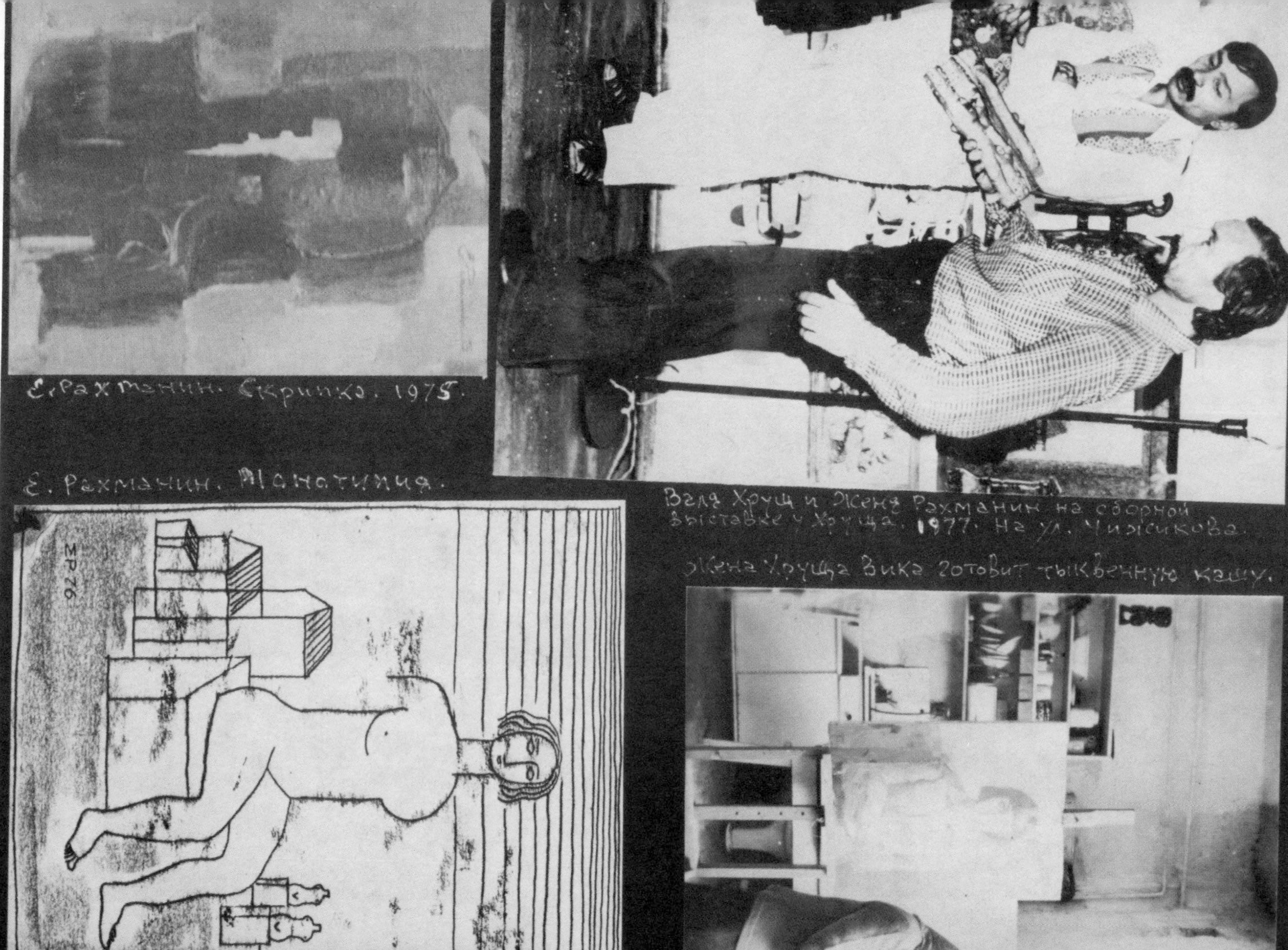

Е. Рахманин. Скрипка. 1975.

Е. Рахманин. Монотипия.

Валя Хрущ и Женя Рахманин на сборной выставке у Хруща. 1977. На ул. Чижикова.

Жена Хруща Вика готовит тыквенную кашу.

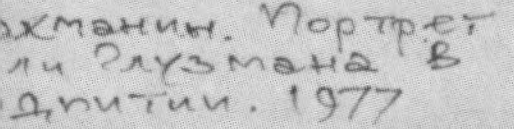

ахманин. Портрет
ли Глузмана в
дпитии. 1977

Е. Рахманин. Толя сердится. 197

Е. Рахманин. Всадник. Монот. 1978

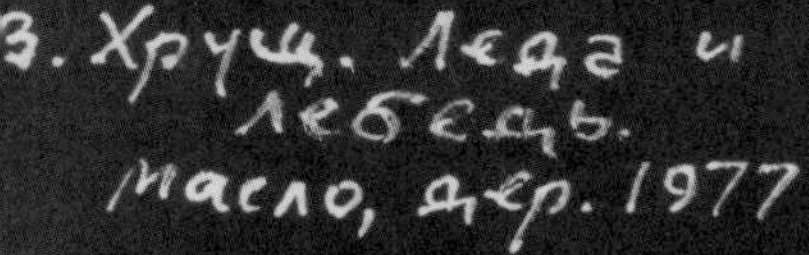

З. Хрущ. Леда и лебедь. масло, дер. 1977

Станислав Сычёв. Автопортрет с женами. Масло, 19

Валентин Хрущ. Цвет

Дульфан. [К]омпозиция. 1977

Сычёв В. Терзание-[р]астерзание. См. техн. 77

Люсьен Дульфан. Лагерь политехн. ин-та на Бугазе. 1968

Хруц. По мотивам Модильяни. Из рублевой серии (продавал по рублю).

Володя Стрельников. 1978

В. Стрельнико
Автопортрет
196

В. Стрельников. Композиция.
См. техн., 75–76

В. Стрельников.
Прогулка.
Масло, 1976

В. Стрельников.
Воронцовка. 1969.

В. Стрельников. Прогулка.

В. Стрельников. На берегу. Рис. 1968

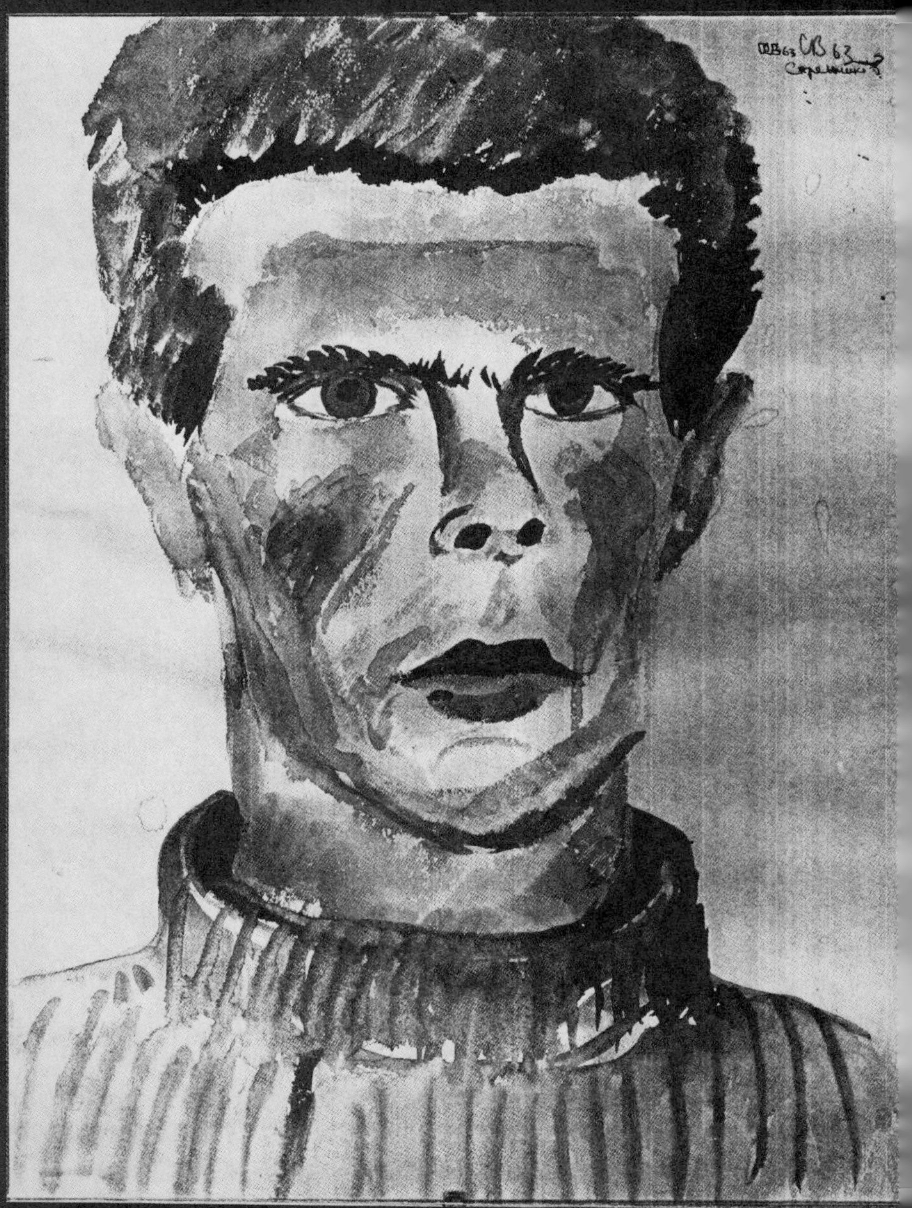

В. Стрельников. Автопортрет.
Акв., 1963

В. Стрельников. Заправка сифонов. акв., 1973

Проводы
ельникова
1978
да Встреб-
рая слева
ентре-
ельников,
ренюк с
родой и
лина в
шляпе.

Люда Ястреб. Рисунок к 8-му марта. Ст. техн., 1978

…омпозиция.

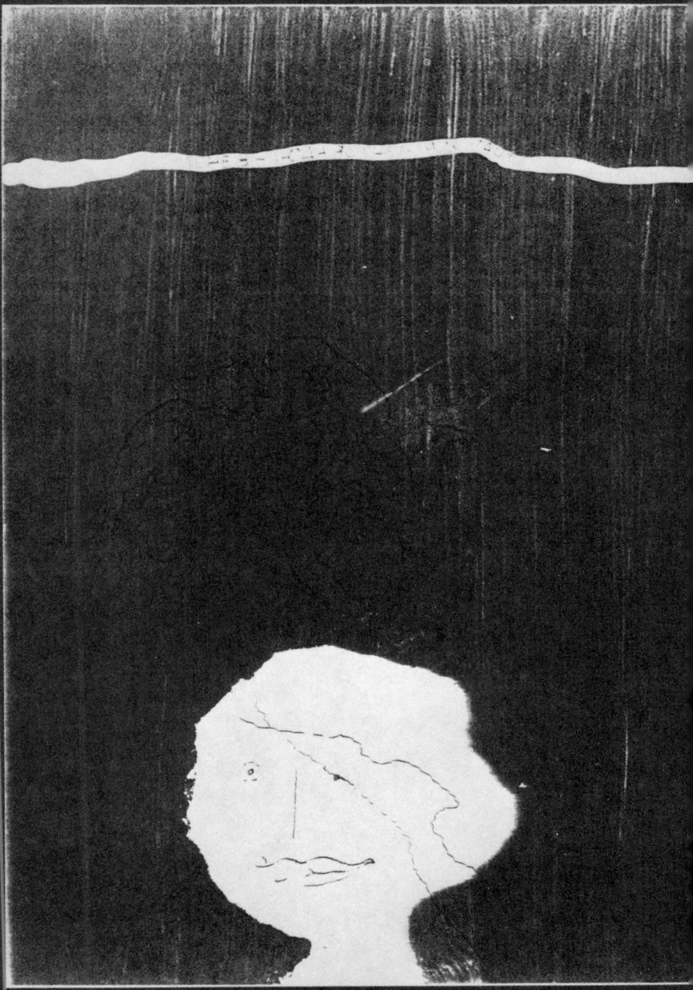

Л. Ястреб. Рисунок

В. Рисович. Композиция. Масло.

В. Шаповаленко. „1917 год". Рис. 1977-8?

О. Соколов. Композиция.

Таллин

\+
\+ \+

Отчего твои глаза печальны
и темны, скажи мне не таясь?!.
Может быть с какой-то давней тайной
у тебя таинственная связь?!

Может быть везли тебя абреки
продавать за крупный куш
в полон
и жевали черствые чуреки,
в страхе озирая небосклон.

А возможно предки задыхались
в горестном плену у басурман,
и молились, надевая талес,
чтоб спастись от гнева мусульман.

Или оттого твой взор печален,
что своей не чувствуя вины,
душу потрясает звон кандальный
и томленья разинской княжны.

Я не доищусь первопричины,
да не в этом собственно вопрос...
Просто ты пришла
и вечер синий
все ~~вокруг~~ во мне перемешал ~~всерьез~~ вразнос.

И гортань горчило от признаний,
и от мыслий мучилось чело...
Разве есть такое оправданье,
чтобы исцелить тебя смогло?!.

Потому ты жертвенно и робко,
от рассвета до исхода дня,
то неторопливая, словно тропка,
то как взрыв сирени у плетня.

Только и всего, что я заполнил -
Цвет твоих таких печальных глаз...
Нас с тобою люди познакомят
и опять поссорят люди нас.

МОРИС БЕНИМОВИЧ

Полина в шляпке.

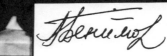

Бенимов

Написано в мае 1973г. С благодарностью
Морис Бенимович.

Володя Герман. Полина

Li Tang. 1982

Маренюк,
Глузман,
Полина Колтынюк,
Стрельников,
Шура Ануфриев,
Рахманин,
Таня, мать В.С.,
проводы
Стрельникова
Весна 1977

Актер Роман Карце

А. Рихтер.
Автопортрет в интерьере.
Масло, NY, 1979

Руки Рыб-от Зануды Шемякин

Александр РИХТЕР

СТИХИ ДЛЯ РУХЛ

Л.Ф.
1971-1972

ПАСХАЛЬНАЯ НОЧЬ

Рахиль не поачет никогда,
наверно нету слез.
Но если нужно иногда -
кувшинчик я б принес

Рахиль. Зубами скрипните во сне,
когда исчезнет за балкон светило
и остолбенеет ночь в окне.
Дай бог, чтоб слез хватило

Рахиль. Но если предпочтете вы винцо
или другое в этом роде -
скажите, принесу. Пасхальное яйцо
вчера валялось на комоде.

Рахиль, Христы воскресли -
у вас в гостях их двое.
Того, который слева, усадите в кресле,
который справа, может выпить стоя.

Рахиль, я рядом сяду кротко.
Свечной огарок жив еще немножко,
в гостеприимной сковородке
полусырая вечная картошка.

Рахиль, я кайфикам узнал днем цену,
а ночью дьявол ранил.
Как не могли пройти сквозь стену,
как ливень шумно барабанил!

ТРИПТИХ

1.

Был светлый гость из доброго сукна
у титулярного советника в Шинели.
Прошу прощенья у Рашели,
что для меня шинель - она.

Как улицы чисты, как дни похорошели,
как небеса ясны, так славно посинели.
Прошу прощенья у Рашели,
что мне тепло и хорошо в шинели.

2.

Но знаю, что рассчитаны часы
и я печален - дики здешние края.
Нагрянут страшные усы
и молвят: А шинель-то ведь моя!

2

Живут без тайн Полишинели
и пропадает гость в ночи.
Без тайн, Рашели и шинели
захочешь плачь, захочешь - хохочи.

3.

Я умолкаю, дух коварный Мефистофель,
на полдороге не бросай.
Кому носить тогда картофель,
вино, стихи и каравай?

У ног дырявого Христа с какою богомолкой
мне бить вечерние баклуши
и чьей мне улыбаться Нюше
под гениальной треуголкой?

НЕИЗБЕЖНО

Рахиль резва, ей скачется по птичьи,
она смеется надо мною тонко,
но вдруг сверкнет угрюмое величье
и я увижу амазонку.

С угрозою проступят из тумана
древко копья и острие.
Секунда, заалеет рана,
но взгляд безжалостен ее.

И все темнеет, все сулит беду,
и голову вжимая в плечи
я знаю - завтра все равно приду.
Кто ранил, тот пускай и лечит.

КЛЯТВА ЗА ЧАЙ

Клянусь, Рашель вам, без ненужных ссылок:
вас никогда не провожать в кино,
не уносить пустых бутылок,
не покупать нездешнее вино.

Клянусь не починять розеток,
настольных ламп и утюгов,
водопровода, радиатора, клозета,
диванов, кресел, сундуков,

а также в дамских туфлях не обедать
клянусь. Я все пересчитал грехи.
За это пригласите чай у вас отведать
и посвятить еще раз вам стихи.

ЕЕ ЖЕЛАНИЕ

Где-то дремлет деревенька
и где-то есть прелестный пруд.
Рашеле хочется маленько
забыть про боль, картошку, труд.

Оставить сковородку братье,
оставить в ванной постирушку,
оставить боль и в летнем платье
лечить от диатеза Нюшку.

СЕГОДНЯ

Сегодня главное клубника,
сок яблочный, березовый, носки
и чтобы Рухл не поникла
одна от будничной тоски.

Сегодня главное мне малость -
полы мыть Шуе в мастерской
и чтобы Рухл улыбалась
с перебинтованной рукой.

Сегодня главное - мгновенье
в даль исчезающего дня.
Потом придет поминовенье
как отражение огня.

ЗАПИСКА

Приветствую тебя, Рахиль, моя подружка!
Как соображаешь, спишь, обедаешь ты где?
Как поживает фрейлен Нюшка,
месье Шуревич и т.д.?

Рашеле милая, как ручка, шейка, ножка
и все вообще, что на твоей произрастает грядке?
P.С. Я так хочу счастливым быть немножко -
порадуй милая, скажи что все в порядке.

Л И Б Е Н Т А Л Ь

ЧТОБЫ РАЗВЕСЕЛИТЬ

Хотите знать где ваши други,
как бедствуют знакомцы - дожи?
Шмаляет Игорь шимми-вуги
в юнайтедстейтовской одеже

по воскресеньям. Ну а в будни
военкоматский красит гроб.
На гордом безымянном судне
упрямый парус держит Боб.

Шуревич ищет Гаузбрандта,
воюя с тополиным пухом,
а Кельник с горя и таланта
экзамен пробивает брюхом.

В вояже Мока с Барзошвили,
Хрущ точит Леву на стреле.
А если б, Рухл, в бар зашли вы -
Сыча увидели б во мгле.

4
1974

Есть сведенья еще, товарка -
там, где струятся вина-воды
недавно видели у Марка
в кульке большие бутерброды.

О прочих нет пока известий,
хотя все рядом, где-то возле.
А Рихтер? Тот всегда на месте,
как под диваном этот козлик.

СЕНТИМЕНТАЛЬНАЯ ШУТКА

Когда-нибудь я прокричу Рахили в ухо -
/на склоне лет старушка глуховата/:
Хе, хе! Ты помнишь, дорогая Рухл,
как мы обедали когда-то?

Хе, хе! Ах, если б пропустить стаканчик -
/куда развалине и так он дышит еле/.
О, Рухл! Как мы изучали одуванчик!
Майн готт, давно над нами птицы пели...

Когда-нибудь Рахили древней в ушко
я прокричу о том, что время смыло
и, шамкая, прошелестит старушка:
Да, Рихтер, было дело, было...

Вей, Рухл, не поверить - столько лет!
Но помнить буду до кондрашки
юнайтед стейтс рубиновый вельвет
и милые дешевые рубашки.

Когда-нибудь мы прослезимся - старички,
на раннем солнце грея кости.
Смахнем слезу, надвинем вновь очки -
Шуревич дряхленький кряхтя плетется в гости.

И снова вспомним золотое время оно,
весь молодой кармин и бирюзу -
пока не донесется до балкона,
что старец Павлов кашляет внизу...

СТАРОКОННЫЙ РЫНОК

Когда нам переплет оконный
напомнит о распятье,
пойдем на Староконный
в Рашелиных объятьях.

Она заворожит беду,
нас обласкает сходу.
Подарит добрую байду,
веселье и свободу.

И пусть трепещет веко
от радости с утра -
легко быть человеком,
когда Рахиль сестра.

5.
Одесса
1973

Сестрица Рухл, икона
и косоглазая байда!
Нельзя ль на Староконном
остаться навсегда?

Верни нам мир исконный -
давай опять из тьмы
пойдем на Староконный,
на пир среди чумы.

Среди запроданных кобыл,
забытых богом кляч,
чтоб каждый сам себя забыл,
свою тоску и плач.

БОЛЬШАЯ ДОЛИНА

Гросс Либенталь
в пыли и в первой травке.
Пасхальны щеки краль
и пареньков в затравке

винной. Я утром видел кулибабу
на крае выцветшей дороги.
Черешня расцвела, но табу -
либенталевские боги

не дали бы сорвать мне ветку.
Над каждым розовым цветком
пчела кружилась, метко
садясь куда ей надо. Я в таком

был восхищенье. Рашель, жалею жутко
что нынче не был я у вас -
мне все мерещится та утка,
бутылка пива, ананас

которые метр Гауз вам принес.
Поклон Шуревичу, Наташе.
Куда теплее мой хаос,
когда есть масло в вашей каше.

ДО СВИДАНИЯ

До свидания, Рашеле - почему
ангелы беду не укачали!
Мне теперь и вечер ни к чему,
Ягве, утоли мои печали.

До свидания, Рашеле- очень больно
мне поверить в это слово.
Вдруг не справлюсь и приду невольно,
вы осудите сурово?

До свидания, Рашель - пустое
пусть ночами вам не снится.
Обещайте мне не стать святою,
если буду я на вас молиться.

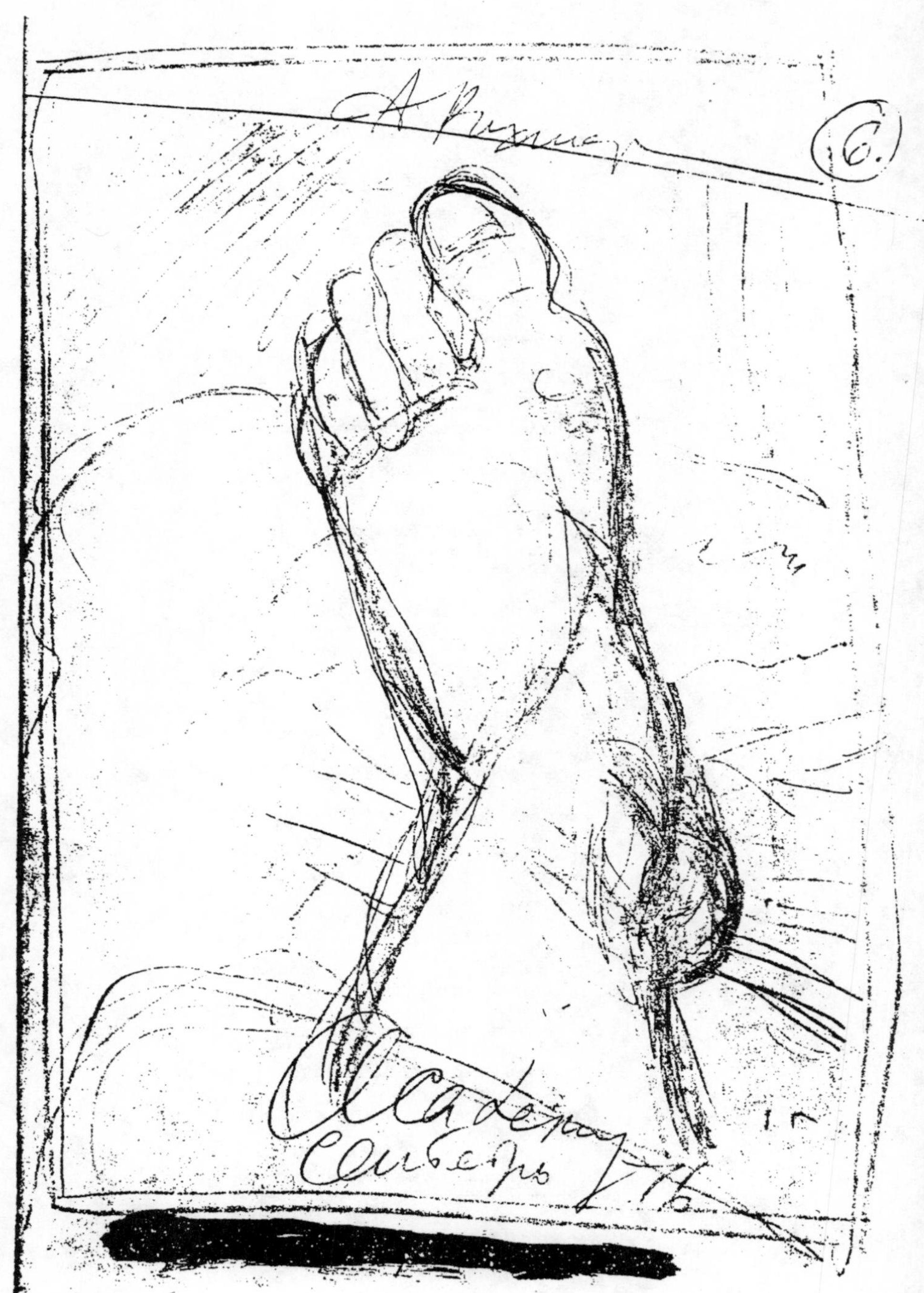
6.

До свидения, Рашеле - многоточье
я поставлю... Нынче летом
мы еще друг друга поморочим.
Ягве, помоги нам в этом!

До свидания, Рашеле - желтые тюльпаны
я принес. Предвидится разлука.
Неизвестно, поздно или рано,
вы, Рашеле, ждите стука...

ОПЯТЬ ЛИБЕНТАЛЬ

Ю.Ш.

Шумят деревья, громы вдалеке...
Я здесь один грущу у телефона
и мне мерещится, что у перил балкона
стоишь ты с Лилией в руке.

Взгляни на ветренную даль,
Шуревичкин! Напомни, между прочим,
цветкукак любо в Либенталь
и Рихтарку, которой грустно очень....

ЗАГАДКА

Садится солнце за карнизы
и тают у прохожих лица.
Тебе привет от бедной Лизы,
которой негде утопиться.

Она стоит как изваянье,
одна среди чужого лета.
Отчуждена от возлияний
бедняжка наша Лизавета.

Нельзя зелья ей, кружки пива
не разрешают Лизавете.
О, господи, совсем тоскливо
ей стало жить на белом свете.

Ах, Лиза с папиросой, Лизавета!
Не хнычь, подружка, коль грешишь.
Смешное наказанье это -
закуска есть, а выпить шиш!

СТАРОЕ ЛЕТО

Я дую в трубку телефона
и слепо вопрошаю даль -
счастливчик, говорят мне сонно,
опять ты едешь в Либенталь.

Счастливчик? Пусть. Не надо спора -
путь пониманья слишком длинный.
Не знаю, хочется ли в горы,
но надоели мне долины.

1.

[illegible]

[illegible]

[illegible]

[illegible]

[illegible]

Опять я еду в Либенталь...
До нашей затяжной потехи
еще не близко, эту даль
отметят вызубренные вехи.

Да, я счастливчик. Только что-то
веселья здесь на медный грош.
Большедолинская нудота
уже под горлом. Невтерпеж.

Как скучно нынче в Либентали!
Все в грязной зелени, жарища.
А то, что мы весной видали
исчезло и долина нища.

Запили либенталевские боги,
нет ни души, одни плакаты.
Петух на скрюченной дороге
орет истошное стаккато...

ТРИ СТИХОТВОРЕНИЯ О ПОДАРКАХ

Ты принесла эти цветы и салат, и
серебряную астраханскую воблу, и
редиску, и картошку вологодскую.
А потом мы купили уксус, сметану, а
за подсолнечным маслом ты пошла
к подруге.
Все съедено, все промчалось и станция
дня рождения уже далеко...
Но в товарном вагоне моего дома
еще качаются на столе цветы.
Их нежный карминовый цвет просит
плакать, хотя они нарядно веселые
и даже лукавы чуть-чуть.

* * *

Твой подарок, твоя кукла с голубым лицом
отвернулась от меня.
Брови тонкие надменно тянет к потолку
и брезгливо кривит губки.
Ну, откуда она знает, что записки нет сегодня
в твоем ящике почтовом?

* * *

Костлявый черный зонт просторно сушится в углу.
Всем странно - зябко в первых числах мая.
День сумрачный, с чужими голосами за окном
я прожил вольно, растерянно и грустно.
Нас навещали с мамой, но была на лицах непогода.
Не связанное пьянкой время было достоверно
и чокались часы друг с другом рюмками пустыми.
И все во мне меня толкало острыми локтями.
К двенадцати устали все и я.
Без рук твоих колокола молчали,
не плыли облака, не расходилась ночь.
И вот сегодня тот же дождь, и зонт опять смешно

грозит когтями как мышь летучая из Брэма. Я тетушке письмо пишу, жгу желчью телевизор, немного зябну, чувствую тебя, ласкаю скрипочку которую тебе в подарок строил, курю прокисший "Беломор", решаю милую проблему встречи, и вот сейчас пишу про настроенье.

СТИХОТВОРЕНИЕ НА ПАМЯТЬ

И весело, и грустно немного,
и связи не просят слова -
Санжейка, деревья, дорога,
собака, движенья, трава.

Здесь только пространство и лица,
погода, печаль и привет.
На прошлое хочешь молиться,
а странно - ведь прошлого нет...

М А Д А М !

14.

Всю ночь, стих сдержанный навзрыд,
искал мадамские колефи.
В окне еще луна царит,
на потолке шабашат тени,
но зачастили поезда,
пёс дальний брешет, то и дело,
и стёкол серая слюда
уже слегка порозовела...

15.

Мадам! Дело, кажется, в шляпе,
а утром, думалось, швах.
Глоток и маэстро Шаляпин
дубинушкой ухнет в ушах.
И духом, согретым горилкой,
я райских достигну высот,
где соль не осыплется с вилки
и воду ладонь донесёт.

19.

Мадам, денек довольно хмурый,
воровкой шарит боль в виске,
но стих упитанным амуром
начертит стрелкой на песке,
что завтра прачечной китайской
прибой разгладит берег вновь
и засияют синькой майской
надежда, вера и любовь.

22.

Как грустно дома - к Музагету
вернулась милая Мадам.
Магнитом легким перед летом
весна дрожит по вечерам.
Досуг теперь печален мой

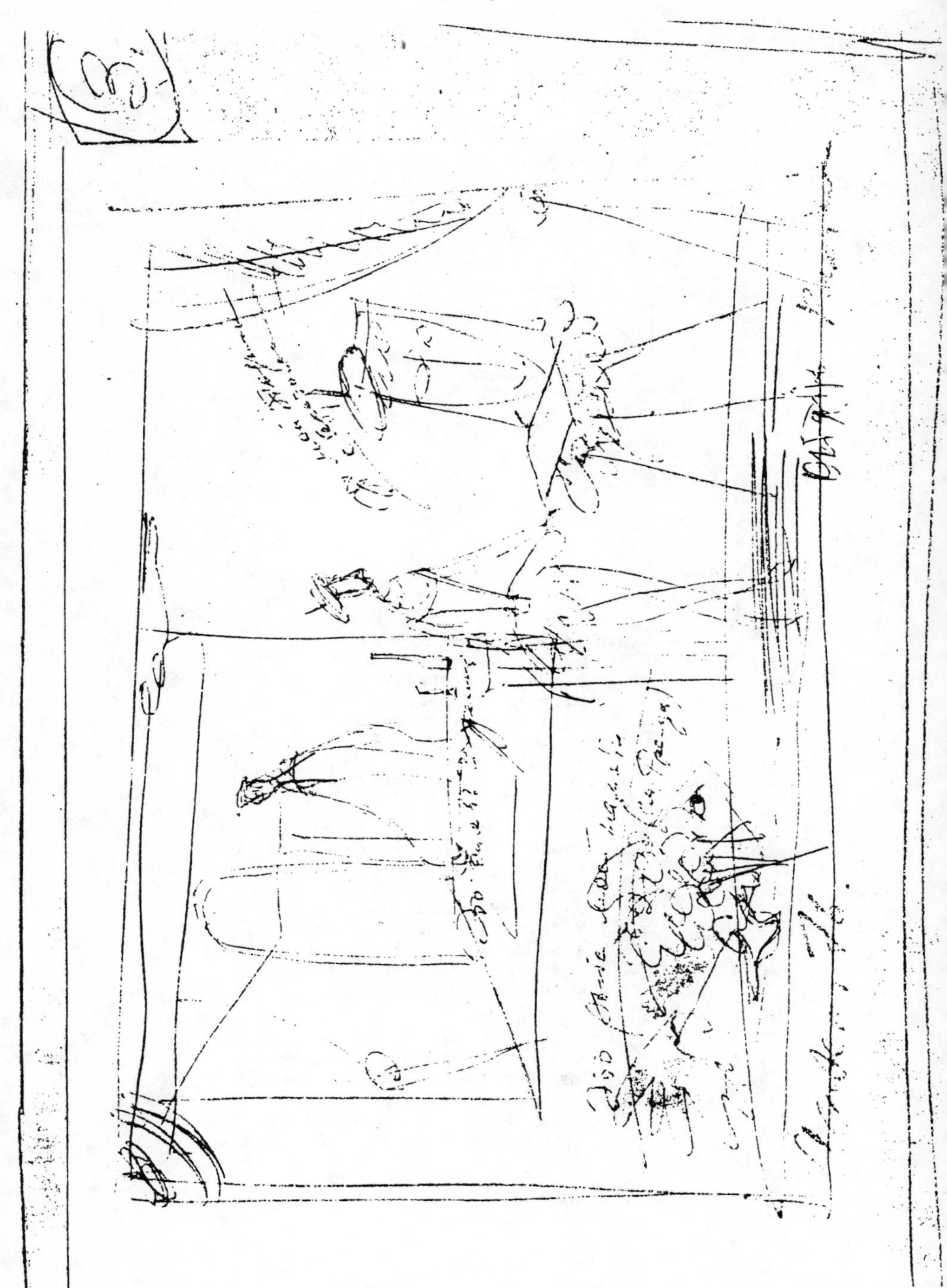

и долго длится ночь немая,
и пахнет скошенной травой
вторая половина мая.

* * *

Ночь опять свалилась сразу.
Страх к забору тулится.
Фонаря желток размазан
на перроне улицы.
Я молчу. Мадам в покое.
Тишина. Рассвет далек.
Закоптили мыши Гойи
низкий потолок...

* * *

Мадам! Зимою одиозной
умирают рано дни.
Примерзают к стеклам звезды
и дорожные огни.
Вы по уши уходите в бурнус -
январский ветер строг.
Мне сводит скулы кислый вкус
перебродивших строк...

* * *

Дом устал от околесицы,
от забот и ссор.
За окошком ветер носится,
обезлюдел двор.
Затянулся узел ночи,
костенеет грязь.
Мадам, сядьте. Побормочем,
на пустырь косясь...

* * *

Темнеет быстро. Ветер зол
для романтической прогулки.
Грызу под лампой в закоулке
былого сахарный мосол.
Мадам порывисто вздохнула
и улыбнулась еле-еле...
Ей снятся древние апрели
и голос грустного Катула.

* * *

От зимы никуда не уйти -
день застанет врасплох, невпопад.
Ночью встречу Мадам на пути
в галерею разлук и утрат.
Тихонько вздрогну в полусне.
Мадам седые букли клонит.
Переливается пенсне
на померанцевой ладони.

* * *

* * *

Дни молодея тянутся к весне.
Торопит время спящий разум.
Мадам, дремлите. С каждым разом
кивая ниже в полусне.
Томится небо. Дождь. Туман.
Молчать резонно и не странно
искать на донышке стакана
всё возвышающий обман.

* * *

Купались, упрекая взгляды,
хрустели булкой, пили чай,
ругались матом невзначай,
меняли перед зеркалом наряды.

Мазнули скулы шеколадкой,
небрежно повязали шарф,
надели шубу времени Пиаф
с огромною заплатой на подкладке.

Надменно повели плечом на человека
и топнув ножкой наконец,
сказали: Эй, пошли, подлец,
я покажу тебе Тулуз-Лотрека.

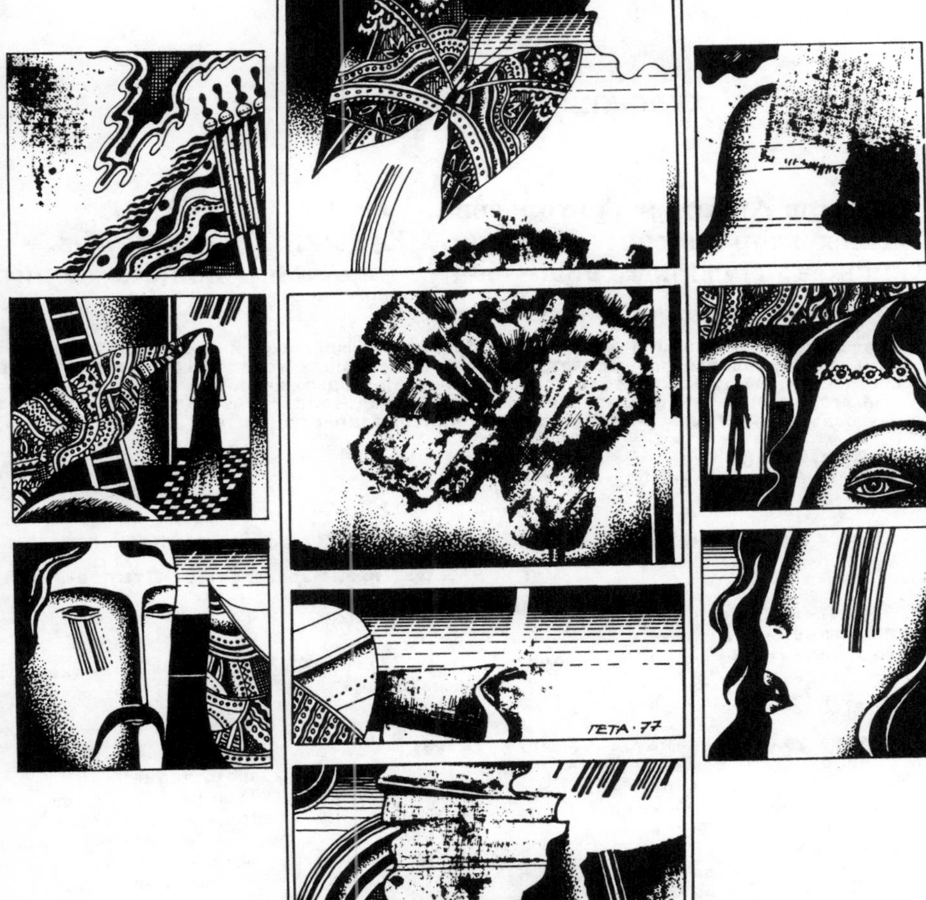
ГЕТА · 77

ПРИЛОЖЭНИЭ №1:

БАРАЧНИК ИЗ КИШИНЕУ

ХУДОЖНИК *М. ГЕРАСИМОВ*

Адамов Аркадий Григорьевич.

А 28 **Инспектор Лосев: Дилогия / Худож. М. Герасимов.— Кишинев: Лумина, 1985.—544 с. ил.—(Мир приключений). (Библ. серия).**

Расследование одной незначительной кражи в московской гостинице помогает работникам уголовного розыска разоблачить шайку расхитителей социалистической собственности. Об этом читатель узнает из романа «Злым ветром».

Во втором романе дилогии расследование загадочной смерти девушки помогает работникам уголовного розыска раскрыть группу опасных преступников.

А $\frac{\mathbf{47020110200-040}}{\mathbf{M752(12)-85}}$ **105—85** **84 Р7**

Печатается по изданию: Аркадий Адамов. Инспектор Лосев, М., Советский писатель, 1978.

Книга, естественно, соцвосовское гавно,
но иллюстрации...
Тольков провинции может проскочить такое, стоющее, да и то - по макету судя - "ХУДОЖНИК *М. ГЕРАСИМОВ*" - разными шрифтами и неровно - что-то и там не совсем гладко было.

Покупаю я тут у Камкина, в соцмаге "4 континента", всякую макулатуру - "чтоб не отстать от жизни", то "Справочник сержанта артиллерии", то - афганские очерки Тимура Гайдара, то Сулейменова, то Давида Самойлова, ну, Евтуха и Вознесенского - в полном объеме, не говоря за Глеба Горбовского - столько книг я в жизни не покупал, можно было где перелистнуть, а здесь - приходится. И это при том, что каждый том вылетает у меня - тысяч в 5 по расходам /доход же будет - дай Бог, по 500 с тома/, но - "не хлевом единым жив человек", а на хлеб пока хватает, не говоря, что хозяйка русской /еврейской/ пекарни, юная Юлиания - посещает все мои чертогоны, и постоянно предлагает хлеб - бесплатно.
Но и хлев - российский, отечественный - воспоминаниями спасает от ностальгии. Шемякинская ли "Панька-коммуналка", Лягачевская ли Боровая, да просто - хроника советская по телевизору, очень помогает.
Материшь тут тупую, зажравшуюся Америку, с ее проблемами переедания и гомосексуализма - а нет-нет, да и вспомнишь - утраченную Родину...
Просмотрев, к примеру, картинки кишиневского художника "М.Герасимова", явно, не того, который Сталина с Ворошиловым рисовал.
И для него - у меня найдется место в антологии.
Помещаю.

A
Φ GUN
EAST
A
H

А Ф Г А Н И С Т А Н - Т А К Ы Р

три поэмы предваряемые джиром

Платонову и Неверову

ДЖИР О КОЗУБАЕ

"И о мудром Козубае
я сложу огромный джир"

Г. Тушкан

Тушканчик козодоя робко в зоб
Звенящей тетивой джейрана в зад
Инжир цветет курджум инжиру рад
Ата ата цветет в долине сад

Хурджум рассудка развязал ходжа
В зубах завязла спелая хурма
Алтын-базар ячменныя корма
Плешатый аламас ночной кошмар

Кутак на так таньгою Козубай
Камчой коня огревши Козолуп
Ату ату кривляется атай
Гюрзой стекает мясо по зубам

Шайтан курносый Карасу-базар
Китайский бонза пауз богдыхан
Стекает в хауз риштой астрахан
И Козубай и тучен и зобат

Крутя нагайкой скачет Кочубей
И чуб его спускается на пуп
Навстречу выезжает Козолуп
И Козубай регочет: кочумай!

Цветет под тюбитейкою кумач
Кумыки растекаются в кумыс
Ашуг /рапсод/ надсадно выл в комуз
Конфуций отрастил себе ногтей

Батыр батыр могучий Козубай
Задумчивый кочевник Козолуп
Поет в барханах грустный козодой
К овце крадется тайно козоёб

О Козубай! тебе сложил я джир
Вкушай его: шербет халва инжир

2 июня 1974-аго года
СПБ

ЯЗЫК ГОР

Гахемону

1

киргиз киргиз
купи картуз

бритолобая башка
он похожа на божка

арык гюрза
сапог кирза

у тебя карамультук
ты стреляй бурульдук

пуля 15 зерен ячменя
сверху облиты свинцом

заряди ружье на сошках
постреляй джейран на сопках

вислоухий малахай
на маханину махай

у лиса хвост
у волка хвост

у ишака больше
у верблюда сзади

течет Аму-Дарья
течет Сыр-Дарья

а за Вахшем
уже ваши

2

язык шиитов пушту гор
гортанный говор афганский вор

шурлюм-мурлюм курлям пшенич
предгорья гор и зычен клич

треугольный кинжал
в животе задрожал

загремел бландербас
во весь бас

3

афганистан страна моя
ты вся горишь в огне

проскачет всадник вороной
на белом скакуне

вороний глаз вороний грай
над алыми костям

играй труба моя играй
приветствие гостям

трансваль трансваль афганистан
в горах горят огни

и перетянут деве стан
солдатские ремни

4

до хребтов Гиндукуша дойти нелегко
и Индия так далеко

и хрюкая яки дают молоко
которое так горько

на верблюде качается старый бабай
на бабе стоит мужик

абак и байбак бархан и абай
и в скалах скользят ужи

в пустыне и камни воду дают
потея в темной ночи

и где-то подземные глухо бьют
горячей водой ключи

до хребтов Гиндукуша так далеко
где с гор течет молоко

5

голые полуголые черные от солнца
больные умирающие на солонцах

кровь солона и болезнью сонной
больны все члены в черных штанах

лицо занавеской задернув
подол деловито задрав

сидела мадонна в уборной
смертию смерть поправ

медленный сухой горячий город

белые чулки через плечо

и такыром пересохло горло
и жена мочилась горячо

грязный пропыленный арык
ягодой кровавой тутовник

наверху летает сарыч
а внизу отдыхает покойник

6

продали полковники тебя страна
отпускают конники стремена

танки по дорогам идут пыля
у дороги виселицами тополя

из-за камня каркнет фитильное ружье
пуля ячменная вонзится в плечо

кишки намотают как ришту на сучок
а солдаты хлещут местный сучок

пьяному и хуй по колена висит
командир команду на дудке свистит

строются полки и вздвоены ряды
вобраны желудки и не торчат зады

командир соколиком похаживает: мать!
водку не пить и девок не мять

а на этих девок у них не стоит
и глаза косые застилает стыд

7

Платов Платов казачок
что ты в Индии забыл

табачок и кизячок
и у жителей зобы

против танков и базук
есть у нас карамультук

звонкий говор тихий звук
чьи-то кости тук тук тук

и из черепа змея
выползает извиваясь

трое витязей стоят
русский немец и китаец

3 дек 80

ПОЛИГОН ЛОБ-НОР

О. и Е.
и Володе Березовскому

1

пусто пусто голо голо
на просторах мертвой Гоби
галька черная блестит
кость огромная торчит

тамариск и саксаул
почерневшие стволы
в ямке спрятался аул
в вышине парят орлы

завари монгольский чай
молока в него добавь
тлеет мертвая арча
греет синяя даба

серый черный красный бурый
цвет пустыни цвет песка
блеет каменным бараном
между скал его тоска

на пустынные барханы
забирается луна
сквозь песчаные туманы
льет печальный свет она

и копытцами джейраны
разбивают снега ком
мчатся дикие куланы
цвета чая с молоком

ни пылинки ни былинки
в свежем воздухе пустом
кости черные белеют
рядом с высохшим кустом

2

на дне пустынного сайра
в пустыне цаган-богд-улы
высокие травы дэрэс
янгиры жуют козлы

в сомоне барсболд ринчина
меж гор ихэ-богдо-ула
пересохшее дно речное
и гола как ладонь яйла

прибыли в аймак
жевали каймак
на корове ехал старый калмык

плеткой махал
поправлял малахай
изо рта торчал пожелтевший клык

войлочная юрта от дыма черна
на кошме гора бараньих кишок
железным ножом с костяным черенком
перерезал свитый из волоса кушак

черный казан с голубой водой
едким дымом пахнет горит кизяк
молодая монголка с раскрашенной мандой
а на ней беркутом пожилой казах

дети играют в веревочку в углу
старуха жилу пропихивает в ушко
утром пришла телеграмма в улус
о том что перерезать всех ишаков

3

ишаков грузили на зил и на маз
старый дунган обратясь на восток
на верблюжьем коврике сотворил намаз
китайский меч положил на верстак

кишки серым ишакам поря
скидывал живых в ущелье самосвал
над улусом раненая билась заря
а в юрте звонко закипал самовар

серые ползли на обломках ног
путаясь в кишках голубые ишаки
на дне ущелья холодно темно
а стены отвесны и высоки

над ущельем гордо парили орлы
падали на падаль рвали глаза
тучные летели над простором яйлы
туда где птенцы в гнезде голосят

то-то было корму тому кто крылат
тысячи скелетов лежат на дне
старый багва заслуженный арат
парадные валенки по случаю надел

выбили верблюдов с которых лишь шерсть
с ишаков подавно какая корысть
и великий хурал на верность шерть
подписал и вновь запылали костры

там где в пустыне полигон лобнор
вымерли и суслики земля пресна
красивая монголка выбритым лобком
привлекает летно-ракетный персонал

4

гоби погублена голый динозавр
яйца понапрасну туда наклал
рота шагает под песню доризо
а заря над пустыней горит как напалм

триста лет монголы растили зады
коими сидели на русских костях
расцветут в пустыне грибами сады
советы там дома а не в гостях

оставят цеденбалу верблюжье молоко
было бы что на старости сосать
монголия вся обширный полигон
и ими пополняется боевой состав

едут на верблюдах верблюжьи полки
в сторону китая вскинуты клинки
в черных халатах и белых башмаках
пыль радиоактивная висит на башлыках

едут по пустыне где кости поют
глазками косыми смотрят назад
там где не осталось ни жен ни юрт
а боеголовки направлены на запад

5

вымерли динозавры
будто предусмотрев
атомный гриб на завтра
пылью на почву осев

осью москвы-пекина
семипалатинск стал
строем идут полки
словно степной пал

были монголы и нет
родина их нема
и чингиз-хана след
стерла в кирзе нога

вымерли ишаки
выбиты их луга
слышатся их шаги
там где растет куга

призраки их на юг
тянутся косяком
камни в пустыне поют
пахнет не кизяком

пахнет бензином сучком
и танки идут в сычуань...

17 июля 81

ТАКЫР

/туркменская повесть/

1

когда задует злой хамсин
в пустыне бедуин
стоит по имени хусейн
и стан его лосин
/и стан его осин/

когда подол задрав жена
о бедра бьет лаваш
она сладка как чурчхела
в грудях ее кумыш

когда как финик сладок плод
и с косточкой внутри
красотка выпятит живот
в котором пупыри

но молоко дает верблюд
которое горько
и овцы жирные блюют
в тени солончаков

кровь аксакала солона
сосет ее жена
ее монисты в волосах
таинственно звенят

ее раскосые глаза
больная бирюза
и гибким телом как гюрза
она его куса

ее торчащие сосцы
касаются пупка
табачной жвачкою резцы
попорчены слегка

она в шальварах ноги скрыв
лицом открыла стыд
ее прелестной наготы
желания остры

жена блудлива как коза
и страшен бабакай
пока сапог его кирза
гуляет по бокам

2

посади ее в саксаул
посоветовал аксакал
по монисту к ее соску

прикрепи на груде песка

ты по груди ее зарой
чтобы стала добычей зверей
чтобы очи ее с зарей
были высосаны змеей

приведи ты к ней ишака
чтобы в жадно разверстый рот
заползала его кишка
наполняя ее живот

и верблюдом вокруг умни
эти комья сырой земли
чтобы впредь у нее на уме
анемоны боли цвели

а потом ты ей рот зашей
для начала набив песком
привязавши ее за шею
шерстью вытканным пояском

так советовал аксакал
гладя белый пучок волос
по пустыне ползла тоска
синеватым дымком кизяка

3

в барашковой шапке ехал туркмен
мех с вином качался на тощем мехари
пяткой лениво давал тумака
по бокам облезлым бокам меховым

стлался под копытами в трещинах такыр
солнце было сразу по обоим бокам
у седла приторочен отточенный топор
потник оторочен шкуркой байбака

ехало качало с бурга на угор
камча сыромятная ссохлась в жгут
пот из под папахи вытирал рукой
серьга серебряная качалась в ушку

белый словно олово голый солончак
кости человечьи из песка торчат
ветром разносится сухая саранча
которой полны пустые торока

едет и песню поет туркмен
о той чьи груди как масло жирны
о белом теле чужой жены
о той чьи кости из песка торчат

12 июля 81

Кузьминский и мадзянта
фото А. Львова